Praxis der Gruppendynamik

Praxis der Gruppendynamik

Übungen und Techniken

9., durchgesehene und ergänzte Auflage

von

Klaus Antons

mit einem Beitrag von Ute Volmerg

HOGREFE · GÖTTINGEN · BERN · WIEN · PARIS · OXFORD · PRAG · TORONTO
CAMBRIDGE, MA · AMSTERDAM · KOPENHAGEN · STOCKHOLM

Dr. phil. habil., Dipl.-Psych. Klaus Antons, geb. 1942. Nach dem Studium der Psychologie und Soziologie Assistententätigkeiten in Klinik und Forschung mit dem Schwerpunkt Suchtforschung. Acht Jahre Leitung einer Bildungsinstitution. Seit 1982 selbstständig als Trainer, Supervisor und Organisationsberater tätig. Zusatzausbildungen in Familien- und Sozialtherapie, als Trainer für Gruppendynamik (DAGG) und Supervisor (DGSv). Arbeitsschwerpunkte: Gruppendynamische Trainings und Fortbildungen, Konflikttrainings, Personal-, Organisations- und Teamentwicklung, Supervision und Coaching.

Bibliografische Information Der Deutschen Bibliothek
Die Deutsche Bibliothek verzeichnet diese Publikation in der Deutschen Nationalbibliografie; detaillierte bibliografische Daten sind im Internet über http://dnb.ddb.de abrufbar.

© 1973, 1974, 1975, 1976, 1992, 1996, 1998, 2000 und 2011 Hogrefe Verlag GmbH & Co. KG, Göttingen • Bern • Wien • Paris • Oxford • Prag • Toronto • Cambridge, MA • Amsterdam • Kopenhagen • Stockholm
Rohnsweg 25, 37085 Göttingen

http://www.hogrefe.de
Aktuelle Informationen • Weitere Titel zum Thema • Ergänzende Materialien

Das Werk einschließlich aller seiner Teile ist urheberrechtlich geschützt. Jede Verwertung außerhalb der engen Grenzen des Urheberrechtsgesetzes ist ohne Zustimmung des Verlages unzulässig und strafbar. Das gilt insbesondere für Vervielfältigungen, Übersetzungen, Mikroverfilmungen und die Einspeicherung und Verarbeitung in elektronischen Systemen.

Druck und Bindung: Druckerei Kaestner, 37124 Rosdorf
Printed in Germany
Auf säurefreiem Papier gedruckt

ISBN 978-3-8017-2354-5

Inhaltsverzeichnis

VORWORTE	7
EINLEITUNG	11
ANLEITUNG ZUR BENUTZUNG	17
ZU DIESEM BUCH	21

1. ERÖFFNUNG, ANFANGSPHASE

1.0	Einleitung	23
1.1	Mini Lab	27
	1.11 Instruktionen	28
1.2	Gruppenbildung	29
1.3	Gruppen- und Trainerwahl	31
	1.31 Instruktionen	32
1.4	Planung der Anfangsphase einer Tagung	35
	1.41 Instruktionen	36
1.5	Zwiebelschale	39
1.6	Erwartungs-Inventar	41
1.9	papers	42
	1.91 Schwierigkeiten in neuen und sich entwickelnden Gruppen	42

2. WAHRNEHMUNG, BEOBACHTUNG

2.0	Einleitung	45
2.1	Optische Täuschungen	47
	2.11 Material	48
2.2	Alte Frau — junge Frau	49
	2.21 Material	50
	2.22 Instruktionen	
2.3	Kosmetikfirma	51
2.4	Cognac-Mädchen	53
	2.41 Material	54
	2.42 Instruktionen	55
	2.43 Instruktionen	55
2.5	Neun-Punkte-Problem	57
	2.51 Material	58
2.6	Vorfall inszenieren	59
2.7	Standardisierte Beobachtung	61
	2.71 Instruktionen	62
	2.711 Material	62
	2.712 Material	63
	2.713 Material	64
	2.714 Material	65
2.9	papers	66
	2.91 Wahrnehmung	66

3. KOMMUNIKATION, FÜHRUNGSSTILE

    3.0 Einleitung   72
    3.1 Einweg-Zweiweg-Kommunikation   73
        3.11 Instruktionen   74
        3.12 Material   76
        3.13 Material   76
    3.2 Kommunikationsmuster in Gruppen   77
        3.21 Material   78
        3.22 Material   79
    3.3 Leitungsstile   81
    3.4 Lerntechniken   83
        3.41 Instruktionen   84
        3.42 Material   85
    3.5 Kontrollierter Dialog   87
        3.51 Instruktionen   88
        3.52 Material   89
    3.9 papers   90
        3.91 Kommunikation   90
        3.92 Führungsstile   92

4. FEED BACK

    4.0 Einleitung   98
    4.1 Paar-Interview   99
        4.11 Instruktionen   100
    4.2 Alter Ego   101
        4.21 Instruktionen   102
    4.3 Rollentausch   103
    4.4 TG beobachtet TG   105
    4.5 Gruppe im Bild   107
    4.9 papers   108
        4.91 Feed Back   108
        4.92 Johari window   111

5. KOOPERATION, WETTBEWERB

    5.0 Einleitung   113
    5.1 Haus — Baum — Hund   115
    5.2 Quadrat-Übung   117
        5.21 Instruktionen   118
        5.22 Instruktionen   119
        5.23 Material   119
        5.24 Material   120
    5.3 Kohlengesellschaft   121
        5.31 Material   122
        5.32 Material   123
        5.33 Material   125

5.4	Prisoner's dilemma	127
	5.41 Material	128
	5.42 Material	129
5.5	Turmbau	131
	5.51 Instruktionen	132
	5.52 Instruktionen	133
	5.53 Instruktionen	134
5.6	Planspiel	135
	5.61 Instruktionen	136
	5.62 Instruktionen	140
5.9	papers	141
	5.91 Kooperation und Wettbewerb	141

6. ENTSCHEIDUNGEN

6.0	Einleitung	145
6.1	Neue Gruppen	147
6.2	Dienstwagen	149
	6.21 Instruktionen	150
	6.22 Instruktionen	150
	6.23 Instruktionen	152
6.3	NASA-Übung	155
	6.31 Instruktionen	156
	6.32 Instruktionen	156
	6.33 Material	157
	6.34 Material	157
	6.35 Material	158
6.4	Kooperations-Seminar	159
	6.41 Instruktionen	160
6.5	Regel Du mir, so regel ich Dir	161
	6.51 Material	162
6.9	papers	163
	6.91 Entscheidungen treffen	163
	6.92 Individuelle Einstellungen zu Gruppenentscheidungen	170
	6.93 Schritte beim Entscheidungs- und Problemlösungsprozeß in Gruppen	171
	6.94 Delegations-Kontinuum	174

7. NORMEN, VORURTEILE, ABWEHR

7.0	Einleitung	175
7.1	Asch-Experiment	177
	7.11 Instruktionen	178
7.2	Gutachten	179
	7.21 Material	180
7.3	Muß-Soll-Spiel	181
7.4	Kindsmörderin	183
	7.41 Instruktionen	184

7.5	Abtreibung	185
	7.51 Instruktionen	186
7.6	Abwehrmechanismen — Rollenspiel	189
	7.61 Instruktionen	190
7.9	papers	191
	7.91 Gruppenmeinung und Gruppennormen	191
	7.92 Vorurteil und Stereotyp	193
	7.93 Schutz- und Abwehrfunktionen	196

8. ANALYSE DES GRUPPENPROZESSES

8.0	Einleitung	200
8.1	Prozeßanalyse	201
	8.11 Material	202
	8.12 Material	204
	8.13 Material	204
8.2	Soziogramm	205
	8.21 Instruktionen	206
8.3	Analyse der individuellen Fähigkeiten und Verhaltensweisen in Gruppen	209
	8.31 Material	210
8.9	papers	211
	8.91 Gruppenleistung	211
	8.92 Phasenmodell für Gruppenprozesse	212
	8.93 Grundannahmen und Gruppenentwicklung	212
	8.94 Diagnose von Gruppenproblemen	218
	8.95 Das Umgehen mit Konflikten in Gruppen	224
	8.96 Rollenfunktionen in der Gruppe	227

9. BERATUNGSTECHNIK

9.0	Einleitung	230
9.1	Hilfe suchen — Hilfe geben	231
	9.11 Instruktionen	232
9.2	Beratungsstelle	233
	9.21 Instruktionen	234
	9.22 Instruktionen	235
	9.23 Instruktionen	236
	9.24 Instruktionen	237
9.3	Annahme — Ablehnung	239
	9.31 Instruktionen	240
9.9	papers	241
	9.91 Das Beratungsgespräch	241

10. BACK HOME

10.0	Einleitung	244
10.1	Back home Rollenspiel I	245

10.2	Back home Rollenspiel II	247
10.3	Manöverkritik	249
	10.31 Material	250
10.4	Auswertungsbogen	251
	10.41 Material	252
10.5	Laufbahnplanung	253
	10.51 Instruktionen	254

11. ÜBUNGEN 1992

11.0	Einleitung	259
11.1	Habent sua fata libelli	260
11.2	Kommentare zu den Kapiteln 1—10	267
	11.20 Zur Einleitung und zur Benutzungsanleitung	267
	11.21 Kapitel 1: Eröffnung, Anfangsphase	268
	11.22 Kapitel 2: Wahrnehmung, Beobachtung	269
	11.23 Kapitel 3: Kommunikation, Führungsstile	270
	11.24 Kapitel 4: Feedback	271
	11.25 Kapitel 5: Kooperation, Wettbewerb	271
	11.26 Kapitel 6: Entscheidungen	272
	11.27 Kapitel 7: Normen, Vorurteile, Abwehr	274
	11.28 Kapitel 8: Analyse des Gruppenprozesses	275
	11.29 Kapitel 9: Beratungstechnik	277
	11.210 Kapitel 10: Back Home	278
11.3	Zusätzliche Übungen, die ich heute verwende	281
	11.31 Vorstellung — analog	283
	11.32 Bewußtheitsrad	285
	11.321 Informationen und Instruktionen zur Übung „Bewußtheitsrad"	286
	11.33 Vom Einzel- zum Gruppenbild	289
	11.331 Instruktionen „Vom Einzel- zum Gruppenbild"	290
	11.34 Café Duo Infernal	291
	11.35 Tableaus, Kreidestrich	293
11.4	Neue papers	295
	11.41 Zur Psychologie einer Gruppe	296
	11.42 Aspekte der Dynamik von Gruppen	301
	11.43 Gruppenprojektionen: Außenseiter und Sündenböcke	307
	11.44 Phasen des Gruppenprozesses	310
	11.45 Entwicklungsphasen in Gruppen von Ute Volmerg	312
11.5	Bücher- und Artikelverzeichnis seit 1973	325

LITERATURVERZEICHNIS 337

Vorwort zur 3. Auflage

Der Erfolg dieses Buches kam für Autor wie Verlag völlig unerwartet. Neben der erfreulichen Seite wirft diese Resonanz eine Reihe von Fragen auf: Wie erklärt sich die Verkaufsziffer, die weit über den optimistischen Schätzungen für die in verschiedenen Berufsfeldern gruppendynamisch Arbeitenden liegt? In welche Bereiche hat das Buch seinen Eingang gefunden? Hat der Titel einen mißverständlichen Aufforderungscharakter? Ist die mir berichtete Episode ein Einzelfall, daß der letzte Satz auf S. 16 als „Beweis" zitiert wurde dafür, daß die Provokation von Emotionen per se Mißbrauch und Scharlatanerie sei? Kann eine Überarbeitung kritischer Textstellen mögliche Mißverständnisse verhindern?

Die letzte Frage bin ich geneigt zu verneinen; ich habe von einer Überarbeitung abgesehen. Erweiterungen wurden nicht vorgenommen, wohl einige Korrekturen. Daß dieses Buch dazu zu benutzen ist, per „Selbststudium" Gruppentrainer zu werden — so das implizite Angebot einer neueren Veröffentlichung* — ist unwahrscheinlich. Die anderen Fragen müssen offen bleiben.

Trotz einer abflauenden Tendenz in der engeren Gruppendynamik breiten sich Selbsterfahrungsmethoden in zunehmendem Maße aus, im quantitativen Angebot wie in der Differenzierung von Zielen und Methoden. R i c h t e r bietet für diese Tendenz plausible Erklärungshypothesen in einem gesamtgesellschaftlichen Rahmen an**. Es ist zu hoffen, daß mit der Verbreitung auch die Möglichkeiten einer kritischeren Beurteilung und Einschätzung wachsen.

Unter den zahlreichen, meist positiv getönten Rezensionen dieses Buches verdient die kompetente Kritik von P r o s e*** eine ausführlichere Diskussion. Zu seinen Ausführungen:

— Die hier gewählte Form der Beschreibung von Übungen ist in der Tat komprimiert und verkürzt. Dies betrifft besonders anderenorts detailliert dargelegte Verfahren. Neben der Eigenerfahrung in solcher Übung ist häufig die Kenntnis der Originalliteratur erforderlich, so z. B. bei der technisch aufwendigen und schwierigen Übung 3.2 oder bei den verschiedenen Beobachtungssystemen.

— Die mitgeteilten Erfahrungen und Auswertungshilfen ersetzen nicht die eigene Erfahrung und die Überlegungen zu einer an den eigenen Zielen orientierten Auswertung. Sie können und sollen nicht mehr als eine An-

---

* K i r s t e n, R. E. & M ü l l e r - S c h w a r z, J.: Gruppentraining. Stuttgart (1974)
** R i c h t e r, H. E.: Lernziel Solidarität. Reinbek (1974)
*** P r o s e, F.: Buchbesprechung. Gruppendynamik 5: 51—52 (1974)

regung und einen Anstoß darstellen. Hilfen für die „transferierende sozialpsychologische Auswertung im Hinblick auf Probleme und Konflikte interpersonalen Verhaltens" (P r o s e) müssen sich auf die jeweiligen Ziele, Settings, Teilnehmer, Lernbedingungen und auf das Gesamtfeld der jeweiligen Veranstaltung beziehen und sind nur schwer zu generalisieren.

— Die Qualität der Papers ist in der Tat sehr unterschiedlich. Sie stammen von Autoren unterschiedlicher Herkunft und Orientierung; es war nicht mein Ziel, diese Unterschiede zu verwischen. Wem z. B. das paper 3.92 in zu unreflektierter und unkritischer Nähe zu wertenden und inzwischen modifizierten Auffassungen über Führungsstile steht, der sollte es für seinen Gebrauch umschreiben.

— Daß meine Bemühungen um exakte Literaturangaben unvollständig blieben, habe ich auf S. 13 und 20 betont. Für Hinweise bin ich weiterhin dankbar.

— Die Frage der empirischen Erfolgskontrolle gruppendynamischer Verfahren ist für mich keine Marginalie — trotz eines mit wachsender eigener Forschungserfahrung sinkenden Glaubens an die Empirie. Sie ist jedoch nicht Thema dieses Buches. — Die Studie von L i e b e r m a n et al.* zeigt hier wegweisende Perspektiven auf. Dennoch halte ich es für unrealistisch zu erwarten, daß der Erfolg einer Übung im Rahmen einer Selbsterfahrungsveranstaltung jemals exakt zu erfassen sein wird.

— Berechtigt ist die Kritik, daß ich zu wenig gesagt habe zu den Übungen mit einer „hidden agenda" (z. B. 2.6, 7.1, 7.2). Hier muß ich die Kenntnis der einschlägigen sozialpsychologischen Literatur voraussetzen; die gerade erschienene Übersetzung des Buches von M i l g r a m ** informiert über ethische Implikationen solcher Verfahren. Persönlich habe ich erfahren, daß man weitgehend ohne solche Übungen auskommt; sie entsprechen nicht mehr meinen Vorstellungen von Lernbeziehungen zwischen Erwachsenen. Wenn man sie durchführt, sollten die berechtigten negativen Gefühle der Teilnehmer sehr ernst genommen, sorgfältig erkundet und gründlich bearbeitet werden.

— Ich stimme P r o s e zu, wenn er sagt, daß die erfolgreiche Anwendung der Übungen „ein kritisches Theorien- und Methodenbewußtsein sowie das Vorhandensein klarer Zielvorstellungen" voraussetzt. In diesem Rahmen finde ich auch die Frage nach meinem eigenen Verständnis von Gruppendynamik berechtigt. — Ich sehe mit B a c k *** die Selbsterfahrungsmethoden in einer Art Schnittpunkt von vielen gesellschaftlichen Strukturen und Institu-

---

* L i e b e r m a n, M. A., Y a l o m, I. D. & M i l e s, M. B.: Die Wirkung von Encounter-Gruppen auf ihre Teilnehmer — einige vorläufige Hinweise. Gruppendynamik 5: 231—248 (1974)

** M i l g r a m, S.: Das Milgram-Experiment. Reinbek (1974)

*** B a c k, K. W.: Die Landschaft der Gruppenbewegung. Gruppendynamik 5: 249—258 (1974)

tionen, denen gemeinsam ist, daß sie eine emotionale „Lücke in der technologischen Gesellschaft" hinterlassen. Die Selbsterfahrungsmethoden versprechen zumindest diese Lücke zu schließen – daß dieses Angebot die Adressaten erreicht, belegt der Erfolg. Ob sie diese Aufgabe leisten, wage ich zu bezweifeln. Mit ihrer Verbreitung wächst die Schwierigkeit einer klaren Abgrenzung und Definition. – Für mich persönlich ist der Komplex Gruppendynamik eine agogische Methode*, die ich bei der Fort- und Weiterbildung von Sozialberufen anwende. Der Methode ist implizit, daß sie, kompetent angewendet, nicht technologisch und wertneutral ist, sondern nur über die Persönlichkeit des Trainers mit seinen Zielen und Werten verlaufen kann. Ich benutze sie mit dem Ziel der Erhöhung personaler Autonomie und der Erreichung sozialer Veränderungsprozesse. Je sicherer ich mich in dieser Tätigkeit fühle, desto weniger benötige ich technische Hilfsmittel wie z. B. Übungen. – Ich kann indessen nicht verhindern, daß die Methode auch mit völlig anderen Zielen, die den meinen konträr sind, angewendet werden kann.

Stuttgart, im Oktober 1974

Klaus Antons

Vorwort zur 9. Auflage

Nachdem die 8. Auflage von 2000 über ein Jahrzehnt mit einer relativ konstanten Verkaufsziffer gelaufen ist, ist nun eine Neuauflage erforderlich.

Einige Papiere, zu denen ich kritische Rückmeldungen erhalten habe – sie entsprächen doch nicht mehr ganz dem Zeitgeist – habe ich überarbeitet. Beim Life Planning habe ich eine Anleitung hinzugefügt, die sich als sinnvoll herausgestellt hat. Diese Übung ist nach wie vor ein „Renner", obwohl es weniger eine gruppendynamische Übung ist als eine solche, die die Dynamik einer Triade geschickt ausnutzt, ohne sie zum Thema zu machen. Die Literaturliste habe ich um ein Jahrzehnt nachgeführt.

In diesem Jahrzehnt sind Übungen nicht zum Thema von Auseinandersetzungen geworden – nahezu jedes neuere Buch enthält aber immer noch einige Übungen, die sich dem entsprechenden Konzept unterordnen. Was sich in der Zwischenzeit verbreitet hat, ist das Interventionskonzept, das Bert Voigt und ich 1987 veröffentlicht haben (Rechtien, 1992; Milesi, 2007), und das Raummodell oder Dreiachsenmodell (Antons et al., 2001; Amann, 2004), das zwar keinen direkten Niederschlag in dieser Neuauflage gefunden hat, aber als handlungsleitendes Konzept sich seit 2001 mehr und mehr durchsetzt und auch für die Neukonstruktion von Übungen geeignet ist.

---

* van Beugen, M.: Agogische Intervention – Planung und Strategie. Freiburg (1972)

Übungen, die auch das letzte Jahrzehnt erfolgreich gemeistert haben, sind die vom familiendynamischen/psychodramatischen/systemischen Denken her angereicherten „soziometrischen Tableaus" (s. S. 293); new games und körperorientierte Übungen, die in Zen-Seminaren ebenso verwendet werden wie in gruppendynamischen Trainings. Sie sind deshalb nach wie vor keine spezifisch gruppendynamischen Übungen.

Eine Art vereinfachte Beobachtungsübung, mit denen ich im letzten Jahrzehnt viel gearbeitet habe, sind kurze, etwa 20 Minuten laufende Übungen, in denen beobachtet und rückgemeldet werden kann, wie sich Rollen ausbilden. Das sind der SIN-Obelisk (www.spielekiste.de) und das Zusammensetzen philosophischer Sprüche von Konfuzius und Lao Tse.

Nach 38 Jahren Laufzeit dieses Buches – die niemanden mehr erstaunt als mich selber – ist mein Fazit: Offenbar sind Übungen immer noch eine Form des Sichvertraut-Machens mit der Dynamik von Gruppen. Das belegt auch die immer noch ebenso aktuelle Neuauflage eines parallelen Buches, das sich auf dem Markt gehalten hat, das „Handbuch für Gruppenleiter" von Klaus Vopel.

Ich freue mich daran, daß die „Praxis der Gruppendynamik" inzwischen in sechs Sprachen vorliegt – im vorletzten Jahr kam noch eine ungarische Übersetzung hinzu. Gegen meine eigenen Befürchtungen, daß sie „abgewirtschaftet" sei, erfahre ich kontinuierlich über die „VG WORT", dass immer wieder Passagen in pädagogischen Büchern und Zeitschrift abgedruckt werden. In diesem Sinne möge sie weiter gedeihen.

Büsingen, Januar 2011

Klaus Antons

Einleitung

Die Faszination, die die Gruppendynamik gegenwärtig in Deutschland verbreitet, produziert nicht selten Enthusiasten und Gegner, die Gruppendynamik als einen bunten Fächer von reizvollen Übungen und „Spielchen" verstehen. Diese naive, etwas oberflächliche Einstellung ist indes verständlich, da in der anfänglichen Ausbreitung der Gruppendynamik in Deutschland solchen Übungen ein überaus hohes Gewicht zugemessen wurde — vielleicht aus Unsicherheit. Solange das Repertoire an Übungen — häufig bezeichnet als der „Trickkoffer" — Privileg derjenigen war, die sich als Trainer bezeichneten und so bezeichnet wurden, war diese Phantasie vielleicht sogar zutreffend. In dem halben Jahrzehnt, in dem sich die Gruppendynamik in Deutschland verbreitet hat, haben nun diese Übungen an Neuigkeits- und Überraschungswert eingebüßt; das aufregend Neuartige und Befremdliche hat sich abgenützt. Es ist nun Zeit, den relativen Stellenwert dieser Interventionsform, die gewissermaßen ein Handwerkszeug darstellt, im Gesamt der gruppendynamischen Methode zu definieren. Dazu will dieses Buch beitragen.

In der Anfangsphase der Gruppendynamik im deutschsprachigen Raum — deren Beginn mit dem Schliersee-Seminar (1963, Horkheimer und Brocher) angesetzt werden kann — überwog die Gesamtorientierung in der Richtung ‚sensitivity' und ‚personal growth' (vgl. Däumling, 1968, 1970), obwohl das fast zum Klassiker gewordene Werk von Brocher (1967) von vornherein andere Weichen hätte stellen können. — Seit etwa 1970 setzt eine Differenzierung der verschiedenen Richtungen ein: Aus dem *Sensitivity-Training* differenziert sich das *Organisationsentwicklungs-Laboratorium* (gruppendynamisches Laboratorium GDL sensu Sbandi, 1971) von den ersten, unsicheren Anfängen zu einer zunehmend praktischen und soliden Methodik heraus. Offensichtlich wesentlich langsamer entwickelt sich das eigentliche *Organisations-Lab,* auch ‚family-lab' oder Team-Training, in dem bestehende Gruppen, Institutionen oder Teams in ihrem gemeinsamen Arbeitsprozeß beraten werden. Seit Anfang 1972 werden auch mit rascher Verbreitung die verschiedenen Methoden des *Encounter-Trainings* der Ezalen-Schule und der anderen kalifornischen Richtungen bekannt (z. B. Schutz, dt. 1971, Bach & Wyden, dt. 1970, und Bach & Bernhard, dt. 1972).

Dem Verfasser wurde im Verlauf der Entwicklung des gruppendynamischen Laboratoriums, das stärker auf der ursprünglichen Idee von Lewin und seiner Schule aufbaut und als Methode vom Sensitivity-Training abgesetzt werden sollte, aber auch in der Begegnung mit den Methoden von Bach und Cohn deutlich, welche kreativen Potentiale in strukturierten Übungen liegen. — Gerade in Organisationsentwicklungs-Laboratorien, die nicht wie das Sensitivity-Training durchprogrammiert sind, wird deutlich, wie wenig sich wirksame und bedeutsame Erfahrungen vorherplanen lassen. Diese nicht durchgeplanten Formen gruppendynamischer Veranstaltungen ermöglichen stärker, gezielt auf die reale affektive Lage und die spezifischen

Erlebens- und Lernmöglichkeiten der Teilnehmer einzugehen. Dies setzt seitens des Teams ein höheres Maß an Flexibilität in der Wahl der Methoden voraus. Gerade für diese Arbeitsweise will das Buch eine Hilfe sein: Es will helfen, *in der jeweiligen Situation in rascher und übersichtlicher Weise das methodische Handwerkszeug bereit zu haben, um die in der Situation liegenden affektiven und kognitiven Möglichkeiten der Teilnehmer optimal zu nutzen.*

Es ist erforderlich, den Begriff der Übung im hier verwendeten Sinne zu definieren. Diese Übungen könnten durchaus als eine Art Gesellschaftsspiele betrachtet werden. Das ist jedoch nicht die Intention, mit der sie zusammengestellt wurden; es soll vielmehr gezeigt werden, daß sie mehr und Qualifizierteres leisten können. Sie setzen alle auf der Ebene des Erlebens an; Erleben und Erfahren sind aber das „Material", mit dem die Gruppendynamik arbeitet. — In dem unlängst erschienenen „Kursus der Gruppendynamik" von M u c c h i e l l i (1972) heißen ‚Übungen' solche Problemsituationen, in denen ein realer oder potentieller Gruppenleiter aufgrund seiner Kenntnisse und Erfahrungen mit Gruppen eine Art Denksportaufgabe zu lösen hat. Diese Art der Übungen im Sinne von Schulung ist hier nicht gemeint.

Hier sind vielmehr, wie auch bei B r o c h e r (1967), N y l e n et al. (1967), P f e i f f e r & J o n e s (1970), mit Übungen *strukturierte Gruppensituationen* gemeint, in denen durch den Gruppenleiter (im Englischen: facilitator) simulierte Probleme und Konflikte vorgegeben werden. Im Durchspielen dieser Modellsituationen werden die Teilnehmer provoziert, sich selbst und ihre aufeinander bezogenen Verhaltensweisen wahrzunehmen und sich selbst und die anderen in neuen Verhaltensweisen zu erfahren. Dadurch werden spezifische Verhaltensweisen von Gruppen verdeutlicht, und im Sinne eines integrierten Lernprozesses kann auch eine kognitive Verarbeitung sowie eine Veränderung von Verhalten erfolgen.

Eine Verdeutlichung dieser theoretisch gefaßten Definition ist folgendermaßen möglich: Wenn man den gesamten Bereich der Übungen in eine Ordnung bringen will, dann bietet sich an, sie folgendermaßen auf einem Kontinuum anzuordnen: An einem Pol stehen strategische Sandkastenspiele, didaktische Spiele und Management-Spiele (vgl. A b t , 1971, die Spiele der D i d a c t i c   S y s t e m s , Inc., oder auch die Entscheidertrainings des Quickborner Teams), am anderen Pol nonverbale Übungen, Encounter-Techniken und Übungen zur Selbstkonfrontation (S c h u t z , 1971, B a c h & B e r n h a r d , deutsch 1972, V o p e l , 1972). Am einen Pol stehen also die Sachziele und deren möglichst optimale, strategisch-ökonomische Lösung im Vordergrund, wobei der Gruppe primär die Bedeutung im Sinne von Ökonomie und Effizienz zukommt und Konflikte eher vermieden als ausgetragen werden müssen; am anderen Pol wird die Gruppe eher als ein Vehikel zur Konfrontation und Reifung des Individuums verwendet, der Gewinn des einzelnen und die mögliche Behebung seiner individuellen Sozialisationsschäden sind Ziele dieser Art von Übungen. Insofern stehen sie in einer gewissen Verwandtschaft zum klassischen Sensitivity-Training.

Die in diesem Buch beschriebenen Übungen lassen sich am ehesten auf der Mitte dieses Kontinuums ansiedeln, soweit durch die Methode überhaupt festgelegt ist, welche der durch sie angestoßenen Erfahrungen bearbeitet werden: Sie fokussieren die Fortentwicklung einer Gruppe, die ihrerseits basiert auf den Fähigkeiten und Potentialen, die der einzelne Teilnehmer für die Gruppenentwicklung mobilisieren kann.

Es ist daher kein Zufall, daß die meisten unserer Übungen ihre Wurzeln in experimentellen Versuchsanordnungen der empirischen Sozialpsychologie haben. Zwar fehlt ihnen etwas von der methodischen Strenge des erkenntnisorientierten Experimentes, in dem es wiederum weniger darauf ankommt, daß die Versuchsperson mit ihren eigenen Erlebnissen zurechtkommt; doch sind bei Übungsteilnehmern meist gleiche oder ähnliche Reaktionen wie beim Experiment zu beobachten. Dabei sind für die Übung Verarbeitung und Reflexion des Erlebens die zentralen Ziele.

Auf welche Art und Weise solche Experimente ihren Eingang in die praktische Gruppendynamik gefunden haben, ist meist nicht überliefert; diese Übungen stellen, wie P f e i f f e r & J o n e s (1970) in ihrem Vorwort bemerken, gewissermaßen die Folklore der Gruppendynamik dar. — Eigene Erfahrungen (z. B. die Übung 7.5) lassen ahnen, wie dieser Prozeß vor sich geht: Man möchte in einer bestimmten Gruppe ein bestimmtes Problem — hier das der normativen Vorurteile gegenüber einem sozial sanktionierten Verhalten — durch Selbsterfahrung der Teilnehmer verdeutlichen. Auf der Suche nach Realisierungsmöglichkeiten findet man schließlich in der sozialpsychologisch-experimentellen Literatur stimulierende Versuchsanordnungen, greift dieselben — oder unter Umständen nur einen Teil davon — heraus und ordnet sie in Übungsform an. Mehrere Erfahrungen verfeinern das ehemalige Experiment zu einer erlebniswirksamen Übung. — Bei manchen der beschriebenen Übungen konnten diese sozialpsychologischen Quellen aufgedeckt werden, obwohl das durch die Art der Übermittlung keineswegs immer einfach war. Bei manchen anderen mögen noch unbekannte sozialpsychologische Experimente im Hintergrund stehen; die Suche nach den Quellen ist keineswegs abgeschlossen.

Dementsprechend haben die Übungen unter Umständen nicht mehr dieselben Erkenntnisziele wie die ursprünglichen Versuchsanordnungen. Die hier angegebenen Ziele sind durchweg als rein heuristische Ziele zu verstehen; ihr Effekt ist keineswegs wissenschaftlich erforscht. Eine Kontrolle darüber, ob die intendierten Erfolge tatsächlich eintreffen, steht bisher für die meisten Übungen noch aus. Die Evidenz ist meistens sehr subjektiv und einer wissenschaftlich-rigorosen Kontrolle kaum zugänglich (vgl. dazu aber A r g y r i s , 1972). — Die experimentelle Sozialpsychologie ist aber nicht die einzige Nährmutter dieser Übungen: Es gehen hier Anleihen aus Psychodrama, Soziometrie, Psychotherapie, Spieltheorie, Organisationswissenschaften und anderen Fachdisziplinen ein. Bei der außerordentlich umfangreichen experimentellen Literatur in den Verhaltens- und Sozialwissenschaften ist der Neukonstruktion von Übungen wohl kaum eine Grenze gesetzt.

Gemeinsam ist allen diesen Übungen der Spiel- oder Simulationscharakter. Sie entbehren alle in etwa des realen, konfrontierenden Charakters, der zum Beispiel die Arbeit in der klassischen Trainingsgruppe kennzeichnet. Dadurch können sie sowohl einen stark auflockernden, d. h. Kreativität fördernden Stellenwert bekommen, ebensogut aber, u. U. gleichzeitig, Spannung und Dynamik in Gruppen hineinbringen. Der Spielcharakter ist dabei durchaus doppelbödig: Er impliziert sowohl die Heraushebung aus der totalen Ernstsituation als auch die intensive Identifikation mit Rollenproblemen, wie sie auf andere Weise wohl kaum möglich ist. Dies wird noch dadurch verstärkt, daß das Anbieten einer Übung häufig mit einem Wechsel des Interaktionsmediums verbunden ist: Das häufigste Agens der Gruppendynamik ist, wie auch der Psychotherapie, die Sprache, und zwar die verbale Kommunikation über eigenes Erleben und Befinden. Häufig springen Übungen (z. B. Turmbau 5.5) über dieses eine Medium hinaus und setzen damit sowohl Verfremdung, ungewohnte Affekte, als auch die Notwendigkeit zur Neuorientierung. Neuorientierung auf unvorbelasteten, weniger eingefahrenen und verfahrenen Erfahrungsebenen setzt jedoch meist voraus, daß die Ebene des „Darüber Sprechens" verlassen wird.

Somit können den Übungen sehr verschiedene Bedeutungen zukommen:

1. Sie können benutzt werden, um die intendierte und angezielte Thematik eines Seminars anzustoßen. Diese „Anreißerfunktion" kann dazu führen, daß modellhaft erlebte und u. U. gelöste Probleme im weiteren Verlauf einer Gruppe von den Teilnehmern schärfer beobachtet und reflektiert werden und somit einen Transfer-Wert erhalten.

2. Sie können eingesetzt werden, um Stagnation der Dynamik in einer Gruppe zu überwinden. — So wie auch in die Psychotherapie zunehmend andere als die klassischen Techniken eingeführt werden, um den langen und mühseligen Prozeß der Analyse zu beschleunigen, so können auch in der Gruppendynamik die in freier Arbeit oft sehr lange dauernden Problemlösungen gestrafft und effektiviert werden.

3. Sie können eingesetzt werden, um sogenannte „fast greifbare Probleme", die sich jedoch noch der klaren Verbalisierung entziehen, am Modellfall bewußt und damit einer rationalen wie emotionalen Klärung zugänglig, d. h. erkannte Probleme verhaltensrelevant zu machen.

4. Sie können der Effizienzkontrolle von Gelerntem dienen, somit gewissermaßen die im Schonraum des Laboratoriums bearbeiteten Prozesse auf Realsituationen übertragbar und transferierbar machen.

5. Sie können u. U. zur Lösung bestehender, aber real nicht zu bewältigenden Konflikte dienen (vgl. Übung 6.4). Durch den ‚Medienwechsel' und die ‚Modellsituation' kann u. U. ein Konflikt paradigmatisch gelöst und ein Transfer-Effekt auf die reale Konfliktsituation erzielt werden.

6. Sie können der Demonstration gruppendynamischer Prozesse und gruppendynamischer Vermittlungstechniken in Kurzveranstaltungen („touch-and-tell-labs") dienen.

Damit ist auch in etwa der sehr weite Indikationsbereich solcher Übungen definiert: Sie lassen sich anwenden sowohl für ausgesprochene gruppendynamische Trainings (Sensitivity-Trainings) wie auch für Organisationsentwicklungslaboratorien, teilweise wohl auch für Encounter-Trainings, als auch für Team-Trainings (family-labs), wenn sie für die jeweils spezifischen Probleme dieser Zielgruppen umgearbeitet werden; außerdem für gruppendynamische Kurzveranstaltungen, Ambulatorien und nicht zuletzt für gruppendynamische orientierte thematische Seminare zur Aus- und Weiterbildung in sozialen Berufen (z. B. Sozialarbeiter, Jugendleiter etc.) und für den Einsatz im Schul- und Hochschulunterricht (vgl. dazu S a d e r et al. 1970, P r i o r 1970, A n t o n s , E n k e , M a l z a h n , v. T r o s c h k e 1971).

In Übungen und Spielen steckt also ein hohes Potential. Die Entwicklung von den Sandkastenspielen der Militärs bis zum heutigen Einsatz von Planspielen in Bildung, Wirtschaft, Wissenschaft, Politik und Schule machen dies deutlich. Wenn auch der Bereich sehr weit ist, der mit Hilfe von Übungen und Spielen abgedeckt werden kann, darf das doch nicht zu dem Irrtum verleiten, daß sie für alles und für jedes Problem geeignet seien. Sie sind nur einer unter vielen Interventionsstilen (vgl. H o r n s t e i n , B u n k e r et al., Eds. 1971), und es gibt durchaus gruppendynamische Veranstaltungen völlig ohne Übungen. — Es bedarf jeweils der gezielten und gekonnten Auswahl solcher Übungen, um wirklich das zu ermöglichen, was „in ihnen steckt". Das heißt, der Einsatz einer Übung ist stets abhängig von den Fähigkeiten des Übungsleiters, sei er nun Trainer oder Lehrer, als auch von den jeweiligen, zu formulierenden Zielen einer Veranstaltung und von der entsprechenden Prozeßphase, nicht zuletzt auch vom Zweck und der Intention, mit der sie angesetzt wird. Ob die intendierte Zielproblematik wirklich verdeutlicht und der Reflexion zugänglich gemacht werden kann, ist dann wiederum sehr stark abhängig von den Fähigkeiten und Ressourcen in der Gruppe als auch vom Interventionsstil des Übungsleiters.

Aus diesen Überlegungen werden drei Forderungen deutlich, die dieses Buch an seinen Benutzer stellt:

1. Diese Übungen sind nur geeignet für denjenigen, der über Selbsterfahrung, Ausbildung und Supervision mit gruppendynamischen Methoden und Techniken umzugehen versteht. Für denjenigen, dessen Gruppendynamik lediglich aus einer Serie von Überraschungseffekten mit Hilfe von Übungen besteht, dürfte diese Publikation unter Umständen eine Einbuße bedeuten.

2. Das Buch ersetzt nicht die eigene Schulung oder Ausbildung. Die hier beschriebenen technischen Abläufe sind in den meisten Fällen tatsächlich eine Art unverbindlicher „Spielchen". Erst die geschärfte Wahrnehmung, die gezielte Beobachtung und das methodische Einbringen derselben in die Gruppe und die gemeinsame Reflexion von Verhaltensweisen während eines Übungsablaufes ermöglichen wirklich erst das gekonnte Umgehen mit gruppendynamischen Prozessen.

3. Diese Sammlung ist kein Kochbuch. Die meisten der hier beschriebenen Übungen sind inzwischen bekannt und zum Teil schon veraltete Arrange-

ments. Die hier erfolgte systematische Zusammenstellung dürfte nur dazu geeignet sein, um dem Erfahrenen eine übersichtliche Matrix an die Hand zu geben, mit der er, auf einer Analyse der Gruppensituation aufbauend, die jeweils vordringlichen Probleme der Gruppe formulieren kann und zu diesem Zweck eine Übung übernimmt, modifiziert oder neu entwirft. Der Kreativität sind dabei keine Grenzen gesetzt. Für den Anfänger sind eher Werke wie die von N y l e n et al. (1967) oder B r o c h e r (1967) geeignet, die sehr detaillierte Handlungsanweisungen für den Übungsleiter liefern. Das Buch von N y l e n dürfte dazu am geeignetsten sein, wenn auch sein Aufbau nicht immer ganz klar ist.

4. Die Provokation von Gefühlen und die gesteuerte Entfaltung von Dynamik in einer Gruppe erfordert Können, Voraussicht und Verantwortlichkeit. Ohne Prüfung dieser Fertigkeiten und ohne Erfahrung damit, wie eine Bearbeitung möglich ist, Emotionen anderer Menschen zu provozieren, ist Mißbrauch und Scharlatanerie. Es wäre zu bedauern, wenn dieses Buch dem Vorschub leisten würde.

Anleitung zur Benutzung

Der Aufbau des Buches folgt in etwa der sozialpsychologischen und prozeßbedingten Entwicklung von Gruppen in einer Laboratoriumssituation. Dies ist nur als Richtlinie zu verstehen, denn durch die Formulierung spezifischer Ziele und eigener Hypothesen mit entsprechenden Interventionen ist ein solcher Entwicklungsprozeß durchaus umzuschichten. So tritt zum Beispiel die Entscheidungsproblematik bei offenen Organisationsentwicklungs-Laboratorien meist schon wesentlich früher auf als in strukturierteren Situationen. Manche Problemkreise werden unter Umständen gar nicht wichtig oder werden vielleicht überhaupt nicht wahrgenommen. Für andere Problembereiche, zum Beispiel den der Macht und Autorität, sind nicht hinlänglich genügend Übungen bekannt, um ein eigenes Kapitel zu rechtfertigen.

In diesem Buch fehlt bewußt die geläufige Aufteilung in Gruppenübungen versus Intergruppenübungen. Mit Hilfe der in Kapitel Vier bearbeiteten Begriffe Kooperation und Wettbewerb ist jedoch unschwer eine Klammer zwischen diesen beiden Übungstypen zu finden: Ein guter Teil der Übungen läßt sich sowohl für Inter- als auch für Intragruppenprozesse verwenden. Deshalb schien dem Verfasser diese Aufteilung nicht zwingend zu sein.

Jedes der zehn Kapitel ist in sich weitgehend geschlossen. Die jeweilige Einleitung enthält eine kurze Erörterung und Diskussion des betreffenden Problembereiches. — Einige Kapitel stehen jedoch in engem psychologischem Zusammenhang, so zum Beispiel das Kapitel Kommunikation, Führungsstile mit dem Kapitel Feed Back; weiter das Kapitel Kooperation, Wettbewerb mit dem Kapitel Entscheidungen. — Es sei überhaupt die prinzipielle Polyvalenz der Übung hervorgehoben: In den allermeisten steckt mehr als die Fokussierung nur eines Problems. Der Kontrollierte Dialog (3.5) zum Beispiel ist ebenso gut geeignet, Wahrnehmungs- und Kommunikationsbarrieren — in oft schmerzlicher Deutlichkeit — erleben zu lassen, als auch die Notwendigkeit und den Sinn von Feed-Back-Prozessen in Gruppen zu demonstrieren. Die Übung Dienstwagen (6.2) kann Kooperation, Wettbewerb, Entscheidungsprozesse in Gruppen und schließlich auch die Notwendigkeit von Äußern und Eingehen auf Bedürfnisse fokussieren. Es dürfte wiederum abhängig sein von den jeweiligen Zielen einer Veranstaltung und von der Prozeßphase, wohin eine Übung ausgerichtet wird. Übungen des einen Kapitels können also auch für Fragen und Probleme anderer Bereiche Verwendung finden.

Die Aufteilung der Kapitel folgt dem Dezimalschema. Vor dem Dezimalpunkt erscheint das entsprechende Kapitel, das am Rande außerdem durch Schwarzdruck gekennzeichnet ist, so daß eine rasche Übersicht und damit ein handliches Arbeiten sehr bald möglich ist. Hinter dem Dezimalpunkt erscheint unter .0 jeweils die Einleitung, unter .1 bis .8 die Übungen und unter .9 die sogenannten „papers". Das sind für Teilnehmer relevante, zum Teil theoretisch, zum Teil praktisch orientierte Informationen über das in Übungen zu erarbeitende Selbsterfahrungsmaterial. Diese Papiere sind meistens vom Verfasser neu geschrieben unter Verwendung vieler anderer Papiere, deren

Autoren — soweit sie bekannt sind — jeweils vermerkt wurden. — „Lektionen" im Sinne von vortragsähnlich darzubietenden Informationen erscheinen hier nicht; viele papers jedoch verdanken Anregungen den „lecture materials" von N y l e n , D. et al. (1967).

Jede Übung beginnt mit einem Übersichtsblatt — oder besteht nur daraus —, das durch eine Umrandung und eine stets wiederkehrende Aufteilung gekennzeichnet ist. Diese Übersichtsblätter erscheinen jeweils auf einer rechten Buchseite, so daß das Durchblättern erleichtert wird. Sie enthalten eine in allen Fällen konstant wiederkehrende Form der Übungsbeschreibung.

Dazu im einzelnen folgende Anmerkungen:

1. Stichworte

Wie schon betont wurde, beanspruchen die Kapitelüberschriften nicht, die volle Variation einer Übung auszuschöpfen. Aus diesem Grunde und zur leichteren Orientierung wurden Stichworte, die sich zum Teil mit den Kapitelüberschriften decken, in die erste Zeile gesetzt.

2. Titel

Die Titel der Übungen sind zum Teil aus der Literatur übernommen; zum Teil sind sie in der Feldarbeit erfunden worden und entbehren deshalb oft nicht eines gewissen Jargon-Charakters.

3. Ziele

Die Zieldefinitionen der Übungen sind zum großen Teil vom Verfasser; ein Teil wurde aus der Literatur übernommen, besonders aus B r o c h e r, T. (1967) und N y l e n , D. et al. (1967). Häufig wurde versucht, sie in der Polarität Erleben und Diagnostizieren zu erfassen.

4. Indikation

Hierunter ist eine Fortführung und Spezifizierung der Zieldefinition zu verstehen. Es finden sich Angaben dazu, in welcher Art von Veranstaltungen und in welcher Entwicklungsphase die betreffende Übung sinnvollerweise anzuwenden ist. Es sei jedoch betont, daß auch hier kein Anspruch auf Ausschließlichkeit besteht.

5. Übungstyp und Beteiligte

Hier wird versucht, den äußeren Rahmen der Übung in Kurzform zu beschreiben und geeignete Arten der Gruppierungen für die Übung darzustellen. Die Vielfalt der in gruppendynamischen Veranstaltungen möglichen Gruppenarten mußte dabei pragmatisch in wenigen, typischen, aber nicht vollständigen Formen operational zusammengefaßt werden. Der Begriff TG oder Trainingsgruppe bezeichnet die klassische Trainingsgruppe, wie sie seit der Entwicklung in der Lewin-Schule (Bradford, L. P., Gibb, J. R., Benne, D. K., dt. 1972) verwendet wird. Nicht alle Autoren sind sich darin einig, ob man in Trainingsgruppen überhaupt Übungen verwenden soll. — Weitere Gruppenarten sind thematisch orientierte Trainingsgruppen, etwa im Sinne der themenzentrierten Interaktion (Cohn, R. 1970), kognitiv orientierte Arbeitsgruppen (AG) und kleine Zweier- oder Dreiergruppen. Plenum bezeichnet die Gesamtheit der in einer Veranstaltung anwesenden Teilnehmer mitsamt dem Leistungsteam (staff). — Die 1973 übliche Bezeichnung Laboratorium (Lab) wird heute nicht mehr verwendet; an ihrer Stelle ist sinngemäß Lernveranstaltung, Training oder Seminar zu setzen. Mit Organisationslaboratorium (Org.-Lab) ist eine ebenfalls nicht mehr praktizierte Veranstaltungsform gemeint, die gegenüber dem Sensitivity Training mehr die Zielsetzung hatte, aus der Großgruppe heraus die Entwicklung eines sich organisierenden Systems erfahrbar zu machen. Die Zielsetzung des Sensitivity Trainings besteht nach wie vor darin, „eigene und fremde Verhaltensweisen subtil aufeinander abzustimmen" (Däumling 1968, S. 113). (Veränderter Text der 5. Auflage).

6. Durchführung

Wenn die Durchführung kurz zu beschreiben ist — was in den meisten Fällen möglich war —, ist sie im Übersichtsblatt aufgenommen. Umfangreiche Instruktionen finden sich mit einem entsprechenden Verweis auf einem nachfolgenden Blatt. — Es wurde versucht, möglichst die geläufigste Standarddurchführung zu beschreiben; die einzelnen Punkte entsprechen dem zeitlichen Verlauf. Hier weggelassen, aber als letzter Punkt stets sinngemäß anzufügen, ist die Analyse, Auswertung und Diskussion des in der Übung abgelaufenen Gruppenprozesses. — Sich anbietende Variationen dieser Standarddurchführung finden sich unter der entsprechenden Rubrik.

7. Dauer

Es wird die durchschnittliche bzw. optimale Gesamtdauer der Übung (mit Auswertung) angegeben. In der Durchführung finden sich häufig geeignete Zeiten für einzelne Übungsabschnitte. — Diese Angaben können nur zur Orientierung dienen; eine Gesamtdauer ist in den seltensten Fällen exakt festzulegen.

8. Unterlagen, Material

Die bei Brocher, T. (1967), Nylen, D. et al. (1967) obligaten „Tafel und Kreide" wurden fortgelassen. Es empfiehlt sich eigentlich immer, entweder eine Tafel bzw. Zeitungsrestrollen, Tapetenrollen oder einen sogenannten Flipover mit Filzschreibern zur Verfügung zu stellen und für die Auswertung bereitzuhalten. — Soweit die erforderlichen Unterlagen aus der

Beschreibung der Durchführung nicht klar hervorgehen, wurden sie der Übung beigegeben als Materialien, die jeweils unter dieser Rubrik (und im Inhaltsverzeichnis) angegeben sind.

9. Geeignete papers

Wenn auch hier eine strenge Zuordnung eines papers zu einer bestimmten Übung nicht immer sinnvoll ist, wurde bei jeder Übung vermerkt, welche papers geeignet sein könnten.

10. Autor

Die Frage der Urheber ist, wie auch in der Volksmusik, besonders schwierig zu verfolgen. Ein Großteil des vom Verfasser gesammelten Materials, sowohl Übungen als auch papers, kursiert unveröffentlicht als sogenanntes ‚Trainingsgut', das von Mal zu Mal verändert und erweitert wird. Die meisten Übungsleiter benutzen es ohne Wissen um seine Herkunft; die abgezogenen oder fotokopierten Manuskripte enthalten [nur] in den seltensten Fällen Quellenangaben. Die Entwicklung wissenschaftlichen Bewußtseins sollte jedoch ein Ziel der Gruppendynamik als Fach der angewandten Sozialpsychologie sein. In diesem Sinne steht das Bemühen um Transparenz; die Quellenfindung ist mit dieser Publikation keineswegs abgeschlossen.

Soweit bekannt, wurde der jeweilige Autor einer Übung angegeben, wobei Namen mit Jahresangaben publizierte Quellen bezeichnen, Namen ohne Jahresangaben die Autoren von mündlich überlieferten oder vervielfältigten Übungen, die nicht dem Rang einer Publikation entsprechen. Bei Unbekanntheit des eigentlichen Autors sind publizierte Quellen angegeben, in denen die Übung beschrieben ist.

11. Literatur, Erfahrungen

Hier sind sowohl direkte Beschreibungen von Übungen, sozialpsychologisch-experimentelle Quellen und Untersuchungen sowie solche Werke vermerkt, die vom Theoretischen her den Problemkreis bearbeiten. — In der Literaturliste am Ende des Buches sind diejenigen Werke besonders hervorgehoben, in denen eine oder mehrere Übungen — unter Umständen als Experimente — beschrieben werden, sowie diejenigen Werke, die ausdrücklich als Übungshandbücher, ergänzend zu dieser Sammlung, benutzt werden können.

12. Auswertungspunkte

Gesichtspunkte für eine Auswertung sind meist in Frageform angegeben. Sie beziehen sich vorwiegend auf eine Analyse in Richtung der angegebenen Ziele; sie sind in Zusammenhang mit etwaigen Ergebnissen von instruierten Beobachtern zu sehen.

13. Variationen

Hier erscheinen Abänderungsmöglichkeiten und Modifikationen der Grundübungen sowie Anregungen dazu, soweit sie nicht in zusätzlichen Instruktionen vermerkt sind. Meist handelt es sich dabei um Erweiterungen oder Veränderungen der Fragestellung.

14. Analoga

Hierunter sind solche Übungen verzeichnet, die — bei einem vielleicht ganz anderen Aufbau — für ähnliche oder gleiche Ziele eingesetzt werden können; es sind Übungen, die an anderer Stelle dieses Buches erscheinen, aber auch solche, die aus der Literatur bekannt sind. Hier ist unter anderem das konkretisiert, was oben als wesentliches Charakteristikum von Übungen angegeben ist: Daß sich die Fragestellungen und Zielvorstellungen durchaus modifizieren lassen und daß sie einen hohen Grad an Polyvalenz besitzen.

15. Schließlich und letztlich ist hinter jeder Übung Raum gelassen für eigene Notizen. Diese Möglichkeit wurde eingeplant, um es dem Benutzer zu ermöglichen, das Werk wirklich zu einem eigenen Handbuch zu machen, in dem sich eigene Erfahrungen, Erfolge und Mißerfolge, Variationen und Neudefinitionen niederschlagen können.

Bei nur wenigen Übungen ist eine vorherige Kenntnis der Teilnehmer ungünstig bzw. verhindert eine Durchführung. Dies sind, teilweise nur bedingt: Alte/junge Frau (2.2), Kosmetikfirma (2.3), Vorfall inszenieren (2.6), Kohlengesellschaft (5.3), Asch-Experiment (7.1), Gutachten (7.2) und Kindsmörderin (7.4). Bei allen anderen Übungen dürfte es eher so sein, daß eine wiederholte Teilnahme Einsichten weckt, die beim ersten Mal noch nicht möglich waren. Viele der Übungen sind auch nach vielfachem Durchspielen, selbst für Übungsleiter, immer noch mit neuer Faszination verbunden; eigentlich nie gleicht ein Ablauf einer Übung einem anderen.

Zu diesem Buch

Dieses Buch hat seinen Anfang genommen in einer für den privaten Gebrauch gedachten Sammlung derjenigen Übungen, die der Verfasser im Rahmen seiner Trainerausbildung kennenlernte. Verbunden damit war der Wunsch nach einem Überblick und einer Systematisierung der mehr oder weniger nach Gutdünken eingesetzten Übungen. Auf Anregung von Kollegen entstand eine in 70 Exemplaren aufgelegte, vervielfältigte Fassung dieser Sammlung, für deren Entstehen ich Pio S b a n d i, Lothar N e l l e s - s e n und Suitbert H e l l i n g e r zu Dank verpflichtet bin; ohne ihre Bereitschaft, Material bereitwillig zur Verfügung zu stellen, wäre diese Arbeit nicht möglich gewesen. Mein Dank gilt ferner allen Trainerkollegen der Sektion Gruppendynamik im Deutschen Arbeitskreis für Gruppenpsychotherapie und Gruppendynamik, mit denen ich zusammengearbeitet habe.

Die Vorform des Buches hatte eine außerordentlich große Resonanz, ohne daß dafür eine eigene Werbung betrieben wurde. Kollegen empfahlen es Trainingsteilnehmern, so daß die Auflage nach wenigen Monaten ausverkauft war und viele Bestellungen abgewiesen werden mußten. — Diese Vorform enthielt zwei Bitten:

1. Feed back zu geben über Durchführung, Erfolg und Kontrolle von Übungen. Diese Aufforderung blieb jedoch ohne Erfolg. Der Versuch, die oben erwähnte, subjektive Evidenz über Übereinstimmung von Zielen und Ergebnissen der Übungen zu objektivieren, scheint auf besondere Schwierigkeiten in der Praxis zu stoßen, die zu erforschen lohnend wären. Dies, wie auch die erwähnten Schwierigkeiten, Quellen von Übungen ausfindig zu machen, sind meines Erachtens ein Indikator für die stark pragmatische und wenig wissenschaftliche Orientierung der Gruppendynamik.

2. Erfolgreicher war die Aufforderung, selbst entwickelte oder übernommene Übungen rückzumelden. Das äußerte sich in der Zuleitung von zahlreichen Veränderungs- und Verbesserungsvorschlägen sowie neuen Übungen. Die zahlreichen Zuschriften sind nach bester Möglichkeit in die vorliegende Fassung eingegangen. All den Autoren, die an entsprechender Stelle genannt sind, sei herzlich gedankt.

In der Vorform wurde diese Sammlung häufig als „Trainerbibel" bezeichnet. Der Ausdruck Bibel scheint jedoch wenig zutreffend zu sein: Das Buch enthält keineswegs Grundsätze, Theorie und intellektuelle Durchdringung der Gruppendynamik, ebensowenig die notwendige Selbsterfahrung, noch weniger Anleitungen zur supervisierten Ausbildung und reflektierten Handhabung von Interventionsstilen — von denen der Einsatz von Übungen nur *ein* möglicher ist. Man könnte also eher von einem Katechismus als von einer Bibel sprechen.

Die bisherige, eineinhalbjährige praktische Arbeit mit dem Manuskript hat eine Reihe Schwächen deutlich gemacht, die in der vorliegenden Fassung soweit als möglich verbessert wurden. Ganz besonderer Dank gilt Editha E n k e , Peter M a l z a h n und Jürgen v o n T r o s c h k e von der Projektgruppe Gruppendynamik an der Abteilung für Medizin-Soziologie und Sozialpsychologie der Universität Ulm, mit denen zusammen ich in ständiger Reflexion und Kritik gelernt habe, den Indikationsbereich von Übungen abzustecken und zu klären. Dem Leiter der Abteilung, Helmut E n k e , sei gedankt für die Ermöglichung des Rahmens, in dem diese Tätigkeit stattfinden konnte.

Schließlich möchte ich dem Verlag Hogrefe danken, daß er diese Publikation in interessierter, experimentierfreudiger und engagierter Weise übernommen hat.

Eröffnung, Anfangsphase

1.0 EINLEITUNG

Dieses Kapitel geht von der Annahme aus, daß heute viele, wenn nicht sogar die meisten Trainings, Laboratorien und Schulungen kein voll durchstrukturiertes und durchorganisiertes Programm anbieten. In diesem Fall wird die Frage ‚Wie beginnen wir?' wichtig. Denn der Anfangsphase kommt insofern Bedeutung zu, als sie eine Situation allseitiger emotionaler Verunsicherung ist, die im Sinne der erhöhten Prägungs- und Lernbereitschaft für den späteren Verlauf Weichen stellen kann.

Üblicherweise kommen Teilnehmer mit einer eher passiven Erwartungshaltung des „Etwas Geboten Bekommens", wenn auch im Zuge des Bekanntwerdens der Gruppendynamik diese Haltung seltener werden dürfte. Gerade bei solchen Teilnehmern, die selbst in einer aktiv-verantwortlichen, gebenden und helfenden Tätigkeit stehen, ist sie besonders ausgeprägt. Gegenläufige Erfahrungen mit Teilnehmern aus nicht akademischen Berufen lassen vermuten, daß sich hier unter Umständen eine berufsspezifische Problematik auswirkt.

Gleich bei welchem Teilnehmerkreis, in der Anfangssituation tauchen Probleme des Sich-Bekanntmachens, des Warmwerdens, Gefühle der Verfremdung, Ängste und Enttäuschungserwartungen, Hoffnungen und Befürchtungen der verschiedensten Art auf. Es ist also eine ganze Skala emotionaler Reaktionen, die in dieser Anfangssituation auftreten und die für die Ziele der Veranstaltung nutzbar zu machen sind. Dabei auftauchende Ängste sollen bewältigt werden — auch Ängste auf seiten des Teams.

Es gibt nun sehr viele verschiedene Methoden, dieses Bündel von Problemen anzugehen. Die Entscheidung darüber, welche Eröffnung gewählt wird, wird sich letztlich nach den Zielen der Veranstaltung richten. Das heißt auch, daß die Kategorien ‚richtig' und ‚falsch' nicht am Platze sind, da die Auswirkungen einer Initialtechnik wohl nie in allen Konsequenzen vorauszusehen sind. Welche Form man auch wählt — jeweils ist sicher nur ein Bruchteil der Gesamtproblematik zu bearbeiten.

Eine vielgebrauchte Polarität, in der die Eröffnungstechnik oft beschrieben wird, ist die von ‚strukturiert' versus ‚unstrukturiert'. Eine völlig durchstrukturierte Situation, in der den Teilnehmern kaum Raum gelassen wird, die oben skizzierten Emotionen zu realisieren, ist wahrscheinlich sowohl für Teilnehmer als für das Leitungsteam die am wenigsten ängstigende Möglichkeit — sicherlich gelegentlich angebracht bei sehr heterogenen oder auch ängstlichen Gruppen. — Der andere Pol des unstrukturierten Beginnes bedeutet im Extremfalle: Das Team tut gar nichts und wartet in aller Ausführlichkeit, bis sich aus den Teilnehmern heraus Strukturierungen bilden und Möglichkeiten gefunden werden, die entstehenden Probleme zu meistern. Das ist das Prinzip des Organisationsentwicklungs-Laboratoriums, dessen Extremform wohl darin besteht, daß nicht einmal für Verpflegung und alltägliche Notwendigkeiten der Teilnehmer gesorgt ist.

Inwieweit ein Team sich in Richtung eines unstrukturierten Beginnes entscheidet, hängt letztlich auch vom Zutrauen des Teams zu sich selbst ab. Je unstrukturierter die Anfangssituation ist, ein desto höheres Maß an Vertrautheit und Kooperation der Teammitglieder untereinander ist erforderlich. Ein wesentliches Moment für die Mobilisierung eigener Bedürfnisse, für die Artikulation und das Umgehenkönnen mit denselben und schließlich für das Erarbeiten von Wegen zur Vereinbarung verschiedener Bedürfnisse und Interessen ist sicherlich das Erzeugen und Provozieren emotionaler Reaktionen, die zwischen leichter Verfremdung und direktem Schock variieren können. Wenig brisante, aber unter Umständen sehr deutliche emotionale Reaktionen können zum Beispiel provoziert werden durch eine Art Puzzle-Spiel (siehe P f e i f f e r , J. W., J o n e s , J. E. II, 1970) oder eine Art der Quadratübung (siehe 5.2) zur Gruppenzusammensetzung. Heftigere Emotionen können provoziert werden zum Beispiel dadurch, daß sich, gerade in kürzeren Veranstaltungen, bei denen es auf den Demonstrationscharakter ankommt, der Leiter „einschleicht" und mit den Teilnehmern auf den nicht erscheinenden Referenten schimpft (S c h r u b a , B.); oder indem mit einem provozierenden Vortrag, der bis hin zu einer Art Publikumsbeschimpfung gehen kann, eröffnet wird. Folgende Art eines „Vorlesungstextes" zum Thema „Entscheidende Aufgaben in der Gruppenarbeit", der von H. S t r a u s s stammt, eignet sich zum Beispiel:

„Psychologen und Soziologen kommen immer mehr zu der Ansicht, daß der Mensch ungeschützt wie ein Kopepode in dieser Gesellschaft lebt. Als systemimmanenter Primitivkonsument versucht er, über die permanente Identifikationsebene zur konzertierten Führungsstruktur zu gehören und übersieht dabei, daß hierzu eine qualifizierte Aktionsproblematik erforderlich ist. — Auch Ihnen, meine sehr verehrten Damen und Herren, ist sicherlich die synchrone Wachstumspotenz der progressiven Koalitionsprogrammierung ein Dorn im Auge. Wenn Gruppenleiter von einer dynamischen Spontaneitätsutopie sprechen, die als Basis eine sensibilisierte Provokationskreativität verlangt, dann dürfte jedem der hier Anwesenden klar sein, daß die massierte Frustrationstoleranz..."

Der Vortragende kann gewiß sein, daß unter den Teilnehmern zumindest einige Personen sind, die einem Referenten nicht alles abnehmen. Das Zulassen und Akzeptieren solcher Verärgerungsreaktionen, verbunden mit Fragen nach Gefühlen, kann unter Umständen schon eine relativ große Zuhörerschaft in eine aktive und engagierte Diskussion verwickeln. Das Debriefing, daß ein solcher Text eigentlich nur zur Diskussion reizen will, kann natürlich dazu führen, daß Teilnehmer gegenüber weiteren Aktionen erst einmal kritisch eingestellt sind.

Diese Möglichkeiten seien hier nur als Anregungen mitgeteilt. Die im folgenden aufgeführten Techniken für die Anfangsphase stellen eine Zwischenform zwischen der strukturierten und unstrukturierten Situation dar. Sie sind teilstrukturiert insoweit, daß sie einen Aktionsrahmen vorgeben, der aber inhaltlich durch die Teilnehmer selbst gefüllt werden muß. Es besteht für das Team die Möglichkeit, methodische Hilfen zu geben, um gemeinsam die Anfangsproblematik einer kleineren oder größeren Gruppe (vgl. 1.9) zu bewältigen. Die beschriebenen Situationen haben durchaus Übungscharakter, wobei das Thema die Situation selbst ist. Es erübrigt sich fast hinzuzufügen, daß solche Übungen möglichst *wirklich* zu Beginn, d. h. ohne Eröffnungsreferat oder theoretische Einleitung gestartet werden sollten.

Die Übung Mini Lab (1.1) spiegelt in kurzer, szenenartiger und wenig brisanter Form eine Reihe von Situationen, die im weiteren Verlauf eines typischen Laboratoriums auftreten und an geeigneter Stelle wieder aufgegriffen werden können. — Die Übungen Gruppenbildung (1.2) und Gruppen- und Trainerwahl (1.3) betonen den Prozeß des Zusammenwachsens aus einem unstrukturierten Plenum zu arbeits- und aktionsfähigen kleinen Gruppen, wobei 1.2 eine strukturierte und weniger ängstigende Form darstellt. Bei 1.3 ist zu beachten, daß Plenumssituationen, wie sie in dieser Übung auftreten, als frustrierend erlebt werden, und daß die Konstituierung von Kleingruppen unter Umständen die Motivation zu weiteren Plenumsveranstaltungen stark reduzieren kann. — Die Übung Planung der Anfangsphase einer Tagung (1.4) nimmt insofern eine Zwischenstellung zwischen den beiden vorherigen ein, als sie einerseits sehr weitgehend, d. h. zeitlich weit vorgreifend strukturiert, aber den Teilnehmern sehr viel Freiheit in der Findung von Organisationsstrukturen läßt. Allen drei Übungen ist gemeinsam, daß die Problematik des Entscheidungsprozesses in Gruppen sehr stark in den Vordergrund gerückt wird. — Die Zwiebelschale (1.5) fokussiert die Problematik der Wahrnehmung, der Beobachtung und des Feed Back. — Das Erwartungsinventar (1.6) stellt besonders deutlich heraus, wie notwendig es ist, in gruppendynamischen Prozessen Erwartungen, Motive, Befürchtungen und Hoffnungen der Teilnehmer in den Prozeß einzubeziehen.

Aus diesen kurzen Beschreibungen wird noch einmal deutlich, was vorhin betont wurde: Jede mögliche Form eines Beginns kann immer nur bestimmte Probleme des weiteren Verlaufs in den Vordergrund stellen. Die Auswahl der jeweiligen Anfangssituation richtet sich demnach nach Zielen und Hypothesen der Veranstaltung.

Stichworte	ERÖFFNUNG
Titel	Mini Lab
Ziel	Initiales Erleben des Spannungsfeldes zwischen Klein- und Großgruppe; Anlaufenlassen des Gruppenprozesses unter äußerem Druck; Spiegelung der Realität des Labs.
Indikation	Vermeidung der Regression in Kleingruppen durch Vor-Zeichnung des geplanten Verlaufs; Primär in Org.-Training; als allererste Veranstaltung
Übungstyp, Beteiligte	Alle Lab-Teilnehmer, in Sechser- bis Achtergruppen; mit oder ohne Teammitglieder
Durchführung	1. Alle Teilnehmer sitzen in gewählter Formation in *einem Raum* in Gruppen zusammen; 10′ Zeit zum freien warming up 2. Erste Instruktion (siehe 1.11), 10′ Zeit zur Ausführung 3. Zweite Instruktion, 10′ Zeit zur Ausführung 4. usw.
Dauer	beliebig; zwischen 45′ und 90′ günstig
Unterlagen, Material	keine; mündliche Instruktion (1.11)
geeignete papers	Schwierigkeiten in neuen und sich entwickelnden Gruppen (1.91); Grundannahmen und Gruppenentwicklung (8.93)
Autor	Ursprünglicher Autor unbekannt; beschrieben in Pfeiffer, J. W., Jones, J. E. II (1970): Microlabs
Literatur, Erfahrungen	Atkins, S., Katcher, A. (1968); Barthol, R. P. (1968); Croft, J. C. Falusi, A. (1968); Harris, P. R. (1969); Giere, W. (1970) — Neue Instruktionen werden oft als den Gruppenbildungsprozessen störend erlebt.
Auswertungshilfen	siehe paper 1.91
Variationen	Nach jeder Phase einen Delegierten aus der Gruppe abordnen, der die anderen Gruppen informiert. Evtl. Diskussion der Delegierten in der Mitte.
Analoga	Zwiebelschale (1.5), Gruppen- und Trainerwahl (1.3)

1.11 INSTRUKTIONSMÖGLICHKEITEN FÜR ÜBUNG MINI LAB

1. Jede Gruppe gibt sich einen Namen
2. Jeder äußert seine Gefühle und Erwartungen an das Lab
   (danach möglich: Johari-Window (4.92) bieten)
3. Nonverbal Gefühle zu und Stellung in der Gruppe ausdrücken
4. Nonverbale Vorstellung (Malen)
5. Erinnerungen an den ersten Schultag mitteilen
6. Den anderen durch eine historische Figur charakterisieren (200 years ago)
7. Raten, welches Hobby der andere ausüben könnte
8. (Als nachfolgende Phase) sich die Gruppen bekannt machen lassen

NOTIZEN:

1.2

Stichworte	ERÖFFNUNG, ENTSCHEIDUNGEN, KOOPERATION **1.2**
Titel	Gruppenbildung
Ziel	Frühzeitige Strukturierung des Plenums; initiale Erfahrung der Kooperation; Erfahrung des Labs als Gesamtprozeß
Indikation	Nur für offen geplante Org.-Labs und bei guter Kooperationsfähigkeit des Teams; möglichst mehr als 2 Gruppen; als erste Veranstaltung
Übungstyp, Beteiligte	Alle Lab-Teilnehmer; unstrukturiert

Durchführung	1. Im Plenum gute Einführung in das Lab geben, besonders Stellenwert der zu konstituierenden Gruppen (z. B. TG) klären
	2. Aufforderung an das Plenum, die Gruppen zu bilden unter Berücksichtigung von Kriterien; z. B.:
	    Heterogenität nach Geschlecht, Alter, Beruf
	    Ausschluß persönlicher Bekanntheit
	    noch nicht mit Trainer gearbeitet
	3. Trainerpaare stellen sich vor; Team steht bis zum Abschluß des Prozesses als Informanden zur Verfügung

Dauer	unbestimmt; kaum unter 3 Std.
Unterlagen, Material	Plakat mit allen Namen der Teilnehmer Plakat mit den Kriterien
Geeignete papers	Schwierigkeiten in neuen und sich entwickelnden Gruppen (1.91), Entscheidungen treffen (6.91)
Autor	Team Traunstein 1970
Auswertungshilfen	Art der Lösung des Konfliktes zwschen persönlichen Bedürfnissen, gegebenen Spielregeln und der Notwendigkeit des Gelingens? Welche Gruppenkerne bilden sich um welche Kriterien? Wie werden Führungsfunktionen versucht? Wie wird das auftretende Chaos bewältigt? Gruppenrivalitäten? Emotionale Reaktionen auf Instruktion und Teammitglieder?
Literatur, Erfahrungen	Bringt Plenumsprozesse optimal in Gang; wichtig: Richtige Informationen
Variationen	vorher Durchführung einer modifizierten Quadratübung nach B a v e l a s (siehe 5.2) zwecks Erlebens der Notwendigkeit von Kooperation zum Erreichen gemeinsamer Ziele
Analoga	Planung der Anfangsphase ... (1.4), Gruppen und Trainerwahl (1.3)

NOTIZEN:

Stichworte	ERÖFFNUNG **1.3**
Titel	Gruppen- und Trainerwahl
Ziel	Die Entscheidungen über Gruppenzusammensetzung und Trainerpaar-Zuordnung nicht zuvor vom Team fällen lassen, sondern Ausgangspunkt für den Prozeß der Mitberatung und Mitbestimmung aller Beteiligten werden lassen.
Indikation	wie 1.2; auch für Sensitivity-Training mit Organisationsaspekten geeignet; für alle Veranstaltungen, in deren Initialphase strukturierte Hilfen anzubieten sind.
Übungstyp, Beteiligte	Alle Teilnehmer und Teammitglieder eines unstrukturierten Plenums
Durchführung	siehe 1.31 12 aufeinander zugeordnete und aufeinander aufgebaute Einzelschritte in 4 Blöcken; mit Pausen.
Dauer	ca. 7 Std. (1 Tag); genaue Zeitplanung schwierig. Pausen geeignet nach Schritt 6, 7 und 10.
Unterlagen, Material	mündliche Instruktionen nach 1.31 Flipovers (Plakate oder Tapetenrollen)
geeignete papers	Schwierigkeiten in neuen und sich entwickelnden Gruppen (1.91)
Autor	W i e r i n g a , C. F. (1971) S. 435–445
Literatur, Erfahrungen	Die durch die Übung angestoßene Dynamisierung kann planmäßige Beendigung verhindern.
Auswertungshilfen	Minitheorie; vgl. paper 1.91 Auf welche Weise werden den Teilnehmern genügend Informationen über die Trainerpaare vermittelt? Ist die Formgebung von Plenum und TG den Zielen des Laboratoriums angepaßt? Wird für die Möglichkeit gesorgt, erarbeitete Resultate auszuwerten und in die weitere Planung einzubeziehen?
Variationen	Beliebige Schritte den jeweiligen Notwendigkeiten anzupassen; jeder der anwesenden Teammitglieder übernimmt die Instruktion zu einem Schritt.
Analoga	Mini-Lab (1.1), Gruppenbildung (1.3), Planung der Anfangsphase ... (1.4)

1.31 INSTRUKTIONEN FÜR ÜBUNG GRUPPEN- UND TRAINERWAHL

Block I

Schritt 1: Das Plenum in den ersten Minuten einfach ‚gehen' lassen. Die Teammitglieder intervenieren in keiner Weise, machen evtl. mit bei der informellen Begrüßung von Bekannten untereinander. (10′)

Schritt 2: Erste Instruktion: „Wir gehen jetzt drei Minuten schweigend im Plenumsraum herum und versuchen, einen Eindruck zu gewinnen von möglichst vielen anderen." (3′)

Schritt 3: Zweite Instruktion: „Suchen Sie sich einen Gesprächspartner, den Sie zuvor noch nicht kannten, und sprechen Sie mit ihm darüber, wie er und wie Sie sich im Moment fühlen." (5′)

Schritt 4: „Sie beide werden jetzt eingeladen, miteinander zu sprechen über Ihre Erwartungen, Befürchtungen, kritische Einstellungen in bezug auf das Training." (5′)

Block II

Schritt 5: „Bilden Sie zusammen mit einer der anderen Dyaden eine 4er-Gruppe, und sprechen Sie bitte in dieser 4er-Gruppe über die schon angeschnittenen Themen." (25′)

Schritt 6: Jeweils eine 4er-Gruppe schließt sich einer anderen 4er-Gruppe an und bildet dann eine 8er-Gruppe. Die 8er-Gruppen versuchen zu inventarisieren, was in den beiden 4er-Gruppen besprochen ist und tragen das Resultat auf einen Flipover ein, damit auch die anderen Lab-Teilnehmer davon Kenntnis nehmen können. (30′)

Schritt 7: Marktsituation. Informelle Gespräche über die Flipoverberichte. (30′)

Block III

Schritt 8: Die Teilnehmer werden informiert über einige statistische Daten in bezug auf ihre Gruppenzusammensetzung: Zahl der Frauen/Männer; berufliche Zusammenstellung: soviel Sozialarbeiter, Psychologen, Theologen usw.; soviel machen das erste Mal in einem Training mit; soviel sind schon mit Trainings bekannt. Aufgrund dieser Daten wird auf einem Flipover eine Modellgruppe skizziert. In diesem Schritt werden auch die Trainerpaare bekanntgegeben. (15′)

Schritt 9: Den Teilnehmern wird die Aufgabe gegeben, miteinander T-Gruppen zu bilden, unter Berücksichtigung der Modell-Gruppe, und zwar so heterogen wie möglich (dies begründen im Hinblick auf Lernziele; heterogen auch im Hinblick auf Bekanntheitsgrad untereinander und den Trainerpaaren gegenüber). Wenn fertig, überprüfen die Gruppen gegenseitig die

Zusammensetzung unter den Gesichtspunkten der erwähnten Kriterien. Dieser Schritt kann mehr/weniger Zeit in Anspruch nehmen; die Erfahrungen liegen zwischen 30 Minuten und drei Stunden! (120′)

Block IV

Schritt 10: Haben die TG's sich gebildet und einander überprüft in bezug auf die Handhabung der Kriterien (soweit in etwa möglich), so fangen die Verhandlungen untereinander und mit den Trainern an (Zuordnung der Trainerpaare). Auch hier werden, so weit wie möglich, die Heterogenitätskriterien berücksichtigt. (30′)

Schritt 11: TG-Sitzung. Diese kann eine ‚klassische unstrukturierte' Sitzung sein, kann aber auch strukturiert werden im Hinblick auf das Ziel (bzw. die Ziele) des Laboratoriums. Zu denken ist z. B. an die Auswertung dieser Übung; z. B. unter dem Gesichtspunkt ‚Organisationsentwicklung'. Anschließend an diese TG-Sitzung kann auch eine plenare Auswertung vorgenommen werden, worin etwas Minitheorie enthalten ist und worin schon über weitere Formen der Zusammenarbeit gedacht wird, z. B. Form von ‚Open Staff'. (90′)

Evtl. Auswertung der Übung im Plenum.

NOTIZEN:

NOTIZEN:

Stichworte	
Titel	ERÖFFNUNG, ENTSCHEIDUNGEN — **1.4**
	Planung der Anfangsphase einer Tagung
Ziel	Gleichberechtigte Bestimmung gemeinsamer Lernziele und Planung einer ersten Lerneinheit, die den Bedürfnissen der Teilnehmer wie den Zielvorstellungen des Leitungsteams gerecht wird.
Indikation	Primär gruppendynamisch orientierte Fortbildungsveranstaltungen, aber auch für Trainings geeignet
Übungstyp, Beteiligte	Eher ein Stück Gesamtplanung einer Tagung als eine Übung; alle Beteiligten der Veranstaltung mit Leitungsteam
Durchführung	siehe 1.41 Durchführung in einer Vorphase sowie drei Unterphasen innerhalb der Veranstaltung
Dauer	ca. 8 Std. (1 Tag), dazu Vorbereitung durch Fragebogen. Zeit schwer zu bestimmen, da sie sich nach der jeweiligen Entscheidungsfähigkeit der Teilnehmer richtet.
Unterlagen, Material	Vorher zu verschickender Fragebogen und seine Auswertung (an jeden Teilnehmer); Planungspaper für die Initialphase; diverse Vervielfältigungen von Arbeitsergebnissen
Geeignete papers	Schwierigkeiten in neuen und sich entwickelnden Gruppen (1.91), alle papers über Entscheidungen in Gruppen (6.91–6.94), Grundannahmen und Gruppenentwicklung (8.93)
Autor	v. Troschke, J.
Literatur, Erfahrungen	Ermöglicht kontrollierbareres Verhalten in Anfangssituationen
Auswertungshilfen	Gelingt es dem Leitungsteam, sein Fachwissen im Sinne einer funktionalen Autorität zu vermitteln? Ist das Fortschreiten dem Gruppen-Entwicklungsstand und der entsprechenden Entscheidungsfähigkeit angemessen?
Variationen	Gruppenzusammensetzung nicht nach Sachinteressen, sondern nach Selbsteinschätzung: Eine Gruppe der Vielredner, eine der Mittel-Vielredner, eine Gruppe der Wenigredner
Analoga	Gruppenbildung (1.2), Gruppen- und Trainerwahl (1.3), Erwartungs-Inventar (1.6)

1.41 INSTRUKTIONEN FÜR DIE PLANUNG DER ANFANGSPHASE EINER TAGUNG

Die Initialphase der Tagung gliedert sich in eine Vorphase und 3 Unterphasen:

Vorphase: Fragebogenerhebung

3 Unterphasen: Bestimmung der gemeinsamen Lernziele
Gewichtung der Lernziele in einer Rangfolge
Methodische und zeitliche Planung der ersten Lerneinheit (1–2 Tage)

1.411 Vorphase: 14 Tage vor der Tagung

Fragebogenerhebung über die Erwartungen der eingeladenen Teilnehmer mittels eines strukturierten Fragebogens, der Erwartungen erfaßt hinsichtlich

- der Lerninhalte (Themen)
- der anderen Tagungsteilnehmer
- der Tagungsleitung (Organisationsteam)
- des eigenen Engagements.

Außerdem wird den Teilnehmern die Planung der Initialphase in einem paper mitgeteilt.

1.412 Unterphase I.

Jeder Teilnehmer erhält bei der Ankunft eine Zusammenstellung der Ergebnisse der Fragebogenerhebung.

Tagungsbeginn am Abend mit informellem Zusammensein der Teilnehmer zum Kennenlernen ohne das Organisationsteam.

‚Eröffnung der Tagung' und ‚technische Hinweise' durch die (den) wirtschaftliche Leiterin (Leiter) des Hauses.
Nächster Morgen:

Vorstellung des Organisationsteams (OT) und nochmalige Darstellung der Planung der Initialphase mit anschließender Abstimmung darüber, ob die Mehrheit der Teilnehmer mit einem solchen Vorgehen einverstanden ist.

Wird die Planung abgelehnt, schlägt das OT vor, in Kleingruppen eine andere Planungsform zu erarbeiten.

Wird die Planung mit Mehrheit angenommen:
1. Bildung von Kleingruppen (KG) mit gemeinsamen Interessen.

Aufgabenstellung: schriftliche Erarbeitung von gemeinsamen Lernzielen anhand des Lernzielkataloges des Erwartungsfragebogens für die Tagung.

Vervielfältigung und Verteilung der Arbeitsergebnisse der Kleingruppen. Ebenso Verteilung der Zielvorstellungen des OT's.

Pause

2. Öffentliche Diskussion der Arbeitsergebnisse im Plenum. Evtl. in einer Podiumsdiskussion von Delegierten aus den KG's und dem OT.

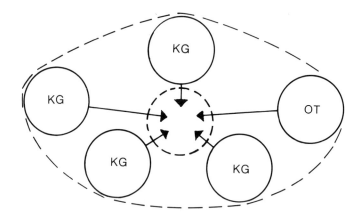

1.413 Unterphase II und III

3. Vorbereitung einer Entscheidung über die Gewichtung der Lernziele in einer Rangfolge durch die KG's.

Die Gruppen können untereinander Informationen austauschen.

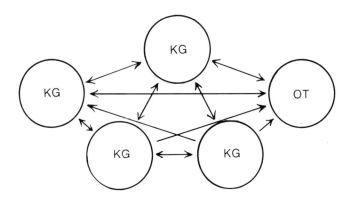

Entwicklung eines Entscheidungsmodells für die Festlegung des Lernziels der ersten Arbeitseinheit.

4. Entscheidungsplenum

● Entscheidung über einen Entscheidungsmodus bei der Festlegung des Lernziels der ersten Arbeitseinheit.

● Entscheidung über das Lernziel der ersten Arbeitseinheit.

NOTIZEN:

Stichworte	ERÖFFNUNG, BEOBACHTUNG, FEED BACK **1.5**
Titel	Zwiebelschale
Ziel	Erleben der Arbeitsweise einer Gruppe unter Wirkung von Außendruck; Darstellung der Entwicklung des „Wir-Gefühles"; Hinweis auf die soziodiagnostische Funktion des Labs
Indikation	Jedes Lab; auch für Kurzveranstaltungen geeignet; Beginn des Labs, evtl. auch später im Zusammenhang mit Kohäsion und Außendruck
Übungstyp, Beteiligte	Alle Teilnehmer; maximal ca. 25; mit geteilten Funktionen: aktive Innengruppe (6–10) und beobachtende Außengruppe (15–20)
Durchführung	Vorher entscheiden, ob aufgabenzentrierte oder themenfreie Diskussion; Bestimmung eines geeigneten Auswahlmodus für die Rollenteilung; falls standardisierte Beobachtung, möglichst vorher Instruktion der Beobachter; Entscheidung, ob Innengruppe mit oder ohne Übungsleiter diskutiert. 1. $^1/_2$–$^3/_4$ Std. Diskussion der Innengruppe ohne Beteiligung der Außengruppe 2. freie Berichte der Innen- und Außengruppe über das Erleben der Situation 3. Bericht der Beobachter
Dauer	ca. 1$^1/_2$ Std., bei standardisierter Beobachtung 2 Std.
Unterlagen, Material	keine; Tonband möglich; bei standardisierter Beobachtung: Beobachtungs- und Auswertungsbögen (vgl. 2.7)
Geeignete papers	Schwierigkeiten in neuen und sich entwickelnden Gruppen (1.91)
Autor	unbekannt
Literatur, Erfahrungen	H o f s t ä t t e r, P. R. (1963[5]) – Erste Phase nicht zu lange ausdehnen, da massive Frustration der Außengruppe möglich.
Auswertungshilfen	Art der Gesprächsführung in der Innengruppe? Herausbildung von Führungsfunktionen? Druck der Außengruppe, in welcher Form? Wie erlebt Außengruppe ihr Schweigenmüssen? Wie reagiert Innengruppe auf Außengruppe?
Variationen	Außengruppe aufteilen: Beobachtung des inhaltlichen Verlaufs, der Beziehungen Innen- Außengruppe; standardisierte Beobachtung (2.7) mit Auswertung
Analoga	Mini-Lab (1.1); TG beobachtet TG (4.4); Alter Ego (4.2)

NOTIZEN:

Stichworte	**ERÖFFNUNG, ENTSCHEIDUNGEN** **1.6**
Titel	Erwartungs-Inventar
Ziel	Verbalisierung von Erwartungen an das Lab; Prioritäten setzen per Gruppenentscheidung; Erleben der Dynamik zwischen individuellen und (wechselnden) Gruppeninteressen
Indikation	Zu Beginn des Lab, primär für Org.-Training, auch für andere Veranstaltungen geeignet; in Variation (s. u.) zu jeder Zeit geeignet
Übungstyp, Beteiligte	Entscheidungsübung in kurzfristig wechselnden Gruppenzusammensetzungen; alle Lab-Teilnehmer; geeignet bei 20 bis 30 Teilnehmern
Durchführung	1. Jeder Teilnehmer schreibt individuell seine Erwartungen an das Lab auf (10–20′) 2. Bildung von 5er-Gruppen; in jeder 5er-Gruppe wird eine einstimmige Rangliste der Erwartungen erstellt (Länge der Rangliste sollte beschränkt werden auf 5–10. (20–30′) 3. Bildung von neuen, aus den 5er-Gruppen gemischten 7er- oder 8er-Gruppen. Diese Gruppen bewerten die Rangfolgen der 5er-Gruppen mit einem Punktesystem. Insgesamt können 100 Punkte vergeben werden, die Punktbewertung soll einstimmig erfolgen. (20–30′) 4. Die Gruppen geben ihre Punktbewertungen bekannt, Ermittlung der besten 5er-Gruppe.
Dauer	ca. 2 Std.
Unterlagen, Material	Schreibmaschinen oder Kopiergerät zur Vervielfältigung der Ranglisten der 5er-Gruppen
Geeignete papers	Schwierigkeiten in neuen und sich entwickelnden Gruppen (1.91) Schritte beim Entscheidungs- und Problemlösungsprozeß in Gruppen (6.92)
Autor	Entworfen nach Anregungen von T. Johnstad und C. F. Wieringa
Literatur, Erfahrungen	
Auswertungshilfen	Was wird erlebt, wenn die individuellen Erwartungen modifiziert werden? Welche Flexibilität zeigt der einzelne, wenn seine Leistungen bewertet werden? Wie verhalten sich die Teilnehmer der 5er-Gruppen in der neuen Zusammensetzung? Fortdauer des Gruppenbewußtseins der 5er-Gruppen? Modi der Entscheidungsfindung?
Variationen	Übungsschema kann für beliebige Inhalte verwendet werden: Analysen, Erfahrungen, Lernergebnisse etc.; Gruppengröße kann je nach Teilnehmerzahl variiert werden
Analoga	Mini Lab (1.1), Planung der Anfangsphase einer Tagung (1.4), NASA-Übung (6.3)

1.9 PAPERS

1.91 SCHWIERIGKEITEN IN NEUEN UND SICH ENTWICKELNDEN GRUPPEN

In jeder Gruppe gibt es bestimmte Ziele oder das Bedürfnis, sich Ziele zu setzen; es gibt eine Reihe von Verfahrensweisen und Einzelaufgaben, die zu diesem Ziel führen, und das Bedürfnis, eine Gruppe zu bilden und ihren Bestand zu sichern, damit sie gemeinsam auf dieses Ziel hinarbeiten kann. In der T-Gruppe gibt es, mehr noch als in anderen Gruppen, eine Reihe von Schwierigkeiten, mit denen die Gruppe umgehen lernen und die sie mit erfinderischem Geschick meistern muß, um ihr Ziel zu erreichen.

1.911 Neue Mitglieder in der Gruppe

A. Neue Mitglieder stehen folgenden Fragen gegenüber:
- *Wer bin ich?* Welche meiner vielen Rollen soll ich spielen?
- *Wen kann ich beeinflussen?* Wer ist meinem Einfluß zugänglich und von wem kann ich mich bereitwillig beeinflussen lassen?
- *Wer ist im Besitz der Machtpositionen?* Welche Individuen oder Untergruppen bestimmen anscheinend das Gruppengeschehen?
- *Wie „offen" kann ich sein?* Wieviel von mir, meinen Gefühlen und Einstellungen soll ich in dieser Gruppe zeigen?

B. In Ermangelung früher Anleitung durch den Trainer oder definierter Absichten tauchen bei Mitgliedern von T-Gruppen verschiedene Besorgnisse auf:
- Das Bedürfnis nach *Strukturierung*, die der unklaren Situation ein Ende machen könnte, ist gesteigert.
- *Projektionen.* Da Informationen fehlen, stellen sich die Mitglieder alle möglichen Folgen vor, die ihr Verhalten in der Gruppe haben könnte.
- Leichte ängstliche *Beklommenheit*. Werde ich fähig sein, meine Ziele zu erreichen? Werde ich fähig sein, die negativen Folgen zu vermeiden?
- Unangepaßtes, manchmal *übertriebenes Verhalten* als Folge früherer Erfahrungen.

1.912 Neue Gruppen

A. Neue Gruppen stehen, ebenso wie neue Gruppenmitglieder, einer Reihe von Schwierigkeiten gegenüber:

Mitgliedschaft und Aufnahme
- Die Gruppe muß herausfinden, welches die Bedingungen für ‚Mitgliedschaft' sind.

- Die Gruppe muß herausfinden, welche Art Führerschaft Anhänger und Unterstützung findet.
- Die Gruppe muß die Grenzen des für die Mitglieder akzeptablen Verhaltens entdecken.
- Die Gruppe muß beschließen, wie auf abweichendes oder unpopuläres Verhalten reagiert werden soll.
- Die Gruppe muß einen Verhaltensmodus gegenüber speziellen Mitgliedern, wie z. B. Trainern, finden.
- Die Gruppe muß ihre Normen und Standards festlegen.
- Die Gruppe muß entdecken, wer ‚drinnen' und wer ‚draußen' ist und warum.

Kontrollen

- Die Gruppe muß für das, was in ihr vorgeht, spezifische Verfahrensweisen entwickeln.
- Eine dieser spezifischen Verfahrensweisen ist die, nach der Entscheidungen getroffen werden.
- Die Gruppe muß Ziele entwickeln, die den Bedürfnissen ihrer individuellen Mitglieder entsprechen.

Persönlicher Kontakt

- Die Gruppe muß eine brauchbare Kommunikationsmethode finden, die es den Mitgliedern möglich macht, nicht nur zu verstehen, was die andern sagen, sondern auch, was sie meinen.
- Die Gruppe muß eine entsprechende Methode des Feed Back zwischen einzelnen Mitgliedern und der Gruppe finden.
- Die Gruppe muß genügend Kohäsion entwickeln, um arbeitsfähig zu sein. Kohäsion ist die ‚Summe' der Anziehungskraft der Gruppe auf alle ihre Mitglieder.
- Die Gruppe muß entsprechende Normen und Grenzen für die Handhabung persönlicher Gefühle entwickeln.

B. Wie beim einzelnen Individuum verursachen diese Schwierigkeiten auch in der Gruppe verschiedene Besorgnisse und Besonderheiten des Verhaltens.
- Die Situation wird als bedrohlich erlebt.
- Es herrscht allgemeine Unwissenheit, die die Mitglieder in Ermangelung von Fakten gemeinsam haben.
- Es wird wahrgenommen, daß andere innen-geleitet und daher der Beeinflussung nicht zugänglich sind.
- Gruppen reagieren aufgrund früherer Erfahrungen mit
    - Kampf oder
    - Flucht oder
    - Abhängigkeit oder
    - Paarbildung
    - zusätzlich mit Arbeit.

- Gesteigerte Beschäftigung mit zentralen Personen, z. B. Trainern.
- Es herrscht eine Neigung zur Bildung von Untergruppen und Koalitionen.

C. Einige Möglichkeiten zur Verminderung der negativen Spannung sind
- Die Schwierigkeiten als natürlich, wenn auch nicht unbedingt angenehm zu akzeptieren.
- Die eigenen Gefühle auszusprechen und anderen zu helfen, die ihren zu ändern.
- Vorauszusetzen und zu akzeptieren, daß in den Frühstadien einer Gruppenentwicklung viel Energie darauf verwendet werden muß,
  - die Gruppe zu bilden,
  - Gefühle klar zu machen,
  - Arbeitsarrangements zu finden.

1.913 Sich entwickelnde Gruppen

A. Nach der Einleitungsphase steht die Gruppe vor weiteren Schwierigkeiten.

B. Alle in Gruppenaktivitäten investierte Energie wird verwendet
- zur Arbeit an den Aufgaben der Gruppe,
- zum Aufbau oder zur Aufrechterhaltung der Gruppe,
- zur Befriedigung individueller Bedürfnisse.

C. Ein gegensätzliches Dilemma für eine Gruppe ist die Entscheidung über die entsprechende Verteilung dieser menschlichen Energie. Eine günstige Verteilung ergibt sich, wenn die individuellen Bedürfnisse mit den Zielen und Aufgaben der Gruppe übereinstimmen und das Klima der Beziehungen zwischen den Gruppenmitgliedern einen größeren Energieaufwand zum Aufbau der Gruppe überflüssig macht.

D. Einige fortdauernde Schwierigkeiten in Training-Gruppen:
- Entwicklung brauchbarer *Entscheidungsmechanismen*.
- Herstellung der für die spezielle Gruppe *optimalen Kohäsionen*.
- Setzen von *Zielen*, die den individuellen Bedürfnissen angepaßt und integriert werden können.
- Entwicklung von *Normen*, in denen sich eine Vielfalt individueller Verhaltensweisen unterbringen läßt.

(eit)

Wahrnehmung, Beobachtung

2.0 EINLEITUNG

In jedem gruppendynamischen setting, speziell in unstrukturierteren Situationen, taucht häufig sehr bald das Problem des sich nicht Verstehens, des Erstaunens, der Entrüstung und Frustration über die Andersartigkeit des anderen, über seine von meiner verschiedenen Wahrnehmung auf.

Eine Bearbeitung dieser Wahrnehmungsprobleme erfordert, da sie häufig auch noch mit deutlichem Widerstand verknüpft sind, der Demonstration ihrer Bedingtheit. Angeblich objektive Sachverhalte, deren unterschiedliche Auslegung Anlaß zur Reflexion, zur Revision eigener Standpunkte und zu einem vorsichtigeren Umgehen miteinander führen können, sind dazu geeignet. Sie sind als initiale Konfrontation unter Umständen sogar besser geeignet als die Analyse sozialer Sachverhalte, bei denen die Gültigkeit verschiedene Interpretationen schlecht nachzuprüfen ist.

Optische Täuschungen (2.1) sind, trotz ihrer hohen Bekanntheit, immer noch geeignet für diesen Zweck. Die hier dargestellten optischen Täuschungen (2.11) können ergänzt und erweitert werden durch stimulierende und weniger bekannte (z. B. Artamonow, J. D., 1967). — Das Kipp-Bild der alten/jungen Frau (2.2 und 2.3) läßt sich eigentlich nur noch für gruppendynamische Neulinge verwenden; die Anregung zur Zeichnung und Herstellung neuer Kipp-Bilder sei hiermit ausdrücklich angesprochen. — Die Übung Cognac-Mädchen (2.4), benannt nach dem ersten Bild, das von Nellessen, L. für diese Übungsform benutzt wurde, ist vom Bildinhalt auch vielfach modifizierbar; Bilder aus Illustrierten wie z. B. LIFE bieten sich dazu an. Die in den drei letztgenannten Übungen auftauchenden Schwächen des Informationsübermittlungsprozesses weisen gleichzeitig hin auf die Inhalte des Kapitels Kommunikation.

Das ebenfalls sehr bekannte Neun-Punkte-Problem (2.5) von Wertheimer, das Untersuchungen zur Gestaltwahrnehmung entstammt, ist für Uneingeweihte ein ausgezeichneter Stimulus zur Auseinandersetzung. — Die Übung Vorfall inszenieren (2.6) schließt an Untersuchungen der Jahrhundertwende zur Tatbestandsdiagnostik an. In der Durchführung unter Umständen sehr spaßig, ist sie in ihren Konsequenzen außerordentlich ernst, da sie die Anfälligkeit ungezielter Wahrnehmung in affektiv beladenen Situationen besonders deutlich zeigt. Es braucht nicht unbedingt ein gespielter und inszenierter Vorfall zu sein, auch die kurzzeitige Darbietung eines komplexen Bildes zeigt, wie schwierig es ist, Tatbestände in einer Situation wirklich zu erfassen.

Diese Subjektivität der Wahrnehmung mit ihren vielfach bedingten Schwächen und Fehlermöglichkeiten kann reduziert werden durch eine methodische und gezielte Beobachtung nach standardisierten Kriterien (2.7). Diese Beobachtungsverfahren, die auch in Kapitel 8, Analyse des Gruppenprozesses, am Platze wären, sind hier aufgenommen, weil sie den Wahrnehmungsapparat betreffen. Es sind vier einfache oder zum Teil vereinfachte

Beobachtungssysteme wiedergegeben, die sich besonders gut für Gruppendiskussionen eignen, ohne einen Anspruch auf Vollständigkeit zu erheben. — Es sei noch darauf hingewiesen, daß die Rückfütterung solcher Beobachtungsergebnisse meist nicht ganz einfach ist, da in Diskussionsgruppen angelaufene Prozesse eine Tendenz zur Verselbständigung besitzen, die dann unter Umständen einem Feed Back von außenstehenden Beobachtern kein Interesse oder gar Abwehr entgegenbringen.

Stichworte	
Titel	WAHRNEHMUNG **2.1**
	Optische Täuschungen
Ziel	Demonstration der physiologisch und psychologisch bedingten Einschränkungen der (optimalen) Wahrnehmungsfähigkeit; Verdeutlichung der Notwendigkeit von Sensitivity
Indikation	Nur bei relativ strukturierten Sens.-Trainings; relativ zu Beginn; auch für Kurz- und Lehrveranstaltungen
Übungstyp, Beteiligte	Vorlesungsartige Demonstration vor dem Plenum als Auditorium
Durchführung	1. Einleitung; vgl. 2.91 2. Demonstration von maximal 8–10 Tafeln mit entsprechenden Aufforderungen 3. Herausarbeitung von Gestaltgesetzen und weiteren Wahrnehmungsfaktoren
Dauer	beliebig; möglichst kurz
Unterlagen, Material	Dias oder Tafeln diverser geometrisch-optischer Täuschungen (2.11)
Geeignete papers	Wahrnehmung (2.91)
Autor	Kein eigentlicher Autor; aus der wahrnehmungspsychologischen Literatur
Literatur, Erfahrungen	Rohracher, H. (1958), S. 88–184; Wertheimer, M. (1957); Metzger, W. (1953); Artamonow, J. D. (1967). – Demonstrationsstil paßt wenig zur Laboratoriumssituation; bei Psychologen als bekannt vorauszusetzen.
Auswertungshilfen	Abhängigkeit der Wahrnehmung von physiologischen, psychologischen und sozialen Faktoren. Welche Gestaltgesetze werden spontan gefunden?
Variationen	
Analoga	Alte Frau/junge Frau (2.2), Cognac-Mädchen (2.4)

2.11 ZUR DEMONSTRATION GEEIGNETE GEOMETRISCH-OPTISCHE TÄUSCHUNGEN:

1. Müller-Lyer'sche Täuschung

2. Sander'sches Parallelogramm

3. Hering'sche Parallelentäuschung

4. Ebbinghaus'sche Kreistäuschung

5. Necker'sche Würfel

6. Rubin'sches Pokalbild

7. Kippbild

8. Größenkonstanz

9. Spirale

Stichworte	WAHRNEHMUNG, INFORMATIONSÜBERMITTLUNG **2.2**
Titel	Alte Frau – junge Frau
Ziel	Erleben, daß Information durch Weiterleitung gestört wird; Bewußtwerden, daß in der spezifischen Weise der eigenen Wahrnehmung reagiert wird und daß Wahrnehmungen stark variieren; Stimulierung der kritischen Überprüfung von Gerüchten (n. B r o c h e r).
Indikation	vorwiegend Sens.-Training; meist erste Phase des Labs, wenn Wahrnehmungsbarrieren deutlich und störend werden
Übungstyp, Beteiligte	Eine Art Experimentalgruppe von 5–7 Teilnehmern als Akteure; die anderen Teilnehmer als Zuschauer
Durchführung	1. Experimentalgruppe von 5–7 Teilnehmern wählen. 2. Gruppe sitzt in einer Reihe den Zuschauern gegenüber. Der erste Teilnehmer erhält das Bild der Dame (2.21) und den Instruktionsbogen (2.22) und hat drei Minuten Zeit, das Bild zu studieren und sich die zehn statements einzuprägen. 3. Der erste Teilnehmer gibt Bild und Instruktionen zurück, wendet sich seinem Nebenmann zu und beschreibt flüsternd den erinnerten Inhalt des Bildes und der statements. 4. Der zweite Teilnehmer gibt die Information an den dritten usw. 5. Der letzte Teilnehmer gibt dem Auditorium eine laute Beschreibung des Bildes, die von ihm angegebenen statements werden auf der Tafel notiert. 6. Der Gesamtgruppe wird das Bild gezeigt und die 10 statements vorgelesen. Ist die doppelte Stimulation des Bildes nicht herausgekommen, wird das Auditorium gefragt (Abstimmung).
Dauer	$1/2$ Std.
Unterlagen, Material	Instruktionen (2.22), 1–2 Bilder der Dame (2.21)
geeignete papers	Wahrnehmung (2.91)
Autor	B o r i n g, E. G. (1930), Original von W. E. H i l l (1905)
Literatur, Erfahrungen	B a r t l e t t, F. C. (1932); B r u n e r, J. S., P o s t m a n, L. (1948); in: B r o c h e r, T. (1967) und N y l e n et al. (1967) – Häufig in der psychologischen Literatur beschrieben.
Auswertungshilfen	Welche Entstellungen treten auf, welche Ursachen sind dafür zu suchen? Liegen sie eher beim Sender oder beim Empfänger? Welche unbewußten Wahrnehmungseinstellungen werden deutlich? Wie ist Bereitschaft zum genauen Zuhören? Wird die doppelte Stimulation des Kippbildes transparent? Entstehen dadurch Mißverständnisse? Übertragbarkeit auf Entstehen von Gerüchten?
Variationen	
Analoga	optische Täuschungen (Kippfiguren, siehe 2.11) Cognac-Mädchen (2.4), Kettenreproduktion n. B a r t l e t t (vgl. 2.4)

2.21 MATERIAL — BILDUNTERLAGE

2.22 INSTRUKTIONEN

Betrachten Sie das Bild der Dame genau. Merken Sie sich die untenstehenden Punkte. Sie haben drei Minuten Zeit für alle Details. Nach drei Minuten sollen Sie die wichtigsten Punkte des Bildes Ihrem Nachbarn mitteilen.

1. Es ist das Bild einer Dame.
2. Sie hat eine Feder im Haar.
3. Es ist ein Tuch auf dem Kopf.
4. Sie hat einen Pelz um den Nacken.
5. Die Feder im Haar ist gebogen.
6. Die Farbe des Pelzes ist der Haarfarbe gleich.
7. Das Tuch auf dem Kopf hat Falten und ist nicht glatt.
8. Das Kopftuch deckt nicht den Vorderteil der Haare.
9. Das Haar erscheint so, als sei es sehr dunkel.
10. Das Alter der Dame ist etwa ...
    (bitte raten Sie!)

Stichworte	WAHRNEHMUNG, KOOPERATION **2.3**
Titel	Kosmetikfirma
Ziel	Diagnose von Kooperationsverhalten bei dissonanten Wahrnehmungsinhalten; Schulung klaren Ausdrucks bei Beschreibungen
Indikation	Für Trainings und Schulungen, in denen Teamarbeit thematisiert werden soll; eher zu Beginn einer Veranstaltung
Übungstyp, Beteiligte	Rollenspiel und Entscheidungsübung; in Gruppen zwischen 5 und 10 Teilnehmern
Durchführung	1. Instruktion: „Stellen Sie sich vor, Sie sind das Leitungsteam einer internationalen Kosmetikfirma (Zweigstelle München). Sie brauchen dringend eine Filialleiterin. Die Zentrale Ihrer Gesellschaft in New York übersendet Ihnen das Funkbild einer in Frage kommenden Persönlichkeit. Aufgrund einer Schlamperei stehen Ihnen die persönlichen Daten (Lebenslauf etc.) erst einen Tag später zur Verfügung. – Sie müssen sich aber heute entscheiden: Entscheiden und begründen Sie *gemeinsam*, ob Sie die Dame einstellen und warum – oder warum nicht." 2. Jeder Teilnehmer bekommt 1 Exemplar der ‚Alten Frau/jungen Frau' (2.22) vor sich auf den Tisch gelegt. 3. Instruktion: „Das Bild, das vor Ihnen liegt, darf nicht berührt werden; es darf *nur* verbal miteinander kommuniziert werden, ohne mit den Händen zu zeigen oder zu deuten." 4. Entscheidungsprozeß mit oder ohne Zeitlimitierung.
Dauer	ca. 30 Min.
Unterlagen, Material	Pro Teilnehmer 1 Exemplar des Kippbildes ‚Alte Frau/junge Frau' (2.21) evtl. Tonband als Kontrolle
Geeignete papers	Wahrnehmung (2.91)
Autor	S t r a u s s , H.
Literatur, Erfahrungen	siehe 2.2
Auswertungshilfen	Wie wird mit dissonanter Wahrnehmungsinformation umgegangen? Wie lange dauert es, bis dieses Problem deutlich wird? Wie wird eine Einigung erzielt? Wie werden diejenigen behandelt, die etwas anderes wahrnehmen? Folgerungen für Teamarbeit?
Variationen	
Analoga	Übung Alte Frau/junge Frau (2.2) Vom Aspekt des Umgehens mit Information: Kohlengesellschaft (5.3)

NOTIZEN:

Stichworte	WAHRNEHMUNG, INFORMATIONSÜBERMITTLUNG	**2.4**
Titel	Cognac-Mädchen	
Ziel	Demonstration und Diagnose sozial bedingter Wahrnehmungsbeschränkungen bei akustischer Informationsübermittlung	
Indikation	wie 2.2	
Übungstyp, Beteiligte	Experimentalgruppe von 5–7 Teilnehmern; dazu ebenso viele Beobachter wie statements	
Durchführung	1. Experimentalgruppe von 5–7 Teilnehmern wählen. 2. Während diese Gruppe herausgeht, werden die Beobachter über die Übung aufgeklärt und die Beobachterfunktionen verteilt: Je ein Teilnehmer beobachtet den Verlauf eines statements. 3. Der erste Teilnehmer der Experimentalgruppe kommt herein, bekommt 3′ Zeit zum Betrachten des Bildes und zum Einprägen der statements. 4. Ohne die Möglichkeit des Nachfragens berichtet der erste dem zweiten, der hereingebeten wird, den Inhalt des Bildes anhand der statements. 5. Der zweite erzählt dem dritten usw. 6. Beobachter berichten die Veränderungen der statements.	
Dauer	ca. 30 Min.	
Unterlagen, Material	Instruktion (2.42), entsprechendes Bildmaterial (z. B. 2.41), statements für den 1. Teilnehmer (2.43), Beobachtungsbögen für Beobachter (2.43)	
Geeignete papers	Wahrnehmung (2.91); Kommunikation (3.91)	
Autor	Nellessen, L., in Anlehnung an Boring und Bartlett	
Literatur, Erfahrungen	Brocher, T. (1967), Nylen, D. et al. (1967), Bartlett, F. C. (1932); in: Antons, K., Enke, E., Malzahn, P., v. Troschke, J. (1971) – Geeignet sind Bilder mit starkem Aufforderungscharakter und Tabu-Inhalten (Sexualität, Rasse, Aggression)	
Auswertungshilfen	Welche Tabus sind im Bild angesprochen? Wie wird damit umgegangen? Welche Details werden elaboriert, welche verschwinden? Verhältnis Gedächtnisleistung zur sozialen Wahrnehmung? Einstellungen, Normen, Werte, Stereotypen? Welche Umdeutungen unklarer Bildinhalte?	
Variationen	Bartlett's Kettenreproduktion: Jeder muß die vom Vorhergehenden gezeichnete Wiedergabe einer Reizvorlage (Katze) reproduzieren, was u. a. Änderungen des Gedächtnisbestandes zeigt. Rumor clinic, in: Pfeiffer, J. W., Jones, J. E. II (1970)	
Analoga	Alte Frau – junge Frau (2.2)	

2.41 MATERIAL — NEGERJUNGEN

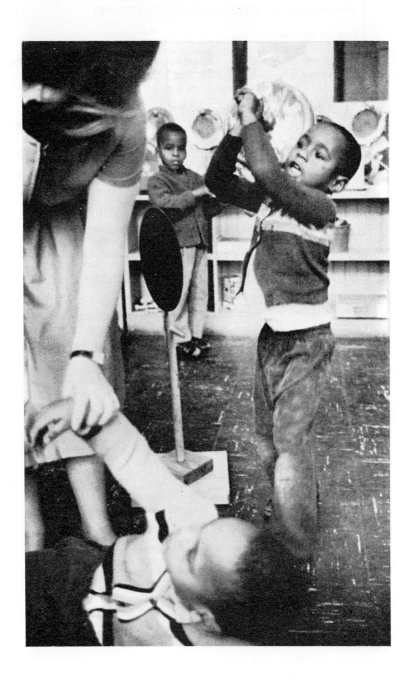

2.42 INSTRUKTIONEN

Betrachten Sie das Bild genau und merken Sie sich die zehn Aussagen über dieses Bild. Sie haben dazu drei Minuten Zeit. Dann geben Sie bitte Instruktion, Bild und Aussagen zurück und teilen Sie dem nächsten Mitglied Ihrer Gruppe, das dann hereingeholt wird, möglichst genau den Inhalt des Bildes anhand der Aussagen mit.

2.43 INSTRUKTIONEN UND STATEMENTS

Statement	1.	2.	3.	4.	5.	6.	7.	8.
1 Auf dem Bild sind vier Personen								
2 Drei der Personen sind kleine Jungen, eine ist eine Frau								
3 Die Jungen sind Farbige, die Frau ist eine Weiße								
4 Die Frau steht gebückt im linken Vordergrund des Bildes und ist nur teilweise sichtbar								
5 Mit ihrer linken Hand hält sie die rechte Hand eines der Jungen, der auf dem Boden ist								
6 Die Frau trägt ein kurzärmeliges Kleid und eine rechteckige Armbanduhr								
7 Der zweite Junge in der rechten Bildhälfte schwingt einen Gegenstand in Richtung der Gruppe im linken Vordergrund. Der Mund des Jungen ist geöffnet.								
8 In der Mitte des Bildes steht eine ovale Scheibe auf einem Holzgestell								
9 Der dritte Junge steht mit angehobenen Armen im Hintergrund und schaut nach vorne ins Bild								
10 Er steht vor einer Art Regal, das die Rückwand des Raumes darstellt.								

NOTIZEN:

Stichworte	WAHRNEHMUNG, INNOVATIVES DENKEN	**2.5**
Titel	Neun-Punkte-Problem	
Ziel	Erleben der Schwierigkeit, eine vorgegebene Gestalt (Gesetz der Geschlossenheit) zu durchbrechen; optische Demonstration von Innovationsproblemen	
Indikation	Als Hilfe zur Situationsanalyse, wenn Aufbrechen alter Strukturen auf Widerstände stößt; Anwendung in Trainings fraglich, da starke pädagogische Elemente, und da bei Psychologen allgemein bekannt	
Übungstyp, Beteiligte	Individuelle Aufgabenstellung im Gruppenversuch; beliebig viele Teilnehmer in Einzelarbeit	
Durchführung	1. Austeilung der Formblätter im Plenum 2. 10 Min. Zeit zur Lösung geben; wer die Lösung hat, möge sich ruhig verhalten 3. Nach 10 Min. abbrechen; Lösung aufzeigen	
Dauer	ca. 20 Min.	
Unterlagen, Material	Formblätter mit Punktanordnung und Instruktion (2.51)	
geeignete papers		
Autor	W e r t h e i m e r , M. (1957); in vielen psychologischen Lehrbüchern wiedergegeben	
Literatur, Erfahrungen	In Trainings kaum ausprobiert; als psychologischer Versuch geeignet, da bei Uneingeweihten Affektstauungen produziert werden	
Auswertungshilfen	Warum ist die Lösung so schwierig? Durchbrechen einer Gestaltqualität. Problemlösung durch Umwegdenken.	
Variationen		
Analoga	Optische Täuschungen (2.1)	

2.51 MATERIAL ZUM NEUN-PUNKTE-PROBLEM

Diese 9 Punkte sind durch nicht mehr als vier gerade Linien ohne abzusetzen zu verbinden. Die Linie ist also dreimal gebrochen. Jeder der vorgegebenen Punkte darf nur einmal berührt werden. Zurückfahren auf derselben Linie ist nicht gestattet.

NOTIZEN:

Stichworte	WAHRNEHMUNG, BEOBACHTUNG	**2.6**
Titel	Vorfall inszenieren	
Ziel	Demonstration der Abhängigkeit von Wahrnehmung und Beobachtung von subjektiven Faktoren; Beitrag zur Funktionsweise der sozialen Wahrnehmung	
Indikation	Bei noch nicht zu hoher Bekanntheit der Teilnehmer; primär für Schulungen geeignet	
Übungstyp, Beteiligte	Demonstration vor unstrukturiertem Zuschauergremium, das nach dem Vorfall um Mitarbeit gebeten wird	
Durchführung	1. In eine laufende Plenumssitzung wird ein 2–3minütiger vorgeplanter Zwischenfall eingeblendet (z. B. physische Attacke, die sich aus einem Wortwechsel ergibt) 2. Plötzliches Abbrechen der Situation, Entfernung zu beschreibender Dinge 3. Aufforderung an die Teilnehmer niederzuschreiben, was geschehen ist. Frei berichten lassen oder gezielte Fragen beantworten lassen 4. Möglichst rasches Einsammeln der Berichte 5. Evtl. noch Interview einzelner Teilnehmer	
Dauer	ca. 1 Std.	
Unterlagen, Material	Papier und Schreibzeug für alle Teilnehmer (rasches Austeilen wichtig); gegebenenfalls Fragebogen; Tonbandkontrolle sehr nützlich!	
geeignete papers	Wahrnehmung (2.91)	
Autor	Nach dem Hörsaalversuch des Strafrechtlers L i s z t, zuerst beschrieben von J a f f a , S. (1903)	
Literatur, Erfahrungen	L i p m a n n , O. (1903), G ü n t e r , A. (1904); Übersicht in M ö n k e m ö l l e r, O. (1930), S. 18–29 — Wichtig ist die Unverfänglichkeit der Ausgangssituation und die spätere Aufarbeitung zur Vermeidung von Manipulation.	
Auswertungshilfen	Was ist objektiv passiert (Tonband) und was ist von einzelnen und von allen wahrgenommen worden? In welche Richtungen verlaufen Wahrnehmungsverfälschungen? Welche Erwartungen spiegeln sich in den Wahrnehmungen? Wie viele Einzelheiten (bei Fragebogen) können behalten werden?	
Variationen	Jede Form eines außergewöhnlichen Vorfalls; wichtig ist auf jeden Fall eine Art „Drehbuch" und Handlungs-Konsensus der Akteure. Anregungen in der angegebenen Literatur.	
Analoga	Optische Täuschungen (2.1), Standardisierte Beobachtung (2.7)	

NOTIZEN:

Stichworte	WAHRNEHMUNG, BEOBACHTUNG **2.7**
Titel	Standardisierte Beobachtung
Ziel	Training der Beobachtungsfähigkeit anhand standardisierter und objektivierbarer Systeme von Beobachtungskriterien; Erlernen eines Werkzeuges der Gruppenanalyse; Erleben der Wirkung von Beobachtung als Feed Back für die Gruppe
Indikation	Sowohl als skill training als auch zur Diagnose von Gruppenprozessen; geeignet zur Beobachtung von Selbsterfahrungs- und aufgabenorientierten Gruppen; jederzeit bei allen Trainingsarten
Übungstyp, Beteiligte	Alle Teilnehmer mit Aufteilung in Experimentalgruppe und Beobachtergruppen; für beliebige Teilnehmerzahl geeignet
Durchführung	1. Aufteilung in Experimentalgruppe und Beobachtergruppen 2. Simultane Instruktion der verschiedenen Gruppen 3. 30—40' Gruppenprozeß mit Beobachtung 4. Pause zur Verrechnung der Beobachtungsdaten 5. Berichte der Beobachtergruppen und Vergleich der Kategoriensysteme
Dauer	2—3 Std.
Unterlagen, Material	Instruktionen für Experimentalgruppe, je nach Wahl; entsprechende Beobachtungsbögen in ausreichender Anzahl (siehe unter 2.711—2.714)
geeignete papers	Phasenmodell für Gruppenprozesse (8.92) Grundannahmen und Gruppenentwicklung (8.93) Rollenfunktionen in der Gruppe (8.96)
Autor	kein eigentlicher Autor
Literatur, Erfahrungen	Phasenmodell für Gruppenprozesse (8.92), Grundannahmen und Gruppenentwicklung (8.93), Rollenfunktion in der Gruppe (8.96)
Auswertungshilfen	vgl. 2.71
Variationen	Als Beobachtungsgegenstand kann fast jede Diskussionsgruppe, mit einer optimalen Größe von 5—7, verwendet werden: Rollenspiele wie Dienstwagen (6.2), Planungsausschuß, Delegiertenrat, Arbeitsgruppe, Panel, evtl. sogar TG; weitere Modifikationsmöglichkeiten liegen in den angewendeten Beobachtungssystemen
Analoga	TG beobachtet TG (4.4); läßt sich u. U. kombinieren mit Zwiebelschale (1.5)

2.71 INTERAKTIONSANALYSE: SYSTEME DER BEOBACHTUNG VON GRUPPENPROZESSEN

2.711 Quantitative Auszählung der Interaktionshäufigkeiten und -richtungen

Dieses Verfahren ist zu verwenden für alle Arten von Gruppen zwischen vier und zehn Teilnehmern. — Jeder Beobachter registriert für die Beobachtungszeit die Anzahl der verbalen Zuwendungen eines Mitglieds an andere Mitglieder oder an die Gruppe. Es ist günstig, so viele Beobachter wie Mitglieder in der Diskussionsgruppe zu haben. Am Ende wird die Matrix aus den Aufzeichnungen der einzelnen Beobachter zusammengestellt. Die Spaltensummen dieser Matrix zeigen die Häufigkeit des aktiven Gesprächsverhaltens, die Zeilensummen die Häufigkeit des Angesprochenwerdens. Aus beiden Häufigkeiten lassen sich Aspekte der Dynamik einer Gesprächsgruppe folgern: Wer zieht das meiste Interesse auf sich? Wer spricht am meisten? Wo sind häufigere Dialoge? Wer wird übergangen?

Diese rein quantitative Beobachtung ist am günstigsten mit einer Beobachtung des inhaltlichen Verlaufes zusammen zu diskutieren. Auch das Stoppen der Redezeit jedes einzelnen kann nützlich sein.

MATRIX FÜR INTERAKTIONSHÄUFIGKEITEN

pass. \ akt.	Diskussionsteilnehmer							Gruppe	Σakt.	Rang akt
	A	B	C	D	E	F	G			
A	—									
B		—								
C			—							
D				—						
E					—					
F						—				
G							—			
Σpass										
Rang pass										—

2.712 Kategoriensysteme von B a l e s (1950, 1970)

Dieses Kategoriensystem ist wohl die verbreitetste und zur Zeit noch umfassendste Methode zur Interaktionsprozeßanalyse einer Gruppe. Sie zeichnet sich, besonders nach der Neuüberarbeitung (1970) durch hohe Exaktheit und Komplexität aus (vgl. S v e n s s o n, A., 1972; N e l l e s s e n, L. 1970). Die exakte Durchführung ist im Rahmen von Trainings etc. zu aufwendig; sie benötigt Tonbandaufzeichnungen und geschulte scorer.

Die Idee von B a l e s ist jedoch auch in vereinfachter Form durchzuführen: Für den Gruppenprozeß relevante Kategorien (s. unten) können, mit kurzer Erläuterung und Einweisung, Beobachtern gegeben werden, die dann pro Person oder gesamt für die Gruppe alle Vorschläge, Fragen, Antagonismen etc. signieren. Dieses vereinfachte Verfahren gibt unter Umständen schon guten Aufschluß über dominante Interaktionsmuster von Gruppen.

DAS BEI DER BEOBACHTUNG KLEINER GRUPPEN
VERWENDETE KATEGORIENSYSTEM VON *R. F. BALES*

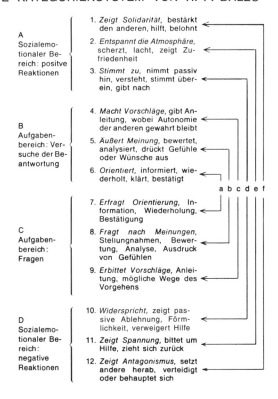

Legende: Fragen a) der Orientierung; b) der Bewertung; c) der Kontrolle; d) der Entscheidung; e) der Spannungsregulierung; f) der Integration

Aus: M i l l s, Th. (1969)

2.713 Rollenbeobachtung

Diese Rollenverhaltensweisen lehnen sich an das Schema von D e u t s c h , M. an, wiedergegeben in paper 8.96. Eine vorherige Bekanntheit der Beobachter mit diesem Rollensystem ist wünschenswert. Für die konkrete Durchführung ist es sinnvoll, die verschiedenen Gruppen von Verhaltensweisen (Aufgabenrollen, Erhaltungs- und Aufbaurollen etc.) an je verschiedene Beobachter zu vergeben oder jeden Beobachter ein Mitglied der Diskussionsgruppe beobachten zu lassen. In das horizontale freie Feld des Schemas 2.713 können Zeitmarken eingetragen werden (vgl. N y l e n , D. et al. 1967; A n t o n s , K. et al.1971)

ROLLENBEOBACHTUNG

Aufgabenrollen	
Initiative und Aktivität	
Informationssuche	
Meinungserkundung	
Information geben	
Meinung äußern	
Ausarbeiten	
Koordinieren	
Zusammenfassen	
Erhaltungs- und Aufbaurollen	
Ermutigung	
Grenzen wahren, „Torhüten"	
Regeln formulieren	
Folge leisten	
Gruppengefühle ausdrücken	
Aufgaben- und Gruppenrollen	
Auswerten	
Diagnostizieren	
Übereinstimmung prüfen	
Vermitteln	
Spannung vermindern	
Rollen, die Spannung anzeigen	
Aggressives Verhalten	
Blockieren	
Selbstgeständnisse	
Rivalisieren	
Suche nach Sympathie	
Spezialplädoyers	
Clownerie	
Beachtung suchen	
Sich zurückziehen	

Nach dem Schema von M. D e u t s c h ; übernommen von N y l e n , D. et al. (1967), S. 135, auch in: P f e i f f e r , J. W., J o n e s , J. E. I (1970) nach B e n n e , K., S h e a t s , P. (1948)

2.714 Verhaltensbeobachtung

Diese speziellen Verhaltenskategorien basieren auf der Theorie von B i o n und dem Phasenmodell von B e n n i s & S h e p a r d (8.93). Bekanntheit der Beobachter mit diesem System ist wiederum wünschenswert. — Das Verfahren kann analog dem von 2.714 gestaltet werden.

Es sei noch einmal wiederholt, daß es stets günstig ist, eine Diskussionsgruppe mit mehreren Beobachtungssystemen (vgl. A n t o n s , K., E n k e , E., M a l z a h n, P., v. T r o s c h k e , J. 1971) zu beobachten, da jedes der Systeme nur relativ enge Verhaltenssegmente zu erfassen in der Lage ist; darüber hinaus sind 2.713 und 2.714 relativ wenig exakte Verfahren.

Kampf-Verhalten	
Attacken, Aggressionen, Verlachen, Verspotten, Ironisieren, negative Gefühle zeigen, Rivalisieren Beispiele:	
Flucht-Verhalten	
Problemen ausweichen, Rückzug, Witzeln, Thematisches Ausweichen, Überintellektualisieren Beispiele:	
Paarungs-Verhalten	
Freundlichsein, Intimität, Unterstützung, Übereinstimmungen Beispiele:	
Abhängigkeits-Verhalten	
Warten auf Unterstützung oder Maßgaben des Leiters, ständiges Bemühen um Strukturierung und Definition der Arten des Vorgehens Beispiele:	
Gegenabhängigkeits-Verhalten	
Rebellion, Aufsässigkeit, Verneinung von Strukturierungsbemühungen Beispiele:	
Arbeits-Verhalten	
Probleme bearbeiten, in der Gruppe lösen Beispiele:	

Nach der Theorie von B i o n ; übernommen von N y l e n , D. et al. (1967), S. 136

2.9 PAPERS

2.91 WAHRNEHMUNG

Ein wesentlicher Teil des menschlichen Verhaltens wird durch die Wahrnehmung bestimmt, womit sie auch die wichtigste Grundlage für zwischenmenschliche Beziehungen wird. Daß ein Mensch sich verhält, und zwar so und nicht anders verhält, hängt zu großen Teilen davon ab, wie er die ihn umgebende Welt wahrnimmt.

Wahrnehmung ist dabei eine Sammelbezeichnung für die verschiedenen „Sinne", von denen in der Psychologie der optische Sinn am eingehendsten untersucht worden ist. Das heißt aber nicht, daß andere Wahrnehmungsbereiche wie Hören und Fühlen für das Verhalten des Menschen weniger wesentlich wären.

Die Wahrnehmung, besonders im zwischenmenschlichen Bereich, ist keineswegs ein photographisch-objektives Registrieren der Wahrnehmungsgegenstände. Unsere Sinne können uns täuschen — sie sind zahlreichen Korrekturen, Störungen und Fehlern unterworfen, die ihrerseits Gesetzmäßigkeiten gehorchen. Der Versuch einer Ordnung dieser Gesetzmäßigkeiten siedelt sie auf drei ineinandergreifenden Bereichen an:

1. der neurologisch-physiologische Bereich,
2. der individualpsychologische Bereich,
3. der sozialpsychologische Bereich.

Anders ausgedrückt kann man auch von *angeborenen*, d. h. durch die Struktur des Wahrnehmungsapparates bedingten und nicht veränderbaren sowie *gelernten* und damit *veränderbaren* Wahrnehmungsbedingungen sprechen, obwohl die Entscheidung darüber im Einzelfall nicht immer leicht ist.

Selbst physiologisch bedingte Veränderungen der Wahrnehmung haben mit Lernen zu tun, wie folgende Überlegung zeigt: Das optische Bild, das wir auf der Sehrinde empfangen, steht auf dem Kopf. (Kleine Kinder können mitunter noch aus verkehrt herum gehaltenen Bilderbüchern „lesen".) Wir haben jedoch gelernt, unsere Umgebung aufrecht zu sehen. Experimente mit Umkehrbrillen (I. K o h l e r, in R o h r a c h e r, H., 1958) konnten zeigen, daß nach einer gewissen Gewöhnungszeit auch ein umgekehrtes optisches Bild wiederum aufrecht wahrgenommen wird. Beim Absetzen der Umkehrbrille erschien dann zunächst alles wieder auf dem Kopf stehend.

Die Schule der Gestaltpsychologie hat über hundert Gesetzmäßigkeiten entdeckt und untersucht, nach denen Korrekturen der Wahrnehmung durchgeführt werden. Die Grundannahme der Gestaltpsychologen ist, daß der Mensch seine Umwelt niemals unstrukturiert erkennt, sondern sie stets nach bestimmten Gesetzmäßigkeiten ordnet, die ‚Gestalten' genannt werden und definiert sind als „von der Umwelt... abgehobene, transponierbare Wahrnehmungsinhalte, deren Einzelheiten als zusammengehörig aufgefaßt werden" (R o h r a c h e r, H. 1958). Ein bekanntes Beispiel für eine solche Gestalt ist die Melodie: Wir hören nicht die einzelnen Töne, sondern erleben sie als zusammengehörige Folge. – Zwei wichtige der Gestaltgesetze seien hier exemplarisch dargestellt: das Gesetz der Nähe und das Gesetz der Geschlossenheit. Das *Gesetz der Nähe* besagt, daß näher zusammenstehende Wahrnehmungsgegenstände als Gestalten oder als Figurengruppen gesehen werden.

Das *Gesetz der Geschlossenheit* besagt, daß geschlossene Wahrnehmungsgegenstände größere Aussichten haben, als Gestalten wahrgenommen zu werden; sind sie nicht ganz geschlossen, so schließen sie sich an den offenen Stellen vollends mit imaginierten Umrißlinien.

An dieser Abbildung wird deutlich, wie die Auswirkungen der Gestaltgesetze von relativ geringfügigen Veränderungen abhängig sind. Wird die im (zweiten) Streifen als Gestalt erkennbare Kugel etwas auseinandergezogen, so rücken – entsprechend dem Gesetz der Nähe – die Zwischenstücke zur Figur zusammen, die ursprüngliche Kugel wird als Zwischenraum gesehen" (A n t o n s , K., E n k e , E., M a l z a h n , P., v. T r o s c h k e , J. 1971, S. 57). Die Wahrnehmungspsychologie konnte ferner aufzeigen, daß wir Gegenstände niemals isoliert wahrnehmen, sondern stets in ihren Beziehungen zur Umgebung. Die Umgebung bestimmt mit, was wir wirklich sehen oder hören. – In der M ü l l e r - L y e r ' schen Täuschung sind beide Teilstrecken A und B gleich lang (2.11, Abb. 1); in der H e r i n g ' schen Paralleltäuschung (2.11, Abb. 2) sind beide waagrechten Striche parallel; in der E b b i n g h a u s ' schen Kreistäuschung (2.11, Abb. 4) sind beide Mittelkreise gleich groß. In allen diesen und anderen Fällen nützt jedoch das Wissen nichts: Wir sind in unserer Wahrnehmung abhängig von den anderen Reizen, die den Wahrnehmungsgegenstand umgeben. – Die folgende Abbildung, verbunden mit der Aufforderung festzustellen, wieviel Quadrate zu sehen sind, zeigt diese Schwierigkeit von einer anderen Seite:

Insgesamt sind 30 Quadrate sichtbar, aber es fällt schwer, sich aus dem vertrauten und bekannten Muster zu lösen und vier bzw. neun Schachbrettfelder zu einem Quadrat zusammenzufassen. — Anders formuliert: Wir sehen stets in einem *Figur-Hintergrund-Verhältnis*. „Bestimmte Wahrnehmungselemente verdichten sich nach Gestaltprinzipien zu Figuren, während das andere zum Hintergrund zurücktritt. Problematisch wird dies sonst völlig unbewußt ablaufende Geschehen, wenn sich zum Beispiel zwei Gestalten hart gegenüberstehen und keines der Gestaltgesetze die Oberhand gewinnen kann, oder wenn ein Hintergrund dieselbe optische Aufforderungskraft hat wie die Figur. In der Natur sind solche Phänomene selten — eines ist zum Beispiel das Zebra, bei dem man nicht weiß, ob es ein weißes Tier mit schwarzen Streifen oder ein schwarzes Tier mit weißen Streifen ist. Dieses Phänomen... wird *Umschlag-* oder auch *Kipp-Phänomen* genannt: Abwechselnd dringt der eine, dann wieder der andere Teil als Figur in den Vordergrund" (A n t o n s , K. et al. 1971, S. 57. Vgl. 2.11, Abb. 6, Abb. 7; 2.21).

Inwieweit die Organisation unserer Wahrnehmung von Lernen und Erfahrungen abhängig ist, zeigt das Phänomen der *Größenkonstanz*. Wir „wissen" aus unserer Erfahrung, daß die Gestalt eines Kindes kleiner ist als die eines erwachsenen Mannes. Wird jedoch die Umwelt so strukturiert wie auf (2.11, Abb. 8), dann gerät unsere bisherige Erfahrung in Widerstreit mit der anderen Erfahrung, daß eine weiter entfernte Figur kleiner ist als eine näherstehende.

Die bisher dargestellten Wahrnehmungstäuschungen, die vorwiegend die Objektwahrnehmung betrafen, gelten für alle Menschen; sei es, daß sie strukturell angeboren sind oder daß sie früh und allgemeinverbindlich gelernt wurden. Diese Grundprinzipien, die für die Wahrnehmung physikalischer Gegenstände gelten, sind auch brauchbar für die Analyse der sozialen Wahrnehmung. Eine Untersuchung konnte zum Beispiel zeigen, daß ein und dieselbe Person, in einem anderen sozialen Kontext erscheinend, völlig verschieden wahrgenommen wurde: Amerikanischen College-Studenten erschien eine langhaarige und nachlässig gekleidete Demonstrationsperson psychisch gesünder als dieselbe Person, nachdem sie einen Haarschnitt erhalten hatte und in Anzug und Schlips erschien (R o s e n t h a l , T., W h i t e , G. 1972).

In den fünfziger Jahren hat sich die Schule der *social perception,* die sich als eine eklektische Richtung versteht und Anregungen aus den verschiedenen Fachgebieten der Psychologie entnimmt, mit der sozialen Wahrnehmung befaßt. Soziale Wahrnehmung bedeutet sowohl Wahrnehmung von Sozialem (Personenwahrnehmung), aber auch die Mitbedingtheit der Wahrnehmung durch Soziales. Dazu schreibt G r a u m a n n , C. F. (1956): „Was der Mensch in jedweder Situation wahrnimmt, lautet einer Grundthese der ‚social perception', und wie er wahrnimmt, spiegelt unweigerlich die Weise wider, wie er in eine solche Situation eintritt, wie er ‚eingestellt' ist. Eine solche ‚Einstellung' aber wird als Funktion der herrschenden Motive (Antriebe, Bedürfnisse, Anschauungen), wie vor allem seiner personalen Struktur und ihrer Werthaltung verstanden. Die solche ‚Einstellung' bedingenden Faktoren faßt die Theorie der ‚social perception' als Produkte der Wechselwirkung zwischen dem Subjekt und seiner Mitwelt auf" (S. 605). Und: Wahrnehmung ist ein *Kompromiß* zwischen dem, „was der Mensch wahrzunehmen erwartet, und dem, was er faktisch an Umweltaufschluß vorfindet" (S. 611).

Wesentlich für den Ansatz der social perception ist die sogenannte *Hypothesen- oder Erwartungstheorie,* die allerdings stark kritisiert wurde. „Danach beinhaltet Wahrnehmen ... einen dreiteiligen Zyklus: Er setzt ein mit einer ‚Erwartung' oder ‚Hypothesis', die nicht nur Eingestelltsein schlechthin bedeutet, sondern eine Art Vorbereitung oder Bereitschaft zu sehen, zu hören, zu riechen usf. Der zweite Schritt ist der ‚Aufschluß über die Umwelt', ... je nach dem, ob dieser ‚Aufschluß' mit der ‚Erwartung' übereinstimmt oder nicht, fällt der dritte Schritt, der ‚Nachprüfung' bestätigend oder ablehnend aus. Kommt es zu einer Ablehnung, so verändert sich die initiale Hypothese im Sinne personaler (Erfahrungs-)Faktoren, bis es zu einer Kongruenz zwischen Erwartung und Aufschluß kommt" (Graumann, C. F., 1956, S. 608). Diese Hypothese, die in übergreifende Glaubens- oder Erwartungssysteme eingebettet ist, ist in ihrer Stärke bestimmt durch:

1. die Häufigkeit der vorangegangenen Bestätigungen der Hypothese;
2. ihre Wirkung ist um so stärker, je kleiner die Zahl alternativer Hypothesen ist;
3. sie ist abhängig von ihrer kognitiven, motivationalen und sozialen Einbettung.

Im Rahmen dieser Hypothesentheorie fallen der Wahrnehmung vier, heuristisch gedachte und nicht immer klar voneinander zu trennende Funktionen zu.

1. Selektion

So wie wir als Schutz vor einer Reizüberflutung (G e h l e n , A.) nur einen Bruchteil der Reize, die auf die Rezeptoren einwirken, überhaupt bewußt wahrnehmen, so selegieren wir auch nach bestimmten Prinzipien aus dieser Reizvielfalt. Wir treffen eine aktive Auswahl aus dem, was überhaupt als Reizmaterial zugelassen wird: Wir schauen auf bestimmte Gegenstände, ignorieren bestimmte Personen, wir sehen weg. Welche Reize wir auswählen, hängt hauptsächlich ab

- von der Art der Reize
- von den eigenen persönlichen Erfahrungen und Lernprozessen, die sich auf die Erwartungen des Beobachters auswirken
- von den Motiven, die zur gegebenen Zeit im Spiele sind, d. h. von den Bedürfnissen, Wünschen, Interessen des Beobachters.

Jeder dieser Faktoren kann die Wahrscheinlichkeit einer Wahrnehmung erhöhen oder vermindern, und jeder von ihnen kann sowohl auf die Zuwendung zu bestimmten Reizen als auch auf den Grad der Bewußtheit einwirken.

Auf seiten der *Reize* sind vor allem folgende Faktoren wichtig:

- Die Auffälligkeit des Reizes, z. B. ein Schwarzer unter Weißen
- Die Intensität des Reizes: Je stärker der Reiz, desto größer die Wahrscheinlichkeit, wahrgenommen zu werden
- Die Häufigkeit; je häufiger eine Reklamedurchsage im Radio wiederholt wird, desto mehr beansprucht sie die Aufmerksamkeit eines Individuums
- Bewegungs- und Veränderungsqualitäten des Reizes
- Die Anzahl der Reize: Je mehr Objekte derselben Sorte dargeboten werden, um so wahrscheinlicher werden sie wahrgenommen.

Die persönlichen *Erwartungen* und *Werte*, die ein Mensch aufgrund seiner Lernerfahrungen vertritt, bestimmen in außerordentlich starkem Maße seine Wahrnehmung, wie Versuche mit kurzzeitiger Darbietung von Worten darstellen konnten. Es gibt gewissermaßen eine Sensitivierung, d. h. eine personal bedingte Herabsetzung der Wahrnehmungsschwellen. Gegenüber Objekten, die mit ihren Interessen übereinstimmen, sind die Menschen sensitiver als gegenüber neutralen oder den Interessen entgegengesetzten Reizen.

Untersuchungen verschiedener Autoren (referiert in G r a u m a n n , C. F. 1956, S. 626–629) zeigten, daß bei Versuchspersonen, die über mehrere Stunden hungerten, die Anzahl der in tachistoskopischen Versuchen ‚gesehenen' Nahrungsmittel unverhältnismäßig hoch war. Wahrnehmung ist also auch direkt von *Motiven* und *Trieben* abhängig. — Es erwies sich in diesen Experimenten auch, daß bis zu einem bestimmten Zeitpunkt die Nahrungsantworten einem Maximum zustrebten, um danach fast völlig auszusetzen. Hier spielt etwas hinein, was als *Wahrnehmungsabwehr* (perceptual defences) bezeichnet wird: Unbefriedigte und dadurch beunruhigende Triebansprüche führen zu einer Abwehr solcher Wahrnehmungen, die an die unerfüllten Triebe erinnern könnten.

2. Organisation oder Gestaltung

Hier sind die Gestalttendenzen des wahrnehmenden Erkennens angesprochen unter der Frage, in welchem Ausmaß die Gestaltungen selbst persönlichkeits- bzw. erwartungsbedingt sind. Schon diese Gestaltung wird von der social perception als ein Kompromiß zwischen objektiven Reizen und erwartungsbedingtem Erfassungsversuch verstanden. Ob aus einem mehrdeutigen Bild (vgl. 2.2) eine alte oder eine junge Frau gestaltet wird, hängt schon von Bedürfnissen und Motiven des Betrachters ab. — Die oben berichteten Hungerexperimente zeigen auch, daß aus Reizen, die wegen ihrer kurzen oder unscharfen Darbietung mehrdeutig sind, diejenigen Gestalten organisiert werden, die den vorwiegenden Bedürfnissen des Betrachters entgegenkommen. Diese Erkenntnisse macht sich z. B. der R o r s c h a c h - Test zunutze, in den mehr an Bedürfnissen und Befürchtungen eines Betrachters eingehen als in die Beschreibung eines scharfen Fotos.

3. Akzentuierung

Als akzentuierende Funktion wird die Tendenz von Hypothesen bezeichnet, gewisse relevante Anhaltspunkte des Umweltaufschlusses zu vergrößern und zu verlebendigen. Es ist die Betonung einer bestimmten Sichtweise auf Kosten anderer möglicher Sichtweisen — anders ausgedrückt die Setzung von Licht und Schatten —, die hier untersucht wird.

Dies wird deutlich an einem bekannten und in seinen Konsequenzen stark kritisierten Experiment von B r u n e r , J. S., G o o d m a n , L. C. (1947): Zehnjährige Kinder sollen einen auf einer Mattscheibe erscheinenden Lichtkreis mit Hilfe eines Regulators so groß einstellen wie bestimmte Gegenstände, die ihnen genannt oder gezeigt werden. Nach den wirtschaftlichen Verhältnissen der Eltern werden die Kinder in eine ‚reiche' und eine ‚arme' Gruppe eingeteilt. Bei der Schätzung von nicht vorhandenen, sondern nur erinnerten Geldmünzen zeigte sich, daß die ‚armen' Kinder durchweg und signifikant die Münzen größer einschätzten, als sie es objektiv waren. ‚Reiche' Kinder dagegen pflegten Münzen aus der Erinnerung ähnlich zu schätzen wie visuell dargebotene. — Die akzentuierende Funktion der Wahrnehmung kommt also dann besonders zur Geltung, wenn ein starkes Bedürfnis und eine nicht eindeutig strukturierte, dem begehrten Gegenstand jedoch ähnliche Gegebenheit zusammenkommen (referiert nach G r a u m a n n , C. F. 1956, S. 631 ff.).

4. Fixation

Die wiederholte Bestätigung der Übereinstimmung von Hypothese und Umweltsaufschluß gibt dem Wahrnehmen Beständigkeit und Stabilität. Diese Tendenz, daß Wahrnehmen nach solcher Bestätigung strebt, danach, daß Erwartungen gewohnheitsmäßig bekräftigt werden, die Tendenz der Wahrnehmungswelt, von Tag zu Tag die gleiche zu bleiben — das wird als die fixierende Funktion bezeichnet. Hier spielen Lerngesetze eine entscheidende Rolle; die konstante Bestätigung von Erwartungen legt den Grund für neue, stärkere Hypothesen, die sich dann wieder in den hiermit abgeschlossenen Wahrnehmungszyklus einfügen. — Untersuchungen von B r u n e r & P o s t m a n (nach G r a u m a n n , C. F., 1956, S. 640 ff.), in denen die Versuchspersonen falsche Spielkarten (z. B. schwarze Herz 5, rote Pik 2 etc.) kurzzeitig dargeboten bekamen, konnten zeigen, daß die Wahrnehmungsschwellen für falsche Karten im Schnitt viermal so hoch lagen wie für richtige Karten.

Hieraus wird auch deutlich, wie sehr die Fixation ein Hindernis sein kann, neue, unbekannte und nicht in gewohnte Muster passende Wahrnehmungen adäquat zu erfassen. Diese Wahrnehmungs- und Lernhemmung beim Versuch, neue Erfahrungen zu machen, wird besonders in Gruppen deutlich.

(Nach G r a u m a n n , C. F. (1956), A n t o n s , K. et al. (1971) und papers von B. D o r s t und P. S b a n d i)

Kommunikation, Führungsstile

3.0 EINLEITUNG

In der Sozialpsychologie von Hartley, E., Hartley, R. (1969) ist der Begriff der Kommunikation als zentraler und grundlegender Faktor allen sozialen Geschehens gesehen. In der Tat scheint eine funktionierende Kommunikation – die wiederum auf einer intakten Wahrnehmungsfähigkeit beruht – die Vorbedingung für viele der Probleme, die in den weiteren Kapiteln bearbeitet werden: Kooperative Verhaltensweisen, Entscheidungen in Gruppen, Beratungstätigkeit – all das setzt Kommunikationsfähigkeit voraus.

So einfach dies gesagt ist, so schwierig ist es häufig zu realisieren. Die menschliche Kommunikation ist außerordentlich vielen Störungsmöglichkeiten ausgesetzt, wie es Watzlawick, T., Beavin, J. H., Jackson, D. D. (1969) dargestellt haben. Das in der sozialen Realität außerordentlich rasche Wechselspiel zwischen Kommunikator und Kommunikant, d.h. dem Sender und dem Empfänger, ist – vielleicht gerade wegen dieser ständigen Fluktuation – in der dauernden Gefahr, Fehlwahrnehmungen, Ängsten, Stereotypen etc. zum Opfer zu fallen. Von daher ist es sinnvoll, in einer Art mikroskopischer Sichtweise den Kommunikationsprozeß zu zerlegen und nach einer solchen Diagnostik Schulung und Training der Kommunikationsfähigkeit anzustreben. Die meisten der hier dargestellten Übungen sind solche mikroskopische Situationen, in denen der sonst mehr oder weniger unterschwellig ablaufende Kommunikationsprozeß sozusagen im Probierglas dargestellt wird.

Einweg-Zweiweg-Kommunikation (3.1) und Kommunikationsmuster in Gruppen (3.2) untersuchen in quasi experimentellen Situationen die Auswirkungen von vorbestimmten Kommunikationsstrukturen auf Verhaltens- und Reaktionsmöglichkeiten und auf die begleitenden emotionalen Prozesse. – Die Übung Leitungsstile (3.3) greift einen Faktor heraus, nämlich den des Führungsverhaltens und zeigt noch einmal stärker vom Erlebnisaspekt her das, was strukturell in ‚Kommunikationsmuster in Gruppen' zu diagnostizieren ist. – Lerntechniken (3.4) versucht ähnliches in differenzierterer Weise, wobei speziell der Lernprozeß und wissensmäßige Ergebnisse auf ihre Abhängigkeit von Kommunikationsfaktoren hin untersucht werden. – Der kontrollierte Dialog (3.5) schließlich, der seine Herkunft aus der scholastischen Disputation nicht verleugnen kann, ist eine der eindrücklichsten Übungen, die dem Verfasser bekannt sind. Die Notwendigkeit, ein normales Gespräch auseinanderzuziehen, den sonst ineinander verschmelzenden Prozeß von Zuhören und eigenem Reagieren erlebnismäßig zu zerlegen, stellt außerordentlich hohe Ansprüche an jeden Beteiligten und vermittelt unübersehbare Evidenzen.

chworte	KOMMUNIKATION, FEED BACK **3.1**
el	Einweg-Zweiweg-Kommunikation
ıl	Demonstration der Unterschiede bei einer Hin-und-Her-Kommunikation und Einbahnkommunikation; Vergleich zu Kommunikationsformen in hierarchischen Organisationsstrukturen
likation	Zur Darstellung des Feed-Back-Prozesses und bei Kommunikationsschwierigkeiten aufgrund von Rollenfixierungen
ungstyp, teiligte	Gruppenexperiment; pro Durchgang nicht mehr als 20 Teilnehmer, mit einem Instruktor; bei 3.111 keine weitere Aufgruppierung
rchführung	s. 3.11
uer	1½ Std.
terlagen, terial	2 Vorlagen pro Durchgang nach 3.111, wenn vorhanden, Schablonen auf Klarsichtfolie, 2 Blatt Papier und Schreibzeug für jeden Teilnehmer 1 Wandschirm oder Tonband bzw. Übertragungsmöglichkeit aus einem anderen Raum, nach 3.112
eignete papers	Kommunikation (3.91), Führungsstile (3.92)
tor	Leavitt, H. J., Mueller, R. A. H. (1951)
eratur, ahrungen	Leavitt, H. J. (1958) S. 118–128; in: Brocher, T. (1967), Nylen, D. et al. (1967), Sbandi, P. (1970), Antons, K., Enke, E., Malzahn, P., v. Troschke, J. (1971) – vielfach überarbeitet und modifiziert
swertungshilfen	Verbrauchte Zeit – Genauigkeit? Ebene des Zutrauens, d. h. Differenz Schätzung–Messung? Reaktionen des Instruktors und der Gruppe? Streßreaktionen? Ausnützung nonverbaler Kommunikationsmöglichkeiten? Vergleich Daten und Beobachtungsergebnisse? Übertragungsmöglichkeiten der Übung?
iationen	s. 3.112
aloga	bedingt: Cognac-Mädchen (2.4); Kommunikationsmuster in Gruppen (3.2)

3.11 INSTRUKTIONEN ZUR ÜBUNG EINWEG-ZWEIWEG-KOMMUNIKATION

3.111 Durchführung nach Brocher

1. Einleitung: Übung zur Untersuchung der Kommunikation, wie sie von der Richtung her beeinflußt wird. Die Kommunikation wird dann geprüft auf die verbrauchte Zeit, die Genauigkeit und die Verhaltensweisen.
2. Bestimmung eines Demonstrators und ein oder zwei Beobachter.
3. Jeder Teilnehmer erhält einen Bleistift und zwei Bogen Papier, der eine mit I, der andere mit II in der oberen rechten Ecke.
4. Instruktion: „Ein Demonstrator wird Anweisungen geben, eine Serie von Quadraten zu zeichnen. Sie sollen diese Quadrate so reproduzieren, wie Ihnen dies mitgeteilt wird. Beim ersten Versuch stellen Sie bitte keine Fragen, Sie werden auch keine Antworten bekommen. Bei der zweiten Übung dürfen Sie fragen, und der Demonstrator wird Ihnen soviel antworten, wie Sie fordern. Was auch immer gefragt wird, er darf auf keinen Fall die Plazierung der Quadrate zeigen oder ihre Beziehung zueinander dadurch verdeutlichen, daß er sie mit der Hand in die Luft malt. Nur verbale Anweisungen sind erlaubt."
5. Der Demonstrator bekommt die erste Zeichnung, darf sie zwei Minuten sorgfältig studieren und sich darauf vorbereiten, den Gruppenmitgliedern klare Instruktionen zu geben, wie sie eine gleiche Anordnung von Quadraten auf Ihrem Bogen I zeichnen können. Er setzt sich so, daß die Teilnehmer die Zeichnung der Quadrate nicht sehen können.
6. Instruktion der Beobachter: Verhalten und Reaktionen des Demonstrators, Verhalten der Gruppe, Bemerkungen, Gesichtsausdrücke, Gesten usw.
7. Der Demonstrator, der der Gruppe so schnell, aber auch so genau als er kann mitteilen soll, was sie zeichnen soll, instruiert die Teilnehmer; die benötigte Zeit wird gestoppt.
8. Die Teilnehmer werden aufgefordert, auf ihrem Bogen die Anzahl der Quadrate einzutragen, von denen sie annehmen, daß sie im Verhältnis zu den anderen richtig gezeichnet worden sind.
9. Der Demonstrator erhält Zeichnung II, wird aufgefordert, die Beziehung zwischen den Quadraten für zwei Minuten zu studieren, sich dann herumzudrehen und die Gruppe anzuweisen, wie die Quadrate zu zeichnen sind.
10. Instruktion: „Sie können nun Fragen an den Demonstrator stellen, der Demonstrator kann antworten oder seine Informationen erweitern, so wie er glaubt, daß es für die Herstellung richtiger Zeichnungen gut sei."
11. Der Demonstrator beschreibt die zweite Zeichnung, die Zeit wird gestoppt.

12. Die Teilnehmer werden wieder aufgefordert, die Anzahl der vermutlich richtig gezeichneten Quadrate anzugeben.
13. Die Muster der beiden Quadratfolgen werden den Teilnehmern gezeigt; Vergleich, wie viele einzelne Quadrate in ihrer Reihenfolge und ihrer Beziehung zum vorausgehenden oder nachfolgenden Quadrat richtig gezeichnet sind. Größe spielt keine Rolle. Anzahl der richtigen Quadrate wird notiert.
14. Die Ergebnisse bezüglich verbrauchter Zeit, geschätzter und geprüfter Genauigkeit sowie deren Differenz werden auf den Tabellen 3.13 eingetragen, für jeden Teilnehmer und im Gruppenmittelwert.
15. Vergleich der Ergebnisse mit Berichten der Beobachter.

3.112 Durchführung nach S b a n d i , P. (1970, auch in: A n t o n s , K., E n k e , E., M a l z a h n , P., v. T r o s c h k e , J. 1971)

Während die Anordnung von Brocher im Sinne eines Wiederholungsexperimentes zu verstehen ist, ähnelt die hier beschriebene Modalität eher einem Kontrollgruppen-Experiment. Der Unterschied ist im wesentlichen der, daß verschiedene Gruppen simultan unter verschiedene Versuchsbedingungen gesetzt werden. Die Versuchsbedingungen sind erweitert um zwei weitere Arbeitsweisen. Die Anweisungen entsprechen denen der Durchführung 3.111 weitgehend bzw. sind sinngemäß zu verändern. Die Gruppen arbeiten in verschiedenen Räumen.

Die Arbeitsbedingungen für die vier Gruppen sind:

Gruppe 1   Der Instruktor sitzt im Nebenraum und spricht seine *Anweisungen über Mikrofon* und Verstärker (ein auf „Aufnahme" gestelltes Tonbandgerät) in den Raum, in dem die Gruppe sitzt (kein feed back möglich).

Gruppe 2   Der Instruktor sitzt mit dem Rücken zur Gruppe *hinter einem Wandschirm* und spricht seine Anweisungen laut und deutlich. Es sind *keine Rückfragen* an den Instruktor erlaubt, auch keinerlei Zurufe und Unterhaltungen untereinander (nonverbales feed back möglich).

Gruppe 3   Der Instruktor sitzt mit dem Gesicht zur Gruppe und spricht seine Anweisungen laut und deutlich. Die Gruppe darf solche *Fragen* an den Instruktor stellen, die er *mit ja oder mit nein* beantworten kann (begrenztes feed back).

Gruppe 4   Der Instruktor sitzt mit dem Gesicht zur Gruppe und spricht seine Anweisungen laut und deutlich. Die Gruppe darf *Fragen* an den Instruktor stellen; der Instruktor *darf so antworten* oder seine Informationen erweitern, wie er glaubt, daß es für die Herstellung richtiger Zeichnungen gut und nötig sei (freies feed back).

Wichtig: Standardisierung der Anweisungen des Instruktors!

3.12 MATERIAL ZUR ÜBUNG EINWEG-ZWEIWEG-KOMMUNIKATION

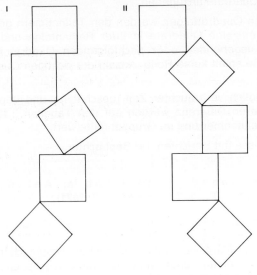

3.13 AUSWERTUNGSTABELLEN ZUR ÜBUNG EINWEG-ZWEIWEG-KOMMUNIKATION

Anzahl richtiger Quadrate	1. Versuch			2. Versuch		
	geschätzt	geprüft	Diff.	geschätzt	geprüft	Diff.
0						
1						
2						
3						
4						
5						

Versuch (Mittelwerte)	1.	2.
Verbrauchte Zeit		
Genauigkeit geschätzt geprüft Differenz		

Stichworte	KOMMUNIKATION	**3.2**
Titel	Kommunikationsmuster in Gruppen: Kette-Stern-Kreis-Gabel	
Ziel	Darstellung der Effekte eines vorgegebenen Kommunikationsmusters auf die Erfüllung einer Aufgabe und auf die sozioemotionalen Beziehungen der Mitglieder	
Indikation	Zur Darstellung der Vor- und Nachteile bestimmter Gruppenstrukturen; eher in der ersten Hälfte des Labs; Eignung bedingt wegen hohen Materialaufwandes	
Übungstyp, Beteiligte	Übung in Fünfergruppen; für jedes der Muster ist eine solche Fünfergruppe nötig; übrig bleibende Teilnehmer als Beobachter	
Durchführung	1. Zusammenstellung der 4 Fünfergruppen 2. Aufbau der Versuchsanordnung mit Sichtblenden, Ausgabe von Zetteln und Bleistiften und einem Kartensatz an jeden Teilnehmer, Instruktion 3. auf Signal hin beginnen alle Gruppen gleichzeitig zu arbeiten; Beobachtung wichtig, besonders Regelverstöße 4. jeder, der die Lösung hat, hebt die Hand; abwarten, bis jede Gruppe fertig ist 5. Auflistung der Zeiten und Anzahl der verbrauchten Kommunikationszettel pro Gruppe	
Dauer	1½ Std.	
Unterlagen, Material	4 Kartensätze: pro Satz 25 Karten mit 6 Symbolen, herzustellen nach 3.21 ca. 20 Hartfaserplatten oder Platten aus festem Karton, ca. 60 x 100 cm, mit Schlitz 40 geschlitzte Klötze zum Aufstellen; ca. 1000 kleine Zettel, Uhr	
geeignete papers	Kommunikationsmuster in Gruppen (3.22), Kommunikation (3.91), Führungsstile (3.92)	
Autor	L e a v i t t , H. J. (1951)	
Literatur, Erfahrungen	L e a v i t t , H. J. (1958), H a r e , A. P. (1962), F i s c h e r , A. (1962), H o f - s t ä t t e r , P. R. (1968) — Wegen Materialaufwandes meist in vereinfachter Form.	
Auswertungshilfen	Welche Formation ist zuerst fertig? Formen der Gruppenorganisation? Wieviel Papier verbraucht? Zufriedenheit, Führerposition, Strategien? s. auch 3.22	
Variationen	wenn keine Sichtblenden vorhanden, evtl. mit Rücken zueinander möglich, oder mit Coca-Cola-Schirmchen als Sichtblenden	
Analoga	Einweg-Zweiweg-Kommunikation (3.1)	

3.21 MATERIAL FÜR ÜBUNG KOMMUNIKATIONSMUSTER

Verteilung der Symbole pro Versuch (n. LEAVITT, 1951, S. 40)

Sechs verwendete Symbole: ○ △ ◇ □ + ✱						
Versuch Nr.	Symbol fehlt bei:					Gemeinsames Symbol
	Weiß	Rot	Braun	Gelb	Blau	
1	△	◇	✱	○	□	+
2	◇	○	□	△	+	✱
3	+	✱	□	△	◇	○
4	□	◇	△	✱	+	○
5	○	✱	+	△	□	◇
6	△	○	□	✱	◇	+
7	□	+	○	◇	△	✱
8	◇	✱	□	+	○	△
9	✱	◇	□	△	○	+
10	+	○	□	✱	◇	△
11	○	+	△	◇	✱	□
12	✱	○	□	△	+	◇
13	△	○	◇	□	+	✱
14	□	◇	+	✱	△	○
15	+	○	□	◇	✱	△

(H a r e A . P. (1962) S. 281)

3.22 KOMMUNIKATIONSMUSTER IN GRUPPEN (ZUSAMMENFASSUNG)

Angehörige einer Gruppe stehen miteinander über bestimmte gruppeninterne Kommunikationskanäle in Verbindung. Die Art dieser Kommunikationsmuster kann verschieden sein.

Untersucht wurden folgende Konstellationen der einzelnen Mitglieder in einer Gruppe: Kreis-, Ketten-, Stern- (oder Rad-) und Gabel-Konstellation hinsichtlich der Geschwindigkeit der Aufgabenlösung, der Genauigkeit, der Organisation innerhalb der Gruppe, der Führerrolle und der Zufriedenheit der einzelnen Gruppenmitglieder.
Schematische Darstellung der Konstellationen:

| Kreis | Kette | Stern (od. Rad) | Gabel |

Die Experimente wurden von L e a v i t t durchgeführt. Jedes der Gruppenmitglieder erhielt eine Karte mit je fünf geometrischen Zeichen, wobei jedoch nur eines der Zeichen sich auf jeder Karte befand. Die Kommunikation war nur mittels Zetteln möglich, jeweils nur über die bestimmten Kommunikationskanäle des betreffenden Kommunikationsmusters. Die Aufgabe bestand darin, das allen auf den Karten gemeinsame Zeichen herauszufinden.
Dabei zeigte sich folgendes:
Die Kreis-Konstellation bietet jedem Mitglied die gleiche Möglichkeit der Kommunikation; die Rad-Konstellation bedeutet eine starke Führerposition, denn jedes andere Mitglied kann nur über das mittlere mit allen anderen in Verbindung treten. H e s l i n und D u m p h y haben in diesem Zusammenhang hinsichtlich eines gewählten und eines von oben bestimmten Führers festgestellt, daß beim Übergang einer Gruppen-Konstellation vom Rad- zum Kreis-Muster ein gewählter Führer seine Position beibehalten kann, während ein von oben bestimmter sie in der Kreis-Konstellation verliert.

Von der benötigten Zeit her gesehen ergab sich die Stern-Konstellation als die schnellste.

Ein anerkannter Führer kommt höchstwahrscheinlich nach den Untersuchungsergebnissen aus der mittleren Position bei der Rad-, Ketten- und Gabel-Konstellation; die Mitglieder der Peripherie erscheinen am meisten benachteiligt.

Hofstätter (1957, S. 157) bringt einen Überblick über die Gruppenleistung bei den Konstellationen von Kreis, Kette und Stern:

	Kreis	**Kette**	**Stern**
Geschwindigkeit	gering	groß	groß
Genauigkeit	gering	groß	groß
Organisation	unstabil	langsam, stabil	schnell, stabil
Führerrolle	unbestimmt	deutlich	sehr deutlich
Zufriedenheit	sehr groß	gering	sehr gering

(Sbandi, P.)

NOTIZEN:

Stichworte	KOMMUNIKATION, FÜHRUNGSSTIL	**3.3**
Titel	Leitungsstile	
Ziel	Erleben der Interaktions- und Leistungsfähigkeit in autoritär und kollegial geführten Gruppen	
Indikation	Wahrscheinlich nur bei neu zusammengestellten Gruppen möglich, deshalb nur bedingt für Labs; besser als Demonstration bei Kurzveranstaltungen	
Übungstyp, Beteiligte	Demonstration mit starker Leiterzentrierung; Erfolg wesentlich von individueller Fähigkeit abhängig	
Durchführung	1. Bildung von 2 Gruppen à 6–8 Teilnehmer, die sich über ein „gängiges" Thema unterhalten sollen 2. Die Gruppen werden herausgeschickt, die Zuhörer instruiert (evtl. standardisierte Beobachtung) 3. Die 1. Gruppe wird hereingebeten, ca. 10–15' Diskussion mit autoritärem Führungsstil 4. Die 2. Gruppe herein, ebenfalls 10–15' Diskussion mit kollegialem Führungsstil 5. Befragung der Beteiligten nach ihrem Erleben, Beobachtung der Zuhörer	
Dauer	ca. 1 Std.	
Unterlagen, Material	keine; mündliche Instruktionen	
Geeignete papers	Führungsstile (3.92)	
Autor	Schwarz, G. (1970), nach den Lewin'schen Führungsstilen	
Literatur, Erfahrungen	Lewin, K., Lipitt, R., White, R. H. (1939), Lewin, K. (1953)	
Auswertungshilfen	Leistungsverhalten? Länge der Interaktionen? Produktivität? Zufriedenheit? Kontakt untereinander und zum Leiter?	
Variationen		
Analoga	In gewissem Sinne Turmbau-Übung (5.5); Lerntechniken (3.4)	

NOTIZEN:

Stichworte	KOMMUNIKATION, FEED BACK, FÜHRUNGSSTIL	**3.4**

Titel: Lerntechniken

Ziel: Auswirkung verschiedener Vermittlungsformen von Wissen auf die gelernten Inhalte und auf affektive Faktoren wie Zufriedenheit, Gruppenkohäsion etc. — Inhaltlich: Vermittlung von Wissen über die Funktion des Feed Back in Gruppen

Indikation: Vorwiegend für Trainings und Fortbildungsveranstaltungen mit Angehörigen in Lehrberufen; gut zu Anfang möglich

Übungstyp, Beteiligte: 3 oder mehr Gruppen von 5–10 Teilnehmern arbeiten unabhängig unter verschiedenen Bedingungen in Konkurrenz zwischen den Gruppen

Durchführung:
1. Instruktion im Plenum (3.41)
2. Aufteilung in Gruppen und Durchführung des Prätests (3.42) — Während des weiteren Verlaufes kann der Test eingesammelt und verrechnet werden
3. Jede Gruppe erarbeitet den Text unter den verschiedenen Bedingungen, möglichst mit einer Zeitbegrenzung von 45–60′
4. Posttest (3.42, selbes Formblatt); Einsammlung und Verrechnung
5. Im Plenum: Auszählung der durchschnittlichen Zuwachsrate des Wissens pro Gruppe (Berechnung über den Durchschnitt des individuellen Wissenszuwachses in Punkten)
6. Befragung der Teilnehmer nach subjektiven Lernerfahrungen und emotionalen Reaktionen

Dauer: 2 Std.

Unterlagen, Material: Pro Teilnehmer 2 Testformulare (3.42) und 1 Instruktion (3.41)
Gruppe A: 1 Textexemplar; Gruppe B und C: 1 Textexemplar pro Teilnehmer; hier: Text aus S b a n d i (1970)

Geeignete papers: Kommunikation (3.91), Führungsstile (3.92), Feed Back (4.91)

Autor: Team des Kooperationsseminars Sigiswang (1971)

Literatur, Erfahrungen: M a n n i n g, P. R., A b r a h a m s o n, S., D e n n i s, D. A. (1968); S b a n d i, P. (1970), F i s c h e r, H. (1962), H o f s t ä t t e r, P. R. (1963[5]) — Sinnvollerweise Versuch einer „guten" Vorlesung; problematisch: Bezug Lernstil und Führungsstil

Auswertungshilfen: Welche Lernform ist für die Erarbeitung von Wissen am geeignetsten? (Vorsicht: Das braucht nicht die Gruppe C zu sein!) Wie wurden die Lernsituationen erlebt? Welche emotionalen Reaktionen auf den Vorlesenden, auf den Diskussionsleiter wurden deutlich? Welche Aussagen und eventuelle Einschränkungen für Gruppenarbeit sind der Übung zu entnehmen?

Variationen: Sowohl in anderen Texten, die trainingsrelevante Information vermitteln, als auch in weiteren Lerntechniken (bei entsprechender Möglichkeit z. B. programmierter Text).

Analoga: Einweg-Zweiweg-Kommunikation (3.1), Kommunikationsmuster in Gruppen (3.2), Turmbau-Übung (5.5)

3.41 INSTRUKTION ZUR ÜBUNG LERNTECHNIKEN

Die folgende Übung hat ein doppeltes Ziel:
- das Kennenlernen eines für das Training wichtigen Funktionsmodells der Wirkung von Feed Back in Gruppen anhand eines wissenschaftlichen Artikels
- die unterschiedliche Wirksamkeit verschiedener Lerntechniken, die alle an Schule und Hochschule verwendet werden.

Das Vorgehen ist folgendes:
1. Die Gesamtgruppe teilt sich in drei (bestehende) Gruppen; in jeder Gruppe wird zunächst ein Wissenstest *(Prätest)* durchgeführt, der den Ausgangsstand des Wissens über Feed Back messen soll. Dabei schadet es nichts, wenn Sie zu diesem Thema noch kein Wissen oder keine Erfahrungen zur Verfügung haben.
2. Dann erarbeitet jede der drei Gruppen in einem Zeitraum von 45 (60) Minuten unabhängig voneinander einen Text über Feed Back. Jede der Gruppen arbeitet unter verschiedenen Bedingungen, die unten näher spezifiziert werden.
3. Nach Abschluß der Zeit wird derselbe Test *(Posttest)* noch einmal durchgeführt. Der Wissenszuwachs jedes einzelnen, d. h. die Differenz zwischen den richtigen Antworten im Prä- und im Posttest wird ermittelt, sodann wird der durchschnittliche Wissenszuwachs jeder Gruppe ermittelt.
4. Der Vergleich der Gruppen untereinander kann Aufschluß darüber geben, welche Lernform für die Erarbeitung von solchen Inhalten geeignet oder weniger geeignet ist.

Diese Übung baut auf einer amerikanischen Untersuchung auf, in der dieses Verfahren in wissenschaftlicher Form durchgeführt wurde. In der Diskussion werden diese Ergebnisse mitgeteilt (M a n n i n g , P. R. et al. 1968).

Die Bedingungen, unter denen die Gruppen arbeiten, sind folgende:

Gruppe A Eine Person (Anmerkung: entweder ein Mitglied des Teams oder ein Teilnehmer, der vorher instruiert und mit dem Text bekannt gemacht worden ist) hält eine Vorlesung über das Thema und ist bereit, anschließend Fragen dazu zu beantworten. Er kann eine Tafel zu seiner Vorlesung benutzen. Wenn Sie wollen, können Sie mitschreiben.

Gruppe B Der Diskussionsleiter (wiederum entweder ein Team-Mitglied oder ein vorinstruierter Teilnehmer) erhält die Textexemplare und gibt eine kurze Einführung in das Thema. Er schlägt dann der Gruppe vor, in welcher Art der Text dann am besten weiter zu bearbeiten ist.

Gruppe C Jeder Teilnehmer bekommt den Text ausgehändigt. Durch eine Gruppendiskussion ohne Vortrag oder Einführung soll der Text erarbeitet werden. Es soll auch kein formaler Diskussionsleiter bestimmt werden; die Situation entspricht der des Selbststudiums in der Gruppe.

3.42 ÜBUNG LERNTECHNIKEN — WISSENSTEST   Prätest/Posttest

Name .... Gruppe ....

Eine der vier Alternativen zu jeder Frage ist richtig:

1. Feed Back heißt **nicht**
   - ○ Rückkopplung
   - ○ Rückmeldung
   - ⊗ Rückschlag
   - ○ Rückwirkung

2. Der Begriff des Feed Back hat seine Bedeutung aus folgendem Wissenschaftszweig
   - ○ Psychologie
   - ⊗ Kybernetik
   - ○ Geologie
   - ○ Didaktik

3. **Kein** Beispiel für einen automatischen Kontrollmechanismus findet man in
   - ○ Sicherheitsventil
   - ○ Thermostat
   - ○ Windmühle
   - ⊗ Kaffeemühle

4. Ein Sollwert ist ein
   - ⊗ im voraus bestimmter Wert
   - ○ real immer bestehender Wert
   - ○ ein nie erreichter Wert
   - ○ Kontrollsytem

5. Ein Feed-Back-Kontrollsystem braucht als Auslöser
   - ○ einen Regelkreis
   - ⊗ einen Irrtum bzw. Abweichen
   - ○ einen Thermostat
   - ○ eine Funktion

6. Im Zusammenhang mit Feed Back bedeutet „System"
   - ⊗ Funktionen, die in Wechselbeziehung stehen
   - ○ Beziehung zwischen Variablen
   - ○ Input-output Variablen
   - ○ Sollwert und Istwert

7. Der Unterschied zwischen Soll- und Istwert wird festgestellt von
   - ○ der Kommunikation
   - ⊗ der Comperator-Funktion
   - ○ dem Auslöser
   - ○ der Kybernetik

8. Ein Feed-Back-Kontrollsystem hat für die Mitglieder einer Gruppe die Funktion
   - ○ der Kooperation
   - ⊗ den Ist-Wert der Kommunikation festzustellen
   - ○ Grundlagen der Kybernetik zu erklären
   - ○ Interaktionsdynamik zu bremsen

9. Das Feed-Back-Kontrollsystem kann in einer Gruppe nicht in Aktion treten, ohne daß
   - ○ Beziehungen gestört sind
   - ⊗ Ist-Wert und Soll-Wert divergieren
   - ○ Abhängigkeiten geklärt sind
   - ○ jemand Kontrolle ausübt

10. Feed Back in einer Gruppe sollte
    - ○ eine analytische Interpretation sein
    - ○ lange dauern
    - ⊗ dem Geschehen zeitlich möglichst nahe sein
    - ○ an eine Theorie angelehnt sein

(Anmerkung: Die richtigen Antworten sind angekreuzt)

NOTIZEN:

Stichworte	KOMMUNIKATION, WAHRNEHMUNG, FEED BACK **3.5**
Titel	Kontrollierter Dialog [Präzises Sprechen und genaues Zuhören]
Ziel	Schärfung der Wahrnehmung für Vorgänge in der Kommunikation; Einübung genauen Zuhörens, um am Gehörten die eigene Zusammenfassung kontrollieren zu können; Schulung des genauen Ausdrucks; Verständnis für Komplexität und Schwierigkeiten jeder Kommunikation (n. B r o c h e r)
Indikation	Bei Kommunikationsschwierigkeiten, wenn Wahrnehmungseinschränkungen und Kommunikationsbarrieren bewußter erlebt und diagnostiziert werden sollen; meist zu Beginn, prinzipiell aber in jeder Phase eines Labs, aber auch bei Kurzveranstaltungen brauchbar; meist sehr starke Wirkung auf die Teilnehmer
Übungstyp, Beteiligte	Übung in Dreiergruppen, Teilnehmerzahl möglichst durch 3 teilbar
Durchführung	1. Aufteilung in Dreiergruppen 2. Instruktionsblätter (3.51) an alle verteilen 3. Evtl. Anbieten von Themenkatalog oder Andeuten von geeigneten Themenkreisen; sonst Zeit lassen für Rollenverteilung in der Gruppe und Themenwahl 4. 3 mal 20′ Gespräch mit Rollenpermutation 5. Auswertung und Diskussion; besser in 2–3 Dreiergruppen als im gesamten Plenum 6. Zusammenfassung der kritischen Punkte und Ausgabe des papers (3.52)
Dauer	1 1/2 Std.
Unterlagen, Material	Pro Teilnehmer 1 Instruktionsblatt (3.51) und 1 Blatt mit Zusammenfassungen (3.52)
Geeignete papers	Kontrollierter Dialog (3.52), Kommunikation (3.91)
Autor	Unbekannt
Literatur, Erfahrungen	B r o c h e r, T. (1967), N y l e n, D. et al. (1967), P f e i f f e r, J. W., J o n e s, J. E., I (1970), A n t o n s, K., E n k e, E., M a l z a h n, P., v. T r o s c h k e, J. (1971); K e l b e r e r, M. (1970[9]) — Universelle Verwendbarkeit, eine der durchschlagendsten Übungen überhaupt.
Auswertungshilfen	s. 3.52
Variationen	Vorher Demonstration der Spielregeln; Austeilen einer Liste mit Themen; es ist auch möglich, diese Spielregeln in einer sich festfahrenden Diskussion einer größeren Gruppe vorzuschlagen (E. H e y n)
Analoga	Hilfe suchen — Hilfe geben (9.1) als nachfolgende Übung geeignet

3.51 INSTRUKTIONEN ZUM KONTROLLIERTEN DIALOG

Aufteilen der Teilnehmer in Dreier-Gruppen (Rollen A, B, C); je zwei dieser drei Teilnehmer (A und B) wählen sich ein Thema und versuchen, darüber ein Gespräch zu führen, und zwar mit folgenden Spielregeln:

A beginnt mit einem Satz, einer These; B muß vorerst den Satz von A genau sinngemäß wiederholen; daß der Sinn des Satzes durch B nicht entstellt worden ist, muß von A daraufhin mit „stimmt" oder „richtig" bestätigt werden, erst dann darf B auf den Satz von A antworten.

Wird ein Satz z. B. von B (oder A) nicht ganz sinngemäß wiederholt, wird er nicht von A (oder B) mit „stimmt" bzw. „richtig" bestätigt, sondern verneint mit „falsch" oder „nein" und muß von B (oder A) nochmals wiederholt werden; ist er dann noch immer falsch, muß ihn A (oder B) selbst nochmals sagen, B wiederholt ihn usw.

C fungiert als Beobachter und schaltet sich verbal ein, wenn die Spielregeln nicht eingehalten werden. Die Zeit wird auch von ihm gestoppt.
Dieses Gespräch dauert jeweils 15′ (insgesamt dreimal), nach 15′ werden die Rollen gewechselt, so daß jeder Teilnehmer einmal auch Beobachter war.
Nach 45′ Treffen zur gemeinsamen Diskussion.

Beispiel eines kontrollierten Dialogs:
Angenommen, das Thema wäre: Sind die Trainer in den TG-Sitzungen notwendig oder überflüssig?

A: Meiner Meinung nach könnten wir uns die Anwesenheit der Trainer in den TG-Sitzungen sparen, sie sagen ja doch nichts.

B: Sie meinen, wir könnten uns die Anwesenheit der Trainer in den TG-Sitzungen sparen, da sie ja doch nichts sagen.

A: Stimmt.

B: Ich denke aber, wenn wir sie nicht dabei hätten, wüßten wir nicht genau, was wir tun sollten.

A: Sie meinen, wären die Trainer nicht bei den TG-Sitzungen mit dabei, wüßten wir nicht recht, was tun.

B: Richtig.

A: . . . . . .

3.52 ZUSAMMENFASSUNG: KONTROLLIERTER DIALOG

Welche Arten von Problemen machen es für zwei Menschen schwierig, sich in einer Unterhaltung einander ausreichend zu verstehen?

3.521 Häufige Fehler auf der Seite des Sprechenden

- Organisiert seine Gedanken nicht, bevor er spricht.
- Drückt sich ungenau aus.
- Versucht, zu viel in einer Aussage unterzubringen, so daß sie verwirrend wirkt. Wirksamkeit nimmt mit der Kürze zu.
- Bringt zu viele Ideen in seine Äußerungen ein, oft untereinander nicht verbunden, so daß eine Zusammenfassung für den Partner schwierig ist.
- Redet aus Unsicherheit immer weiter, ohne die Auffassungskapazität seines Partners abzuschätzen: Fehlende Resonanz bei langem Sprechen erhöht ein Bestätigungsbedürfnis, das wirkungslos bleiben muß.
- Übersieht bestimmte Punkte der Antwort des vorausgegangenen Sprechers und antwortet daher nicht aktuell zu dem, was zuvor gesagt wurde: Das Gespräch kommt nicht vorwärts.

3.522 Häufige Fehler auf der Seite des Zuhörers

- Hat keine ungeteilte Aufmerksamkeit.
- Denkt schon an und probt seine Antwort, statt aufmerksam zuzuhören, legt sie sich zurecht, während der Partner noch spricht. Erfolg: Er kann nicht vollständig wiederholen, vergißt, was gesagt ist und was er sagen will.
- Neigt eher dazu, auf Details zu hören und sich evtl. über sie zu echauffieren, anstatt den ganzen Sinn und die wesentlichen Mitteilungen zu erfassen.
- Denkt den Gedanken des Sprechenden schon weiter, wiederholt mehr, als der Partner gesagt hat.
- Versucht, weniger Vertrautes in seine Denkschemata einzuordnen.

3.523 Die reale Erfahrung, daß Verstehen und Verstandenwerden keineswegs so selbstverständlich sind, wie oft naiverweise angenommen wird, macht sensibler gegenüber den Möglichkeiten des Mißverstehens, Mißhörens und Mißverstandenwerdens in einer größeren Gruppe. Diese Erfahrung kann zu einem Bewußtsein dafür führen, wie leicht von dem unbewußten Vorurteil ausgegangen wird, die eigene Psychologie sei jeweils auch die des anderen.

(Erweitert und modifiziert nach B r o c h e r, T. (1967). Auch in: N y l e n, D. et al. (1967), A n t o n s, K., E n k e, E., Malzahn, P., v. T r o s c h k e, J. (1971))

3.9 PAPERS

3.91 KOMMUNIKATION

3.911 Kommunikation ist nach H a r t l e y, E., H a r t l e y, R. (1969) der eigentliche Träger sozialen Geschehens und damit einer der Kernbegriffe von Sozialpsychologie und Gruppendynamik.

In Abhebung zur bloßen Information sind zum Zustandekommen von wirksamer Kommunikation zwei Partner nötig, der *Kommunikator* (Sender), von dem die Information ausgeht, und der Empfänger, der *Kommunikand,* der sie erhält. Reagiert dieser seinerseits nun wieder in Richtung des ursprünglichen Kommunikators, so wird er selbst zum Kommunikator usw. Wir sprechen dann von Wechselbeziehung, Interaktion, oder spezieller von Feed Back (Rückwirkung auf den Kommunikator). Der Inhalt und die Form der Kommunikation ist das *Kommuniqué.*

Kommunikation ist somit zu definieren als ein Prozeß, der besteht aus

● Aussendung von Information durch einen Kommunikator, die einen Inhalt (Kommuniqué) vermittelt und

● Reaktion bzw. Antwort des Kommunikanden auf das Kommuniqué entsprechend der Art und Weise, wie er den Inhalt wahrnimmt.

3.912 Häufigstes menschliches Kommunikationsmittel ist die Sprache; weiterhin dienen Mimik, Gestik, Zeichensprache, Laute und Töne, Signale und Symbole (Schrift) und sogar unwillkürliche Körpervorgänge (Schwitzen) der Kommunikation.

3.913 Mit Hilfe solcher *Ausdrucksvorgänge* versucht der Kommunikator, eine bestimmte Wirkung zu erreichen. Die Kommunikation ist erfolgreich, wenn die beim Kommunikanden hervorgerufene Wirkung der Absicht des Kommunikators entspricht. – Es ist allerdings davon auszugehen, daß diese Wirkung nicht immer im intendierten Sinne erreicht wird, weil Kommunikation nicht als ein einfacher, linearer Prozeß

Kommunikator A ⎯⎯⎯⎯⎯⎯⎯⎯⎯⎯⎯⎯⎯⎯⎯⎯⎯→ Kommunikand B

zu verstehen ist, sondern vielmehr so gesehen werden sollte:

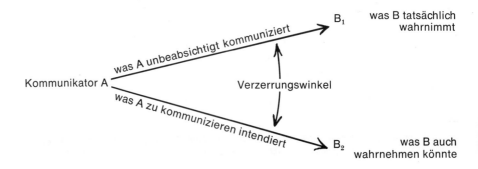

Dieser Verzerrungswinkel ist zum einen bestimmt durch die prinzipielle Mehrdeutigkeit von Informationen oder Signalen. Schwitzen kann zum Beispiel Angst und Unsicherheit, Angespanntheit, aber auch erhöhte Raumtemperatur signalisieren. Stimmlage, Tonfall, Wortwahl, Mimik und begleitende Körperbewegungen können ein intendiertes Signal verändern.

Zum anderen ist er bestimmt durch unterschiedliche Motive, Einstellungen, Erfahrungen und Interessen der Kommunikationspartner.

3.914 Kommunikation ist also ein vielschichtiger und auch störanfälliger Prozeß. Dies wird besonders in Gruppen deutlich. Gerade aufgabenzentrierte Gruppen, die von längerem Bestand sind, sind ständig mit einem doppelten Kommunikationsproblem konfrontiert: Einerseits hat die Gruppe eine *Aufgabe* zu erfüllen und andererseits die *zwischenmenschlichen Beziehungen* in der Gruppe aufrechtzuerhalten. Man kann dies als zwei Ebenen von Problemen verstehen, die sich ständig gegenseitig beeinflussen. Anders formuliert bestehen in einer Gruppe nebeneinander die *Arbeitsebene* und die *emotionale Ebene.* Gefühlsmäßige Einstellungen von Gruppenmitgliedern zur Arbeit haben großen Einfluß auf das Ausmaß und die Qualität der Leistung. Außerdem ist in jeder Gruppe eine Vielzahl von Gruppenzielen und individuellen Zielen vorhanden. Nicht alle dieser Ziele sind jederzeit offen und für alle transparent. Manche können auch von Gruppen oder von einzelnen in Gruppen nicht anerkannt werden, für die Dynamik der Gruppe sind sie jedoch mindestens genauso wirksam. Man bezeichnet dies — und hier wäre ein dritter Problembereich — als *offene Agende* und *versteckte Agende* (hidden agenda).

Ein Kommunikator ist sich zum Beispiel häufig nicht in vollem Umfang aller der Ziele bewußt, die seine Kommunikation eigentlich bestimmen. Er ist zum Beispiel davon überzeugt, in eine Diskussion nur eine sachliche Information beizusteuern oder einen Sachverhalt klären zu helfen, während er im Grunde danach strebt, seine Kenntnisse zu verbreiten und sich damit Geltung zu verschaffen. Im Hinblick auf die zugrunde liegende verdeckte Agende ist seine Kommunikation vielleicht ein völliger Fehlschlag, weil er sich in Unkenntnis dieser Ziele falscher Mittel bedient hat.

Zusammengefaßt und erweitert liegen einige der möglichen Störmomente für den Kommunikationsprozeß in folgenden Punkten:

- technische Störungen (Kommunikationsmedium gestört oder nicht ausreichend)
- Mehrdeutigkeit der Informationen
- dadurch vermutete Angriffe auf das Selbstbild eines Menschen, der mit dem empfangenen Kommuniqué andere Wertungen und Einstellungen verbindet als der Kommunikator
- Übertragungen, d. h. daß der Kommunikand Gefühle von früheren Bezugspersonen auf den jetzigen Kommunikator überträgt
- Projektionen eigener Gefühle auf den anderen: Die Annahme (und damit die Vergewaltigung des anderen), daß dieser genau so fühlt wie man selbst

- Stereotypisieren: Ein Kommuniqué wird nicht an den einzelnen persönlich gerichtet, sondern wird der Vorstellung über eine Gruppe entnommen, denen dieser in irgendwelchen Punkten entspricht.

(nach Hartley, E., Hartley, R. (1969), Nylen, D. et al. (1969), Watzlawick, Beavin & Jackson (1969), Antons, K. et al. (1971) und papers von S. Hellinger und H. G. Schöpping)

3.92 FÜHRUNGSSTILE

3.921 Autoritärer Stil

A. Kennzeichen

Strikte Kontrolle von seiten des Gruppenleiters, der Anordnungen gibt, Ziele setzt und die Durchführung jeder Arbeit zielstrebig überwacht. Den Gruppenmitgliedern wird jeweils nur ein Minimum von Einsichtnahme in den gesamten Arbeitsvorgang gewährt.

B. Auswirkungen

Das Leistungsergebnis erscheint zunächst günstig, jedoch erweist sich, daß es unter zunehmender Abhängigkeit der Gruppenmitglieder sehr bald zu einem Leistungsabfall kommt, der sich besonders dann verstärkt, wenn die Person des Führenden ausgewechselt wird.

Die ausschließlich passive Rezeption im autokratischen Führungsstil mobilisiert notwendigerweise Vergeltungswünsche der Gruppenmitglieder, die sie nach voraussehbarem Ablauf am Gruppenleiter selbst, an den schwächeren Gruppenmitgliedern und, wo dies nicht möglich ist, außerhalb der Gruppe, in der Familie oder in anderen Gruppen zu befriedigen versuchen. Das Ansteigen der Aggression, der Feindlichkeit gegeneinander und der destruktiven Tendenz gegenüber neu gefundenen Sündenböcken, ist aus dem Vergeltungsdrang von Schulklassen jüngeren Lehrern gegenüber oder als verstärkte, allgemeine, vandalistisch-destruktive Tendenz heute zu sehr bekannt, um als direkte Folge eines „tüchtigen" Führungsstils noch übersehen werden zu können.

In einer solchen Gruppe überwiegt der ich-hafte Wortschatz das „Wir", Initiative und Einfallsreichtum werden gebremst, und der Zusammenarbeit fehlt die Spontaneität. Eine solche autoritär geführte Gruppe ist sehr brüchig.

3.922 Laissez-faire-Stil

A. Kennzeichen

Dieser Stil bezieht seinen Namen aus einer Führungshaltung, die weitgehend passiv – nachgiebig – alles geschehen läßt, ohne einzugreifen. Dies ist eine häufig mit freiheitlicher Führung verwechselte Form, die von der Vorstellung ausgeht, eine Gruppe entfalte ihre eigenen Kräfte von alleine, wenn man ihr nur genügend Möglichkeit dazu ließe. Die mit diesem Stil zum Ausdruck gebrachte Anschauung, die Gruppenmitglieder oder Lernenden müßten selbst das Richtige finden, ist in Wahrheit unecht. Vielmehr mißachtet der Führende bei diesem Stil seine unvermeidliche Beteiligung am Gruppen- oder Lernprozeß durch eigenes Engagement, indem er sich selbst aus diesem Prozeß herauszunehmen versucht. Hinter dieser scheinbar absoluten Freizügigkeit steht daher eine bedenkliche Gleichgültigkeit des Führenden, die entweder die eigene Resignation oder den Narzißmus, oder die feindliche aggressive Einstellung gegenüber den Gruppenmitgliedern tarnen soll.

Auf einer tieferen Ebene besteht das Problem darin, daß der Führende eigentlich die anderen hindern will, zu erreichen, was er selbst erreicht hat, oder sich darüber hinaus entwickeln zu können.

B. Auswirkungen

Die Folge eines solchen Führungsstiles ist zunächst eine Ratlosigkeit und Unsicherheit der Gruppen. Von einer „Selbstentfaltung der Gruppe" unter solcher „freiheitlichen" Führung kann keine Rede sein, im Gegenteil. Tatsächlich bewirkt dieser Führungsstil eine weitgehende Verwahrlosung der triebstarken und eine Terrorisierung der vitalschwachen Gruppenmitglieder. So kommt es zu einem raschen Zerfall der Gruppe, der sich in Cliquenbildung und zunehmenden Rivalitäten äußert und zur schließlichen Auflösung der Gruppe führt. Die Folgen sind also ähnlich wie beim autokratischen Führungsstil. In beiden Fällen tritt eine Infantilisierung ein, weil die Gruppe mit ihren Bedürfnissen nicht ernst genommen wird.

Viele destruktive Vergeltungswünsche Jugendlicher, die in dieser irreführenden und irrtümlich für freiheitlich gehaltenen Erziehungsform aufwachsen mußten, beruhen auf ihrem Bedürfnis, endlich auf irgendeine Weise Bindung erleben zu können und sei es nur durch eine negative Verbundenheit in der Zerstörung oder in der darauf folgenden Bestrafung. Die laissez-faire-Methode zerstört also nicht nur gegebene Gruppenzusammenhänge, sie zerstört vielmehr in großem Umfange die moralische Qualität mitmenschlicher Verbundenheit und überantwortet das Individuum einer Einsamkeit, durch die es zu einer regressiven Anklammerungstendenz getrieben wird. Das scheinbar Libidinöse solcher Gruppen, der gelegentliche Hedonismus und die daraus resultierende scheinbare sexuelle Freizügigkeit offenbaren lediglich die eingetretenen Regressionen.

Da der laissez-faire-Stil die Mitglieder einer Gruppe ihren Trieben überantwortet, liegt seine Gefahr einerseits in der triebhaften Antwort, aber auch in dem sekundären Bedürfnis nach erneuter Führung durch autoritär-autokratische Gewalt von außen, die von den im Innern entstandenen Schuldgefühlen entlasten soll.

3.923 Demokratischer Stil (kollegialer Führungsstil)

A. Kennzeichen

Der Gruppenleiter behält weitgehend die Führung, jedoch gibt er der Gruppe genügend Hilfen, die jeweilige Lösung von Aufgaben oder Problemen so weit selbständig durchzudiskutieren, daß eine optimale Übereinstimmung erreicht wird. Er vermeidet dabei weitgehend jede autoritäre Führung und versucht, seinen Einfluß durch eine gewisse Lenkung der Diskussion und durch die sokratische Methode auf den Fortgang der Reifungsprozesse der Gruppe so minimal wie möglich zu halten, bis die Gruppe in der Lage ist, sich selbst verantwortlich zu führen. In diesem Führungsstil beobachtet der Führende die dynamischen Prozesse in der Gruppe, so etwa Spannung und Dominanz oder Rückzug und Abweisung, und er versucht, alle Gruppenmitglieder zu einer aktiven Mitarbeit an den jeweiligen Problemen zu bewegen.

B. Auswirkungen

In einer kollegial geleiteten Gruppe steht die Aufgabe als gemeinsame Sache ganz im Mittelpunkt. Es bildet sich ein Wir-Gefühl heraus, die spontane Aktivität und Bereitschaft zur Zusammenarbeit wachsen und bleiben auch bestehen, wenn der Gruppenleiter nicht gerade anwesend ist. Der entscheidendste Effekt ist die Einübung in kollegiale Verhaltensweisen und die Lösung von Konflikten bei ständig auftretenden mangelnden Übereinstimmungen der Gruppenmitglieder, die unvermeidlich sind. Solche Gruppen haben Bestand.

3.924 Führung durch die Gruppe selbst

A. Kennzeichen

Dieser Führungsstil geht über den freiheitlich demokratischen Führungsstil noch hinaus. Führung wird hier nicht mehr als die Funktion eines Leiters oder Vorsitzenden angesehen, sondern als eine Funktion der Gruppe selbst. Dieser Führungsstil ist nur möglich, wenn die Gesetze der Gruppendynamik bewußt in Anwendung kommen. Daher besteht die Übereinstimmung in einer solchen Gruppe nicht in der illusorischen Aufbereitung eines freundlichen Gruppenkonformismus, sondern vielmehr in der Wahrnehmung der real vorhandenen Verschiedenheit der Gruppenmitglieder und ihrer Kapazitäten, ihrer unterschiedlichen Bereitschaft und Fähigkeit, deren Anerkennung und Nutzung dem einzelnen überhaupt erst reale Mitarbeitsmöglichkeiten eröffnen können. Dieser Konsens der

Anerkennung realer individueller Verschiedenheit hebt gerade den illusorischen Gruppenkonformismus auf, der bei einer autokratischen Führung entsteht und dem Selbstschutz der Gruppenmitglieder dient.

B. Auswirkungen

Eine so konstituierte Gruppe löst ihre Konflikte durch Integration, vgl. Das Umgehen mit Konflikten in Gruppen (8.95).

In einer solchen Gruppe sind die verschiedenen Rollenfunktionen zugleich Führungsfunktionen, die ständig wechseln und an denen alle nach dem Maße ihrer individuellen Fähigkeit spontan und voll partizipieren, vgl. Rollenfunktionen in der Gruppe (8.96).

Weitere Einzelheiten zu den Führungsstilen und ihrer Anwendung

Ad I. Autoritärer Stil

Der autoritäre Führungsstil hat viele Spielarten. Am extremen Ende der Skala steht *die Tyrannis,* die auch in einer kleinen Gruppe durchaus wichtig ist, wo der Gruppenleiter sich über jedes Gruppengesetz stellt und eine Willkürherrschaft führt, und zwar nach dem Grundsatz: „Die Gruppe bin ich". Eine mildere Spielart ist *der wohlwollende Despotismus.* Dem wohlwollenden Despot ist das Wohl der Gruppe durchaus wichtig. Er ist aber der festen Überzeugung, daß er am besten wisse, was der Gruppe gut tut. (Modell des aufgeklärten Absolutismus.)

Diktatur im ursprünglichen Sinn war Diktatur auf Zeit, die bei großer Gefahr eingeführt wurde und nach deren Ablauf Rechenschaft abzulegen war. Die Parallelen sind leicht zu ziehen zu all den Situationen, in denen ein Gruppenleiter wegen drohender Gefahr, wegen allzugroßer Zeitnot oder bei zu großen Gruppen diktatorisch vorgehen muß. Die spätere Rechenschaftsablegung darf dann aber nicht vergessen werden.

Eine weitere Spielart ist der *patriarchalische Führungsstil.* Er bedient sich statt des Befehls des Vorschlags und läßt immerhin Rückäußerungen und Rückfragen, auch Gegenvorschläge zu. Jedoch bleibt klar, daß die Entscheidung bei dem Leitenden liegt. Dieser Führungsstil ist in vielen Lagen gerechtfertigt und angemessen. Gefährlich wird er aber dann, wenn die Befragung nur zum Schein durchgeführt wird, um Entscheidungen durchzusetzen, die vorher bereits feststehen. Solche „Als-ob-Entscheidungen" untergraben das Vertrauen.

Wieder eine andere Form der autoritären Führung ist *der personalistische Führungsstil.* Hier bestehen enge persönliche Beziehungen zwischen der Zentralperson und den einzelnen Gruppenmitgliedern, so daß sie sich weder auf den Befehl noch auf die Beratung mit der Gruppe verläßt. Sie gebraucht die Bitte oder das eigene Vormachen als Mittel der Beeinflussung, und „ihr zuliebe" tut man gerne, was sie möchte. Dieser Führungsstil ist am Anfang der Gruppenbildung manchmal notwendig, damit erst einmal ein Kristallisationspunkt vorhanden ist, um den herum sich Beziehungen untereinander aufbauen können. Bei gestörten Menschen kann dieser Stil über eine längere Zeit gefordert sein, um dem Kontaktgehemmten zu ermöglichen, eine gute, tragfähige Beziehung zu einem Menschen zu entwickeln, ehe er sich der Gruppe zuwenden kann.

Entscheidend ist immer, aus welchen Beweggründen der Verantwortliche die Zentral-Position einnimmt. Tut er es um seiner eigenen Befriedigung willen, weil es ihm gut tut, daß ihn alle gerne haben, daß ohne ihn „nichts los" ist, oder nimmt er die Zentral-Position bewußt an, um sie abzulösen, sobald dies möglich ist, damit andere Beziehungen oder ein Sachinteresse in den Mittelpunkt der Gruppe rücken können?

Ad II. Laissez-faire-Stil

Es gibt Situationen, in denen die gezielte Anwendung dieses Führungsstiles angebracht ist. Der Gruppenleiter, der neu in eine bereits bestehende Gruppe kommt, wird oft erst einmal abwartend und beobachtend am Rande stehen, um zu erkennen, wo die Gruppe steht. Auch während der Arbeit mit einer Gruppe geschieht es oft, daß er beiseite steht und der Gruppe Raum gibt, sich ohne ihn zu tummeln oder auch eine Entscheidung ganz ohne seine Mitwirkung zu treffen. Es bleibt lediglich die Information und Beratung, sofern angefragt wird, und eine Aufsicht zum Schutz vor akuter Gefahr.

Der Unterschied zum eigentlichen Laissez-faire-Stil besteht darin, daß diese Anwendung gezielt ist, also aus Sorge und Können kommt, nicht aus Unsicherheit, Uninteressiertheit, Kontaktschwierigkeit und innerer Abneigung.

Ad III. Kollegialer Führungsstil (demokratischer Stil)

Hier geht es hauptsächlich darum, aus einer kollegialen Grundhaltung heraus zu führen und zu kollegialen Verhaltensweisen der Gruppenmitglieder untereinander hinzuführen.

Die kollegiale Grundhaltung achtet den anderen als gleichwertigen Partner — was selbstverständlich nicht „gleichen" oder gleichartigen Partner bedeuten kann —, achtet sein Recht auf Selbstbestimmung und Selbstentfaltung.

Hier wird die Gruppe zum Raum, in dem gelernt werden kann:

Anhören anderer Meinungen,

Tolerieren des Anders-Sein, ja auch die Freude an der Unterschiedlichkeit,

Das Zurückstecken der eigenen Interessen um anderer willen, andererseits der Mut, die eigene Ansicht, das eigene Interesse zu vertreten und das Geschick, dies in angemessener Form zu tun; schlichte und doch so wichtige Verfahrensweisen wie Diskussion, Abstimmung, Protokollführung, Wahlen, die Formulierung von Beschlüssen, von Gruppenordnungen und -satzungen.

Diese praktischen Fertigkeiten werden besonders dann geübt, wenn die Gruppe selbständige Entscheidungen treffen kann. Der Gruppenleiter wird daher Probleme zur Diskussion stellen anstatt seiner Lösungen. Wo er Vorschläge macht, wird er versuchen, Alternativen anzubieten. Er wird durch Fragen auf wichtige Gesichtspunkte hinweisen.

Der Leiter hat hier die wichtige Aufgabe, die Entscheidungen nicht vorwegzunehmen, sondern Möglichkeiten aufzuzeigen und Verfahrenshilfen zu geben, damit Beschlüsse gefaßt und ausgeführt werden können.

Ad IV. Führung durch die Gruppe selbst

Führung geht auf jemand über, sobald die Gruppe erkennt, daß er die Mittel in der Hand hat, die augenblicklichen Bedürfnisse der Gruppe zu befriedigen.

Jemand übt Führung aus, wenn er das tut, was die Gruppe zur Befriedigung ihrer Bedürfnisse und zur Erreichung ihres Zieles braucht.

Da eine Gruppe vielerlei Führungsfunktionen braucht und nicht ein einzelner alle diese Funktionen übernehmen kann, übernehmen die Gruppenmitglieder solche Funktionen im Wechsel, wann immer sie gebraucht werden. Wichtig ist dabei, *daß* die notwendigen Führungsfunktionen ausgeübt werden, *nicht von wem* sie ausgeübt werden.

In einer solchen Gruppe tun sowohl der aufgestellte Führer wie die Gruppenmitglieder das gleiche: Sie erfüllen Funktionen, die die Gruppe braucht.

Die meisten Gruppen haben einen eigenen, auf verbindliche Weise aufgestellten Führer, dem damit eine gewisse Autorität zukommt. Durch die Aufstellung eines solchen Führers soll sichergestellt werden, daß jemand die in der Gruppe notwendigen Funktionen übernimmt. Das heißt jedoch nicht, daß alle Führungsfunktionen der Autorität vorbehalten sind. In reifen Gruppen wird von jedem, der sieht, daß eine bestimmte Funktion von der Gruppe gebraucht wird, auch erwartet, daß er diese Funktion übernimmt.

Nicht jede Gruppe ist zu jeder Zeit fähig, die Führungsfunktionen in dieser Art unter den Mitgliedern aufzuteilen und zu wechseln. Es muß daher bis zu einem gewissen Grad dem aufgestellten Führer überlassen bleiben, zu welchem Zeitpunkt er welchen Stil anwendet oder zuläßt. Vom aufgestellten Führer muß jedoch gefordert werden, daß er die verschiedenen Führungsstile kennt und bewußt handhaben kann.

(S. Hellinger)

Feed Back

4.0 EINLEITUNG

Die Feed-Back-Technik, die als ein gekonnter Spezialfall von Kommunikation bezeichnet werden kann, gilt als eines der zentralen Ziele gruppendynamischer Bemühungen. Dabei trifft das Wort ‚Technik' nicht ganz: Ein funktionierendes Feed-Back-Regelkreissystem im Sinne von S b a n d i , P. (1970) ist ein Gefüge von Verhaltensweisen, das ein hohes Ausmaß an Autonomie des einzelnen und einen fortgeschrittenen Entwicklungsprozeß der Gruppe erfordert. Gegenseitige Vertrautheit, Sicherheit und Schutz, z. B. vor moralisierenden Verhaltensweisen in der Gruppe, sind Voraussetzungen dafür, daß Mitteilung über den sonst restringierten Gefühlsbereich gemacht werden kann. Es bedarf einer hohen Gruppenreife, normative und stereotypisierende Interaktionsformen abzulegen (als Hilfe dazu Übungen aus Kapitel 7).

Das Funktionieren eines solchen Feed-Back-Systems ist ein differenzierter Entwicklungsprozeß, der eingeübt werden muß, wozu die kognitive Einsicht und die Fähigkeiten *einzelner* Teilnehmer nicht ausreichen. Die Notwendigkeit zu einer Einübung wird in Gruppen häufig sehr früh gesehen; ebenso häufig bestehen aber Abwehren gegen die Realisierung solcher prinzipiellen Einsichten.

Die in diesem Kapitel beschriebenen Übungen sind geeignet, diese Diskrepanz zwischen Wollen und Können zu reduzieren und bestimmte Bereiche der Feed-Back-Technik zu trainieren. Die Übungen des vorigen Kapitels, speziell der kontrollierte Dialog (3.5) sind geeignete Wegbereiter für ein solches Training. Jedoch haben diese Übungen nur Modellcharakter und damit nur begrenzte Wirksamkeit. Sie können nur das anstoßen, was nachher in der realen, personalen oder sachlichen Auseinandersetzung der Gruppe mit sich selbst und ihrer Aufgabe verwirklicht werden muß. Neben der Schulungs- und Trainingsfunktion haben diese Übungen damit eine diagnostische und problemverdeutlichende Wirkung. Es sei noch einmal betont, daß dieses Kapitel eng an das vorige anschließt und teilweise mit diesem austauschbar ist.

Das Paarinterview (4.1) stellt zwar bedeutende Aspekte der Feed-Back-Technik heraus, betrifft aber (vgl. dazu die Kritik von S b a n d i , P., 1970) nicht eigentlich das, was mit dem Kontrollsystem der Gruppe gemeint ist, da eine ganze Gruppe und nicht nur zwei Dialogpartner daran beteiligt sind.
— Alter Ego (4.2), Rollentausch (4.3) und TG beobachtet TG (4.4) sind drei Übungen, die alle mit psychodramatischen Techniken und einem Wechsel der eigenen Rolle arbeiten und damit versuchen, gewissermaßen einen Spiegel für das eigene Verhalten zu liefern. Rollenspieltechniken, die hier Verwendung finden, erleichtern häufig ein Heraussteigen aus dem eigenen Rollenverhalten, was für Gruppen auf der Suche nach Identität oft schwierig ist. — Dies trifft im gewissen Sinne auch für die nonverbale Übung Gruppe im Bild (4.5) zu.

ichworte	FEED BACK **4.1**
tel	Paar-Interview
el	Erleben und Einüben des Feed Back
dikation	Zur Erlernung einer zentralen Trainingstechnik; vorwiegend für Sens.-Training
ungstyp, teiligte	Paar-Übung; üblicherweise Zusammenstellung der Paare aus TG's; gerade Teilnehmerzahl erforderlich
rchführung	1. Aufteilung in Zweiergruppen 2. Austeilung der Instruktionen (4.11) 3. Je 10′ für jeden Partner zum Feed Back 4. Keine Auswertung; evtl. anschließend TG
uer	½ Std.
terlagen, aterial	1 Instruktionsbogen pro Teilnehmer (4.11)
eignete papers	Feed Back (4.91), Johari-Window (4.92)
tor	unbekannt
eratur, fahrungen	Sbandi, P. (1970), Pfeiffer, J. W., Jones, J. E., II (1970): Helping pairs — Wert als Modell für den Feed-Back-Prozeß umstritten
swertungshilfen	Keine Auswertung
riationen	
aloga	Hilfe suchen — Hilfe geben (9.1), kontrollierter Dialog (3,5), Alter Ego (4.2), Rollentausch (4.3), TG beobachtet TG (4.4)

4.11 INSTRUKTIONEN ZUM PAAR-INTERVIEW

In den Paarinterviews besprechen wechselweise je zwei Angehörige einer Gruppe die Gruppenvorgänge und ihr jeweiliges Verhalten in der letzten Sitzung:

1. *Fragen* Sie Ihren Partner
   - wie er sich in der letzten Gruppensitzung fühlte,
   - wie er sich in der letzten Gruppensitzung verhalten hat,
   - wie seine Gefühle und sein Verhalten zueinander paßten.

2. *Sagen* Sie ihm (Feed Back)
   - wie Sie sein Verhalten sahen,
   - wie Ihnen sein Gefühl zu sein schien,
   - welchen Eindruck er auf Sie machte,
   - wie er nach Ihrer Meinung wirkungsvoller zur Arbeit in der Gruppe beitragen kann.

3. Was sieht er zur Zeit als das große *Problem* in der Gruppe an?
   Fragen Sie so lange zurück, bis Sie sicher sind, daß Sie seine Gefühle verstanden haben.

Hinweise, wie man jemandem *Feed Back erteilt:*

- Feed Back ist von Nutzen, wenn es jemandem hilft, *sich selbst zu verstehen,* ihm hilft, *seine Wirkung auf andere zu verstehen.*
- Die Hauptaufmerksamkeit sollte den Bedürfnissen und Wünschen dessen gelten, der Feed Back empfängt.
- „Bedrängen" Sie denjenigen nicht, dem Sie Feed Back geben; versuchen Sie einmal, die Dinge aus seiner Sicht zu sehen.
- Schildern Sie genau das *tatsächliche Verhalten,* das er oder andere zeigten, so wie Sie es gesehen haben.
  Vermeiden Sie dabei, sein Verhalten zu interpretieren oder seine Motive zu erraten.

Hinweise für denjenigen, der *Feed Back erhält:*

- Nicht argumentieren und verteidigen!
- Nur zuhören, klären und aufnehmen!

NOTIZEN:

Stichworte	FEED BACK, ROLLENSPIEL **4.2**
Titel	Alter Ego
Ziel	Feed Back über persönliches Verhalten und Gruppenverhalten im Rahmen eines Prozeßverlaufes; Empathie-Übung
Indikation	Zur Illustration von Kommunikationsphänomenen und bei Stagnation der Dynamik in einer Gruppe
Übungstyp, Beteiligte	Besonders geeignet für TG's; alle Teilnehmer mit oder ohne Trainer
Durchführung	Siehe 4.21
Dauer	ca. 2 Std.
Unterlagen, Material	keine
Geeignete papers	Feed Back (4.91), Johari window (4.92)
Autor	In dieser Form von L e h m a n n , B.; ähnlich beschrieben in P f e i f f e r , J. W., J o n e s , J. E. (1970)
Literatur, Erfahrungen	Psychodrama-Literatur, z. B. M o r e n o , J. L. (1954) — Ergibt lebhafte Diskussionen über Kommunikation in Gruppen und über Beratung
Auswertungshilfen	War das Feed Back nützlich? Haben die Teilnehmer brauchbare Hinweise bekommen? War es schwierig, sich einzufühlen? War es schwierig, auf Gruppenebene zu helfen? Entsprachen die Beobachtungen und Alter-Ego-Interventionen dem eigenen Erleben?
Variationen	Hinzufügung oder Weglassen einzelner Schritte; vielfach zu variieren
Analoga	Paar-Interview (4.1), Rollentausch (4.3), TG beobachtet TG (4.4)

4.21 INSTRUKTIONEN ZUR DURCHFÜHRUNG DER ALTER EGO-ÜBUNG

1. Anordnung der Stühle im Innen- und Außenkreis. Zusammenstellung von Zweiergruppen und Entscheidung, welcher der Partner im Innen- und welcher im Außenkreis beginnt. Ein Partner nimmt im Innenkreis Platz, der andere nimmt als Beobachter hinter seinem Partner Platz. (5′)

2. Instruktion: „Die Teilnehmer im Innenkreis können nun 20′ miteinander sprechen und dabei versuchen, ein für sie ungewohntes Verhalten in einer Gruppe auszuprobieren. Die Beobachter, die hinter ihrem Partner sitzen, richten ihre Aufmerksamkeit auf ihren Partner im Innenkreis und versuchen, sich darüber klarzuwerden, wie ihr Partner sich fühlt, was er erlebt. Die Beobachter bekommen nachher Gelegenheit, ihren Partnern ihre Beobachtungen mitzuteilen."

3. Gruppengespräch im Innenkreis (20′)

4. Die Teilnehmer des Innenkreises drehen sich herum; die Beobachter geben ihrem Partner Feed Back, die Partner können sich dazu äußern. (10′)

5. Fortsetzung des Gruppengesprächs im Innenkreis. Die Beobachter können sich jetzt als „Alter Ego" für ihren Partner in das Gespräch einschalten mit kurzen Bemerkungen in der Ich-Form. (20′)

6. Die Partner im Innenkreis drehen sich wieder herum und geben Feed Back an ihren jeweiligen Beobachter bzw. an das Alter Ego. (5′)

7. Wechsel des Innen- und Außenkreises. Die Beobachter werden aufgefordert, sich jetzt nicht mehr auf einen bestimmten Partner zu konzentrieren, sondern auf den Gruppenprozeß, der sich im Innenkreis entfaltet. Die neuen Teilnehmer am Gespräch im Innenkreis können wieder mit neuen Verhaltensweisen experimentieren, ohne jedoch die Gruppe als solche aus dem Auge zu verlieren. (20′)

8. Die Beobachtergruppe unterhält sich unter sich über die gemachten Beobachtungen, der Innenkreis hört zu; keine Diskussion zwischen Innenkreis und Beobachtern. (10′)

9. Fortsetzung des Grupengesprächs im Innenkreis; die Beobachter können sich mittels eines leeren Stuhles in den Innenkreis einschalten, um kurze, helfende Bemerkungen auf Gruppenebene zu machen. (20′)

10. Feed Back an die Beobachter (5′)

NOTIZEN:

	FEED BACK, ROLLENSPIEL **4.3**
Stichworte	
Titel	Rollentausch
Ziel	Feed Back über Stereotype; Diagnose und Auflockerung festgefahrener Rollenpositionen
Indikation	Bei Stagnation der Rollendynamik und Schwierigkeiten im Feed-Back-Prozeß
Übungstyp, Beteiligte	TG-Übung mit allen Mitgliedern einschließlich Trainer
Durchführung	1. Vorbereitete Namensschilder aller Mitglieder werden aus einem Hut gezogen; eigene Namen werden zurückgeworfen 2. Jeder steckt das Schild mit dem neuen Namen an 3. Die TG wird begonnen oder fortgesetzt unter der Fragestellung: Wie sehe ich den anderen? Etwa $1/2$ Std. 4. Nochmaliger Rollentausch durch Los, eine weitere $1/2$ Std. TG unter der Frage: Wie wünsche ich mir den anderen?
Dauer	$1^{1}/_{2}$ Std.
Unterlagen, Material	Pappschilder ausreichender Größe mit deutlich lesbaren Namen und Anstecknadeln
Geeignete papers	Evtl. Feed Back (4.91)
Autor	Team des gruppendynamischen Trainings Wien 1970
Literatur, Erfahrungen	Psychodrama-Literatur, z. B. M o r e n o, J. L. (1954) — Vorsicht: Gefahr der Abwehr durch Karikierung und oberflächliche Manierismen
Auswertungshilfen	Wie wurden die Rollen gespielt, wie gehemmt oder überzogen? Konnte der Rollenaspekt der Personen deutlich gemacht werden? Wer führte in welcher Rolle (eigene oder angenommene)? Welches individuelle Feed Back wurde durch den Rollentausch gegeben und empfangen?
Variationen	Evtl. ein Prozeßbeobachter von außerhalb der Gruppe; beliebig modifizierbar, da die Übung eine Psychodrama-Variante darstellt
Analoga	Rollenspiele aller Art; Paar-Interview (4.1), Alter Ego (4.2)

NOTIZEN:

Stichworte	**FEED BACK, BEOBACHTUNG** **4.4**
Titel	TG beobachtet TG
Ziel	Verbesserung des Selbstbildes einer TG durch Vergleich ihrer Aktivitäten mit denen einer anderen Gruppe; Schulung in Beobachtungstätigkeit und Prozeßanalyse; Verhinderung von TG-Isolation
Indikation	Geeignet als erste Intergruppen-Übung, möglichst frühzeitig im Lab; auch bei Stagnation und Blockierung des TG-Prozesses
Übungstyp, Beteiligte	Intergruppen-Übung geschlossener TG's; alle Teilnehmer; geeigneter bei gerader TG-Anzahl
Durchführung	1. Einleitung, Vorbereitung; jede TG trifft sich in ihrem Raum; Instruktion durch Trainer. (10') 2. Beobachtung; beobachtende Gruppe sitzt hinter beobachteter. (20') 3. Feed Back ununterbrochen von beobachtender Gruppe. (10') 4. Besprechung des Feed Back. (15') 5. Vorbereitung; jede TG geht in ihren Raum. (15') 6. Beobachtung, umgekehrt. (20') 7. Feed Back ununterbrochen. (10') 8. Besprechung des Feed Back gemeinsam. (15') 9. TG; jede Gruppe separate Abschlußdiskussion. (30')
Dauer	2½ Std.
Unterlagen, Material	Pro Teilnehmer 1 Instruktionsblatt (nach ‚Durchführung' herzustellen)
Geeignete papers	Feed Back (4.91)
Autor	unbekannt; ähnlich beschrieben in N y l e n , D. et al. (1967) S. 176 ff.
Literatur, Erfahrungen	Einhalten der Zeitbegrenzung schwierig, aber wichtig
Auswertungshilfen	Auswertung sollte dem Prozeß überlassen sein, Stimulation eigener Inferenzen vom Gesehenen; da Trainer mitbeteiligt, nur limitierte diagnostische Funktion; anschließend evtl. Solidarisierungen der Gruppen beobachten.
Variationen	Bei ungerader Zahl von TG's: Jede TG halbieren und eine Gesamt-TG von 2 Halbgruppen beobachten lassen, dazu sind 3 Durchgänge nötig (Zeitverlängerung); vor jeder Feed-Back-Phase Konversation zwischen jedem Beobachter und dem vor ihm Sitzenden (N y l e n , D. et al. 1967)
Analoga	Paar-Interview (4.1), Alter Ego (4.2); Zwiebelschale (1.5)

NOTIZEN:

FEED BACK, NONVERBALE TECHNIKEN 4.5

Gruppe im Bild

Darstellung von Rollen und Positionen in einer Gruppe in kooperativer und nonverbaler Weise; Diagnose unbewußter Gruppenphantasien und der Kohäsion einer Gruppe

Sowohl bei Verbalisierungshemmungen als auch zu starken Verbalisierungstendenzen; zu jeder Zeit jeder Veranstaltung möglich — evtl. Wiederholung nach Fortschreiten des Gruppenprozesses

Alle Gruppenmitglieder, aufgeteilt in 2 Untergruppen

1. Aufteilung in 2 Untergruppen
2. Instruktion: Jede Untergruppe erhält Zeichenmaterial mit der Aufgabe, die ganze Gruppe möglichst charakteristisch im Bild (ohne Namen) festzuhalten.
3. 45' Zeit zur Durchführung
4. Treffen der gesamten Gruppe zur Besprechung der Bilder (15')

1 1/4 Std.

pro Untergruppe: 1 Zeichenkarton DIN A 1, div. farbige Filzschreiber,
1 Instruktionsblatt (nach ‚Durchführung' zu erstellen)

in dieser Form S b a n d i, P., V o g l, A.; ähnlich in H a r e, A. P., H a r e, E. R. T. (1956)

A n t o n s, K., E n k e, E., M a l z a h n, P., v. T r o s c h k e, J. (1971) — In verschiedenen Variationen erfolgreich als Gruppendiagnostikum zu verwenden

Je nach Situation

Zusatzinstruktion: nicht miteinander sprechen; jede Gruppe stellt sich in Bezug zu den anderen Gruppen dar; jeder einzelne Teilnehmer zeichnet die Gesamtgruppe.

Fast jede nonverbale Form der Gruppendarstellung

4.9 PAPERS

4.91 FEED BACK

Feed Back ist eine Mitteilung an eine Person, die diese Person darüber informiert, wie ihre Verhaltensweisen von anderen wahrgenommen, verstanden und erlebt werden.

Das mögliche Maß und die Wirksamkeit des Feed Back wird weitgehend bestimmt vom Maße des Vertrauens in der Gruppe und zwischen den jeweils betroffenen Personen.

4.911 Die positiven Wirkungen des Feed Back

- Es stützt und fördert positive Verhaltensweisen, da diese anerkannt werden.
  Beispiel: „Durch deine klare Analyse hast du uns wirklich geholfen, das Problem klarer zu sehen."

- Es korrigiert Verhaltensweisen, die dem Betreffenden und der Gruppe nicht weiterhelfen oder die der eigentlichen Intention nicht genügend angepaßt und konform sind.
  Beispiel: „Es hätte mir mehr geholfen, wenn du mit deiner Meinung nicht zurückgehalten, sondern sie offen gesagt hättest."

- Es klärt die Beziehungen zwischen Personen und hilft, den anderen besser zu verstehen.
  Beispiel: „Harry, ich dachte, wir könnten nicht zusammenarbeiten, aber nun sehe ich, daß wir uns sehr gut miteinander verstehen."

Wenn alle Gruppenmitglieder zunehmend bereit sind, sich gegenseitig solche Hilfen zu geben, so wachsen die Möglichkeiten des voneinander Lernens in erheblichem Maße. Nur auf diesem Wege ist es möglich, die Fremdwahrnehmung mit der Selbstwahrnehmung systematisch zu vergleichen.

4.912 Wie geht Feed Back vor sich?

- Indem man den anderen wissen läßt, was man *über sich selbst* denkt und fühlt.

- Indem man die andere Person wissen läßt, was man *über sie* denkt und fühlt (Konfrontation).

- Indem man sich gegenseitig sagt, was man über sich selbst und über den anderen denkt und fühlt (Feed-Back-Dialog).

Die Feed-Back-Information kann auf verschiedene Weise gegeben werden:

Bewußt: Zustimmung nicken — oder *Unbewußt:* einschlafen.
Spontan: „Vielen Dank" — oder *Erbeten:* . . .? „Ja, es hat geholfen."
In Worten: „Nein" — oder *Wortlos:* Das Zimmer verlassen.
Formal: Fragebogen — oder *Nicht formal:* Beifallklatschen.

4.913 Regeln für das Feed Back

Das Feed Back soll sein:

- *Beschreibend:* Das steht im Gegensatz zu bewertend, interpretierend oder Motive suchend. Indem man seine eigene Reaktion beschreibt, überläßt man es dem anderen, diese Information nach seinem Gutdünken zu verwenden oder nicht. Indem man moralische Bewertungen unterläßt, vermindert man im anderen den Drang, sich zu verteidigen und die angebotene Information abzulehnen.

- *Konkret:* Das steht im Gegensatz zu allgemein.
  Beispiel: Wenn man jemandem sagt, er sei dominierend, so hilft ihm das vielleicht viel weniger als wenn man sagt: „Gerade jetzt, als wir in dieser Sache zu einer Entscheidung kommen wollten, hast du nicht auf das gehört, was andere sagten, und ich hatte das Gefühl, daß du mich angreifen würdest, wenn ich deinen Argumenten nicht zustimme."

- *Angemessen:* Feed Back kann zerstörend wirken, wenn wir dabei nur auf unsere eigenen Bedürfnisse schauen und wenn dabei die Bedürfnisse der anderen Person, der wir diese Information geben wollen, nicht genügend berücksichtigt werden. Angemessenes Feed Back muß daher die Bedürfnisse aller beteiligten Personen in rechter Weise berücksichtigen.

- *Brauchbar:* Es muß sich auf Verhaltensweisen beziehen, die der Empfänger zu ändern fähig ist. Wenn jemand auf Unzulänglichkeiten aufmerksam gemacht wird, auf die er keinen wirksamen Einfluß ausüben kann, fühlt er sich nur um so mehr frustriert.

- *Erbeten:* Das steht im Gegensatz zu aufgezwungen. Feed Back ist dann am wirksamsten, wenn der Empfänger selbst die Frage formuliert hat, auf die der Beobachter ihm dann antwortet.

- *Zur rechten Zeit:* Normalerweise ist Feed Back um so wirksamer, je kürzer die Zeit zwischen dem betreffenden Verhalten und der Information über die Wirkung dieses Verhaltens ist. Es müssen jedoch auch noch andere Gegebenheiten berücksichtigt werden, z. B. die Bereitschaft dieser Person, solche Information anzunehmen, die mögliche Hilfe von anderen usw.

- *Klar und genau formuliert:* Das kann man nachprüfen, indem man den Empfänger auffordert, die gegebene Information mit eigenen Worten zu wiederholen und dann seine Antwort mit der Intention des Beobachters vergleicht.

- *Korrekt:* In einer Gruppe haben sowohl der Beobachter als auch der Empfänger des Feed Back die Möglichkeit, die mitgeteilte Beobachtung nachzuprüfen, indem auch die anderen Mitglieder der Gruppe nach ihren Eindrücken befragt werden. Dadurch werden mögliche Fehler und Ungenauigkeiten vermieden.

4.914 Die Spielregeln für wirksames Feed Back können wie folgt zusammengefaßt werden. Für den, der Feed Back erteilt:

— Beziehe dich auf konkrete Einzelheiten, auf Material der Hier-und-Jetzt-Situation,
— Unterwirf deine Beobachtung der Nachprüfung durch andere,
— Gib deine Information auf eine Weise, die wirklich hilft,
— Gib sie sobald als möglich,
— Vermeide moralische Bewertungen und Interpretationen,
— Biete deine Information an, zwinge sie nicht auf, dränge dich nicht auf,
— Sei offen und ehrlich,
— Gib zu, daß du dich möglicherweise auch irrst.

Für den, der Feed Back erhält:

— Nicht argumentieren und verteidigen,
— Nur zuhören, nachfragen und klären,

Die Wirksamkeit der Hilfe hängt auch von der Offenheit des Empfängers ab.

4.915 Fragen zur Analyse der Feed Back-Situation:

● Erlebe ich wenig oder viel Feed Back?
● Neige ich zu Widerspruch?
● Neige ich dazu, mißzuverstehen oder falsch zu deuten?
● Neige ich zu Gegenangriffen?
● Akzeptiere ich Feed Back mit Worten, handele aber nicht so, als ob ich wirklich daran glaube?
● Akzeptiere ich unkritisch und ohne zu prüfen?
● Gewinne ich aus dem Feed Back Einsichten, die es mir ermöglichen, in neuer Weise zu handeln?
● Habe ich die Gültigkeit des erhaltenen Feed Backs durch Suchen nach weiteren Reaktionen in meinem Verhalten geprüft?

(Aus papers von S. H e l l i n g e r und H. G. S c h ö p p i n g)

4.92 JOHARI-WINDOW

4.9/1 Verhaltensbereiche

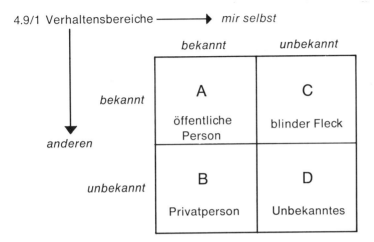

Das Johari-Window, benannt nach den Autoren Joe L u f t und Harry I n g - h a m, ist ein einfaches graphisches Modell, das die Veränderungen von Selbst- und Fremdwahrnehmung im Verlaufe eines Gruppenprozesses darstellt.

Quadrant A: Ist der Bereich der freien Aktivität, der öffentlichen Sachverhalte und Tatsachen, wo Verhalten und Motivationen sowohl mir selbst bekannt als auch für andere wahrnehmbar sind.

Quadrant B: Das ist der Bereich des Verhaltens, der mir bekannt und bewußt ist, den ich aber anderen nicht bekannt gemacht habe oder machen will. Dieser Teil des Verhaltens ist für andere verborgen oder versteckt.

Quadrant C: Ist der blinde Fleck der Selbstwahrnehmung, d. h. der Teil des Verhaltens, der für andere sichtbar und erkennbar ist, mir selbst hingegen nicht bewußt. Abgewehrtes, Vorbewußtes und nicht mehr bewußte Gewohnheiten fallen hierunter.

Quadrant D: Er erfaßt Vorgänge, die weder mir noch anderen bekannt sind und sich in dem Bereich bewegen, der in der Tiefenpsychologie unbewußt genannt wird. Dieser Bereich wird in der Regel in Trainingsgruppen nicht bearbeitet.

Bleibt man in diesem Modell, dann läßt sich die Situation zu Beginn einer neuen Gruppe so darstellen, daß der Bereich der freien Aktivität des einzelnen sehr gering ist und die Bereiche B und C dominieren.

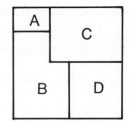

Die Ziele eines Trainings, die mit Hilfe des Feed-Back-Prozesses erreicht werden können, sind: Quadrant B und C zu verringern und Quadrant A zu vergrößern. Das bedeutet die Verschiebung der Grenzen dessen, was der Bearbeitung zugängig ist, und damit eine Erweiterung der freien Aktivität des einzelnen. Blinde Flecke werden dadurch aufgehellt.

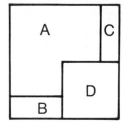

Die Methoden der Vergrößerung des Freiraumes A sind vorwiegend:

- Informationen über sich und bisher Privates preiszugeben
- Feed Back zu vermitteln und aufzunehmen.

Bis zu welchem Maße das möglich ist, wird weitgehend bestimmt durch die Lernbereitschaft und die Lernfähigkeit des einzelnen und der Gruppe.

Techniken und Wirkweisen dazu sind:

- Das Selbstbild des anderen akzeptieren und ihn ernst nehmen
- Selbst mitteilen, wenn die eigenen Grenzen erreicht sind
- Bereitschaft, das Selbstverständnis zu erweitern, wodurch die Bereitschaft, Feed Back zu geben und zu empfangen, wächst
- Dadurch wird dem Gegenüber Sicherheit und Bereitschaft gegeben, vorurteilsfrei zu hören
- Dadurch wird der Widerstand gegen Verhaltensänderungen und die Angst vor der Bearbeitung deren Hintergründe verringert
- Es wird möglich, die eigene Situation zu reflektieren und neue, zukunftsorientierte Aktivitäten auszuprobieren
- Durch das Feed Back wird die eigene Wirkung auf andere erfahren, auch die Wirkung non- und präverbaler Verhaltensweisen.

(Nach L u f t , J. (1971) und papers von E. H e y n und H. G. S c h ö p p i n g)

Kooperation, Wettbewerb

5.0 EINLEITUNG

Was mit dem Begriff der Kooperation gemeint ist, wird vielleicht am deutlichsten in der bekannten Quadrat-Übung (5.2): Die Fähigkeit mehrerer Beteiligten, ein gemeinsames Ziel verhaltensrelevant im Auge zu behalten, sich funktional im Hinblick auf dieses gemeinsame Ziel hin zu bewegen und dabei fähig zu sein, mit — berechtigten — Partialinteressen der einzelnen umzugehen. — Im Zusammenhang mit dem ebenso häufig gebrauchten Wort ‚Teamarbeit' hat der Begriff der Kooperation heute eine überhöhte Bedeutung gewonnen und damit wohl auch einen ideologischen Wert, der hier nicht unbestritten bleiben soll: Nur ein dauerhaftes Unterdrücken von Konflikten wird den Eindruck einer ständigen Kooperation innerhalb einer Gruppe erwecken. Realität dürfte vielmehr sein, daß dauerhafte Kooperation und Einigkeit eine Illusion sind und daß mit dem Kooperationsverhalten nur ein Teilaspekt beleuchtet wird, der Anderes, Wesentliches außer acht läßt.

Der Titel dieses Kapitels ist deshalb bewußt zweiseitig gewählt. Die meisten der darin enthaltenen Übungen zeigen auch deutlich, was immer wieder zu beobachten ist: das Widerspiel zwischen Kohäsion und Distanz, zwischen Intragruppen-Solidarität und Intergruppen-Rivalität, zwischen Zusammenarbeit und Konkurrenz. Dabei ist das eine als Komplement des anderen zu betrachten, nicht als etwas Dysfunktionales, weniger Erstrebenswertes oder gar moralisch Minderwertiges (vgl. C o s e r , L. A. 1972). Die Auswahl dieser Übungen geht bewußt darauf hinaus, die sonst in der Gruppendynamik weniger deutlich werdenden *positiven* Potenzen von Konkurrenz- und Rivalitätsverhalten zu betonen.

Haus — Baum — Hund (5.1) läßt auf einer physisch spürbaren Ebene die Widerstände gegen kooperatives Verhalten deutlich werden. Die Quadrat-Übung (5.2) ist sicher als einer der Wegbereiter der idealisierenden Kooperationsideologie zu verstehen; wegen ihrer weiten Verbreitung wurde sie dennoch hier aufgenommen. — Die Übung Kohlengesellschaft (5.3) demonstriert einen speziellen Aspekt der Kooperation, nämlich daß für bestimmte Aufgabenlösungen alle in einer Gruppe vorhandenen Ressourcen notwendig sind. Es beeindruckt Gruppenmitglieder durchweg, in welchem Ausmaß das Problem des Umgangs mit Informationen (hier wieder ein möglicher Rückbezug zum Kapitel 3, Kommunikation) umgangen wird: Häufig wird die Wichtigkeit von Fakten nicht erkannt, weil nicht gesehen wird, daß sie etwas Neues, dem anderen Unbekanntes enthalten. Die implizite Annahme, daß die anderen auch denken und wissen müssen, was man selbst denkt und weiß, verhindert, daß Informationsbesitz als Machtmittel erkannt wird. Die politische Relevanz dieses Problems ist — auch in Laboratoriumssituationen — außerordentlich hoch; leider ließ sich keine speziellere Übung dazu finden.

Die spieltheoretischen Richtungen der Sozialpsychologie (vgl. M i l l s , J., 1969) gehen davon aus, daß Gruppenverhalten in einer ständigen Spannung zwischen eigener Belohnung und Belohnung der anderen, Maximierung des eigenen und des gemeinsamen Gewinnes stehen. Das Paradigma des prisoner's dilemma game (5.4) ist mannigfach zu verwenden. Statt inhaltsleerer Entscheidungen über rechts und links, schwarz und weiß können zum Beispiel reale Namen von zu wählenden Kandidaten eingesetzt werden. Die Belohnung kann dann zum Beispiel ein jeweils zu erhaltender Zuschuß zur Finanzierung einer Gruppe sein. Dabei ist jedoch Vorsicht geraten: Gerät man allzusehr in die Nähe relevanter politischer Entscheidungen, dann artet eine solche Übung leicht in eine Personaldebatte aus, wobei die Einsicht in die Struktur der Übung und die Spielzusammenhänge aus dem Auge verloren werden.

Der Turmbau (5.5) ist wiederum eine der „Star-Übungen". Der in der Einleitung beschriebene Wechsel des Interaktionsmediums, die Möglichkeit zur manuellen Aktivität und zum planerisch-kreativen Gestalten macht sicher einen großen Teil des Reizes dieser Übung aus. — Auch die verschiedenen Versionen des Planspiels (5.6) sind gerade durch ihre Möglichkeit zum aktiven Planen — unter Umständen verbunden mit dem lebhaften Flair des Rollenspiels — von außerordentlich belebender und auflockernder Wirkung.

Dieses Kapitel ist eng verflochten und kaum zu trennen vom folgenden Kapitel Entscheidungen. In den Übungen beider Kapitel spielen sowohl Kooperation als auch Entscheidungsprozesse eine entscheidende Rolle, so daß die Übungen zum großen Teil austauschbar sind.

Stichworte	KOOPERATION **5.1**
Titel	Haus — Baum — Hund
Ziel	Schulung der Einfühlungsfähigkeit; Erwerb von Sensibilität für dominierend-submissives Verhalten bzw. Führungswechsel
Indikation	Günstig zum „warming up" und zur Auflockerung; besonders für Kurz- und Lehrveranstaltungen
Übungstyp, Beteiligte	Beliebig viele Teilnehmer in Zweiergruppen; nonverbale und verbale Phase
Durchführung	1. Je zwei Teilnehmer nehmen gegenüber an einem Tisch Platz und haben ein Blatt und einen Stift vor sich liegen. 2. Instruktion: „Nehmen Sie, ohne zu sprechen, den Stift *gemeinsam* in die Hand und zeichnen Sie gemeinsam ein Haus, einen Baum und einen Hund." 3. Instruktion: „Unterschreiben Sie das Bild jetzt gemeinsam, auch wiederum ohne mit einander zu sprechen, mit einem Künstlernamen." 4. Instruktion: „Geben Sie sich jetzt gemeinsam *eine* Note für dieses Bild, die Sie gemeinsam, ohne miteinander zu sprechen oder sonstwie abzumachen, niederschreiben." 5. Instruktion: „Sie dürfen jetzt miteinander sprechen. Sie sind ein Künstlerverein und sollen zusammen das beste Bild ermitteln. Das beste Bild ist mit einer Presseerklärung zu begründen."
Dauer	ca. 30 Min.
Unterlagen, Material	DIN-A 4-Blätter, Zeichenstifte
Geeignete papers	
Autor	S t r a u s s , H.
Literatur, Erfahrungen	Auflockernde und befreiende Wirkung bei Kurzseminaren
Auswertungshilfen	Wie leicht oder wie schwierig war das gemeinsame Führen des Stiftes bei den verschiedenen Paaren? Gab es bestimmte Stellen, an denen Verspannungen deutlich wurden? Hat immer nur einer geführt, haben sich die Partner abgewechselt, oder gab es so etwas gar nicht?
Variationen	Sehr flexibel; beliebige Gegenstände können gezeichnet werden
Analoga	Gewisse Verwandtschaft zu nonverbalen Übungen, siehe S c h u t z , W. (dt. 1971)

NOTIZEN:

Stichworte	KOOPERATION	**5.2**

Titel	Quadrat-Übung (Dimensionen der Kooperation)
Ziel	Erleben und Diagnose der Probleme und Konflikte bei gemeinsamer Problemlösung ohne gegenseitiges Dominieren. Darstellung eigener unbewußter Hinderungs- und Förderungsmöglichkeiten der Gruppenlösung durch Fixierung auf die eigene Partiallösung (n. B r o c h e r).
Indikation	Universell verwendbar, auch für Kurzveranstaltungen und zu Beginn eines Labs; außerdem zu Beginn jeder Phase, in der Kooperation notwendig wird.
Übungstyp, Beteiligte	Beliebig viele Fünfergruppen, überzählige Mitglieder als (auf jeden Fall notwendige) Beobachter.
Durchführung	s. 5.21
Dauer	ca. 1 Stunde
Unterlagen, Material	Pro Gruppe: 1 Satz Quadrat- bzw. Sechseck-Teile in fünf Umschlägen (nach 5.23), 1 Tisch, 1 Instruktion (5.22). Zur Vermeidung von Blickkontakten u. U. Papier-Sonnenschirmchen verwenden
geeignete papers	Kooperation und Wettbewerb (5.91)
Autor	B a v e l a s, A. in: C a r t w r i g h t, D., Z a n d e r, A. (1960)
Literatur, Erfahrungen	In: B r o c h e r, T. (1967), N y l e n, D. et al. (1967), P f e i f f e r, J. W., J o n e s, I (1970). – Eindrucksvolle Übung mit durchschlagendem Erfolg. Zu beachten: Es ist nur jeweils *eine* Lösungsform möglich!
Auswertungshilfen	Gefühl, wenn ein Mitglied ein wichtiges Teilstück festhält, ohne selbst die Lösung sehen zu können? Gefühl, wenn ein Mitglied ein unrichtiges Quadrat fertig hatte und mit sich zufrieden war? Reaktionen auf Selbstzufriedenheit? Gefühl des Selbstzufriedenen? Gefühle gegenüber den Langsamen? Erleben der Spannung zwischen eigenem fertigen Quadrat und Gruppenlösung?
Variationen	Nicht einzelne Personen, sondern Untergruppen erhalten einen Umschlag und müssen mit anderen Gruppen (u. U. verbal) kooperieren. – Anzuwenden als warming up. Vorsicht: Prinzip versagt beim Zusammenwerfen mehrerer Quadratsätze! – Sechsecke von H. G. S c h ö p p i n g.
Analoga	Hollow square-Experiment, in: P f e i f f e r, J. W., J o n e s, J. E. II (1970); Nivellierungstendenz in Gruppen, in: P r i o r, H. (1970)

5.21 DURCHFÜHRUNG DER QUADRAT-ÜBUNG

1. Vorbereitung der Quadrat- bzw. Sechseck-Teile nach den Vorlagen 5.23. Herstellung aus exakt gleich großen Pappquadraten bzw. -Sechsecken mit 10—15 cm Durchmesser. Exaktes Arbeiten wichtig. Buchstaben können klein auf der Rückseite stehen bleiben. Die jeweils bezeichneten Stücke werden in die fünf Umschläge gesteckt, jeder Umschlag erhält einen großen Buchstaben. Die fünf Umschläge werden dann in einen großen Umschlag gesteckt.

2. Tische für Fünfergruppen vorbereiten, pro Tisch je ein Satz vorbereiteter Quadrat-Teile und eine Instruktion 5.22.

3. Aufteilen der Teilnehmer in Fünfergruppen, Platznehmen an den vorbereiteten Tischen. Beobachter setzen sich etwas zurück, achten auf Einhaltung der Regeln und auf Reaktionen, Verhalten und spontane Äußerungen der an der Übung Beteiligten.

4. Verlesen der Instruktionen 5.22.

5. Je ein Mitglied einer Gruppe wird aufgefordert, den großen Umschlag zu öffnen und jedem der anderen Teilnehmer einen der verschlossenen Umschläge A—E zu übergeben.

6. Beginn auf Zeichen, Beobachter stoppen die Zeit ihrer Gruppe.

7. Den Gruppen Zeit lassen zur internen Diskussion, bis die letzte Gruppe fertig ist.

8. Vergleich der Gruppen, Berichte der Beobachter.

5.22 INSTRUKTIONEN FÜR DIE QUADRAT-ÜBUNG

In dem großen Umschlag, der auf Ihrem Tisch liegt, sind fünf weitere Umschläge. Jeder dieser kleinen Umschläge enthält verschieden geformte Abteile, um daraus Quadrate (Sechsecke) zu bilden.

Die Aufgabe jeder Gruppe ist es, wenn das Startzeichen gegeben wird, fünf Quadrate (Sechsecke) von genau gleicher Größe herzustellen. Die Aufgabe ist nicht eher beendet, bis jedes Mitglied ein vollständiges Quadrat (Sechseck) von genau gleicher Größe wie alle anderen vor sich liegen hat.

Während der Übung ist folgendes zu beachten:

- Kein Mitglied darf sprechen.
- Kein Mitglied darf ein anderes um ein Teilstück bitten oder in irgendeiner Weise signalisieren, daß es ein bestimmtes Teilstück braucht, das ein anderer ihm geben soll.
- Jedes Mitglied kann, wenn es will, Teilstücke in die Mitte des Tisches legen oder an ein anderes Mitglied geben, jedoch darf niemand direkt in die Figur eines anderen eingreifen.
- Jedes Mitglied darf Teilstücke aus der Mitte nehmen, aber niemand darf Teile in die Mitte des Tisches montieren.

5.23 VORLAGEN FÜR DIE QUADRATTEILE

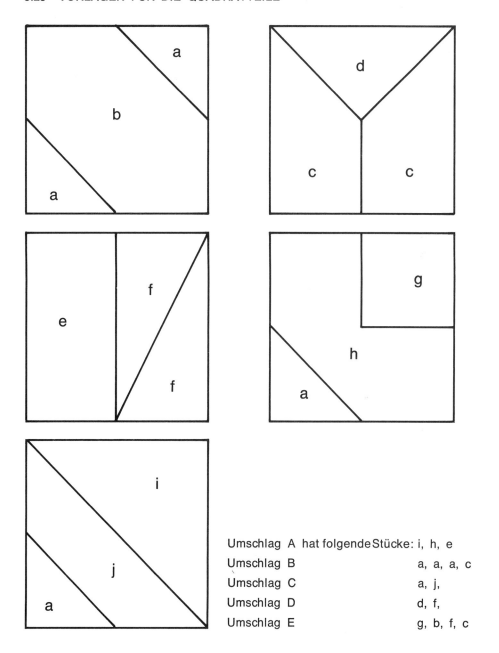

Umschlag A hat folgende Stücke: i, h, e
Umschlag B   a, a, a, c
Umschlag C   a, j,
Umschlag D   d, f,
Umschlag E   g, b, f, c

5.24 VORLAGEN FÜR MODIFIKATION ‚SECHSECKE' (SCHÖPPING)

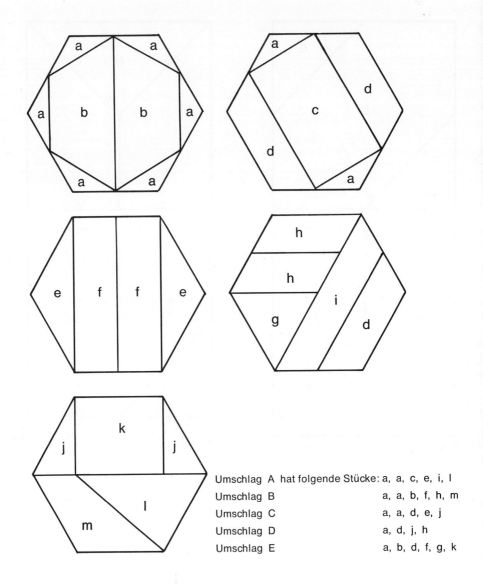

Umschlag A hat folgende Stücke: a, a, c, e, i, l
Umschlag B   a, a, b, f, h, m
Umschlag C   a, a, d, e, j
Umschlag D   a, d, j, h
Umschlag E   a, b, d, f, g, k

Stichworte	**KOOPERATION, GRUPPENVORTEIL, UMGEHEN MIT INFORMATION** **5.3**
Titel	Übung im Nutzbarmachen der Kräfte einer Gruppe [Kohlengesellschaft]
Ziel	Zu zeigen, daß die Probleme einer Gruppe nur gelöst werden können, wenn alle zusammenarbeiten und alle Möglichkeiten und Informationen, die in der Gruppe liegen, voll ausgenützt werden; Anregung einer Analyse von Führungsproblemen in Aufgabengruppen
Indikation	Vorwiegend für kleingruppenzentrierte Veranstaltungen; bei Stagnation des Gruppenprozesses durch Mißtrauen und Informationsscheu; günstiger für bekannte Gruppen, da Beobachtungsfähigkeit größer
Übungstyp, Beteiligte	Problemlösungsübung in Fünfergruppen; überzählige Mitglieder als Beobachter
Durchführung	1. Aufteilung in Fünfergruppen. 2. Einführung: „Stellen Sie sich vor, Sie sind ein Komitee von leitenden Ingenieuren einer Kohlengesellschaft. Es ist Ihre Aufgabe, aus einer Kandidatenliste einen Direktor zu wählen. Das Komitee kann die Aufgabe lösen, wie es den Teilnehmern am besten erscheint. Es kann Tafel oder Plakate als Hilfsmittel gebrauchen." 3. Jeder Teilnehmer erhält ein Exemplar von „Kandidaten für den Posten eines Direktors..." (5.31) und ein Exemplar einer der fünf Versionen der Instruktion „Kohlengesellschaft". (5.32) 4. Beginn der Diskussionszeit, mit Zeitbeschränkung oder bis zur Lösung. 5. Austeilen der „Zusammenfassung der beruflichen Voraussetzungen..." (5.33), auch zur Konzentration auf die Prozeßanalyse.
Dauer	ca. 1½ Std.; je nach Zeitbeschränkung
Unterlagen, Material	Pro Teilnehmer je ein Formblatt 5.31, 5.32, 5.33. — 5.33 existiert in fünf verschiedenen Versionen. Jede Version enthält einige Informationen, die in den anderen Versionen fehlen. Als Erkennungsmarke für den Übungsleiter: Die Nummer der Version ist durch die Zahl der Punkte angegeben, die am Ende des 1. Abschnitts stehen. Version 1 hat 1 Punkt, Version 2 hat 2 Punkte..., großer Tisch, Konferenzatmosphäre; Angebot von Tafel.
Geeignete papers	Johari Window (4.92)
Autor	Elliot, A. G. P. (1958); adaptiert von Nylen, D. et al. (1967)
Literatur, Erfahrungen	
Auswertungshilfen	Nach welcher Methode hat die Gruppe versucht, die Aufgabe anzugehen? Wie hat sich die Gruppe organisiert? Wird Besitz von Information als wichtig erkannt und ernst genommen? Wird bewußt, daß Information Neues, den anderen Unbekanntes enthält — oder denkt man, was man selbst weiß, wissen auch die anderen und es lohnt sich nicht zu sagen? Wird Information als Machtmittel zur Befriedigung eigener Bedürfnisse benutzt? Wie werden Hilfsmittel benutzt?
Variationen	Auch möglich in Gruppen zu 10 oder 15 Teilnehmern, wobei je zwei oder drei Teilnehmer eine gleiche Version von 5.33 erhalten
Analoga	Zum Gruppenvorteil: NASA-Übung (6.3); Zur Information: Hidden agendas in Pfeiffer, J. W., Jones, J. E. II (1970); auch Kosmetikfirma (2.3)

5.31 KANDIDATEN FÜR DEN POSTEN EINES DIREKTORS DER KOHLENGESELLSCHAFT

Name: R. Schwarz Paß Nr. L. 345678, geb. am 2. 3. 1933
Ausbildung: Diplom für Mineralogie an der Universität Nigerien 1954
Anstellung: Forschungsassistent, Universität Nigerien 1954—58
Dozent für Mineralogie, Universität von Ghana 1958—63
Direktor, Enugu Bergwerk der Nationalen Bergwerksgesellschaft 1963—
Sprachen: Englisch, Französisch, Deutsch, Hausa

Name: S. Weiß Paß Nr. H. 456789, geb. am 4. 5. 1930
Ausbildung: Diplom in Mineralogie an der Univ. von Fourah Bay 1951
Anstellung: Management Anwärter, Nat. Bergwerksgesellschaft 1951—53
N.D.B. Region, Geologiebeamter 1954—60
Direktor, Irische Bergwerksgesellschaft GMBH 1960—
Sprachen: Englisch, Französisch, Hausa

Name: T. Green Paß Nr. L. 234567, geb. am 5. 6. 1931
Ausbildung: Diplom in Mineralogie, Universität von Nigerien 1951
Anstellung: Management Anwärter, Nat. Bergwerksgesellschaft 1951—53
Stellvertretender Direktor, N.D.B. Oberbergwerk 1954—61
Direktor, N.D.B. Unterbergwerk 1961—
Sprachen: Englisch, Hausa

Name: U. Kurz Paß Nr. H. 678901, geb. am 6. 7. 1936
Ausbildung: Diplom in Mineralogie, Universität von Ghana 1955
Anstellung: Ingenieur, Bergwerksforschungsstation 1955—61
Oberingenieur, Liberianisches Staatsbergwerk 1961—
Sprachen: Englisch, Fantee, Swahili, Hausa

Name: V. Lang Paß Nr. 789012, geb. am 6. 7. 1932
Ausbildung: Diplom in Mineralogie, Universität Nigerien 1952
Anstellung: Entwicklungsingenieur, Bergwerkbau GMBH 1952—55
Hauptabteilungsleiter N.D.B. 1956—61
Bergwerksaufseher, Welsche Bergwerksgesellschaft 1961—
Sprachen: Englisch, Welsch (etwas)

Name: W. Thynne Paß Nr. L. 890123, geb. am 7. 8. 1929
Ausbildung: Diplom in Mineralogie, Universität von Liberien 1949
Anstellung: Stellvertretender Manager, Algerische Kohlengesellschaft 1949—57
Manager, Kamchatka Bergwerk 1957—
Sprachen: Englisch, Arabisch, Hausa, Russisch

Name: X. Fasto Paß Nr. Z.A. 123YB (Italiener), geb. 8. 9. 1931
Ausbildung: Diplom in Sternerei, Universität Palinuro 1951
Diplom in Mineralogie, Universität von Ghana 1954
Anstellung: Technischer Assistent, Sardinische Bergwerksgesellschaft 1954—60
Direktor, Giuseppe Verdi Bergwerk 1960—
Sprachen: Italienisch, Englisch, Hausa

5.32 KOHLENGESELLSCHAFT

Ihre Gruppe ist ein Komitee, das aus den leitenden Ingenieuren einer Kohlengesellschaft besteht. Sie treffen sich am 1. 7. 1965, um den geeignetsten Kandidaten aus der beigegebenen Bewerberliste auszuwählen.

Die Gesellschaft verbraucht eine ziemlich große Menge an Kohlen in ihren Produktionsstätten, und der Aufsichtsrat hat beschlossen, ein Kohlenbergwerk in Jos, Nordnigerien, zu errichten. Nordnigerien hat ein heißes Klima, Eisenbahnen, eine günstige Handelslage, große Arbeitslosigkeit und eine nationalistische Regierung.

Die Regierung hat bestimmt, daß die Gesellschaft für alle Posten Nigerianer anstellen muß, ausgenommen den Posten des Direktors. Die Regierung hat zudem einen offiziellen Inspektor ernannt, der einen monatlichen Bericht geben muß, der gegengezeichnet werden muß vom Vertreter der Gesellschaft, von dem gefordert wird, daß er korporatives Mitglied des Instituts für Bergwerksingenieure ist.

Es gibt eine Anzahl von Instituten, an denen man das Diplom in Mineralogie erwerben kann. Das zuletzt gegründete dieser Institute ist die Universität von Fourah Bay, welche ihre einschlägige Fakultät im Jahre 1950 unter Professor Alfons eröffnete. Der Lehrplan umfaßt: Geologie, Treibmannskunde, Sternerei.

5.32 KOHLENGESELLSCHAFT

Ihre Gruppe ist ein Komitee, das aus den leitenden Ingenieuren einer Kohlengesellschaft besteht. Sie treffen sich am 1. 7. 1965, um den geeignetsten Kandidaten aus der beigegebenen Bewerberliste auszuwählen . .

Die Gesellschaft verbraucht eine ziemlich große Menge an Kohlen in ihren Produktionsstätten, und der Aufsichtsrat hat beschlossen, ein Kohlenbergwerk in Jos, Nordnigerien, zu errichten. Nordnigerien hat ein heißes Klima, Eisenbahnen, eine günstige Handelslage, große Arbeitslosigkeit und eine nationalistische Regierung. Frauen haben geringe Fortschrittsmöglichkeiten in den Berufen.

Die Regierung hat bestimmt, daß die Gesellschaft für alle Posten Nigerianer anstellen muß, ausgenommen den Posten des Direktors. Die Regierung hat zudem einen offiziellen Inspektor ernannt, der einen monatlichen Bericht geben muß, der gegengezeichnet werden muß vom Vertreter der Gesellschaft, der gemäß dem Gesetz wenigstens drei Jahre Erfahrung als leitender Ingenieur eines Kohlenbergwerks haben muß.

Es gibt eine Anzahl von Instituten, an denen man das Diplom in Mineralogie erwerben kann. Dieses Diplom ist eine wesentliche Voraussetzung für ordentliche Mitgliedschaft im Institut für Bergwerksingenieure. Die kleineren Universitäten lehren drei, die größeren vier der folgenden Fächer: Geologie, Thermodiatonik, Abteilungszwicken, Sternerei, Treibmannskunde. Die kleinste Universität ist eine Frauenuniversität.

5.32 KOHLENGESELLSCHAFT

Ihre Gruppe ist ein Komitee, das aus den leitenden Ingenieuren einer Kohlengesellschaft besteht. Sie treffen sich am 1. 7. 1965, um den geeignetsten Kandidaten aus der beigegebenen Bewerberliste auszuwählen ...

Die Gesellschaft verbraucht eine ziemlich große Menge an Kohlen in ihren Produktionsstätten, und der Aufsichtsrat hat beschlossen, ein Kohlenbergwerk in Jos, Nordnigerien, zu errichten. Nordnigerien hat ein heißes Klima, Eisenbahnen, eine günstige Handelslage, große Arbeitslosigkeit und eine nationalistische Regierung.

Die Regierung hat bestimmt, daß die Gesellschaft für alle Posten Nigerianer anstellen muß, ausgenommen den Posten des Direktors. Die Regierung hat zudem einen offiziellen Inspektor ernannt, der einen monatlichen Bericht geben muß, der gegengezeichnet werden muß vom Vertreter der Gesellschaft; keiner der Regierungsinspektoren beherrscht eine Fremdsprache.

Es gibt eine Anzahl von Instituten, an denen man das Diplom in Mineralogie erwerben kann. Um die ordentliche Mitgliedschaft im Institut für Bergwerksingenieure zu erwerben, ist gefordert, daß der Kandidat das Fach Sternerei passiert hat. Das größte dieser Institute ist die Universität von Nigerien, welche folgende Fächer anbietet: Geologie, Sternerei, Thermodiatonik, Treibmannskunde.

5.32 KOHLENGESELLSCHAFT

Ihre Gruppe ist ein Komitee, das aus den leitenden Ingenieuren einer Kohlengesellschaft besteht. Sie treffen sich am 1. 7. 1965, um den geeignetsten Kandidaten aus der beigegebenen Bewerberliste auszuwählen ....

Die Gesellschaft verbraucht eine ziemlich große Menge an Kohlen in ihren Produktionsstätten, und der Aufsichtsrat hat beschlossen, ein Kohlenbergwerk in Jos, Nordnigerien, zu errichten. Nordnigerien hat ein heißes Klima, Eisenbahnen, eine günstige Handelslage, große Arbeitslosigkeit und eine nationalistische Regierung. Frauen spielen im öffentlichen Leben eine geringe Rolle.

Die Regierung hat bestimmt, daß die Gesellschaft für alle Posten Nigerianer anstellen muß, ausgenommen den Posten des Direktors. Die Regierung hat zudem einen offiziellen Inspektor ernannt, der einen monatlichen Bericht geben muß, der gegengezeichnet werden muß vom Vertreter der Gesellschaft; keiner der Nordnigerianer spricht eine andere Sprache als Hausa.

Es gibt eine Anzahl von Instituten, an denen man das Diplom in Mineralogie erwerben kann. Um die ordentliche Mitgliedschaft im Institut für Bergwerksingenieure zu erwerben, ist gefordert, daß der Kandidat das Fach Treibmannskunde passiert hat. Die Universität von Ghana bietet die folgenden Fächer an: Geologie, Treibmannskunde, Abteilungszwicken, Sternerei.

5.32 KOHLENGESELLSCHAFT

Ihre Gruppe ist ein Komitee, das aus den leitenden Ingenieuren einer Kohlengesellschaft besteht. Sie treffen sich am 1.7.1965, um den geeignetsten Kandidaten aus der beigegebenen Bewerberliste auszuwählen . . . . .

Die Gesellschaft verbraucht eine ziemlich große Menge an Kohlen in ihren Produktionsstätten, und der Aufsichtsrat hat beschlossen, ein Kohlenbergwerk in Jos, Nordnigerien, zu errichten. Nordnigerien hat ein heißes Klima, Eisenbahnen, eine günstige Handelslage, große Arbeitslosigkeit und eine nationalistische Regierung.

Die Regierung hat bestimmt, daß die Gesellschaft für alle Posten Nigerianer anstellen muß, ausgenommen den Posten des Direktors. Die Regierung hat zudem einen offiziellen Inspektor ernannt, der einen monatlichen Bericht geben muß, der gegengezeichnet werden muß vom Vertreter der Gesellschaft, der von Geburt Engländer sein muß.

Korporative Mitgliedschaft im Institut für Bergwerksingenieure kann ohne Schwierigkeiten von allen Männern erworben werden, die über dreißig Jahre alt sind und welche die Bedingungen für ordentliche Mitgliedschaft erfüllt haben. Die Universität von Liberien, welche nicht die kleinste Universität ist, bietet folgende Fächer an: Sternerei, Thermodiatonik, Abteilungszwicken.

5.33 ZUSAMMENFASSUNG DER BERUFLICHEN VORAUSSETZUNGEN FÜR ANWÄRTER FÜR DEN POSTEN EINES DIREKTORS DER KOHLENGESELLSCHAFT

Lösung des Problems:

Name:	Schwarz	Weiß	Green	Kurz	Lang	Thynne	Fasto
Alter:	32	35	34	29	33	36	34
Ausbildung:	Nigerien	Fourah Bay	Nigerien	Ghana	Nigerien	Liberien	Ghana
Staatsangehörigkeit:	Engl.	Engl.	Engl.	Engl.	Engl.	Engl.	Ital.
Sprachen:	Hausa	Hausa	Hausa	Hausa	kein Hausa	Hausa	Hausa
Erfahrung:	2 Jahre	5 Jahre	4 Jahre	4 Jahre	5 Jahre	8 Jahre	5 Jahre

Die Universitäten Fourah Bay und Liberien bieten drei Fächer an und sind daher kleiner als die Universitäten von Nigerien und Ghana. Die Universität von Liberien ist nicht die kleinste Universität.

Also ist die Universität von Fourah Bay die kleinste Universität. Die kleinste Universität ist eine Frauenuniversität.

Die Fächer Treibmannskunde und Sternerei sind eine Bedingung für ordentliche Mitgliedschaft. Die Universität von Liberien bietet das Fach Treibmannskunde nicht an.

Alle Nordnigerianer, die angestellt sind, sowie die Regierungsinspektoren verstehen kein Englisch.

Keiner der Kandidaten, außer Green, hat die Bedingungen für den Posten eines Direktors erfüllt.

NOTIZEN:

chworte	**KOOPERATION, WETTBEWERB, ENTSCHEIDUNGEN** **5.4**
el	Prisoner's dilemma
l	Erleben der Abhängigkeit eigenen Profits von Kooperations- und Entscheidungsstrategien; Effekte von Belohnung und Bestrafung in der Interaktion auf Kooperations- und Konkurrenzverhalten
likation	Primär in Org.-Labs; zur Verdeutlichung von Gruppenstrategien; Verdeutlicht auch die Projektionen konsolidierter Gruppen
ungstyp, teiligte	Entscheidungsübung innerhalb einer (bestehenden) Gruppe unter gleichzeitiger Kooperation/Konkurrenz mit einer anderen Gruppe; gerade Anzahl von Gruppen nötig, möglichst nicht über je 9 Teilnehmer; ungerade Teilnehmerzahl in den Gruppen
rchführung	1. Darbietung und Erläuterung der Matrix, Verteilen der Zettel 2. Erster Durchgang: Jeder Gruppenteilnehmer entscheidet individuell, ob A oder B; die Zettel der Gruppe werden zusammengezählt, die Mehrheit bestimmt die Gruppenentscheidung; 10 Durchgänge 3. Zweiter Durchgang: Die Gruppenentscheidung, ob A oder B, wird per Konsensus gefällt; 10 Durchgänge 4. Dritter Durchgang: Jede Gruppe bestimmt einen Unterhändler; vor dem ersten, vierten, siebten und zehnten Durchgang verhandeln die Unterhändler der beiden Gruppen; 10 Durchgänge 5. Ziel der Übung ist, die meisten Punkte zu sammeln
uer	1½ Std.; kann aber auch länger dauern
terlagen, terial	Pro Teilnehmer 30 Zettel, Schreibzeug; Tafeln mit Ergebnismatrix; evtl. eine Bank oder Koordinator
eignete papers	papers zu Entscheidungen (6.9); Kooperation und Wettbewerb (5.91)
tor	Aus den non-zero-sum-games der Spieltheorie; kein eigentlicher Autor
eratur, ahrungen	Gute Zusammenfassung in Mills, J. (1969), Kap. 13 u. 14; Woitschach, M. (1971) — Inhaltsleere Entscheidungen stellen Entscheidungsprozesse klarer dar, verringern jedoch Motivation und Durchhaltefähigkeit.
swertungshilfen	(Für den dritten Durchgang) Kompetenzen der Unterhändler, Vertrauen der Gruppe? Wer bestimmt: Unterhändler oder Gruppenkonsensus? Welche projektiv-paranoiden Theorien über die gegnerische Strategie entstehen? Welche Theorien über Sinn des Spieles entstehen? Kooperation vs. Konkurrenz? Entscheidungsmodi in den Gruppen?
riationen	Die Matrizen 5.42 können in ihren Punktwerten verändert werden je nachdem, ob kooperatives oder konkurrierendes Verhalten stimuliert werden soll; inhaltliche Füllung (siehe z. B. 5.41) scheint günstiger
aloga	Turmbau-Übung (5.5), Planspiel (5.6), Dienstwagen (6.2); Win as much as you can, in: Pfeiffer, J. W., Jones, J. E. II (1970)

5.41 PRISONER'S DILEMMA GAME

Zwei Verdächtige werden verhaftet und voneinander getrennt. Der Anwalt ist sicher, daß sie eines bestimmten Verbrechens schuldig sind, aber er hat keine genügenden Beweise, um sie im Prozeß zu überführen. Er teilt jedem Gefangenen mit, daß jeder von ihnen zwei Alternativen habe: Das Verbrechen, von dem die Polizei sicher ist, daß sie es begangen haben, zu gestehen oder nicht zu gestehen. Im Falle, daß sie beide nicht gestehen, würde er sie einiger geringerer Vergehen überführen, wie z. B. Diebstahl und illegalen Waffenbesitz, und sie würden beide eine kürzere Strafe erhalten; wenn sie beide gestehen, würde ihnen beiden der Prozeß gemacht, aber er würde dann nicht die höchstmögliche Strafe vorschlagen; wenn einer gesteht und der andere nicht, würde derjenige, der gesteht, eine leichtere Bestrafung erhalten, weil er das Verfahren erleichtert. Derjenige, der dann nicht gesteht, wird die Höchststrafe erhalten. Das strategische Problem, ausgedrückt in Jahren Haft sähe dann folgendermaßen aus:

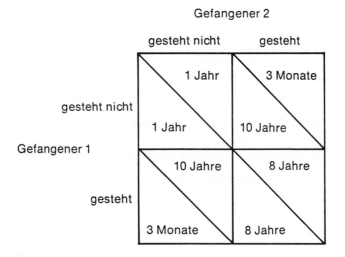

(L u c e & R a i f f a (1957), zit. n. M i l l s , J . (1969) S. 359)

5.42 MÖGLICHE ZAHLENWERTE FÜR ERGEBNISMATRIZEN
aus Mills, J. (1969), S. 362

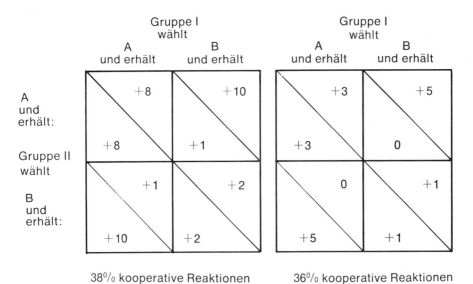

38% kooperative Reaktionen   36% kooperative Reaktionen

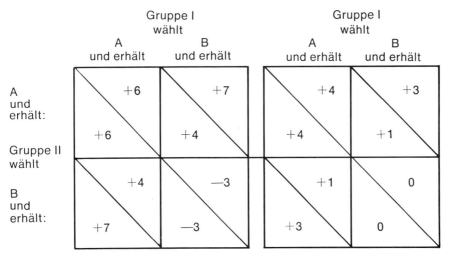

je 53% kooperative Reaktionen

NOTIZEN:

Stichworte	KOOPERATION, INTERGRUPPEN-WETTBEWERB, FÜHRUNGSSTILE	**5.5**
Titel	Turmbau-Übung	
Ziel	Überprüfung der Zusammenarbeit innerhalb einer Gruppe; Bildung von Gruppenidentität und Wettbewerbsgeist; Verdeutlichung der Wirkung verschiedener Org.-Modelle auf das Funktionieren einer Gruppe (5.5)	
Indikation	Kooperation innerhalb einer Gruppe bei Konkurrenz zwischen den Gruppen; wenn Kooperationsfähigkeit zu prüfen ist, evtl. Kohäsion erhöht werden soll; als Diagnostikum eher zu Ende einer Veranstaltung. Universell verwendbar	
Übungstyp, Beteiligte	Bestehende Gruppen kooperieren im Wettbewerb mit anderen; alle Teilnehmer, teilweise mit Funktionsverteilung	
Durchführung	vgl. 5.51 1. Bestimmung der Gruppen und der 2 Beobachter 2. Vorstrukturierung in einer Gruppe: Beobachter, Jury 3. Instruktionen (5.52 und 5.53) 4. Zusatzinformationen an nichtstrukturierte Gruppen 5. 60' Arbeitszeit 6. Anonyme Abgabe der Türme 7. Beurteilung durch die Jury 8. Mitteilung des Ergebnisses, Berichte der Beobachter	
Dauer	2½ Std.	
Unterlagen, Material	Pro Gruppe: 4 Bögen Karton, 1 große Flasche (geeigneten!!!) Klebstoff, 1 Schere, 1 Lineal, 4 Bögen Papier zum Entwerfen, Instruktionen für Gruppe und Beobachter (5.52 und 5.53)	
geeignete papers		
Autor	Vorlage von F l a c k , M. J.; in dieser Form von S b a n d i , P.	
Literatur, Erfahrungen	Außerordentlich beliebte und erfolgreiche Übung	
Auswertungshilfen	s. 5.53	
Variationen	Brücke bauen; evtl. mit der weiteren Variation, daß je eine Gruppe von einem Brückenkopf aus eine Hälfte baut, die mit der anderen Hälfte zusammenpaßt. Verständigungsmöglichkeiten können erschwert werden: nur formaler Kontakt; Sichtblenden.	
Analoga	Planspiel (5.6)	

5.51 TURMBAU-ÜBUNG — INSTRUKTIONEN FÜR DIE ÜBUNGSLEITER

Ziel:

Diese Übung kann durchgeführt werden zur
- Überprüfung der Zusammenarbeit innerhalb einer Gruppe,
- Bildung von Gruppen-Identität und Wettbewerbsgeist,
- Verdeutlichung der Wirkung von verschiedenen Organisationsmodellen auf das Funktionieren einer Gruppe.

Aufgabe:

Bau eines Turmes aus dem zur Verfügung gestellten Material:
- 4 große Blätter (Konstruktions-Papier)
- 1 Lineal
- 1 Schere
- 1 Flasche Leim
- 4 Bögen Papier für Entwürfe

Bei der Konstruktion dürfen nur Papierstreifen mit den Höchstausmaßen des Lineals verwendet werden.

Zeit: 2 Stunden und 15' (15' Plenum, 60' Arbeitszeit, 15' Jury bzw. Pause, 40' Plenum).

Aufteilung in Gruppen von mindestens 8 Mitgliedern. Dazu bekommt jede Gruppe 2 Beobachter (evtl. Team-Mitglieder), deren Aufgabe darin besteht, später im Plenum möglichst genau über die Vorgänge in der Gruppe während der Übung zu berichten.

Gruppen-Strukturierung:

Diese wird in einem Fall völlig den Mitgliedern überlassen und im anderen Fall folgendermaßen vorgegeben:

1 Gruppen-Mitglied wird zum Leiter ernannt (Baumeister), ihm stehen zur Seite: a. ein Planungsteam, b. ein Zuschneide-Team, c. ein Klebe-Team (und d. ein Jury-Mitglied, das die Gruppe sofort verläßt).

Bau-Bedingungen: Der Turm muß auf eigenem Fundament ohne andere Unterstützung stehen können, mit einer Standfestigkeit, die eines der beim Bau verwendeten Lineale zu tragen vermag.

Wettbewerb: Die Gruppen stehen untereinander im Wettbewerb. Die Beurteilung des besten Turms durch die Jury erfolgt nach diesen Kriterien: 1. Höhe, 2. Standfestigkeit, 3. Originalität. Die Jury besteht aus je einem Mitglied jeder Gruppe, das je nach Struktur gewählt oder ernannt wird. Die Jury-Mitglieder verlassen die Gruppen sofort und treffen sich, um die drei erwähnten Kriterien zu präzisieren.

Auswertung: Nach 60' Arbeitszeit müssen die Türme anonym der Jury zur Beurteilung zur Verfügung gestellt werden, nach weiteren 15' (Pause bzw. Beurteilung der Türme durch die Jury) Treffen aller zur Diskussion im Plenum (40').

5.5

Zusammenfassung des Vorgehens:

A. Vorarbeit im Team:
   1. Aufteilung der Gruppen
   2. Vorstrukturierung, wo vorgesehen
   3. Bestimmung der Beobachter
   4. Bestimmung der Jury-Mitglieder in der vorstrukturierten Gruppe
   5. Verteilung der Arbeitsräume und des Arbeitsmaterials.
B. Im Plenum:
   1. Bekanntgabe der Gruppen und der entsprechenden Arbeitsräume
   2. Instruktion der Beobachter (vgl. 5.53)
C. In den Arbeitsräumen:
   1. Übergabe der Anweisungen (5.52)
   2a. Für die nicht-strukturierte Gruppe: Zusatzinformation: „Ernennung eines Jury-Mitgliedes, das sich sofort mit den Jury-Mitgliedern der anderen Gruppen im Raum ..... trifft."
   2b. Für die strukturierte Gruppe: Bekanntgabe der Struktur
D. Anonyme Abgabe der Türme nach 60′ in Zimmer ....
E. Beurteilung der Türme durch die Jury – innerhalb von 15′
F. Treffen nach 15′ aller im Plenum zur Diskussion;
   Mitteilung der Beurteilung der Türme durch die Jury.

5.52 TURMBAU-ÜBUNG – INSTRUKTIONEN FÜR DIE ARBEITSGRUPPEN

Bauen Sie in dem Ihnen zugewiesenen Raum einen *Turm*, der ausschließlich konstruiert werden soll aus dem Material, das Ihnen zur Verfügung gestellt worden ist:
   4 Bögen Kartonpapier
   1 große Flasche Klebstoff
   1 Schere
   1 Lineal
   4 Bögen Papier (nur zum Entwerfen)

Der Turm muß auf seinem eigenen Fundament stehen können, d. h., er darf weder gegen die Wand oder irgendeinen Gegenstand im Raum gelehnt sein, noch darf er aufgehängt oder an der Decke angebracht werden. Er muß standfest genug sein, um ein Lineal tragen zu können, ohne umzufallen.

Eine Gruppe steht im Wettbewerb mit den anderen Gruppen; eine davon gewinnt, die anderen verlieren. Die Türme werden von einer Jury nach drei Kriterien beurteilt: 1. Höhe, 2. Standfestigkeit, 3. Originalität.

Sie können Ihr Material in jeder beliebigen Art und Weise, wie es Ihre Gruppe möchte, zuschneiden, biegen, kleben, zusammenfügen usw. *Jedoch ist zu beachten, daß kein einzelner Streifen länger oder breiter als die Maße des Lineals sein darf.*

Der Bau muß in einer Stunde fertig sein. Nach 60' muß der Turm anonym im Zimmer .... zur Beurteilung durch die Jury abgegeben werden. Nach weiteren 15' Treffen aller im Plenum zur Diskussion.

Entsenden Sie als erstes Ihr Jury-Mitglied, das sich mit seinen Kollegen aus den anderen Gruppen in Zimmer .... trifft.

5.53 TURMBAU-ÜBUNG — INSTRUKTIONEN FÜR DIE BEOBACHTER

Hier einige Fragen, die Ihnen bei Ihrer Aufgabe als Beobachter behilflich sein können:

- Wie hat sich die Gruppe für die Arbeit organisiert:
  War eine Struktur vorhanden? Wie haben die Gruppenmitglieder darauf reagiert? Konnten Sie Änderungen in dieser Hinsicht beobachten? Welche?

- War keine Struktur vorhanden? Wie ist die Gruppe vorgegangen bei der Strukturierung? Erfolgte eine Rollenverteilung? Wie? Wurde jemand zum Leiter ernannt? Wie? Konnte man überhaupt ein Vorgehen in dieser Hinsicht feststellen?

- Wie war das Arbeitsklima? Allgemein freundlich entspannt, gelassen, ...? Konnten einzelne Vorschläge berücksichtigt werden? Wurden einige Gruppen-Mitglieder übergangen? Haben sich alle Gruppen-Mitglieder an der Arbeit aktiv beteiligt? Konnten Sie während der Arbeit Spannungen feststellen?

- Wer half der Gruppe am besten bei der Arbeit? Wer hatte die meisten, wer die besten Einfälle? Wurde viel herumdiskutiert?

- War die Gruppe für die Durchführung der Aufgabe genug motiviert? War das Ziel der Übung klar? Wurde das ausdrücklich festgestellt? Wer hat die wichtigsten Entscheidungen getroffen?

NOTIZEN:

Stichworte	KOOPERATION, WETTBEWERB, ENTSCHEIDUNGEN	**5.6**
Titel	Planspiel	
Ziel	Durchspielen, Beobachtung und Analyse der Effekte gemischter Motivsituationen von Inter- und Intragruppen, Kooperation bei bestehender Wettbewerbssituation. — Im einzelnen vergleiche die Typen I—III (5.61)	
Indikation	Auch zur Diagnose der Intergruppensituation; in Organisationslaboratorien und Schulungen verschiedener Art. Eher in der Endphase von Veranstaltungen, als Kontrolle des Gelernten.	
Übungstyp, Beteiligte	Bestehende oder neue Gruppierungen kooperieren unter Wettbewerbssituationen; alle Teilnehmer einer Veranstaltung.	
Durchführung	siehe 5.61	
Dauer	1 Tag oder mehr	
Unterlagen, Material	pro Teilnehmer: Eine Instruktion 5.611—5.613 pro Gruppe: Bei 5.612 und 5.613 ausführliche Instruktionen über Planungsinhalte; diverse Hilfsmittel wie Zeichenkartons, Filzschreiber, Schreibmaschinen etc.	
geeignete papers	Führungsstile (3.92), Kooperation und Wettbewerb (5.91), alle papers zu Entscheidungen (6.9), Das Umgehen mit Konflikten in Gruppen (8.95)	
Autor	Verschiedene Autoren; ähnlich beschrieben in N y l e n , D. et al. (1967) S. 179 ff.; dort sehr ausführliche Vorschläge für Beobachtungsbögen und Kriterien	
Auswertungshilfen	siehe 5.62	
Literatur, Erfahrungen	B l a k e , R. R., S h e p a r d , H. A., M o u t o n , J. S. (1964), M a i e r , N. R. F. et. al. (1957), S h a w , M. E. (1967), R e h m , M. (1964), C o r s i n i , R. J. et. al. (1961), A b t , C. C. (1971)	
Variationen	Je nach Aufgabenstellung und genaueren Bedingungen kann entweder mehr der Kooperations- oder der Konkurrenzaspekt betont werden, wie auch im prisoner's dilemma game (5.4). Bei gemeinsamer Planung eines Projektes durch verschiedene Gruppen wird Kooperation notwendiger als bei gleichen Aufgaben im Wettbewerb.	
Analoga	Turmbau (5.5)	

5.61 INSTRUKTIONEN FÜR PLANSPIELE

Es gibt verschiedene Typen von Planspielen, von denen drei bekannte und erprobte hier wiedergegeben werden. Prinzipiell sind natürlich weitere Typen denkbar wie auch Kombinationen dieser drei.

5.611 Planspiel Typ I

Realplanung eines Unternehmens im Rahmen der Veranstaltung; ohne Rollenvorschriften und ohne Rollendifferenzierung. Zusammenarbeit der Gruppierungen ist für das Gelingen und die Lösung der Aufgabe unbedingt erforderlich.

Folgende Standardinstruktionen sind dazu möglich:

1. Die Teilnehmer gruppieren sich in (3—5) möglichst gleich große Unter-Untergruppen (oder: die bestehenden Untergruppen bleiben zusammen).
2. Das Team bildet ebenfalls eine Gruppe.
3. Auf der Tafel im Plenumsraum wird aufgeschrieben, in welchen Räumen sich die Gruppen befinden.
4. Die Gruppen können sich organisieren. Möglichkeiten sind z. B.:
   — Wahl eines Gruppenleiters oder Sprechers
   — Aufstellen einer Geschäfts- bzw. Arbeitsordnung, z. B. Wahlmodus bei Gruppenentscheidungen, Beschlußfähigkeit der Gruppe, Funktion des Gruppenleiters bzw. Gruppensprechers, sonstige Rollenverteilungen u. a.
5. Das Ziel der Übung ist die Planung (z. B. einer Abendveranstaltung und/oder die Vorbereitung des nächsten Tages). Die Planung beinhaltet die Entscheidung über die Art der Veranstaltung sowie die detaillierte inhaltliche und methodische Ausgestaltung.
6. Die Entscheidung soll per Konsens erzielt werden.
7. Um diesen Konsens zu erreichen, müssen die Gruppen miteinander kommunizieren. Die Spielregeln der Übung lassen folgende Formen zu:
   — Die Gruppen können *Beobachter* bestimmen, die Entwicklungen, Prozesse, Entscheidungen und Arbeitsweisen in anderen Gruppen beobachten. Der Beobachter hat in der fremden Gruppe keine Redeerlaubnis. Seine Beobachtungszeit wird von der eigenen Gruppe festgesetzt.
   — Der *Gesandte* übermittelt Entscheidungen der eigenen Gruppe an die fremde und bringt Antworten zurück. Er hat keine Entscheidungsgewalt für seine Gruppe.
   — Der *Bevollmächtigte* vertritt seine Gruppe gegenüber der anderen Gruppe. Er hat Mitteilungs- und Entscheidungsbefugnisse.
   — Das *Gruppentreffen:* Es ist möglich, daß sich mehrere Gruppen für maximal 20 Minuten zu einem Treffen im Plenumsraum verabreden.

Jede Gruppe hat das Recht, Beobachter, Delegierte oder Bevollmächtigte abzuweisen.

8. Die Übung beginnt nach dem Ende der Instruktion und endet unter Beibehaltung der üblichen Freizeiten um . . . .

9. Die Mitglieder des Teams haben eine beratende Funktion. Sie können als Berater in die Gruppen geholt werden. Ihre Beratungszeit ist begrenzt.
Die Reihenfolge der Konsultationen regelt das Alphabet.
Die Teamgruppe hat die gleichen Rechte wie die übrigen Gruppen.
Die Teamgruppe hat, zusammen mit je einem Vertreter der einzelnen Gruppen, Entscheidungsfunktion bei der Regelauslegung sowie bei Fragen, die die äußere Organisation der Übung betreffen.

10. Über den Verlauf der Übung und das Ergebnis berichten die Gruppen in der Plenumssitzung um . . . . Uhr.

L e u s c h n e r , G.

5.612 Planspiel Typ II

Idealplanung eines Unternehmens außerhalb der Veranstaltung, z. B. Bauen eines Trainingshauses (S b a n d i , P.), Bauen eines Studentenwohnheimes (A n t o n s , K., E n k e , E., M a l z a h n , P., v. T r o s c h k e , J., 1971), Planung eines Protestmarsches (KSJ-Bundesführerschulung). Ohne Rollenanweisung und Rollendifferenzierung. Gruppen arbeiten im Wettbewerb untereinander, die Ergebnisse werden durch eine Jury beurteilt (vgl. Übung Turmbau 5.5). Kommunikation zwischen den Gruppen ist nicht erforderlich (Ausnahme: wenn mehrere Gruppen an verschiedenen Teilen eines Gesamtprojektes arbeiten).

Folgende Standardinstruktionen sind dazu möglich:

1. Gruppenaufteilung wie in 5.611

2. Jede Gruppe erhält eine Planungsaufgabe, deren genauer Inhalt einem gesonderten Blatt zu entnehmen ist. Die Planungsaufgabe ist komplexer Natur; die Art und Weise, in der die Gruppen sie lösen, ist ihnen überlassen. Die Gruppen stehen im Wettbewerb untereinander. Die weiteren organisatorischen Bedingungen sind folgende:

3. Jede Gruppe bestimmt zu Beginn der Planungszeit ein unparteiisches Jury-Mitglied. Die Jury besteht aus den Unparteiischen jeder Gruppe und einem Mitglied des Teams. Es ist Aufgabe der Jury, im Verlauf der Planungszeit ein Punktesystem zu entwerfen, nach dem die eingereichten Planungen bewertet werden, so daß zu bestimmen ist, welche Gruppe den besten Vorschlag einreicht.

4. Ferner bestimmt jede Gruppe einen Delegierten, der im Teamzimmer Sachinformationen über die Planungsaufgabe einholen kann. Während der Planungszeit ist das Teamzimmer mit je einem Mitglied des Teams besetzt. Es kann jeweils nur der Delegierte der Gruppe Information holen.

5. (Evtl. nur bei *einer* Gesamtaufgabe für alle Gruppen) Außerdem bestimmt jede Gruppe einen Delegierten zu den anderen Gruppen. Er darf Fragen und Informationen seiner Gruppe an die anderen Gruppen herantragen. Es ist jeder Gruppe freigestellt, ob sie den Delegierten akzeptiert oder nicht.

6. Die weitere Organisation der Gruppen (z. B. Wahl eines Gruppenleiters oder -sprechers) ist freigestellt.

7. Um .... Uhr muß jede Gruppe einen schriftlichen Planungsvorschlag mit fünf Durchschlägen im Teamzimmer abgeben. Schreibmaschinen und Material sind im Teamzimmer vorhanden.

8. Im Einvernehmen mit den anderen Gruppen kann eine zeitliche Verlängerung von maximal $1/2$ Stunde gewährt werden. Verspätet eingereichte Entwürfe gelten als nicht abgegeben.

9. Nach einer Pause bekommt jede Gruppe den Entwurf der anderen Gruppe ausgehändigt.

10. Je ein Vertreter jeder Gruppe hat 5 Minuten Zeit, im Plenum den Vorschlag seiner Gruppe zu begründen, zu interpretieren und zu loben.

11. Die Gruppenvertreter führen ein 10minütiges Streitgespräch über die Vorschläge ihrer Gruppe (evtl. anschließend Plenumsdiskussion mit Abstimmung aller über den besten Vorschlag).

12. Die Jury gibt die Ergebnisse ihrer Punktbewertung bekannt.

13. Eventuell Beobachterberichte, Diskussion über Vorgehensweisen der Gruppen.

5.613 Planspiel Typ III

Bewältigung einer konstellierten Konfliktsituation. Vergabe von Rollenvorschriften für die beteiligten Gruppen; jede Gruppe ist in ihrer Identität definiert, eventuell sogar die einzelnen Teilnehmer. Kommunikation der Gruppen untereinander ist erforderlich zur Bewältigung der Situation, kann durch Spielregeln unter Umständen erschwert werden.

Folgende Standardinstruktionen sind dazu möglich:

1. Gruppenaufteilung wie in 5.611 und 5.612

2. Darstellung der Konfliktsituation, z. B. (KSJ-Bundesführerschulung 1971): Eine Jugendgruppe beschließt, ein Wochenende für alle Jugendleiter mit dem Thema „Antiautoritäre Erziehung" zu veranstalten. Nach längerer Diskussion wird der Vorschlag einstimmig angenommen. Die Gruppenleitung wird beauftragt, einen Programmvorschlag auszuarbeiten und Referenten zu suchen, organisatorische Vorbereitungen zu treffen und Zuschüsse beim Stadtjugendamt zu beantragen.

Daraufhin wird von der Gruppenleitung eine Einladung an alle Jugendleiter verschickt und Zuschüsse bei der genannten Stelle beantragt. Der Stadtjugendring lehnt eine Bezuschussung ab mit der Begründung, daß Thema und Referenten nicht mit den Zielsetzungen des Jugendringes übereinstimmen.

Einige Eltern erheben in Briefen an erwachsene Mitarbeiter der Gruppe Einwände gegen die Veranstaltung. Sie drücken ihre Besorgnis über die „moderne linke Entwicklung" in der Gruppe aus.

Die überregionale Leitung des Verbandes unterstützt das Vorhaben der Gruppe. Sie hofft, einige Teilnehmer der Veranstaltung für ihre Arbeit gewinnen zu können, da demnächst einige Teammitglieder der Regionalleitung ausfallen. Eine finanzielle Unterstützung durch die Regionalkasse ist nicht möglich.

3. Diese Konfliktsituation wird von den drei (bzw. vier) beteiligten Gruppen dargestellt und soll so gut wie möglich gelöst werden.
Gruppe 1: Jugendgruppe
Gruppe 2: Jugendamt
Gruppe 3: (Eltern)
Gruppe 4: Regionalleitung

4. Jede Gruppe bestimmt zwei Beobachter, von denen einer in der eigenen Gruppe bleibt, der andere eine der anderen Gruppen beobachtet.

5. Das Team fungiert als Spielleitung, die Rückfragen beantworten und technische und materielle Hilfen geben kann und die Gruppen bei ihrer Arbeit beobachten kann.

6. Kontakte zwischen den Gruppen sind zunächst nur auf schriftlichem Wege möglich; von jedem Schreiben sind Durchschläge für die Spielleitung und für die eigenen Unterlagen anzufertigen. Maschinen und Schreibmaterial stehen zur Verfügung.

7. Nach schriftlicher Vereinbarung können die Gruppen miteinander in mündliche Verhandlungen treten. Solche Konferenzen finden im Plenarraum statt. Mitglieder der Spielleitung können als Berater zu solchen Konferenzen gebeten werden.

8. Das Team hat, zusammen mit je einem Vertreter der einzelnen Gruppen, Entscheidungsfunktionen bei der Regelauslegung sowie bei Fragen, die die äußere Organisation der Übung betreffen.

9. Die Übung beginnt nach dem Ende der Instruktion und endet unter Beibehaltung der üblichen Freizeiten um . . . .

10. Im Plenum Bericht der Beobachter und Diskussion.

5.62 INSTRUKTIONEN FÜR BEOBACHTER VON PLANSPIELEN

1. Arbeit innerhalb der Gruppe

- Gelingt es der Gruppe, sich mit den zugewiesenen Rollen zu identifizieren? Über- oder Unteridentifikation, Abweichungen?
- Wird zu Beginn eine gemeinsame Taktik oder Strategie abgesprochen oder herrscht stillschweigend Konsensus über Vorgehensweise?
- In welchen Begriffen zeigt sich die Einstellung der Spielgruppe zu der Gruppe, die sie zu spielen hat (Stereotype)?
- Sind die Aktivitäten der Gruppenmitglieder eher auf solidarische Handlungsstrategien abgestellt, oder überwiegen Intragruppenkonflikte?
- Wird eine Aufgaben- und/oder Rollenverteilung vorgenommen, wenn ja, wie?
- Bilden sich Schlüsselfiguren heraus, Randfiguren, Außenseiter, steigt jemand aus?
- Ist die Gruppe eher reaktiv durch das Verhalten der anderen Gruppen bestimmt oder selbst engagiert?
- Wie verhielt sich die Gruppe gegenüber dem Beobachter? Indifferent, fügsam, aggressiv, frotzelnd?

2. Beziehungen zwischen den Gruppen

- Wie häufig interagierten die Gruppen untereinander?
- Welche Bemerkungen werden bei den Kommunikationen, z. B. beim Überbringen der Briefe (bei Spielleitung und Empfängergruppe) gemacht? Welche Einschätzung anderer Gruppen spiegelt sich darin?
- Ist der Interaktionsstil eher durch Kampf oder Versöhnung geprägt?
- Gehen die Gruppen genau auf die Inhalte der an sie gerichteten Kommunikationen ein?
- In welchen Begriffen zeigt sich die Einstellung der Spielgruppen zu den anderen Spielgruppen?
- Wie wird allgemein die Spannung zwischen Kooperation und Wettbewerb bewältigt?

(Leuschner, G.)

NOTIZEN:

5.9 PAPERS

5.91 KOOPERATION UND WETTBEWERB

Kooperation kann definiert werden als eine Zusammenarbeit mehrerer Personen auf ein gemeinsames Ziel hin. Dazu sind folgende Punkte wichtig: Eine Kenntnis des zu lösenden Problems, die Notwendigkeit zu wissen, was der einzelne zur Lösung des Problems beitragen kann, die Notwendigkeit, sich der möglichen Beiträge anderer zur Lösung bewußt zu werden. Dies bedingt noch nicht, daß von vornherein jeder Beteiligte auch die gleichen Vorstellungen hat. Das kann sich durchaus im Laufe eines Kooperationsprozesses entwickeln. — In unserer heutigen Gesellschaft wird Kooperation offensichtlich als ein Wert angesehen und ist damit ideologisch in gewissem Sinne vorbelastet. Das Gegenteil der Kooperation, nämlich Kompetition oder Wettbewerb, wird zwar eifrig geübt, ist aber als Idee nicht anerkannt. — Man kann Kooperation auch ohne Wertung betrachten, indem man nach der Genese, d. h. nach dem Entstehen von kooperativen Verhaltensweisen fragt, nach Bedingungen, unter denen kooperatives Verhalten entsteht.

Die Hypothese, daß Kooperation im Zuge der Sozialisierung und des sozialen Lernprozesses gelernt wird, kann durch eine Reihe von experimentellen Untersuchungen in der sogenannten *minimalen sozialen Situation* bestätigt werden.

Um dies verständlich zu machen, sei das Effektgesetz von Thorndike (1911) erwähnt, das, auf soziale Situationen angewendet, folgendermaßen zu interpretieren ist: Diejenigen Handlungen von untereinander abhängigen Individuen, die befriedigende Konsequenzen haben, werden mit der Zeit verstärkt und treten häufiger auf; Handlungen, die unangenehmere Konsequenzen haben, treten mit der Zeit seltener auf.

Die Experimente von Sidowsky & Kelley u. a. gehen von folgender Grundsituation aus: Jede Versuchsperson (Vpn O und P) sitzt in einer Zelle, ohne Kenntnis der anderen. Vor ihr steht ein Schaltpult mit einem Wechsel-

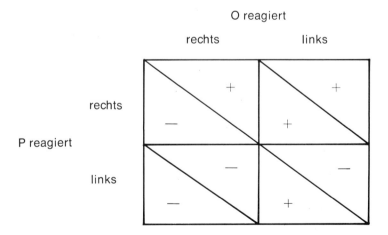

schalter (rechts/links) und einem Signallicht. Die Vp bekommt die Aufgabe, entweder rechts oder links zu wählen, und erhält daraufhin, angezeigt durch die Signallampen, jeweils eine Belohnung oder eine Bestrafung (meistens Geld in Pfennigbeträgen). Die Ergebnisse werden an Hand einer Matrix so programmiert, daß die *eigene* Wahl keinen Einfluß auf das Ergebnis hat.

Bei diesen und vielen nachfolgenden Untersuchungen stellte sich immer wieder heraus, daß mit der Zeit die Häufigkeit gegenseitiger positiver Wahlen stark anstieg. Es tritt also im Sinne des Effektgesetzes ein Lernen von kooperativen Verhaltensweisen auf.

Diese Untersuchungen, die aus der Spieltheorie stammen, kann man durchaus als Paradigmata von sozialen Situationen akzeptieren. Soziale Situationen sind aber im allgemeinen komplexer als die vorhin beschriebenen Untersuchungen: Spätere Untersuchungen haben deshalb versucht, die Komplexität echter sozialer Beziehungen stärker mit in den Untersuchungsplan einzubauen. Das sei an einem weiteren Beispiel gezeigt. Und zwar geht es in dieser Untersuchung darum, daß jeder Spieler die Matrix kennt, also jede Reaktion und ihre nachfolgenden Resultate. Es besteht also Kenntnis darüber, was geschieht, wenn der andere Mitspieler rechts oder links wählt, und es besteht für den Spieler die Möglichkeit zu überlegen, wie er sich verhält: ob er versuchen soll, kooperativ zu reagieren, oder ob er versuchen soll, im Wettbewerb für sich die meisten Gewinne herauszuschlagen. Je nach Art der Matrix kann man nun mehr den Aspekt der Kooperation oder den der Kompetition betonen. Wenn man Kooperation und Kompetition als Motive betrachtet, dann führt ein solches Spiel zu einer Gegenüberstellung dieser beiden Motive. Solche Spiele werden *„mixed motive games"* genannt. Ein sehr anschauliches Beispiel ist das sog. „prisoner's dilemma game": Zwei Verdächtige werden verhaftet und voneinander getrennt. Der Anwalt eröffnet ihnen verschiedene Möglichkeiten, nämlich zu gestehen oder nicht zu gestehen. Im einzelnen sieht das, an Hand einer Matrix illustriert, folgendermaßen aus: (vgl. 5.41)

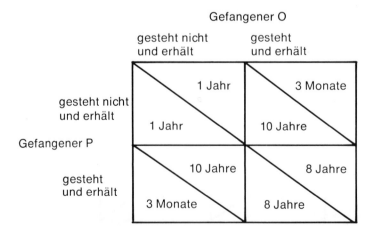

Eine solche Matrix illustriert sehr deutlich die verschiedenen Motive, die auch in realen sozialen Situationen auftreten können. Zusammenfassend gilt für solche Spiele mit gemischten Motiven, daß sie angelegt sein können,

a) den *eigenen Gewinn* zu maximieren. Dabei sind die Ziele der Spieler entgegengesetzt, der Gewinn des einen bedingt den Verlust des anderen; die Summe der Gewinne ist gleich Null *(zero sum game)*. Hier ist nur reine Kompetition möglich.

b) den *durchschnittlichen Gewinn* aller Spieler zu maximieren. Dabei kann die Summe der Gewinne größer Null sein *(non zero sum game)*. Hier ist kooperatives Verhalten möglich und kann gelernt werden im oben erwähnten Sinne.

c) die *Differenz* zwischen dem eigenen und dem Gewinn des anderen zu maximieren; hier sind Kompetition und Kooperation im Spiel, es ist die komplexeste und damit realitätsgerechteste Situation.

(Entnommen aus: A n t o n s , K., E n k e , E., M a l z a h n , P., v. T r o s c h - k e , J. (1971), S. 267 ff.)

Entscheidungen

6.0 EINLEITUNG

Das Fällen von Gruppenentscheidungen ist besonders für selbststeuernde Gruppen, sei es in einem Organisationsentwicklungs-Laboratorium oder in einem studentischen Tutorium, ein zentrales Thema. Sobald eine Gruppe einer unstrukturierten Situation ausgesetzt ist, wird es unausweichlich, ständig Entscheidungen zu treffen, um überhaupt zur Aktivität zu gelangen.

Entscheidungen werden jedoch im Verlaufe eines Gruppenprozesses nicht immer auf dieselbe Art und Weise gefällt (vgl. 6.91). Typische Stadien auf dem Weg zu einem gekonnten Umgehen mit diesem Problem sind zum Beispiel: Hau-Ruck-Entscheidungen durch dominante Mitglieder, Rückzug auf formaldemokratische Lösungen, Entscheidungsunfähigkeit der Gruppe vor lauter Problematisierung, ein sich ausbreitender Konsensuszwang, der unvermeidlich zu Minoritätsproblemen führt, ein freieres und kreativeres Umgehen mit Spielregeln und schließlich problem- und situationsadäquate Entscheidungsmechanismen. — Man kann fast die Hypothese wagen, daß die Art, in der eine Gruppe ihre Entscheidungen fällt, ein Indikator für das Reifeniveau der Gruppe ist. Damit ist nicht ausgesagt, daß die formaldemokratische oder die Konsensuslösung *selbst* reifer oder unreifer ist: Auch eine Großgruppe zum Beispiel, die sich lange durch verschiedene Formen der Entscheidungsfindung durchgearbeitet hat, kann unter Umständen in Gelassenheit wieder auf das formaldemokratische Abstimmungsverfahren zurückgreifen; auch die Konsensusideologie kann dysfunktional und unrealistisch werden.

Das heißt, daß das in diesem Kapitel angeschnittene Problem über den gesamten Verlauf einer Veranstaltung streuen kann. In jeder Entwicklungsstufe kann es neu problematisiert und auf eine jeweils andere Art gelöst werden. Die Beziehungen zum ersten Kapitel wurden schon unter 1.0 angedeutet: Je offener eine Laboratoriumssituation ist, desto eher kann die Entscheidungsproblematik zum Bewußtsein kommen.

Techniken und Konstellationen, die im eigentlichen Sinne keine Übungen darstellen, sondern sich aus einem realen Entscheidungsprozeß heraus ergeben können, sind solche — hier nicht dargestellte — Techniken wie fishbowl, Philipps 66, leerer Stuhl, Delegiertenkonferenz mit oder ohne „Murmelpause" etc. — Auch in stärker strukturierten Gruppen kann das Problem der Entscheidungsfindung gut verdeutlicht werden, indem die Gruppe über die Durchführung oder Nichtdurchführung irgendeiner Aktivität zur Entscheidung gebeten wird. S. H e l l i n g e r läßt in trainingsgruppenzentrierten Laboratorien zum Beispiel darüber entscheiden, ob die Übung Paarinterview durchgeführt wird, wenn ja, wann und wer mit wem. Eine solche Entscheidung kann, wenn sie zu Beginn angeboten und nach einigen Tagen wiederholt wird, einer Gruppe ihren eigenen Entwicklungsprozeß spiegeln. Dabei ist eine konstruktive Lösung unter Umständen erst beim zweiten Mal möglich.

Die Entscheidung über die Zusammensetzung neuer Gruppen (6.1) ist vielfältig variierbar und gibt nur ein grobes Raster für phantasievolle und variationsreiche Übungsmöglichkeiten im oben angedeuteten Sinne an. — Noch phantasievollere Variationen sind mit der überaus verbreiteten Übung Dienstwagen (6.2) möglich. Sie stellt ein ausgezeichnetes Grundmuster sozialer Situationen dar: Ein knappes Gut, das nicht aufgeteilt werden kann, muß unter mehreren Interessenten eigenverantwortlich vergeben werden. Diese Situation ist ohne weiteres übertragbar auf die Realsituation vieler Teilnehmergruppen: So wurde zum Beispiel für die ständige Hochschullehrerkonferenz für Psychosomatik, Psychotherapie, Medizinische Psychologie und Medizinische Soziologie die Übung so umgearbeitet (A n t o n s, K., E n k e, E., M a l z a h n, P., v. T r o s c h k e, J.), daß ein Gremium von fünf interessierten Lehrstuhlinhabern darüber zu entscheiden hatte, wer die Planstellen für einen Unterricht in Medizinischer Psychologie nach der neuen Approbationsordnung bekommen würde. — Bei einer Studentengruppe (A n t o n s, V., A n t o n s, K.) mußten sich fünf Studenten um einen Platz in einem Studentenwohnheim bewerben.

Ebenso ist das Grundmuster der NASA-Übung (6.3) auf Hier- und Jetzt-Situationen anwendbar, wie die daran anschließende Übung Kooperationsseminar (6.4) verdeutlicht. — Schließlich fand auch noch ein Gesellschaftsspiel, d. h. eher eine gruppendynamische Version des Gesellschaftsspiels, den Weg in diese Sammlung. Regel Du mir, so regel ich Dir (6.5) ist fast eine Taschenausgabe des Organisationsentwicklungs-Laboratoriums: Es sind lediglich Spielplan, Zutaten und Personen vorhanden. Die Art und Weise jeglichen Zusammenspiels ist den Betreffenden selbst überlassen.

Stichworte	ENTSCHEIDUNGEN, AUFLÖSUNG BESTEHENDER STRUKTUREN **6.1**
Titel	Neue Gruppen
Ziel	Auflösung gewohnter Gruppenstrukturen; Erleben üblicherweise praktizierter Entscheidungsarten in Gruppen
Indikation	Geeignet als erste Entscheidungsübung; sehr flexible Übungsstruktur, die mit beliebigen Inhalten zu füllen ist; besonders für Sens.-Trainings
Übungstyp, Beteiligte	Bestehende Gruppierungen (TG) strukturieren sich um, z. B. in AG's; alle Teilnehmer
Durchführung	1. Im Plenum: Angeben der Ziele, zu denen neue Gruppierungen gebraucht werden 2. Instruktion: Stellen Sie unter dem o. g. Ziel unter sich neue Gruppen zusammen. Die Übung ist beendet, wenn eine Neuzusammensetzung erreicht ist, mit der alle übereinstimmen können 3. keine Zeitlimitierung; Beobachtung der Entscheidungsmodi, Führungsdynamik etc. 4. Nach Beendigung Bearbeitung der Entscheidungsfindungen,
Dauer	unbestimmt; mindestens 3 Std.; abhängig von Reifegrad der Gruppen
Unterlagen, Material	keine
Geeignete papers	Alle papers zu Entscheidungen (6.9)
Autor	Aus der frühen amerikanischen Laboratoriumsentwicklung
Literatur, Erfahrungen	B r a d f o r d , L. P., G i b b , J. R., B e n n e , D. K. (1966, deutsch 1972)
Auswertungshilfen	siehe unter 6.9
Variationen	Als Grundgerüst für jede Art von Thematisierung beliebig zu modifizieren; Diskussion des eigenen Vorgehens anhand des papers zu Entscheidungen (6.9), evtl. später nochmalige Durchführung
Analoga	Gruppenbildung (1.2);

NOTIZEN:

Stichworte	ENTSCHEIDUNGEN, KOOPERATION, WETTBEWERB, ROLLENSPIEL **6.2**
Titel	Dienstwagen
Ziel	Prüfung der Entscheidungsfähigkeit, Autoritätsabhängigkeit und der Entscheidungsmodalitäten einer Gruppe in einer Situation, die mit der Vergabe von Entscheidungsbefugnis einer Lab-Situation ähnelt
Indikation	Jede Situation, in der zu treffende Entscheidungen diagnostiziert werden sollen; alle Arten von Labs, sehr geeignet für Informations- oder Kurzveranstaltungen
Übungstyp, Beteiligte	Rollenspiel in Sechsergruppen mit vorgeschriebener Rollenverteilung; überzählige Teilnehmer sind wertvolle Beobachter
Durchführung	1. Aufteilung in Sechsergruppen und evtl. Beobachter; Ausgabe des allgemeinen Instruktionsblattes (6.21) 2. Ausgeben der Rollenanweisungen (6.22; evtl. Rolle persönlichkeitsspezifisch auswählen [vgl. 6.23]) 3. 45′ Diskussion der Rollenspielgruppen 4. Sammeln der Lösungen, Anschreiben und Vergleichen
Dauer	1½–2 Std.
Unterlagen, Material	Für jeden Teilnehmer 1 Instruktionsblatt (6.21); pro Gruppe 1 Satz Rollenanweisungen (6.22); Beobachtungsbögen (6.23) mit kurzem Rollenplan; Namensschilder mit Rollennamen
Geeignete papers	Alle papers zu Entscheidungen (6.9)
Autor	Nicht bekannt, vermutlich aus der amerikanischen Trainingsliteratur, ins Deutsche übersetzt und eingeführt von P. S b a n d i ; in: A n t o n s, K., E n k e, E., M a l - z a h n, P., v. T r o s c h k e, J. (1971)
Literatur, Erfahrungen	Rollenspielzeit nicht kürzen; Lösung nur bei einer gewissen Gruppenreife möglich; bei Frauen berücksichtigen: Kenntnisse von Wagentypen. Evtl. neuere Wagentypen nehmen.
Auswertungshilfen	s. 6.23
Variationen	Zu kombinieren mit standardisierter Beobachtung (2.7); rating über Zufriedenheit mit der Lösung von allen Teilnehmern ausfüllen lassen; Rolle von Bauer evtl. von Teammitgliedern spielen lassen. — Vgl. Einleitung (6.0).
Analoga	NASA-Übung (6.3); Prisoner's dilemma (5.4); Rollenspiele verschiedenster Art, z. B. Stadtratssitzung in: A n t o n s, K. et al. (1971)

6.21 INSTRUKTIONEN ZUR ÜBUNG DIENSTWAGEN

Die Mitglieder der Gruppe sind Angestellte einer Telefongesellschaft. Einer der Arbeiter ist Vorarbeiter. Die Arbeit besteht aus Reparaturen von Telefonanlagen. Sie verlangt besondere Kenntnisse und besondere körperliche Fähigkeiten, weil die Arbeiter Masten erklettern und zugleich feinmechanische Arbeiten verrichten müssen. Außerdem müssen sie mit Kunden gut umgehen können.

Der Vorarbeiter hat sein Büro auf dem Bauhof; von dort aus fährt er zur Kontrolle auf die einzelnen Arbeitsplätze. Jeder Arbeiter arbeitet selbständig und muß jeden Tag zu verschiedenen Kunden. Der Vorarbeiter hilft, wenn nötig, und gibt Anweisungen nach Bedarf. Die Arbeiter fahren jeden Tag mit ihrem Dienstwagen. Sie pflegen ihre Dienstwagen selbst und sehen sie als persönliches Besitztum an. Selbstverständlich ist jeder an einem neuen Wagen interessiert, da ein solcher unter anderem seinen Status erhöht.

Nähere Angaben

Herr **BAUER**	ist Vorarbeiter.
Herr **SCHMIDT,**	17 Jahre im Dienst, hat einen Ford 17 M Transit, 2 Jahre alt.
Herr **SCHNEIDER,**	11 Jahre im Dienst, hat einen VW-Variant, 5 Jahre alt.
Herr **MEIER,**	10 Jahre im Dienst, fährt einen 17 M Transit, 4 Jahre alt.
Herr **RICHTER,**	5 Jahre im Dienst, hat einen 17 M Transit, 3 Jahre alt.
Herr **KAISER**	ist erst 3 Jahre bei der Firma beschäftigt und hat einen Opel Caravan, 5 Jahre alt.

Die meisten Mitglieder dieser Gruppe arbeiten in der Stadt. Herr Meier und Herr Richter sind für die Reparaturen in der Umgebung zuständig.

Jeder muß sich mit seiner Rolle stark identifizieren und die gegebenen Fakten beachten. Sollten sich im Laufe des Gespräches Fakten oder Situationen ergeben, die in den Anweisungen nicht erwähnt wurden, verhalten sie sich wie sonst in normalen Situationen.

6.22 ROLLENINSTRUKTIONEN

1. Rolle: Herr BAUER, Vorarbeiter

Sie sind Vorarbeiter für fünf Mitarbeiter. Sie bekommen jetzt von der Firma einen neuen Opel Caravan; dieser soll einem Ihrer Leute zugeteilt werden. Sie wissen, wie schwierig diese Entscheidung ist, da jeder Arbeiter meint, der Wagen stehe ihm zu.

Es geschieht oft, daß alle meinen, Sie hätten die falsche Entscheidung getroffen, egal, welche Entscheidung Sie treffen. Um dieses Problem zu lösen, kommen Sie diesmal auf die neue Idee, die Entscheidung von den Arbeitern selbst treffen zu lassen. Sie werden also den Leuten sagen, daß die Firma einen neuen Kombiwagen zur Verfügung stellt, und Sie werden versuchen, das Problem so darzustellen, daß eine gerechte Lösung gefunden werden kann. Sie treffen selber keine Entscheidung, da Sie der Meinung sind, daß Ihre Leute das Richtige finden werden.

2. Rolle: Herr SCHMIDT

Sie sind der Meinung, daß der Opel Caravan Ihnen zugeteilt werden soll,
1. weil Sie der älteste in der Firma sind und
2. weil Ihnen Ihr alter Wagen nicht mehr gefällt.

Außerdem ist Ihr Privatwagen ein Opel, und Sie hätten eben lieber auch als Dienstwagen einen Opel anstelle des Ford. Sie hatten nämlich vor diesem Ford auch einen Opel als Dienstwagen.

3. Rolle: Herr SCHNEIDER

Sie sind der Meinung, daß Sie das Recht auf den neuen Kombiwagen haben, weil Sie an der Reihe sind. Ihr jetziger Dienstwagen ist alt (5 Jahre), und da Herr Schmidt einen 2 Jahre alten Wagen fährt, sollten Sie den neuen bekommen. Sie haben bis jetzt Ihren Wagen in ausgezeichnetem Zustand erhalten, so daß er beinahe noch wie neu wirkt. Sie sind außerdem der Meinung, daß Sie das Recht auf eine Belohnung haben, weil Sie den Dienstwagen so sorgfältig gepflegt haben wie Ihren eigenen.

4. Rolle: Herr MEIER

Sie müssen jeden Tag viele Kilometer herumfahren, da Sie die Kunden in der Umgebung betreuen. Ihr Kombiwagen ist ziemlich alt (4 Jahre), und Sie sind der Meinung, daß Sie einen neuen Wagen bekommen sollten, da Sie ja so viel fahren müssen.

5. Rolle: Herr RICHTER

Die Lenkung Ihres Wagens geht sehr hart, und die Tür schließt sehr schlecht. Herr Kaiser ist nämlich mit seinem Wagen im Rückwärtsgang gegen diese Tür gefahren, und sie wurde nie repariert. Wenn Sie schnell fahren, können Sie nie sicher sein, ob auf Grund von schlechten Straßenverhältnissen die Tür nicht plötzlich aufgeht.

Sie wollen den neuen Wagen haben, weil Sie — wie Herr Meier — sehr viel fahren müssen. Der Wagentyp ist Ihnen gleichgültig, bloß Reifen und Bremsen müssen in gutem Zustand sein.

6. Rolle: Herr KAISER

Sie haben den schlechtesten Wagen von allen, er ist 5 Jahre alt. Bevor Sie den Wagen bekamen, hatte er einen schweren Unfall. Er war nie besonders gut, und Sie haben ihn schon seit drei Jahren. Es ist also höchste Zeit, daß Sie einen Wagen in gutem Zustand bekommen, und es scheint doch richtig zu sein, daß der neue Opel Ihnen zusteht.

Der einzige Unfall, den Sie verursacht haben, ist unbedeutend. Sie sind gegen die geöffnete Tür des Wagens von Herrn Richter gefahren, als Sie im Rückwärtsgang die Garage verließen. Sie hoffen, daß der neue Wagen ein 17 M Transit ist, da Sie diesen Wagentyp bevorzugen.

6.23 INSTRUKTIONEN FÜR DIE BEOBACHTER UND AUSWERTUNGSGESICHTSPUNKTE

6.231 Kurze Charakterisierung der Rollenvorgaben:

2. Schmidt: 17 Jahre im Betrieb, zweijähriger 17 M; pocht auf Anciennität, Privatwagen Opel, alter Wagen gefällt nicht mehr. „Rigide".
3. Schneider: 11 Jahre, fünfjähriger VW Variant. Ist an der Reihe, ältester Wagen, Wagen sehr gepflegt, dafür auf Belohnung aus. „Pedantisch-untertänig".
4. Meier, 10 Jahre, vierjähriger 17 M. Lange Kilometerwege, alter Wagen, Belohnung für vieles Fahren.
5. Richter: 5 Jahre, dreijähriger 17 M. Wagentüre durch Kaiser beschädigt, geht auf, auf Fahrsicherheit bedacht, muß viel fahren, Typ des Wagens gleichgültig. „Sicherheitsbedacht".
6. Kaiser: 3 Jahre, fünfjähriger Caravan. Schlechter Wagen, Unfallwagen, schon 3 Jahre gefahren, bevorzugt 17 M, hat Unfall verursacht. „Unbekümmert".

6.232 Beobachtungen zur Rolle des Vorarbeiters

- Wie hat der Vorarbeiter das Problem dargestellt, und was hat er getan, um das Problem zu lösen?
- Hat er in der Darstellung des Problems eine hilfesuchende Haltung eingenommen?
- Hat er alle wichtigen Fakten mitgeteilt, war die Darstellung kurz und genau?
- Hat er sorgfältig vermieden, eine Lösung zu suggerieren und statt dessen Fragen gestellt, um der Gruppe zu helfen, die verschiedenen Lösungsmöglichkeiten zu überlegen?
- War er neutral gegenüber den vorgeschlagenen Lösungen, und hat er alle Meinungen in gleicher Weise berücksichtigt?
- Was hat der Vorarbeiter getan, um Übereinstimmung für die vorgeschlagene Lösung zu erreichen?

6.233 Beobachtungen der Diskussionsgruppe

- Haben alle Gruppenmitglieder an der Diskussion teilgenommen?
- Gab es einen freien Meinungsaustausch unter den Gruppenmitgliedern oder hat die Gruppe Druck ausgeübt, um den einen oder anderen ihrer Mitglieder zu beeinflussen?
- Auf welche Mitglieder wurde Druck ausgeübt, und wie hat sich der Vorarbeiter dazu verhalten?
- Wie war das Verhältnis von emotionalen und sachlichen Argumenten in der Zuteilung des Wagens?
- Welche der folgenden möglichen Kriterien wurden gefunden: Anciennität, Alter des Wagens, Kilometerstand, Pflegezustand, subjektive Präferenzen, Sicherheit (Unfallwagen), Reparaturnotwendigkeit, Stadt—Land, Geländegängigkeit, eigenes Prestige, Prestige der Firma, Statussymbol, Schädigung?
- Welche Versuche, der Entscheidung auszuweichen, wurden gefunden: Vertröstung auf den Wagen im nächsten Jahr, Appell an den Vorarbeiter, an die Firmenleitung, Einholung eines Gutachtens über den Zustand des Unfallwagens, Losentscheid?
- Wer hat die Endlösung gefunden? Wird die Lösung überhaupt abhängig gemacht von einem dieser Faktoren?
- Welche Konflikte sind in der Gruppe? Wer vermittelt, lenkt ein, wer verzichtet, blödelt, weicht aus, setzt sich durch? Welche Allianzen, pairings, Rivalitäten? Welche Kriterien werden von wem anerkannt oder abgelehnt?
- Werden die Kriterien als Hinweise auf zu befriedigende Gruppenbedürfnisse betrachtet? Wie wird mit dem Dualismus Befriedigung — Verzicht umgegangen? Versuche, partielle Bedürfnisse jedes einzelnen zu befriedigen, oder Verzicht und Zuerkennen der Bedürfnisse eines einzelnen? Kompromisse, Ringtausch?
- Ausmaß der Rollenidentifikation: Instruktionsfixierung versus Ausspielen der angebotenen Rollenvorgaben, evtl. Überziehen? Sprachniveau, Härte der Standpunkte, Zurückhaltung, Mitteilung oder Ausspielung der gegebenen Informationen?
- Welches Niveau der Autoritätsabhängigkeit bzw. -unabhängigkeit zeigt die Gruppe?
- Wie wird mit dem Gegensatz Zeit — Qualität umgegangen: Wird eine rasche oder allgemein befriedigende Lösung gefunden?
- Schlägt sich im Vergleich der Lösungen verschiedener Gruppen die Art des Entscheidungsmodus auf das Ergebnis nieder? Ist das Ergebnis ein Indikator für die Gruppenreife?

NOTIZEN:

Stichworte	ENTSCHEIDUNGEN, LEISTUNGSVORTEIL DER GRUPPE	**6.3**
Titel	NASA-Übung	
Ziel	Demonstration des Leistungsvorteils der Gruppe und der Konsensusentscheidung; Auswirkungen der Arbeitsweise auf die Qualität der Entscheidung; Gegenüberstellung von Beschlußfassungen und Problemlösungen von Einzelpersonen einer- und Gruppen andererseits bei herrschender Ungewißheit.	
Indikation	Universell verwendbar	
Übungstyp, Beteiligte	Entscheidungsübung, individuell in Gruppen; bestehende oder neu zusammengesetzte Gruppierungen geeignet; alle Teilnehmer	
Durchführung	1. Austeilen von Schema 6.31 an jeden Teilnehmer und Ausfüllen entsprechend der Anweisung; ohne Kommunikation untereinander (10–20') 2. Aufteilung in Gruppen von 6–8 Teilnehmern 3. Jeder behält sein Schema 6.31; Austeilen von 6.32 an jeden und sorgfältige Besprechung; Austeilen von Schema 6.33 an jede Gruppe und Eintragen der individuellen Ergebnisse (10') 4. Herstellung des Konsensus über die Gruppenrangfolge (60') 5. Austeilen von Schlüssel 6.34 und Datenbogen 6.35; Zeit geben zur Punktberechnung der Ergebnisse und Ausfüllung des Datenbogens (10') 6. Diskussion jeder Gruppe über Art der Beschlußfassung und Fragen des Datenbogens (30') 7. Vergleich der Ergebnisse aller Gruppen nach dem Datenbogen	
Dauer	3 Std.	
Unterlagen, Material	Pro Teilnehmer: 1 Einzelinstruktion (6.31), 1 Schlüssel (6.34) Pro Gruppe: 1 Gruppeninstruktion (6.32), 1 Verrechnungsbogen (6.33), 1 Datenbogen (6.35); Rechenmaschine zur Auswertung geeignet!	
Geeignete papers	Alle papers über Entscheidungen (6.9)	
Autor	Nicht bekannt; in: Pfeiffer, J. W., Jones, J. E. I (1970): seeking consensus	
Literatur, Erfahrungen	Vermutlich konstruiert nach einer Untersuchung von Hare, A. P. (1952), S. 235 ff. über Interaktionen und Konsensus in verschieden großen Gruppen (mit Möglichkeit statistischer Auswertung). – Kenntnis des Schlüssels schadet kaum.	
Auswertungshilfen	Verwendung der Hilfsmittel der Gruppe, Beeinflussung durch den Status, Sprecher/Zuhörer, Gefühle? Ungewißheit? Rollenverhältnisse bei der Verwendung der Hilfsmittel?	
Variationen	Es kann noch eine dritte Phase angeschlossen werden, in der Delegierte der Gruppen vor dem Plenum per Konsensus eine endgültige Rangliste aufstellen; theoretisch müßte dieses Ergebnis das beste sein. – Andere Übungen nach der Struktur des Experimentes zum autokinetischen Phänomen (Sherif), z. B. Länge eines Striches oder Figureninhalt (Hofstätter, 1957) schätzen lassen	
Analoga	Dienstwagen (6.2); die Übung stellt ein gewisses Gegenkonzept zum Gruppendruck (7.1) dar; consensus seeking: a group ranking task (in: Pfeiffer, J. W., Jones, J. E. II, 1970)	

6.31 INSTRUKTIONEN: NASA-ÜBUNG, INDIVIDUELLE RANGORDNUNG

Sie gehören einer Raumfahrergruppe (5 Personen) an. Sie hatten den Auftrag, sich mit dem Mutterschiff auf der beleuchteten Mondoberfläche zu treffen. Wegen technischer Schwierigkeiten mußte Ihr Raumschiff 300 km entfernt vom Mutterschiff landen. Während der Landung ist viel von der Bordausrüstung zerstört worden. **Ihr Überleben hängt davon ab, daß Sie das Mutterschiff zu Fuß erreichen.** Sie dürfen nur das Allernotwendigste mitnehmen, um diese Strecke bewältigen zu können. Nachstehend ist eine Aufzählung von 15 unzerstört gebliebenen Dingen. Ihre Aufgabe besteht darin, eine Rangordnung der aufgezählten Gegenstände zu machen, die für die Mitnahme durch die Besatzung mehr oder weniger wichtig sind. Ordnen Sie 1 der allerwichtigsten Position zu, 2 der nächst wichtigen usw., bis alle 15 Positionen entsprechend ihrer Wichtigkeit gereiht sind.

1 Schachtel Streichhölzer
1 Dose Lebensmittelkonzentrat
20 Meter Nylonseil
30 m^2 Fallschirmseide
1 tragbarer Kocher
2 Pistolen, 7,65 mm
1 Dose Trockenmilch
2 Sauerstofftanks à 50 lb.
1 Sternkarte (Mondkonstellation)
1 Schlauchboot mit CO_2-Flaschen
1 Magnetkompaß
20 Liter Wasser
Signalpatronen (brennen auch im luftleeren Raum)
1 Erste-Hilfe-Koffer mit Injektionsspritze
1 FM-Empfänger und Sender, mit Sonnenenergie betrieben

6.32 INSTRUKTIONEN: NASA-ÜBUNG, GRUPPENENTSCHEIDUNG

Das ist eine Entscheidungsübung für die Herbeiführung von realitätsnahen Beschlüssen. Ihre Gruppe soll mit Einstimmigkeit beschließen. Das bedeutet, daß der Rangplatz für jede einzelne Position einstimmig festgelegt werden muß. Einstimmigkeit ist schwer zu erzielen. Deshalb wird nicht jeder Rangplatz jeden einzelnen voll befriedigen. Versuchen Sie trotzdem, die Rangordnung so zu erstellen, daß alle einigermaßen damit einverstanden sein können. Hier einige Richtlinien:

● Vermeiden Sie, Ihre persönliche Entscheidung den anderen aufzuzwingen. Argumentieren Sie mit Logik.
● Vermeiden Sie nachzugeben, bloß um Einstimmigkeit zu erzielen oder Konflikten auszuweichen. Unterstützen Sie nur dann andere Ansichten, wenn sie mit Ihren wenigstens teilweise übereinstimmen.
● Vermeiden Sie Konfliktlösungstechniken, wie Mehrheitswahl, Mittelwertberechnungen oder Kuhhandel (wenn Du mir, dann ich Dir).
● Betrachten Sie abweichende Meinungen eher als einen nützlichen Beitrag, statt sie als störend zu empfinden.

Nehmen Sie sich so viel Zeit, als Sie benötigen, um eine echte Gruppenmeinung zu finden.

6.33 NASA-ÜBUNG: GESAMTAUSWERTUNG PRO GRUPPE

Gruppe: _____   individuelle Rangordnung   Gruppen-rangordnung

Mitglied Nr.	1	2	3	4	5	6	7	8	9	10	11	12	13	14	
Streichholzschachtel															
Lebensmittelkonzentrat															
Nylonseil															
Fallschirmseide															
Kocher															
2 Pistolen															
Trockenmilch															
2 Sauerstofftanks															
Sternkarte															
Schlauchboot															
Magnetkompaß															
20 Liter Wasser															
Signalpatronen															
Erste-Hilfe-Koffer															
FM-Empfänger-Sender															

6.34 SCHLÜSSEL ZUR NASA-ÜBUNG

Auf dem Mond wenig oder nicht zu gebrauchen	15	Streichholzschachtel
Notwendige Tagesration	4	Lebensmittelkonzentrat
Nützlich beim Zusammenbinden von Verletzten und beim Klettern	6	Nylonseil
Schutz gegen Sonnenstrahlen	8	Fallschirmseide
Nützlich nur bei Landung auf dunkler Seite des Mondes	13	Kocher
Könnten zur Herstellung von Selbstantriebsaggregaten dienen	11	2 Pistolen
Nahrung, bei Mischung mit Wasser trinkbar	12	Trockenmilch
Füllt Atmungsbedarf	1	2 Sauerstofftanks
Eines der wichtigsten Mittel zur Richtungsfindung	3	Sternkarte
CO_2-Flaschen zum Selbstantrieb über Klüfte usw.	9	Schlauchboot
Wahrscheinlich keine Magnetpole, deshalb unbrauchbar	14	Magnetkompaß
Ergänzt Wasserverlust infolge Schwitzens usw.	2	20 Liter Wasser
Notruf, wenn in Sichtweite	10	Signalpatronen
Orale Pillen und Injektionsmedizin sind wertvoll	7	Erste-Hilfe-Koffer
Notrufsender, möglicherweise Verbindung mit Mutterschiff	5	FM Empfänger—Sender

6.35 NASA-ÜBUNG: DATENBOGEN

	Gruppe I	Gruppe II	Gruppe III	Gruppe IV
Punktbereich des Mitglieds				
Durchschnittliche Gruppenpunktzahl vor Diskussion				
Gruppenpunktzahl nach Entscheidung				
Gewinn (Verlust) bei Gruppenpunktzahl				
Gewinn (Verlust) gegenüber dem genauesten Mitglied				
Gewinn gegenüber dem ungenauesten Mitglied				

Gruppenmitglieder:

Fehlpunktzahlen der Gruppenmitglieder: _____

Insgesamt: _____

Höchste und niedrigste Punktzahl der Gruppenmitglieder: _____

Durchschnittliche Punktzahl der Gruppenmitglieder vor der Diskussion (Summe durch die Anzahl der Gruppenmitglieder teilen): _____

Gruppenkonsens Fehlpunktzahl: _____

Unterschied zwischen durchschnittlicher Fehlpunktzahl der Gruppenmitglieder vor der Diskussion und der Fehlpunktzahl des Gruppenkonsenses: _____

Ist die Punktzahl des Gruppenkonsenses niedriger oder höher? _____

Gab es Gruppenmitglieder, deren individuelle Punktzahl niedriger als die des Gruppenkonsenses war? Wieviel Mitglieder waren das, und was betrugen ihre Punktzahlen? _____

Wie gut wurden die Ressourcen der einzelnen Mitglieder ausgewertet?

Wurde jemand ignoriert, bei dem es sich dann erwies, daß seine individuelle Rangordnung korrekter war als die des Gruppenkonsenses?

Waren Sie über das Verhalten von Mitgliedern verwundert, wenn Sie es mit dem verglichen, das sie zuvor ausgewiesen hatten?

NOTIZEN:

Stichworte	ENTSCHEIDUNGEN, CONFLICT MANAGEMENT	**6.4**
Titel	Kooperationsseminar	
Ziel	Realitätsnahe Einbeziehung von Seminarteilnehmern in den weiteren Planungs- und Entscheidungsprozeß in kritischen Prozeßsituationen	
Indikation	Situative und permanente Krisensituationen in Gruppen	
Übungstyp, Beteiligte	Rollenspiel — Entscheidungsübung in bestehenden Gruppen; alle Beteiligten	
Durchführung	Folgt dem Aufbau genau der NASA-Übung (6.3) mit der Ausnahme, daß kein Schlüssel, d. h. keine „richtige" Lösung vorhanden ist	
Dauer	2—3 Std.; kann in realen Entscheidungsprozeß übergehen	
Unterlagen, Material	Pro Teilnehmer eine Einzelinstruktion (Muster 6.41) Pro Gruppe eine Gruppeninstruktion, ein Verrechnungsbogen (können von der NASA-Übung 6.32 und 6.33 übernommen werden)	
Geeignete papers	Alle papers über Entscheidungen (6.9), Diagnose von Gruppenproblemen (8.94), das Umgehen mit Konflikten in Gruppen (8.95)	
Autor	Team des Kooperationsseminars Sigiswang 1971; zur Bewältigung einer realen Konfliktsituation	
Literatur, Erfahrungen	Festinger, L. (1964), Stagner, R. (1967), Coser, L. A. (1972)	
Auswertungshilfen	siehe 6.3 Reale Konseqenzen für die Weiterarbeit?	
Variationen		
Analoga	Jede regulierte Form (Planspiel) der Krisenbewältigung, z. B. 5.613	

6.41 ÜBUNG KOOPERATIONSSEMINAR

Sie gehören dem Organisationsteam eines Kooperationsseminars an und haben dieses Seminar seit 4 Tagen gemeinsam geleitet. Dieses Seminar ist lange vorher gründlich geplant und mit einer differenzierten Konzeption entwickelt worden. Das Gelingen dieses Seminars hat für Sie eine große Bedeutung: Ihre Organisation hat Bedenken gegen die Effizienz Ihrer Tätigkeit geäußert und Ihnen zum Beweis Ihrer Leistungsfähigkeit als Team die Durchführung dieses Seminars nahegelegt. Vom Gelingen des Seminars hängt das Wohlwollen Ihrer Geldgeber und damit Ihre weitere Tätigkeit als Team ab.

Das Seminar ist jetzt in einem Stadium, in dem Ihnen die Konzeption aus der Hand gleitet. Sie haben verschiedene Möglichkeiten ausprobiert, das Seminar nach Ihrer Konzeption weiterzuführen; als letzte Rettung haben Sie eine sehr bewährte Übung, den „Dienstwagen", durchgeführt, die aber nicht in der bewährten Weise gelaufen ist. Die Teilnehmer des Seminars sind unzufrieden; einige der Teilnehmer sind nur deshalb gekommen, um sich kritisch über Ihre Arbeitsfähigkeit zu informieren. In einer Organisationssitzung hat einer der Teilnehmer Ihre Qualifikationen grundsätzlich in Frage gestellt. – Das Team ist verunsichert und steht in einer nächtlichen Staff-Sitzung vor dem Problem, wie es sich verhalten soll. Es ist ein Themenkatalog erarbeitet worden, in dem verschiedene Möglichkeiten aufgezeigt sind, wie das Seminar weiter durchzuführen ist.

Ihre Aufgabe ist es, eine Rangordnung der aufgezählten Lösungsmöglichkeiten zu erstellen, die garantieren, daß das Seminar zu einem erfolgreichen Ende kommt. Ordnen Sie 1 der Lösungsmöglichkeit zu, die Ihnen am geeignetsten erscheint, 2 der zweitbesten Lösungsmöglichkeit und so weiter, bis alle Positionen entsprechend ihrer Wirksamkeit aufgereiht sind, wobei 15 die am wenigsten wirksame Position darstellt.

— Übungen anbieten, die Erfolgserlebnisse bei den Teilnehmern vermitteln
— Die Entscheidungen über die weitere Organisation den Teilnehmern überlassen
— Öffentliche Selbstkritik
— Planung gemeinsam mit Delegierten (paritätische Besetzung)
— Arbeitszeiten in Freizeiten umwandeln
— Besprechung der Teamprobleme in öffentlicher Sitzung
— Den Teilnehmern Übungsmaterial und Literatur zur Benutzung geben
— Relevante Konflikte benennen und zur Diskussion stellen
— Konsequente Durchführung der ursprünglichen Planung
— Situationsanalyse und Planung dem Plenum übergeben
— Erfahrene Teilnehmer zur Mitarbeit heranziehen
— 100,— DM mehr von den Teilnehmern fordern und in ein Sensitivity-Training umfunktionieren
— Die Teilnehmer umgruppieren
— Solidarisierung einzelner Teammitglieder mit den Teilnehmern
— Teamsitzungen mit aktiver Öffentlichkeit

Stichworte	ENTSCHEIDUNGEN	**6.5**
Titel	Regel Du mir, so regel ich Dir	
Ziel	Erfahrungen und Erleben der Entscheidungsproblematik in einer offenen Modellsituation, die durch Ähnlichkeit mit Gesellschaftsspielen und Abweichungen davon stark verfremdet.	
Indikation	In allen Situationen, wo Organisationsentwicklung und Gruppenentscheidungen problematisch werden. Gut als Auflockerung für straffere Veranstaltungen; weniger gut für Anfangssituationen, da dort Hemmungen die kreativen Möglichkeiten überwiegen.	
Übungstyp, Beteiligte	Übung in Form eines Gesellschaftsspieles ohne Regeln; je 4–8 Teilnehmer an einem Spielplan; 1 oder mehrere Beobachter pro Spielgruppe günstig	
Durchführung	1. Bildung der Spielgruppen 2. Instruktion: „Dieses ist ein Brettspiel, das die Besonderheit hat, keine Regeln zu besitzen. Nur der Spielplan, Spielfiguren und Würfel sind vorgegeben. Die Zahlen auf dem Spielplan haben keine vorgegebene Bedeutung. Die Gruppe darf Spielziele definieren, Regeln erfinden, Gesetze machen, sich selbst verpflichten, sie einzuhalten und sie abzuändern. Alles kann dabei Gegenstand von Veränderungen sein, der Spielplan soll nur eine Anregung sein. Er kann verändert werden, neue Pläne können entworfen werden. Immer wird es, will man spielen, um das Einhalten abgesprochener Regeln gehen." 3. Spielen und beobachten lassen mit oder ohne Zeitbegrenzung	
Dauer	beliebig; 1–2 Stunden günstig	
Unterlagen, Material	Pro Spielgruppe 1 Spielplan nach 6.51 (mit farbigem Filzschreiber auf DIN-A 1-Plakatkarton zeichnen) Knöpfe oder Spielfiguren, Würfel, Plakatkarton, Filzstifte	
Geeignete papers	Entscheidungen treffen (6.91), Individuelle Einstellungen zu Gruppenentscheidungen (6.92), Schritte beim Entscheidungs-Problemlösungsprozeß in Gruppen (6.93)	
Autor	Rohrer, F. (1971)	
Literatur, Erfahrungen	In verschiedenen gruppendynamischen settings mit kreativ-auflockerndem Erfolg erprobt.	
Auswertungshilfen	Wie war der Verlauf der Regelentwicklung? Reaktion auf Verfremdung? Trat eine anarchische Situation auf? Wer definiert Ziele, wie wird Einigkeit erzielt? Zuerst Ziele oder zuerst Regeln definiert? Wie weit weichen Lösungen von vorgegebenen Schemata (z. B. Mensch-ärgere-Dich-nicht, Monopoly) ab? Wie werden Regeln eingehalten, wer wird gefragt? Wie werden Verstöße sanktioniert? Wann werden Absprachen zu Formeln, Gesetzen, Pflichten? Welche Macht bekommt das Regelsystem, und wie starr ist es gegenüber der Einsicht, daß man anders besser spielen könnte? Ist die Potenz zur Veränderung eingeplant oder bedeutet sie Umsturz?	
Variationen	In der Anweisung enthalten	
Analoga	Vom Kooperations-Konkurrenzverhalten her: Das Malefiz®-Spiel, Dienstwagen (6.2)	

6.51 SPIELPLAN FÜR ‚REGEL DU MIR, SO REGEL ICH DIR'

Aus: Fritz Rohrer, Gesellschaft-Gesellschaftsspiele. Burckhardthaus-Reihe: Sozialpädagogik. Burckhardthaus-Verlag GmbH, Gelnhausen und Berlin, 1970.

6.9 PAPERS

6.91 ENTSCHEIDUNGEN TREFFEN

Eine Gruppe, die ihr Ziel erreichen will, ist dauernd damit beschäftigt, Entscheidungen zu treffen und Beschlüsse zu fassen: wichtige Entscheidungen, weniger wichtige Entscheidungen, leichte Entscheidungen, schwere Entscheidungen, richtige Entscheidungen, Fehlentscheidungen, aber immer Entscheidungen und Beschlüsse.

Das Treffen von Entscheidungen bestimmt daher dauernd die Eigenart der Beziehungen zwischen den Mitgliedern einer Gruppe, eine Eigenart, die jedes einzelne Mitglied der Gruppe dauernd bedeutsam mitbestimmt. Es ist erstaunlich, die große Wirkung zu beobachten, die eine kleine Information hier, ein lauter Einwand dort, die Äußerung von Zustimmung oder Ablehnung, von Neid oder Bewunderung, von Verachtung und Herablassung auf eine zu treffende Entscheidung ausüben.

Es ist daher nicht zu verwundern, daß die verschiedenen Gruppen Schwierigkeiten haben, wenn es darauf ankommt, Entscheidungen zu treffen. Einige Gruppen kommen nicht mehr voran, sobald sie eine Entscheidung zu treffen haben. Ziemlich häufig zu beobachtende Verhaltensweisen sind in diesem Zusammenhang z. B.:

- *Das Übergehen* (Plops)
  Jemand schlägt einen Entscheid vor, aber niemand achtet darauf. Solches Übergehen findet sich häufig in neuen Gruppen, die mit vielfältigen Problemen konfrontiert sind; wenn in einer Gruppe viele ungefähr gleichen Einfluß haben; wenn ein Mitglied ungeniert aggressiv wird; wenn ein Mitglied seinen Vorschlag nicht klar ausdrücken kann.

- *Abweichen vom Thema* (Topic-jumping)
  Eine Entscheidung wird verhindert, indem auf unangemessene Weise ein neues Thema eingeführt wird. Dadurch wird das Problem verdunkelt und verzerrt und die Gruppe zu Entscheidungen veranlaßt, die ihr ursprünglich fern lagen.

Wie werden nun aber Entscheidungen getroffen? Wie kommt es zu einer Übereinstimmung und welche Schwierigkeiten treten dabei auf?

6.911 Einige Arten und Methoden, Entscheidungen zu treffen

- *Durch angemaßtes Recht eines einzelnen* (Self-authorized decision)
  Ein einzelner maßt sich das Recht an, eine Entscheidung im Namen der ganzen Gruppe zu treffen. Wenn eine solche Entscheidung vorgeschlagen wird, ist es für die Gruppe als ganzes oft leichter zuzustimmen als abzulehnen, obwohl einzelne Mitglieder anderer Meinung sind. Die Entscheidung kommt daher zustande, weil einige nicht von ihren Rechten Gebrauch machen.

- *Durch einen Zweierzusammenschluß* (Hand-clasping)

  Die Entscheidung kommt zustande, weil sich zwei Mitglieder zusammenschließen, indem sie sich gleichsam bei der Hand nehmen. Solche Entscheidungen tauchen oft so plötzlich auf, daß die anderen davon überrascht werden und zugleich noch ein neues Problem zu lösen haben, nämlich, wie mit den beiden Personen zur gleichen Zeit fertig zu werden.

- *Durch Cliquenbildung* (The clique)

  Mehrere Mitglieder der Gruppe legen sich schon im voraus auf eine bestimmte Entscheidung fest. Diese im voraus festgelegte Entscheidung mag sehr gut sein, die Wirkung solcher Absprachen ist jedoch eine Verminderung des Gruppenzusammenhaltes und des gegenseitigen Vertrauens der Gruppenmitglieder.

- *Durch Mehrheitsbeschluß* (Majority Rule)

  Dieser traditionelle Weg der Abstimmung scheint oft der einzige und beste Weg zu sein, um unter gegebenen Umständen zu einer Entscheidung zu kommen. Es sollte jedoch bedacht werden, daß trotz der Abstimmung die unterlegene Minorität gegen die Entscheidung eingenommen bleibt und sie daher nicht willig ausführen wird.

- *Durch das Ausüben von Druck auf Widerstrebende*

  (Does anyone disagree? We all agree, don't we?)

  „Ist jemand dagegen?" Wenn eine Gruppe mit einer solchen Frage konfrontiert wird, werden verschiedene Mitglieder es nicht wagen, ihre gegenteilige Meinung zu äußern, weil sie fürchten, nicht unterstützt zu werden, und das, obwohl sie durchaus nicht mit dem Vorschlag übereinstimmen oder keine Gelegenheit hatten, ihre Meinung zu äußern. Dieser Druck kann auch auf gegenteilige Weise ausgeübt werden: „Wir alle stimmen doch zu!"

- *Durch scheinbare Einstimmigkeit* (Unanimity)

  Die Entscheidung wird durch anscheinend einstimmiges Übereinkommen getroffen. Der Druck mitzumachen kann so stark sein, daß eine 100%ige Übereinstimmung erreicht wird. Trotzdem ist es möglich, daß die Mehrheit der Mitglieder innerlich nicht mit der Entscheidung zufrieden ist und daher die Entscheidung in der Praxis nicht ausführt.

- *Durch Übereinstimmung* (Consensus)

  Eine Entscheidung wird getroffen, nachdem allen die Möglichkeit gegeben war, die verschiedenen Seiten des Problems ausgiebig zu erörtern, bis zum Schluß alle übereinstimmen, daß die vorgeschlagene Entscheidung bestmöglich ist. Diejenigen Mitglieder der Gruppe, die nicht mit dieser Entscheidung in allem übereinstimmen, werden trotzdem die Entscheidung unterstützen und ausführen, wenigstens auf einer vorläufigen Basis. Sie wurden dafür gewonnen, weil ihnen Gelegenheit gegeben war, die eigene Meinung voll zur Geltung zu bringen.

6.912 Wann ist es angebracht, daß Entscheidungen durch die ganze Gruppe gefällt werden?

- Wenn es notwendig ist, verschiedene Standpunkte und Meinungen zu berücksichtigen.
- Wenn die Gruppe direkt von der Entscheidung betroffen ist.
- Wenn die Gruppe den Beschluß selbst ausführen muß.
- Wenn die Gruppe gelernt hat, wirksam zusammenzuarbeiten.
- Wenn die Führungsfunktionen verteilt sind.
- Wenn ein Beschlußverfahren angewendet werden soll, das dem Problem angemessen ist.

6.913 Faktoren, die Beschlüsse durch die ganze Gruppe erleichtern

- Eine genaue Definition des Problems.
- Eine klare Einsicht in den Grad der Verantwortlichkeit, der jedem einzelnen für die Entscheidung zukommt.
- Wirksame Methoden der Ideenfindung und Ideenmitteilung.
- Eine angemessene Gruppengröße.
- Wirksame Methoden der Prüfung anderweitiger Lösungen.
- Wirksame Methoden der Ausführung des getroffenen Beschlusses.
- Der Einsatz des rechtmäßigen Führers für ein Verfahren, das es der ganzen Gruppe ermöglicht, die Entscheidung zu treffen.
- Übereinstimmung über das Verfahren, durch das Entscheidungen getroffen werden sollen, noch bevor die Überlegungen zum Problem beginnen.

6.914 Schwierigkeiten, die einer schnellen und angemessenen Entscheidung entgegenstehen

- *Angst vor den Folgen*
  Die möglichen Folgen einer zu treffenden Entscheidung führen oft zu Spaltungen und Uneinigkeiten in einer Gruppe. In einer solchen Situation sollten die einzelnen Mitglieder offen zugeben, vor welchen Folgen sie Furcht haben. Erst dann können die damit gegebenen Probleme wirksam behandelt werden.

- *Einander zuwiderlaufende Verpflichtungen*
  Personen, die verschiedenen Gruppen angehören, fühlen sich jeder dieser Gruppen verpflichtet. Es ist daher möglich, daß eine Entscheidung in der einen Gruppe den Verpflichtungen, die sie gegenüber einer anderen Gruppe haben, zuwiderlaufen. Es sollte daher ein Klima geschaffen werden, in dem es jedem Gruppenmitglied möglich ist, solche Konflikte den anderen offen mitzuteilen, ohne daß es fürchten muß, von anderen angegriffen zu werden. Nur auf diese Weise können diese Konflikte gelöst werden, und eine wirksame Entscheidung kann getroffen werden.

● *Zwischenmenschliche Konflikte*
In jeder Gruppe gibt es persönliche Differenzen, die entweder Zuneigung oder Abneigung hervorrufen und eine rechte Entscheidung verhindern. In dieser Situation kann oft eine dritte Person, die nicht in diesen zwischenmenschlichen Konflikt hineingezogen ist, auf dieses tiefer liegende Problem aufmerksam machen und so eine Lösung ermöglichen.

● *Methodische Fehler*
Eine Gruppe kann durch starre Verfahrensregeln so sehr eingeschränkt sein, daß einzelne Gruppenmitglieder kaum Gelegenheit haben, unterschiedliche Meinungen frei zu äußern. Eine andere Gruppe verläßt sich vielleicht mehr auf persönliche Meinungen als auf genaue Erforschung der Sachlage. Wieder eine andere Gruppe macht sich an Entscheidungen, ohne zu prüfen, ob wirklich Einstimmigkeit vorhanden ist.

● *Mangelhafte Führung*
Der rechtmäßige Führer entspricht nicht seiner Aufgabe, wenn er die freie Meinungsäußerung und die offene Diskussion der Probleme einschränkt; wenn er nicht hilft, angemessene Methoden der Beschlußfassung zu finden; wenn er sich verschlossen zeigt gegenüber den Faktoren, die Schwierigkeiten bereiten — den Beweggründen und Prinzipien, die in der Gruppe wirksam sind.

6.915 Die einzelnen Schritte, auf denen eine Gruppe zu Entscheidungen auf der Grundlage von Übereinstimmung kommt

Wirksames Treffen von Entscheidungen durch eine Gruppe auf der Grundlage von Übereinstimmung ist möglich und realistisch. Es ist jedoch nicht leicht. Es gibt fünf grundlegende Schritte, die eine Gruppe machen kann, um zu einer Entscheidung zu kommen, von der man einigermaßen sicher sein kann, daß sie den Willen der Gruppe zum Ausdruck bringt und daher auch im Handeln wirksam wird. Es ist aber wichtig zu wissen, was bei jedem dieser Schritte eine *Hilfe* ist, was sich als *Hindernis* erweist und was zur gänzlichen *Unterlassung* dieses Schrittes führt.

● *Die genaue Bestimmung des Problems*
Ein Verfahren wird eingeleitet, das hilft, das Problem zu definieren, es klar umrissen in den Blick zu bekommen, sich die Konsequenzen genau bewußt zu machen und es sich auf diese Weise umfassend klarzumachen.

Unterlassung: Wenn eine Gruppe diese Aufgabe immer dem gleichen Komitee überläßt, das automatisch wiedergewählt wird, aber nie sich genau über seine Ziele Rechenschaft gibt.

Hindernisse: Die Annahme, daß das Problem bereits klar sei; abstraktes Abhandeln des Problems ohne Bezug zur konkreten Situation; die Annahme, ohne Nachprüfung, daß das behandelte Problem für die Gruppe wichtig ist.

Hilfen: Befragung, um alle anstehenden Probleme zu erfragen und zusammenzustellen; Untergruppen; gemeinsame Diskussion.

- *Das Vorschlagen von verschiedenen Lösungen*

  Ein Verfahren, um Vorschläge für möglichst viele verschiedene Lösungen von allen Mitgliedern der Gruppe zu erhalten.

  Unterlassung: Wenn ein Vorsitzender die Gruppe festlegt auf die Arbeit an den verschiedenen Aspekten einer Lösung, für die er sich schon vorher entschieden hat.

  Hindernisse: Ungenügende Information, Mangel an Erfahrung, ungünstige Gruppengröße, zu formales Vorgehen, ungenügendes Bemühen, um den Aufbau und die Erhaltung der Gruppe, sich beschränken auf zwei Vorschläge als Position und Gegenposition.

  Hilfen: Niederschrift aller sich anbietenden Ideen (Brainstorming), zusätzliche Informationen, Untergruppen, Klima der freien Meinungsäußerung, Zeiten des stillen Nachdenkens.

- *Das Sichten und Prüfen der vorgeschlagenen Lösungen*

  Ein Verfahren zur Prüfung der verschiedenen Lösungen im Lichte aller verfügbaren Informationen und Tatsachen sowie im Lichte früherer Erfahrungen, möglicher Folgen, der Wichtigkeit des Problems und der Einstellung der Gruppenmitglieder.

  Unterlassung: Wenn der Einfluß des Vorsitzenden oder eines anderen Mitgliedes die Gruppe daran hindert, einen Vorschlag, besonders den des Vorsitzenden oder eines anderen einflußreichen Mitgliedes wirklich einer ernsten Prüfung zu unterziehen.

  Hindernisse: Ungenügende Information, voreilige Abstimmung, allzu hartnäckiges Schützen und Verteidigen von Ideen durch einzelne Mitglieder, ungenügendes Bemühen um den Aufbau und die Erhaltung der Gruppe.

  Hilfen: Freie Äußerung der Meinung und der Gefühle durch die einzelnen Gruppenmitglieder, Befragen von Experten, Zusammenfassen und Bewerten der verschiedenen Vorschläge.

- *Das Sich-Festlegen auf eine Lösung*

  Die Gruppe legt sich auf eine der angebotenen Lösungen fest oder auch auf eine Verbindung von verschiedenen Lösungen.

  Unterlassung: Wenn ein Komitee endlos alle „wenn" und „aber" erörtert, sich aber nie zu einer Entscheidung aufraffen kann.

  Hindernisse: Ungenügende Nachprüfung, mangelnde Klarheit über das entstehende Problem, voreilige Abstimmung, kein Nachprüfen, ob Übereinstimmung besteht, Identifizieren von Ideen mit Personen.

Hilfen: Freie Meinungsäußerung und Gefühlsäußerung durch die einzelnen Mitglieder der Gruppe, Aufstellen einer Agenda, auf die man sich auch später beziehen kann, Zusammenfassung der Diskussion, Testen der Übereinstimmung.

● *Die Planung und Ausführung*

Ein Verfahren, um ins einzelne gehende Pläne aufzustellen, um die getroffene Entscheidung auszuführen; das erfordert die eingehende Prüfung der Folgen und der Schwierigkeiten der getroffenen Wahl und das Testen ihrer Angemessenheit für die Erreichung des vorgeschlagenen Zieles. Im Planen der Ausführung wird manchmal die getroffene Entscheidung nochmals überdacht und der eine oder andere vorhergehende Schritt wiederholt.

Unterlassung: Wenn keine Verantwortung für die Ausführung der Entscheidung übertragen wird, obwohl die Entscheidung gefällt worden ist.

Hindernisse: Wenn keine Übereinstimmung erreicht werden kann, wenn die einzelnen Konsequenzen des vorgeschlagenen Handelns nicht angemessen geprüft werden, wenn die Verantwortung für die Ausführung einer einzigen Person übertragen wird.

Hilfen: Feed Back, Berichte von Beobachtern und Experten, Abwägen, Auswertungsbogen, neues Überdenken der zur Verfügung stehenden Information, Atmosphäre freier Meinungsäußerung.

6.916 Die Problembereiche

Eine Gruppe bewegt sich nur selten geradlinig auf ihr Ziel zu.

Beispiel: A ⟶ B

Vielmehr ist die Bewegung unregelmäßig. Manchmal befindet sich die Gruppe am Ende des Weges nicht in B, sondern in C.

Beispiel: A ⟿ B
C

Auf dem Weg zu diesem Ziel müssen eine Reihe wichtiger Probleme gelöst werden, die eine gewisse Anzahl von Entscheidungen und Entschlüssen erfordern. Es sind vor allem sechs verschiedene Problembereiche, die für eine Gruppe auf dem Weg zu einem bestimmten Ziel bestimmend sind.

Natürlich durchläuft keine Gruppe diese Problembereiche in einer festgelegten Ordnung. Die Reihenfolge mag wechseln, doch kann keiner dieser Bereiche vernachlässigt werden.

- *Problembereich: Die Gegebenheiten* (Was ist unsere Situation?)

  Wer sind wir? Wo sind wir? Was haben wir gemeinsam? Welches sind die Grenzen, innerhalb derer wir arbeiten müssen? Wer und was hat uns zusammengeführt? Bevor sich eine Gruppe nicht ganz darüber klar ist, welches ihre wirkliche gegenwärtige Situation ist, ist jeder Versuch, sich auf Gruppenziele zu einigen, verfrüht und zum Scheitern verurteilt.

- *Problembereich: Die Ziele* (Was wollen wir?)

  Welches Ziel wollen wir angehen? Welche verschiedenen Möglichkeiten bieten sich an? Bevor sich die Gruppe nicht wenigstens in allgemeiner Weise über das Ziel geeinigt hat, kann sie nicht als Gruppe wirksam werden. Jene Gruppenmitglieder, die das Ziel nicht angenommen haben oder die nur geringfügig auf die Wahl des Zieles Einfluß nehmen konnten, bleiben gern selbstbezogen. Je größer der Anteil, den alle Mitglieder auf die Wahl des Zieles haben, desto größer ist ihre Bereitschaft, ihre unmittelbaren persönlichen Interessen den gemeinsamen Interessen der Gruppe unterzuordnen. Jede Festlegung auf ein Ziel hat notwendigerweise vorläufigen Charakter. Von Zeit zu Zeit muß es überprüft werden, um festzustellen, ob es der Gruppe noch angemessen ist.

- *Problembereich: Der Plan* (Wie erreichen wir unser Ziel?)

  Welche Art des Vorgehens ist angebracht? Welche Mittel werden benötigt? Die Mitglieder der Gruppe werden mehr und mehr miteinbezogen in die Führungsfunktionen der Initiative, der Klärung, der Ausführung, des Testens der Übereinstimmung, sobald die Gruppe darangeht, die besten Mitte und Wege und Methoden festzulegen, mit deren Hilfe sie ihr Ziel erreichen will.

- *Problembereich: Die beteiligten Personen* (Was können wir beitragen?)

  Wenn eine Gruppe schöpferisch sein soll, dann müssen die einzelnen Mitglieder die Möglichkeit haben, ungehindert ihre Einsichten anzubieten, Ideen zu prüfen und an den verschiedenen Führungsfunktionen teilzuhaben. Insbesondere die Funktion der Ermutigung, des Ausgleichens und der Unterstützung sind notwendig, um das Klima der Freiheit zu erhalten.

- *Problembereich: Der Fortschritt* (Wie weit sind wir schon gekommen?)

  Wie weit haben wir die angefallenen Probleme bereits gelöst? Sind wir auf dem richtigen Weg? Wie weit sind wir auf diesem Weg? Wissen wir überhaupt, wo wir uns jetzt befinden? Müssen wir vielleicht unser Ziel oder unsere Methoden ändern? Sind wir noch alle da? Von Zeit zu Zeit muß die Gruppe innehalten, um sich über ihren Fortschritt klarzuwerden. Manche Gruppe hat ihr Ziel nicht erreicht, weil sie angenommen hatte, daß jedermann wußte, wo die Gruppe sich befand und was gefordert war, obwohl bereits alles durcheinander war.

● *Problembereich: Das Ergebnis* (Was haben wir erreicht?)

Haben wir unser Ziel erreicht? Was ist nun eigentlich das Ergebnis unserer Anstrengungen? Wenn es vielleicht auch nicht das ursprüngliche Ziel ist, ist es dennoch ein angemessenes Ergebnis? Eine Gruppe sieht ihr Ziel durch die Augen ihrer Mitglieder und deren Bedürfnis nach einem greifbaren Erfolg.

(H e l l i n g e r, S., übersetzt nach J o n e s. Überarbeitet von S b a n d i, P.)

6.92 INDIVIDUELLE EINSTELLUNGEN ZU GRUPPENENTSCHEIDUNGEN

● *Einstellung auf Übereinstimmung:*

„Mir scheint, je mehr Personen teilhaben an der Verantwortung für eine bestimmte Entscheidung, desto besser wird die Entscheidung ausfallen. Es gibt so viele ungenützte Beiträge, die niemals erfaßt würden, es sei denn, daß alle an der Entscheidung beteiligt werden. Es gibt zwar Meinungsverschiedenheiten, aber am Ende sieht man doch ein, daß diese berechtigt waren, und daß nicht jeder über alle Seiten des Problems Bescheid wußte. Ich halte es für günstiger, wenn eine Entscheidung die besten Gedanken eines jeden Gruppenmitgliedes widerspiegelt, nicht nur meine eigenen. Eine Entscheidung ohne allgemeine Unterstützung ist wie ein Auto ohne Benzin; es sieht zwar schön aus, kommt aber nicht weiter."

● *Einstellung auf Unvereinbarkeit der Meinungen und daher auf Mehrheitsbeschluß:*

„Keiner ist eine Insel. Jeder möchte bei einer Gruppenentscheidung gerne seine eigene Ansicht durchdrücken, aber die Welt ist nun einmal so, daß das nicht geht. Wir müssen nun einmal mit anderen zusammenarbeiten und versuchen, die bestmögliche Entscheidung zu treffen, welche die meiste Unterstützung erhält. Man kann niemals erwarten, daß alle zustimmen; solange sich nur eine Mehrheit findet, die eine Sache unterstützt, ist es schon recht. Es mag komisch klingen, aber eine gute Mehrheit ist fast immer auch im Recht."

● *Einstellung auf Harmonie, auch wenn dadurch sachliche und persönliche Differenzen eher überdeckt als gelöst werden:*

„Gut mit Mitarbeitern auszukommen ist zu einer vergessenen Kunst geworden. Nichts ist leichter, als andere zu kritisieren und Ideen abzuweisen, weil andere sie zuerst hatten. Es braucht Anstrengung und Selbstlosigkeit, um andere Menschen wirklich zu verstehen; es geht jedoch auf die Dauer leichter und macht jeden glücklicher, wenn sich alle darum bemühen. Ich fühle mich unwohl bei Entscheidungen, die nicht jeden zufriedenstellen und glücklich machen."

● *Einstellung auf den sachlichen Fortschritt, wie man ihn selbst versteht, mit geringer Rücksicht auf die Ansichten und Gefühle in der Gruppe:*
„Um es offen zu sagen, zu viele Köche verderben den Brei. Wenn jemand eine gute Entscheidung und anschließende Aktion will, dann soll er sich nicht aufhalten lassen von dem, was die Gruppe denkt. Die bewegen sich ja doch nur im Kreise. Gruppen verschwenden viel Zeit, weil sie erst jede denkbare Seite des Problems, und sei sie noch so unwichtig, besprechen und dann mit einer Entscheidung aufwarten, die doch nur ein armseliger Kompromiß ist. Tatsachen sind Tatsachen; daran kann keine noch so lange Diskussion rütteln. Wenn Entscheidungen zu treffen sind, dann verlaßt euch nur mal auf mich, ohne Einschränkungen zu machen, und ihr werdet sehen, was möglich ist."

● *Einstellung auf Unbeteiligt-bleiben:*
„In Gruppen fühle ich mich unbehaglich. Auf manchen Leuten wird sofort herumgetrampelt, wenn sie ihren Mund aufmachen; andere lassen sich so von einer Gruppe beeinflussen, daß sie ihre eigene Identität verlieren. Die meisten Entscheidungen wurden ja ohnehin schon vorher von Fachleuten getroffen, oder man halte sich an Präzedenzfälle. Warum soll ich mich in einen Konflikt einlassen und mich blamieren? Es ist besser, zuzuschauen, bis der Konflikt beigelegt ist, und denen zu folgen, die besser wissen, was notwendig ist."

(Autor unbekannt)

6.93 SCHRITTE BEIM ENTSCHEIDUNGS- UND PROBLEMLÖSUNGSPROZESS IN GRUPPEN

Besonders bei komplexeren Entscheidungen in Gruppen, in denen Machtinteressen, persönliche Vorlieben, Sympathien und Antipathien in die sachliche Arbeit eingehen, ist es günstig, die einzelnen Schritte eines Entscheidungsprozesses zu definieren und auseinanderzuhalten. Die im folgenden wiedergegebene Sequenz stellt einen Kreislauf dar, wobei nicht immer unbedingt diese Reihenfolge eingehalten werden muß, Seitenwege und Modifizierungen eingeschlagen werden können.

● *Beschreibung und Analyse des Problems und Definition des Ziels*
Für wen ist was ein Problem?
Welcher Art ist das Problem (Verständnisproblem, Zuständigkeitsproblem, Organisationsproblem)?
Wie klar wird es von den anderen Betroffenen verstanden?
Wie hoch ist das Problembewußtsein?

Was ist das zentrale Problem, wo liegen die eigentlichen Schwierigkeiten, was steht auf dem Spiel?
Was verlangt das Problem von uns?

● *Motivierung der Beteiligten*

Wie hoch ist die intellektuelle und emotionale Bereitschaft zur Auseinandersetzung?
Wie hoch ist die Bereitschaft, die Folgen zu tragen?
Welches sind die Einzelprobleme und wo sind Meinungsverschiedenheiten?
Wie sind Uninteressierte zu motivieren?
Wohin gehen die Interessen der einzelnen?
Wo sind Informationen nachzuholen?

● *Aufstellen von Lösungsmöglichkeiten und Alternativen*

Was wird von wem gewollt?
Welche Lösungsmöglichkeiten werden vorgeschlagen?
Welche Konsequenzen haben die einzelnen Vorschläge?
Welche Maßahmen sind zur Durchführung nötig und möglich?
Wie kreativ und neuartig sind die Vorschläge?
Welche Kriterien werden aufgestellt, nach denen die Entscheidung gefällt werden soll?
Inwieweit schließen sich die Lösungsvorschläge aus oder inwieweit ergänzen sie sich?

● *Entscheidung*

Sind alle Informationen vorhanden?
Ist man sich über die Eigenart des Problems einig?
Hat sich jeder frei gefühlt, seine Meinung offen zu sagen?
Ist es gelungen, die eigentliche Ursache zu bestimmen oder nur Symptome?
Besteht Klarheit über die Konsequenzen?
Sind alle Hilfsmittel mobilisiert?
Sind alle Kriterien benutzt, um die beste Wahl zu treffen?
Welche Alternativen stehen zur Wahl?
Besteht Klarheit über die Konsequenzen der einzelnen Alternativen?
Können alle bei der Entscheidung mitmachen?
Ist es möglich, die Folgen versuchsweiser Entscheidungen zu prüfen (Vortestung)?
Welcher Entscheidungsmodus ist erforderlich, daß alle mitmachen können?

● *Handeln*

Ist der gefällte Entschluß allen Beteiligten klar?
Sind alle bereit, die Durchführung zu tragen?
Besteht Klarheit über die Konsequenzen aus der Entscheidung und den daraus folgenden Schritten?
Welche Reserven sind zu mobilisieren?
Welcher Plan für die Aktion und die Ausführung ist am geeignetsten?

Wie geschieht die Durchführung, wer koordiniert?
Welche Arbeitsteilung ist möglich, wer tut was?

- *Bewertung*

  Ist aus den Erfahrungen zu lernen?
  Was ist verbessert worden?
  Wie genau ist der Erfolg der Entscheidung und des Handelns zu kontrollieren?
  Wie aufrichtig und realitätsnah kann die Bewertung erfolgen?
  Inwieweit war das Vorgehen angemessen?

- *Wünsche und Interessen*

  Was war nicht gut an der Entscheidung, welche neuen Probleme sind festgestellt, die wiederum Änderungen verlangen?
  Welche Wünsche und Interessen werden dabei deutlich?
  Welche Gefühle spielen dabei eine Rolle?
  Wie können die Wünsche artikuliert, anerkannt und berücksichtigt werden?
  Für wen ist was welches Problem?

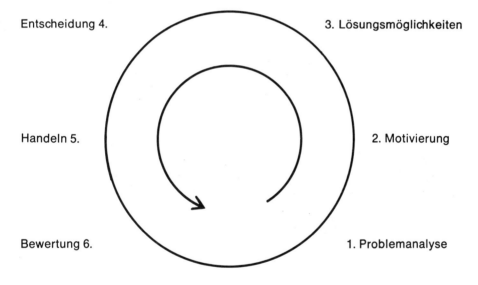

Ein Gruppenbeschluß ist um so vollkommener,

- je klarer ein Problem aus vorangegangenen Verhaltensweisen erkannt wird (6)
- je mehr Bedürfnisse und Wünsche der einzelnen Mitglieder berücksichtigt werden (7)

- je besser das Problem analysiert und das Ziel definiert wird (1)
- je engagierter die Beteiligten an dem Problem sind (2)
- je mehr Lösungsmöglichkeiten vorgeschlagen und mögliche Maßnahmen vorausgesehen werden können (3)
- je größer die Anzahl derer ist, die dem Beschluß zustimmen können (4)
- je mehr Mitglieder die Durchführung tragen (5)
- je genauer die Mitglieder den Erfolg der Maßnahmen kontrollieren können (6)

(nach papers von S. H e l l i n g e r und E. H e y n sowie N y l e n, D. et al., 1967, S. 32 f.)

6.94 DELEGATIONS-KONTINUUM

Alle folgenden sechs Variationen sind grundsätzlich in jeder Organisation, Institution und Gruppierung möglich und auch vorzufinden.

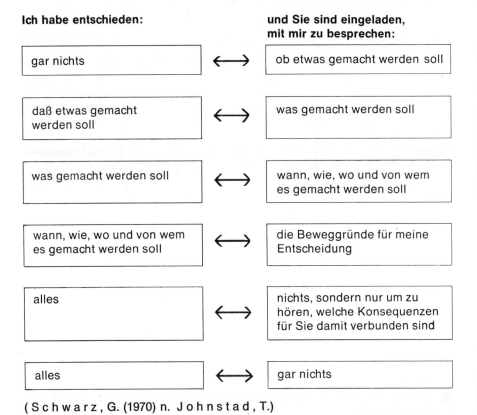

(S c h w a r z, G. (1970) n. J o h n s t a d, T.)

Normen, Vorurteile, Abwehr

7.0 EINLEITUNG

Dieses Kapitel umfaßt sehr heterogene Problembereiche, sozusagen den Bereich der latenten Prozesse, die nichts desto weniger Gruppenverhalten steuern und für den Verlauf einer gruppendynamischen Veranstaltung von Wichtigkeit werden. Erfahrungsgemäß werden sie jedoch nur selten thematisiert.

Das klassische A s c h - Experiment (7.1) stellt gewissermaßen ein Korrektiv zur NASA-Übung (6.3) dar: Werden dort die Vorteile einer Konsensusbildung in der Gruppe deutlich, so sind es hier die funktionalen Nachteile von (falschen) Gruppenmeinungen, die eine Minorität – die durchaus richtig urteilt – außerordentlich einschränken und in Bedrängnis bringen kann. Gutachten (7.2) gehört auch zum Themenbereich der Konformität, wenn auch diesmal nicht einer Gruppenmajorität, so doch der sogenannten Fachautorität gegenüber, womit diese Übung einen nicht zu übersehenden Bezug zu den Experimenten von M i l g r a m , S. (1963, 1966) erhält. – Die Übungen Muß und Soll (7.3), Kindsmörderin (7.4) und Abtreibung (7.5) konfrontieren in unterschiedlichem Ausmaß mit dem eigenen Norm- und Wertesystem, mit den eigenen Vorurteilen und Stereotypen bestimmten Gruppen und Verhaltensweisen gegenüber. Man kann sie als Verlängerung von Übungen zur sozialen Wahrnehmung (z. B. Cognac-Mädchen, 2.4) betrachten. Sie sind besonders wichtig und von Wert für Gruppen mit stark normativen Verhaltensweisen, zum Beispiel weltanschaulich oder konfessionell gebundenen Gruppen. Vergleichbare Übungen sind First names, first impressions, in: P f e i f f e r , J. W., J o n e s , J. E. II (1970) und die Exercises for intercultural conflict resolution (über Nationalstereotype) in N y l e n , D. et al (1967), Kap. VI.

Es ist vielleicht kein Zufall, daß gerade die tiefenpsychologischen Konzepte in diesem Werk außerordentlich dürftig vertreten sind. Die für die Erklärung eines Gruppenprozesses wichtigen Konstrukte der Tiefenpsychologie und Psychoanalyse sind gemäß ihrer Definitionen wesentlich schlechter zu operationalisieren (vgl. Grundannahmen und Gruppenentwicklung, 8.91) und in Form einer Übung darzustellen, als das mit Konstrukten der Sozialpsychologie möglich ist. Außerdem rührt, im Bewußtsein vieler deutschsprachiger Gruppendynamiker, das Umgehen mit unbewußten Prozessen an die Grenzen der Gruppendynamik in Richtung Psychotherapie. Hier spiegelt sich meines Erachtens eine wenig glückliche Entwicklung, die auf der anderen Seite zu einer defensiv-vorwurfsvollen Haltung mancher analytisch orientierten Gruppendynamiker führt. Diese Haltung, die etwa so zu verstehen ist: „Warum wird nicht mehr aus dem gemacht, was die Tiefenpsychologie zu bieten hat?" entbehrt nicht einer gewissen Berechtigung, sollte aber mit der Aufforderung einhergehen, die Konstrukte der Tiefenpsychologie in größerem Ausmaße zu operationalisieren. So etwas ist durchaus möglich, wie zum Beispiel das Tavistock-Washington-Modell (vgl. R i o c h , M. J., 1971) zeigt, in dem auf dem analytischen System von Melanie K l e i n eine in sich konsistente gruppendynamische Technik aufgebaut ist.

Die Frage des Abwehrprozesses wird in mehr tiefenpsychologisch orientierten Kleingruppen gelegentlich deutlich und als Problem verbalisiert. Es bietet sich an, diese Thematik im Anschluß an Fragen der Wahrnehmungsabwehr anzuschließen. Das Rollenspiel Abwehrmechanismen (7.6) stellt dabei die Möglichkeit dar, Gruppen Abwehrformen spielen zu lassen und gleichzeitig ihre eigenen kollektiven Abwehrstrukturen zu spiegeln. Denn in dem, was eine Gruppe auswählt und spielt, ist durchaus Information über sie selbst enthalten. Die Übung wäre unter Umständen sogar so zu variieren, daß Gruppen sich gegenseitig in ihren dominanten Abwehrformen darstellen. Dabei wäre jedoch zu beachten, daß eine Gruppe je nach Entwicklungsprozeß ihre dominanten Abwehrformen wechseln kann.

chworte	NORMEN **7.1**
el	Asch-Experiment
el	Erleben der Minoritätsrolle und des Gruppendrucks, der Konformität und Nonkonformität gegenüber Normen, kognitiver Dissonanz und ihrer Lösungsmöglichkeiten
dikation	Nur bei relativ neuen Gruppen und bei geringer Bekanntheit, deshalb bedingte Eignung für Labs; bei Schwierigkeiten der Gruppe, ihre normativen Einflüsse und ihr Ausüben von Druck auf einzelne zu erkennen.
ungstyp, teiligte	Im ursprünglichen Experiment eine naive Versuchsperson gegenüber einer instruierten Gruppe; nur für kleinere Gruppen bis ca. 10 Teilnehmern geeignet; sozialpsychologisches Experiment mit ausgetesteten Ergebnissen
rchführung	Die Instruktion ist problematisch: Die naive Vp darf nicht ahnen, daß die anderen Gruppenmitglieder instruiert sind! 1. Geeignete Vorinstruktion der Gruppe 2. Zusammensetzung der Gruppe zu einem „Wahrnehmungsexperiment" 3. Durchführung mit geeignetem Material (vgl. 7.91); Registrieren der Ergebnisse der naiven Vp 4. Naive Vp berichten lassen, aufklären
uer	ca. 1 Std.
terlagen, terial	18 Tafeln (nach 7.91)
eignete papers	Gruppenmeinung und Gruppennormen (7.91)
tor	Asch, S. E. (1956); Marino, E. J., Parkin, C. J. (1969)
eratur, ahrungen	Hare, A. P. (1962), Kiesler, C. A., Kiesler, S. B. (1969) — weniger in Laboratorien, aber sehr gute Erfahrungen in Lerngruppen; vgl. Antons, K., Enke, E., Malzahn, P., v. Troschke, J. (1971)
swertungshilfen	s. 7.91
riationen	Die o. g. Schwierigkeiten entfallen weitgehend durch die Anwendung der Modifikation von Marino & Parkin; scheint für Trainingszwecke brauchbar; siehe 7.11
aloga	Annahme — Ablehnung (9.3); Nivellierungstendenz in Gruppen, in: Prior, H. (1970)

7.11 INSTRUKTIONEN FÜR DAS MODIFIZIERTE ASCH-EXPERIMENT

Der Versuchsaufbau von A s c h leidet darunter, daß immer nur *eine* naive Vp getestet werden kann; M a r i n o & P a r k i n haben eine leichter durchzuführende Modifikation dieses Experimentes entwickelt:

Jede Vp erhält ein Testheft und ein Antwortblatt mit Buchstaben. Das Heft enthält für jeden Versuch eine extra Seite und ein Blatt mit einer Anzahl numerierter Vergleichslinien, das als Klappe an der letzten Seite angeheftet wird. — Die 25 Seiten für jeden Versuch sind mit Buchstaben versehen; jede Seite zeigt eine einzige Linie unspezifizierter Länge. Die Vergleichslinien auf der Klappe steigern sich in gleichmäßigen Abständen von 0,25 cm Länge, von 2 bis 17 cm und sind mit den Zahlen 6 bis 66 numeriert.

Aus der Sicht der VP sieht der Versuchsaufbau folgendermaßen aus: Man wird zu einem Test gebeten, setzt sich nach Zufall hin an Tische, auf denen bereits die Testhefte liegen. Der VI bittet, einen Blick auf die Linie A auf der ersten Seite des Testheftes zu werfen, sich dann auf die numerierten Vergleichslinien zu konzentrieren und diejenige Vergleichslinie auszusuchen, die der Standardlinie A in der Länge am ähnlichsten ist. Der VI läßt nach Zufall drei Vpn ihre Schätzung laut ausrufen und bittet erst dann alle Vpn, ihre Stifte zu nehmen und ihre eigenen Schätzungen neben den Buchstaben A auf das Antwortblatt zu schreiben. Dieses Vorgehen wird bei jedem Versuch wiederholt.

Aus der Sicht des VI sieht das Vorgehen folgendermaßen aus: Die Vpn nehmen ständig an, daß sie alle Linien derselben Länge haben. Tatsächlich ist das nicht der Fall. Bei jedem Versuch hat eine kleine Minorität, vorherbestimmt durch die Sitzanordnung, eine Standardlinie, die eine andere Länge als die der Majorität zeigt. Nur der VI weiß, daß dies der Fall ist und welche Vpn Linien welcher Länge haben. — Angenommen, es wird bei 25 Vpn ein Test mit 25 Durchgängen gegeben, dann wären die Details wie folgt: Die Tische werden in 5 Reihen zu je 5 Sitzen angeordnet, und die Vpn dürfen sitzen, wo immer sie wollen. Tatsächlich ist die Gruppe dadurch in 5 Untergruppen geteilt. Die Testhefte, von denen es 5 Typen gibt, werden so ausgehändigt, daß jede Reihe eine Gruppe umfaßt. — Die fünf Arten von Testheften sind so geordnet, daß beim Versuch Nr. 1 die Reihen A und B eine Linie von X cm haben und daß die Reihen C, D und E Linien von X + 1,75 cm haben. Der VI kann drei beliebige Teilnehmer der Reihen A und/oder B für ihre verbalen Schätzungen aufrufen, und der Konformitätseffekt wird beobachtet bei den Vpn der Reihen C, D und E. Letztlich hat der VI zehn Kontroll- und fünfzehn kritische Versuche von jeder Person. Praktisch ist diese Prozedur einfach und leicht handzuhaben, wenn einmal die Testhefte arrangiert sind. Die Diskrepanz zwischen den Linien der kritischen und der Kontroll-Vpn muß groß genug sein, um eine Veränderung im Sinne der Konformität zu veranlassen, aber nicht so groß, daß irgendeine Vp vermuten könnte, daß ihre Linie nicht so lang ist wie die von irgend jemand anders. Die optimale Diskrepanz schien bei 1,75 cm zu liegen.

Die verbalisierten Schätzungen der Minorität haben drei klar getrennte Funktionen: Sie dienen als Kontrolle für diejenigen, die sie ausrufen, als Verstärkung für die anderen Mitglieder der Minorität, und sie wirken als sozialer Druck auf die Majorität von Vpn, die eine Linie anderer Länge haben.

Jede Vp erhält zwei Scores: den mittleren Fehler bei kritischen Versuchen (Fehler in der erwarteten und in der entgegengesetzten Richtung) und den mittleren Fehler bei nicht kritischen Versuchen. Die Differenz zwischen diesen Punktwerten stellt den Konformitätsscore jeder Vp dar.

(Übersetzt und verkürzt nach M a r i n o , E. J. , P a r k i n , C. J. (1969).)

Stichworte	SELBSTWAHRNEHMUNG, KONFORMITÄT	**7.2**

Titel	Gutachten
Ziel	Bewußtmachung des Problems der Selbsteinschätzung und der Beeinflußbarkeit; Erleben der Notwendigkeit zur Selbsterfahrung
Indikation	Selbsterfahrungsorientierte Trainings und Schulungen; eine gewisse Bekanntheit mit den einzelnen Teilnehmern ist günstig
Übungstyp, Beteiligte	Alle Teilnehmer; individuelle Arbeit mit Auswertung in der Gruppe
Durchführung	1. Die nach Zufall (oder alle in gleicher Weise!) ausgefüllten Gutachtenblätter (7.21) werden den Teilnehmern persönlich (möglichst mit Namen versehen) ausgeteilt mit folgender Instruktion :„Ihr Verhalten ist in den letzten Sitzungen von uns beobachtet und registriert worden; Sie bekommen nun eine Beurteilung des Teams." 2. Die Teilnehmer werden gebeten, die einzelnen Aussagen durchzugehen und ein ‚+' dahinterzuschreiben, wenn sie glauben, daß sie in diesem Punkt richtig beurteilt wurden; ein ‚—', wenn es nicht zutrifft, und eine ‚0', wenn sie es nicht wissen. 3. Einsammeln und Berechnung der Plus-, Null- und Minusreaktionen und Addition der Anteile. 4. Aufklärung über die Art des Zustandekommens der Beurteilung.
Dauer	1 Std. und mehr
Unterlagen, Material	Für jede Person „individuell" ausgefüllten Beurteilungsbogen; die Namen sollten zufällig eingesetzt werden
Geeignete papers	Gruppenmeinung und Gruppennormen (7.91)
Autor	Kögel, Strauss, H.
Literatur, Erfahrungen	Asch, S. E. (1952), Milgram, S. (1963), Kiesler, S. B., Kiesler, C. A. (1969), Snyder, R. C., Larsen, G. R. (1972) — Vorsicht: Belastungsfähigkeit der Teilnehmer
Auswertungshilfen	Wie fühlten sich die Teilnehmer, als sie die Beurteilung bekamen (Zeugnissituation)? Warum sind (meistens sehr viele) Aussagen bejaht worden? Dissonanz Selbsteinschätzung und Konformität gegenüber Fachautoritäten?
Variationen	Auch bei Beginn einer Veranstaltung durchzuführen mit dem Hinweis „Wir haben Ihre Schrift graphologisch untersucht".
Analoga	Asch - Experiment (7.1)

Streng vertraulich!

7.21 PSYCHOLOGISCH-CHARAKTEROLOGISCHE BEURTEILUNG

Herr/Frau/Fräulein

Charakterologischer Bereich (Eigenschaften, Fähigkeiten)	Ausprägungsgrad					Eigene Stellungnahme
	sehr hoch	hoch	mittel	gering	sehr gering	+, O, —
Interesse an anderen	X					
Beeindruckbarkeit		X				
Tiefe der Gefühle		X				
Wärme der Gefühle				X		
Feinfühligkeit		X				
Selbstsicherheit				X		
Ausgeglichenheit			X			
Selbstbeherrschung		X				
Selbstbewußtsein				X		
Selbstvertrauen			X			
Kontaktbereitschaft	X					
Kameradschaftlichkeit		X				
Willensstärke				X		
Initiative			X			
Belastbarkeit				X		
Konsequenz					X	
Eigensinnigkeit	X					
Anstrengungsbereitschaft					X	
Ängstlichkeit	X					
Praktisches Geschick		X				
Planvolles Handeln				X		
Interesse an der Sache		X				
Ausdauer					X	
Wißbegierde			X			
Gründlichkeit		X				
Geistige Beweglichkeit		X				

Stichworte	**NORMIERENDES VERHALTEN** **7.3**
Titel	Muß-Soll-Spiel
Ziel	Erkennen eigenen normierenden Verhaltens in Diskussionen
Indikation	Initialstadien von Gruppenentwicklungen in verschiedenen settings; besonders bei stark wertorientierten Gruppen mit impliziten Verhaltensnormen (z. B. kirchliche Organisationen)
Übungstyp, Beteiligte	Begleitverfahren zu laufender Diskussion in vorgegebenen Gruppenstrukturen; alle Gruppenteilnehmer
Durchführung	1. Kurze Einführung: „Durch unsere eigenen impliziten Wertsysteme und Bewertung von Sachverhalten und Personen zwingen wir anderen unsere Normen auf; für gegenseitiges Verstehen ist eine Reduktion dieses Verhaltens sinnvoll. In unserer Sprache gibt es häufig gebrauchte Worte, die eine solche Normierung beinhalten: z. B. *muß, soll, darf nicht* (andere Ausdrücke des Gruppen-Jargons können nach Belieben hinzugenommen werden). Jeder, der in der nächsten halben Stunde dieses Wort verwendet, bezahlt eine Spielmarke in den Topf." 2. Jeder Diskussionsteilnehmer erhält 10 Spielmarken ausgehändigt 3. Die Diskussion wird unter der Spielregel fortgeführt für den bestimmten Zeitraum, wobei Diskussionsleiter und Gruppenmitglieder Regelhüter sind 4. Nach Abschluß der Zeit evtl. Auszählung der noch vorhandenen Spielmarken
Dauer	30 Min. empfehlenswert; oder bis der 1. Teilnehmer seine Marken verbraucht hat
Unterlagen, Material	100–200 Spielmarken (Papp-Plättchen), oder auch Bonbons! Topf oder Hut
geeignete papers	
Autor	Antons-Brandi, V. E.
Literatur, Erfahrungen	
Auswertungshilfen	Wie wird die Spielregel erlebt? Welche Auswirkungen hat die Prozedur auf das Gruppenverhalten? Welche Verhaltensweisen können aufgelockert werden? Welche spezifischen individuellen und Gruppen-Normen werden angesprochen?
Variationen	Liegen in der Wahl der Reizworte
Analoga	In gewissem Sinne ‚Kontrollierter Dialog' (3.5)

NOTIZEN:

Stichworte	NORMEN, VORURTEILE	**7.4**
Titel	Kindsmörderin	
Ziel	Erleben und Diagnostizieren eigener Vorurteile und Bereitschaft zur Stereotypisierung bei der Fremdwahrnehmung; Fragwürdigkeit des „ersten Eindrucks"	
Indikation	Primär Sensitivity-Trainings; bei stereotypisierenden Verhaltensweisen in Gruppen und zur Analyse von Wahrnehmungseinstellungen (bei Minoritätsproblemen)	
Übungstyp, Beteiligte	Individuelle Reaktionen in Gruppen kleinerer Größe; Auswertung in Gruppe	
Durchführung	1. Zehn geeignete Bilder weiblicher Personen werden auf einem Tisch angeordnet, so daß die Teilnehmer daran vorbeigehen können. 2. Mündliche Instruktion, dann Austeilen von 7.41 (geknickt, so daß nur Oberhälfte sichtbar ist). „Schauen Sie bitte zunächst nicht auf die Rückseite des Blattes!" 3. Teilnehmer vorbeidefilieren und ausfüllen lassen 4. Blatt umdrehen und Fragen C, D, E und F ausfüllen lassen 5. Blätter abgeben und auszählen; evtl. Darstellung auf der Tafel	
Dauer	45 Min.	
Unterlagen, Material	10 geeignete Fotos weiblicher Personen	
Geeignete papers	Vorurteil und Stereotyp (7.92)	
Autor	S c h ö p p i n g , G.	
Literatur, Erfahrungen	A l l p o r t , G. W. (1948, dt. 1971); B e r g l e r , R. (1966) — Nach Aussagen des Autors gut geeignet, nach anfänglichen Widerständen (Gefühl des Blamiertseins) eine Diskussion über Vorurteile zu stimulieren	
Auswertungshilfen	Die am häufigst genannten Bilder werden anhand der Fragen C, D, E und F untersucht auf die Faktoren, die stereotypisierende und diskriminierende Funktion haben (dick, unsympathisch, dümmliches Gesicht, dunkle Brille, scheue Haltung, ärmlicher Hintergrund). P. S.: Keine der Frauen ist natürlich eine Kindsmörderin und Diebin!	
Variationen	Beliebige Serie von Fotos mit Aufforderung zur Diskriminierung	
Analoga		

7.41 INSTRUKTION:

Sie sehen vor sich die Bilder von zehn Frauen.

Sie sollen nun vom ersten Eindruck her und möglichst rasch die Frau auswählen, die eine Kindesmörderin und Diebin sein könnte.

Auch wenn Sie Bedenken haben, nur nach dem Aussehen der Frauen zu urteilen, sollten Sie eine Entscheidung treffen.

Bitte die Nummer des Bildes ankreuzen (nur **eine** Ziffer!)

A	1	2	3	4	5	6	7	8	9	10

Nachdem Sie diese Entscheidung getroffen haben, schauen Sie bitte die Bilder der Frauen nochmals an.

Sie sollen sich nun nochmals entscheiden:

Welche dieser Frauen käme evtl. außerdem noch in Frage, eine Kindesmörderin und Diebin zu sein?

Bitte die Nummer des Bildes ankreuzen (nur **eine** Ziffer!)

B	1	2	3	4	5	6	7	8	9	10

Stufen Sie nun die zehn Bilder nach den folgenden Kriterien ein, wobei ein „−" für die Ausprägung der linken, ein „+" für die Ausprägung der rechten Eigenschaft steht. „O" nur dann, wenn Sie sich gar nicht entscheiden können.

	−	O	+	Bild-Nr.:									
				1	2	3	4	5	6	7	8	9	10
C.	arm		reich										
D.	sympathisch		unsympathisch										
E.	dumm		intelligent										
F.	gepflegt		verwahrlost										

Stichworte	NORMEN, VORURTEILE, ENTSCHEIDUNGEN	**7.5**

Titel	Abtreibung
Ziel	Erkenntnis des Verhaftetseins in ethischen, religiösen und gesetzlichen Normen; Auflockerung von Ideologisierungen und Tabuisierungen; Erleben kognitiver Dissonanzen zwischen Norm und eigenem Urteil
Indikation	Vorwiegend Sensitivity-Trainings, Schulungen und Fortbildungsmaßnahmen für Angehörige sozialer Berufe; für internationale Seminare geeignet
Übungstyp, Beteiligte	Rollenspiel; Einzel- und Gruppenentscheidungen; beliebig viele Teilnehmer
Durchführung	1. Vorher: Auswahl von Fällen (4–5 optimal) aus 7.52 2. Im Plenum: Austeilung des Instruktionsblattes 7.51 und der ausgewählten Fälle. Möglichkeit einer rechtlichen Beratung sicherstellen 3. Zeit (ca. 20') für die individuellen Urteile geben 4. Aufteilung der Gesamtgruppe in Gruppen von 3–6 Teilnehmern; Zusammenstellung der Gruppen evtl. durch Mischen von Personen, die unterschiedlich hohes Strafmaß verteilt haben. Möglichst 1 Beobachter pro Gruppe. 5. Instruktion: „Stellen Sie sich jetzt bitte vor, Sie sind die Schöffen oder die Beteiligten des Schwurgerichtes. Sie sollen in der Gruppe zu einem gemeinsamen Urteil über die verschiedenen Fälle kommen. Ein Urteil kann nur dann angenommen werden, wenn es einstimmig erfolgt." – Zeit pro Fall (20') oder Gesamtzeit festlegen. 6. Plenum: Bericht von Delegierten über die gefällten Urteile Vergleich der Gruppenurteile (bei mehreren Gruppen auf Tafel oder Plakate zeichnen). Ggfs. nochmalige Diskussion und Entscheidung.
Dauer	mindestens 3 Std.
Unterlagen, Material	Strafgesetzbuch Pro Person 1 (7.51) und ausgewählte Fälle (7.52)
Geeignete papers	Gruppenmeinung und Gruppennormen (7.91); Vorurteile und Stereotyp (7.92)
Autor	Enke, E. Antons, K. nach einer Untersuchung von v. Cranach, M. et al. (in: Maus, H., Fürstenberg, F., Hg., 1969) über den Bumerangeffekt
Literatur, Erfahrungen	Allport, G. W. (1948, dt. 1971), Bergler, R. (1966) – geeignet für Lernsituationen und internationale Seminare (Frauenknecht, B.)
Auswertungshilfen	(z. Z. unter dem Aspekt der Diskussion um den § 218 zu sehen!) An welchen Stellen Dissonanzen zwischen eigenen Normen, dem Druck, ein Urteil zu fällen und progressiven Tendenzen? Wo tauchen irrationale und moralische Vorurteile gegenüber dem ungeborenen Leben auf? Welche Rolle spielen Partnerschaftlichkeit und Gleichberechtigung von Mann und Frau? Wie wird mit der „Autorität" über solche Entscheidungen umgegangen? Wird die Doppelbödigkeit der herrschenden Moral deutlich?
Variationen	Aufteilung der Teilnehmer in 2 Gruppen, eine Richtergruppe und eine Angeklagtengruppe; jede Gruppe schafft sich ihre Arbeitsorganisation selbst; Delegierte tragen dem Plenum ihre Entscheidungen vor
Analoga	Kindsmörderin (7.4); vom Entscheidungsprozeß her: NASA-Übung (6.3)

7.51 INSTRUKTIONEN ZUR ÜBUNG ABTREIBUNG

Auf dem folgenden Blatt finden Sie einige strafrechtliche Tatbestände geschildert. Bitte versetzen Sie sich in die Lage des Richters und geben Sie ein Urteil darüber ab, wie hoch der (die) Angeklagte zu bestrafen ist. Die in Betracht kommenden gesetzlichen Bestimmungen, in deren Rahmen Sie sich halten müssen, lauten:

§ 218 StGB (Abtreibung) *

I. Eine Frau, die ihre Leibesfrucht abtötet oder die Abtötung durch einen anderen zuläßt, wird mit Freiheitsstrafe bis zu fünf Jahren bestraft.

II. Wer sonst die Leibesfrucht einer Schwangeren abtötet, wird mit Freiheitsstrafe bis zu fünf Jahren, in besonders schweren Fällen mit Freiheitsstrafen von ein bis zehn Jahren bestraft.

III. Der Versuch ist strafbar.

IV. Wer einer Schwangeren ein Mittel oder einen Gegenstand zur Abtötung der Leibesfrucht verschafft, wird mit Freiheitsstrafe bis zu fünf Jahren, in besonders schweren Fällen mit Freiheitsstrafen von ein bis zehn Jahren bestraft.

Bitte beachten Sie, daß das Gesetz unterscheidet zwischen *Freiheitsstrafen von einem Tag bis fünf Jahren* einerseits, und bei besonders schweren Fällen zwischen *Freiheitsstrafen von einem bis zehn Jahren* (§ 14 und § 16 StGB) andererseits, und daß die Strafe für besonders schwere Fälle im allgemeinen nur für besonders verwerfliche Verbrechen verhängt wird.

Bitte lesen Sie also die folgenden Tatbestände sorgfältig durch. Erwägen Sie alle geschilderten Umstände des Falles und geben Sie dann, entsprechend Ihrem Gerechtigkeitsgefühl und dem Gesetz, ein eindeutiges Urteil über die Höhe der zu verhängenden Strafe ab. Dabei sollen Sie bitte Art (besonders schwerer Fall oder nicht) und Dauer der Strafe festsetzen.

1. Ein Ehepaar glaubt, zusätzlich zu seinen 4 Kindern nicht noch ein weiteres großziehen zu können, ohne den Lebensstandard der ganzen Familie stark zu senken. Sie lassen die Schwangerschaft unterbrechen.

   Angemessene Strafe für die Frau:

2. Ein Medizinstudent gibt seiner Freundin, einer 22jährigen Studentin, mit deren Einverständnis ein Präparat zur Schwangerschaftsunterbrechung ein.

   Angemessene Strafe für sie:

3. Eine 18jährige Schülerin verliebt sich in einen jungen Mann und gibt sich ihm nach mehrwöchiger Bekanntschaft hin. Er verläßt sie, als sie ein Kind bekommt. Sie weiß sich nicht anders zu helfen, als die Schwangerschaft zu unterbrechen.

   Angemessene Strafe für sie:

---

* Achtung: veralteter Gesetzestext!

4. Eine Mutter fühlt sich den Belastungen durch ein weiteres Kind seelisch und körperlich nicht mehr gewachsen. Ihr Mann rät zur Unterbrechung der Schwangerschaft. Sie findet einen Arzt, der ihr gegen hohe Bezahlung hilft.
Angemessene Strafe für den Mann:

5. Eine unverheiratete 35jährige Frau läßt ihre Schwangerschaft unterbrechen, da sie als Trägerin der Bluterkrankheit kein Kind in die Welt setzen will.
Angemessene Strafe:

6. Eine 30jährige verheiratete Tänzerin glaubt, daß ihre Berufung in der Kunst liegt. Ein Kind wäre das Ende ihrer Träume, wenn sie es nicht vernachlässigen will. Gegen den Willen ihres Mannes unterbricht sie die Schwangerschaft.
Angemessene Strafe:

7. Ein Arzt unternimmt in mehreren Fällen Schwangerschaftsunterbrechungen nicht aus medizinischen, sondern aus sozialen Gründen.
Angemessene Strafe:

8. Eine 50jährige Frau steht vor Gericht, weil sie, ohne medizinische Ausbildung zu besitzen, wiederholt und gegen Bezahlung Abtreibungen vorgenommen hat.
Angemessene Strafe:

9. Zwischen einer 24jährigen Sekretärin und ihrem 40jährigen verheirateten Chef entwickelt sich ein Liebesverhältnis. Als sie schwanger wird, rät er ihr zur Abtreibung und erklärt sich bereit, die Kosten zu tragen. Sie geht auf den Vorschlag ein.
Angemessene Strafe für den Mann:

10. Eine Mutter fühlt sich den Belastungen durch ein weiteres Kind seelisch und körperlich nicht mehr gewachsen. Ihr Mann rät ihr zur Unterbrechung der Schwangerschaft. Sie findet einen Arzt, der ihnen gegen hohe Bezahlung hilft.
Angemessene Strafe für den Arzt:

NOTIZEN:

Stichworte	ABWEHRMECHANISMEN, ROLLENSPIEL	**7.6**
Titel	Abwehrmechanismen-Rollenspiel	

Ziel	Sichtbarmachung von kollektiven Verhaltensweisen, die an sich im Unbewußten ablaufen, durch das affekt- und erlebnisnahe Rollenspiel; vertiefte intellektuelle Auseinandersetzung durch Notwendigkeit szenischer Darstellung
Indikation	Geeignet nach längerem Gruppenprozeß; Mitte bis Ende aller Arten von Labs
Übungstyp, Beteiligte	Rollenspiel in Gruppen; 2–5 Gruppen à 6–8 Teilnehmer geeignet; jede Gruppe spielt vor den anderen Teilnehmern als Auditorium
Durchführung	1. 24–12 Std. vorher paper „Abwehrmechanismen" (7.93) austeilen mit Bitte um Durcharbeitung 2. Bildung von Gruppen à 6–8 Teilnehmer; Instruktionen (7.61) verlesen; 1–3 Std. Zeit zur Vorbereitung geben 3. Rollenspiel, jede Gruppe spielt für 15'; die jeweils anderen Teilnehmer stellen das indizierte Publikum dar 4. Das Publikum rät die dargestellten Abwehrmechanismen
Dauer	ca. 2 x 2 Std. in Abständen
Unterlagen, Material	evtl. Spielmaterial (Papier, Krepp-Papier, Filzstifte u. ä.) zur Verfügung stellen pro Teilnehmer 1 paper „Abwehrmechanismen" pro Gruppe 1 Instruktion
geeignete papers	Abwehrmechanismen (7.93)
Autor	S b a n d i , P., V o g l , A.
Literatur, Erfahrungen	F r e u d , A. (1964), N y l e n , D. et al. (1967), C o c h e , E. (1968, 1969), P r i o r , H. (1970) – Übung ist theoretisch umstritten: bewußte Darstellung unbewußter Prozesse?
Auswertungshilfen	Wie gelingt den Gruppen die Darstellung unbewußter Vorgänge? Bezug zu häufig gebrauchten AM's in der Gruppe? Wie sehr wird eigenes Verhalten dargestellt? Abwehr der Abwehr (durch Klamauk)? Arbeitsweise der Gruppen (Regieführung oder freie Entfaltung)?
Variationen	Möglichkeiten in der Wahl der Auditorien
Analoga	

7.61 INSTRUKTIONEN: ABWEHRMECHANISMEN — ROLLENSPIEL

Die Gesamtgruppe teilt sich in vier Untergruppen à 6; die Sechsergruppen begeben sich in getrennte Räume.

Ihre Aufgabe wird sein, sich $1^1/_2$ Std. vorzubereiten, heute nachmittag drei oder mehr, aber *mindestens drei* der in dem gestern ausgegebenen Arbeitspapier beschriebenen *Abwehrmechanismen* in darstellerischer Form — nicht als Vortrag — einem definierten Publikum zu bieten.

Dabei sind folgende Bedingungen und Hinweise zu beachten:

- Sie haben heute nachmittag 15 Min. Zeit zur Darstellung
- Wenn Sie andere, nicht im paper angegebene Abwehrmechanismen darstellen wollen, ist Ihnen das freigestellt
- Es müssen alle (sechs) Gruppenmitglieder mitspielen
- Die Art der Darstellung ist Ihnen überlassen
- Die Auswahl der darzustellenden Abwehrmechanismen ist Ihnen ebenfalls überlassen
- Suchen Sie am besten in Ihrer Spielgruppe zunächst charakteristische Beispiele der geschilderten Verhaltensweisen

Im Teamzimmer wird ab 11 Uhr jeweils ein Teammitglied anwesend sein, das Ihnen Auskünfte geben und (vorhandenes) Material zur Vorbereitung ausgeben kann.

Bitte, gehen Sie jetzt sofort an die Arbeit.

Heute nachmittag werden die vier Gruppen ihre Abwehrmechanismen folgenden Publiken — die jeweils von den anderen Gruppen und dem Team dargestellt werden — vorspielen:

Gruppe 1: einer Versammlung von Taubstummen, ca. 20 Jahre alt und mit gehobenerem Niveau einer guten Taubstummenschule

Gruppe 2: einer APO-Gruppe oder Kommune

Gruppe 3: einer Versammlung von Kindergärtnerinnen, die sich psychologisch fortbilden wollen

Gruppe 4: einer Dekanatskonferenz von Klerikern, d. h. sedaten Pfarrern mittleren Alters.

7.9 PAPERS

7.91 GRUPPENMEINUNG UND GRUPPENNORMEN

S h e r i f benützte den autokinetischen Effekt, um die Beziehung zwischen individuellen und Gruppennormen zu demonstrieren. Jede Versuchsperson wurde in einen dunklen Raum gesetzt und mußte beurteilen, wie weit ein Lichtpunkt sich bewegte. Der Lichtpunkt bewegte sich in Wirklichkeit nicht, sondern schien sich nur zu bewegen. — Unter diesen Bedingungen entwikkelte jede Vp einen bestimmten Bereich, in der sie ihre Schätzungen machte. Wenn diese selben Individuen zu Gruppen von zwei oder drei zusammengesetzt wurden, konvergierten ihre Schätzungen zu einem Gruppenstandard bzw. einer Gruppennorm. — Wenn die Vpn ihre ersten Schätzungen innerhalb einer Gruppe machten, dann tendierten diese Schätzungen noch rascher zur Konvergenz. Die Gruppennorm besteht für ein Individuum auch noch dann, wenn es demselben Reiz später allein ausgesetzt wird. Diese experimentellen Ergebnisse wurden später von anderen Untersuchern mit leicht unterschiedlichen Versuchsbedingungen gewonnen.

Weitere wichtige Konzepte und Probleme zur Konformität mit bzw. Unabhängigkeit von Gruppennormen stammen von A s c h. In diesem Experiment wird eine Gruppe von Vpn durch den Versuchsleiter instruiert, in einem Experiment, das offensichtlich etwas mit visueller Wahrnehmung zu tun hat, einhellig falsche Schätzungen zu geben. Das Reizmaterial sind zwei Sätze weißer Karten; ein Satz besteht aus Karten, von denen jede eine einzelne schwarze Standardlinie zeigt. Jede Karte des anderen Satzes zeigt drei Linien, von denen eine dieselbe Länge wie die Standardlinie hat, während die beiden anderen leicht erkennbar von dieser Länge abweichen.

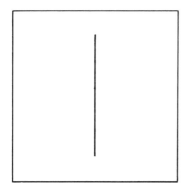
Standardlinie

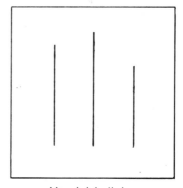
Vergleichslinien

Aufgabe ist, aus den dreien die Linie mit der gleichen Länge wie die Standardlänge herauszufinden. Alle Schätzungen werden mündlich gemacht. Im Versuchsaufbau wird eine einzelne „naive" Vp in eine Gruppe von instruierten Personen gesetzt, wobei die Gesamtgruppengröße in verschiedenen Experimenten von 7 bis 9 variiert. Das Verhalten der instruierten Vpn und die Art, in der man sich für das Experiment trifft, dürfen keinen Hinweis für die Zusammenarbeit zwischen Gruppe und VI geben. Die naive Vp sitzt am Ende der Reihe von Vpn. Der VI zeigt ein Kartenpaar, und jede der Vpn gibt ihre Meinung kund, welche dieser Linien mit der Standardlinie übereinstimmt. Eine Serie von 18 Versuchen besteht aus zwölf kritischen Versuchen, in denen die instruierten Vpn einhellig falsche Antworten geben, und 6 neutralen Versuchen, in denen die instruierten Vpn richtige Antworten geben. Dieses Verfahren in der Experimentalgruppe kann verglichen werden mit einer Kontrollserie, in der alle Vpn der Gruppe naiv und nicht instruiert sind und lediglich ihre Schätzungen bei jedem Versuch aufschreiben.

Mit diesem Grundversuchsplan wurden 123 College-Studenten in die Minoritätssituation versetzt. Wenn eine naive Vp mit der falschen Majoritätsmeinung konfrontiert war, zeigte sich ein signifikanter Anstieg in ihren falschen Antworten, und zwar immer in Richtung der Majorität. Fast 37% der Antworten der Vpn waren falsch, verglichen mit fast keinen Fehlern in der Kontrollgruppe. — Hier zeigte sich, daß der Einfluß der Gruppenmeinung auf das Individuum in vielen Fällen ausreichte, es davon abzubringen, nach seinem unmittelbaren Sinneseindruck zu antworten, der im klaren Gegensatz zur Gruppe stand. In den meisten Fällen war jedoch eine abweichende Beurteilung der Majorität nicht ausreichend, um das Individuum zur Konformität zu zwingen. Der größte Prozentsatz richtiger Schätzungen wurde im ersten kritischen Durchgang (über 80%) erreicht, während der geringste Prozentsatz richtiger Schätzungen im vierten Durchgang (weniger als 50%) erreicht wurde.

Zusätzliche Informationen über diejenigen Vpn, die nachgaben, und diejenigen, die nicht nachgaben, wurden in Interviews unmittelbar nach dem Experiment erhoben. A s c h interpretierte seine Interviews dahingehend, daß sich drei Typen unabhängiger und drei Typen abhängiger Vpn finden. Bei den unabhängigen Versuchspersonen fand er Unabhängigkeit, begleitet von Selbstvertrauen. Dieser Typ war sich der Majoritätsmeinung bewußt, erlaubte es sich aber nicht, durch diese sein Vertrauen auf die Evidenz seiner Wahrnehmung erschüttern zu lassen. Ein anderer Typ war der zurückgezogene, der mehr orientiert zu sein schien an Prinzipien der Notwendigkeit, als Individuum zu erscheinen. Der dritte Typ wird beschrieben als unabhängig, aber mit einem Gefühl der Ängstlichkeit und Unbehaglichkeit über die öffentliche Erklärung von Minoritätsmeinungen. Er möchte schon eher mit der Majorität gehen, ist aber nicht bereit mitzumachen auf Kosten seiner Sinneseindrücke, die hier doch so klar waren.

Die Vpn, die in mehr als der Hälfte der kritischen Versuche nachgaben, wurden von A s c h kategorisiert in diejenigen, die ihre Wahrnehmung verzerren, in solche, die ihr Urteil verzerren (d. h. die entschieden, daß sie im Unrecht und die Gruppe im Recht sei), und in solche, die lediglich ihre Aktion verzerren, indem sie nur nach außen hin nachgaben aufgrund eines hohen Bedürfnisses, in der Gruppe nicht als Abweichler zu erscheinen.

Es ist evident, daß dieses Experiment unter den Bedingungen ausgewertet werden muß, unter denen es durchgeführt wurde. Die Diskrepanz zwischen

Mehrheitsmeinung und unmittelbar vorhandener sensorischer Information war sehr deutlich und das Problem für die Beurteilung klar definiert. Die Typen der Nachgeber — von den Interviews her bestimmt — könnten vielleicht nicht gefunden werden, wenn Individuen psychophysische oder nicht physische Probleme zu beurteilen hätten, in denen die Diskrepanz nicht zu deutlich und das Problem nicht so klar limitiert ist. Ein anderer Aspekt des Experimentes ist, daß Interaktion zwischen den Gruppenmitgliedern nicht erlaubt war. Der Prozeß, durch den Diskrepanzen zwischen Majoritäts- und Minoritätsmeinungen entdeckt werden, und die Komplexität von Anpassung und Konflikt zwischen solchen Positionen, wenn sie entdeckt werden, werden in diesem Versuchsaufbau nicht ausgeschöpft. Schließlich sei angemerkt, daß die Klassifikation von Nachgebern auf Persönlichkeitsunterschieden beruht, so wie z. B. dem Bedürfnis, der Majorität zuzugehören. Um die Beziehung zwischen Persönlichkeitsstruktur und Konformität zu erforschen, müßte eine objektivere Erfassung relevanter Aspekte der Persönlichkeit notwendig sein.

In späteren Experimenten wurden weitere Faktoren untersucht, die sich auf das Konformitätsverhalten auswirken. Demnach tendiert ein Individuum dazu, sich der Gruppenmeinung zu beugen, wenn

    das zu beurteilende Objekt mehrdeutig ist

    die Meinung öffentlich gesagt werden muß

    die Majorität groß ist, die eine Gegenmeinung vertritt

    die Gruppe besonders freundlich ist oder engen Kontakt hat.

H o m a n s vertritt, daß Konformität als ein Fall des ökonomischen Prinzips gesehen werden kann: Das Individuum versucht bei jeder Transaktion, seinen Profit zu maximieren und seine Kosten zu minimieren. Folglich wird das Individuum sich dann der Gruppenmeinung anschließen, wenn die Kosten einer Abweichung hoch sind und der Profit (z. B. Beliebtheit) für Konformität hoch sind, oder in jeder anderen Kombination von Profit und Kosten, die einen Profit bringen. Am wenigsten wird das Individuum zur Konformität bereit sein, wenn die Kosten den Profit überschreiten.

(Entnommen aus: A n t o n s , K., E n k e , E., M a l z a h n , P., v. T r o s c h k e , J. (1971, S. 277 ff. Übersetzt und verkürzt aus H a r e , A. P., 1962).)

7.92 VORURTEIL UND STEREOTYP

Die Wahrnehmung von sozialen Sachverhalten ist nicht ein objektives Registrieren all dessen, was tatsächlich ist und abläuft. Vielmehr gehen in unsere Wahrnehmung — und folglich damit auch in unsere Meinungen, unser Denken, unser Glauben und in unsere Wertsysteme — eine Reihe von Einstellungen oder Hypothesen ein, deren Richtung durch vorausgegangene Lernprozesse und frühere Erfahrungen bestimmt ist (vgl. 2.91). Diese Einstellungen helfen uns, die aus der Umwelt mitgeteilten Informationen über Sachverhalte zu entschlüsseln und sie für uns brauchbar, d. h. dem bisherigen Erfahrungsschatz und dem bisher Gelernten integrierbar zu machen (I r l e, M., et al. in: M a u s , H., F ü r s t e n b e r g , F., Hg., 1969). R o h r a c h e r, H. (1963[8], S. 339) schreibt dazu: „Die Einstellungen scheinen also etwas zu sein, was den Ablauf von Wahrnehmungen, Vorstellungen und Gedanken sehr stark beeinflußt. Sie bestimmen den Gesichtspunkt, von dem aus man etwas betrachtet; sie bestimmen aber auch damit die Bedeutung, den Wert, den Sinn, den die Dinge und Ereignisse für uns haben."

Solche Einstellungen — sehr ähnliches wird bezeichnet durch die Ausdrücke Attitüde, Haltung u. a. — sind also Verhaltensbereitschaften, die zur Orientierung des Menschen gegenüber Sachverhalten (Personen, Objekte, Vorgänge) dienen; sie haben eine *erkennende* (kognitive), eine *bewertende* und eine *gefühlsmäßige* (emotionale, affektive) Dimension. Außerdem haben solche Attitüden *ein Objekt,* eine *Richtung* und eine *Intensität;* diese Qualitäten machen sie meßbar und untersuchbar.

Je stärker in einer Einstellung die kognitive Dimension ausgeprägt ist, desto flexibler und realitätsangepaßter ist die Einstellung. Je stärker die affektive Besetzung ist, desto geringer ist auch die Bereitschaft zur Änderung dieser Einstellung. Sie sinkt auch mit der Lebensdauer dieser Einstellung: Diejenigen Einstellungen, die wir sehr früh erworben haben, sind gewöhnlich die starrsten oder rigidesten; ältere Leute ändern weniger leicht ihre Einstellungen, weil die meisten ihrer Einstellungen eben älteren Datums sind. — Solche starren, affektiv betonten Einstellungen, die auch bei Erhalt neuer Information über den betreffenden Sachverhalt aufrechterhalten werden, nennt man Vorurteile oder auch Stereotype. Dabei ist es nicht die mangelnde Möglichkeit zur Information: Auch wenn viele kognitive Informationen gegeben werden, ändern sich die Bewertungen und Emotionen gegenüber dem Meinungsgegenstand fast überhaupt nicht. Die Information wird innerlich nicht akzeptiert, auch wenn sie von außen gegeben wird. Somit könnte man sagen, daß Vorurteile eigentlich immer auf einem *subjektiven* Mangel an Information über den Sachverhalt beruhen. Dieser subjektive Mangel wird verständlich sowohl aus dem Bedürfnis nach Einfachheit, Ordnung und Überschaubarkeit als auch der Notwendigkeit zur Abwehr und zu tiefenpsychischen Schutzfunktionen.

Es wird gewissermaßen unbewußt versucht, neue Informationen nicht auf sich einwirken zu lassen, oder ihnen aus dem Wege zu gehen; ein Beispiel ist einer interessanten Untersuchung zu entnehmen, die das Ehepaar C u m m i n g unternommen und in dem Buch „Closed ranks" beschrieben hat: Die beiden untersuchten in einer amerikanischen Mittelstadt die Einstellungen der Bürger zu Geisteskranken. Es zeigte sich, daß massive Vorurteile den Geisteskranken gegenüber bestanden und daß die Bevölkerung über das Wesen von Geisteskrankheiten nicht informiert war. — Danach starteten die Untersucher eine einjährige Aufklärungskampagne in der Stadt mit Vorträgen, Filmen, Diskussionen etc. Nach einem Jahr untersuchten sie wiederum die Einstellung der Bevölkerung zu den Geisteskranken und stellten fest, daß die Informiertheit zwar größer geworden ist, daß sich aber an den Einstellungen im Grunde genommen *nichts* geändert hatte.

Zwei Fragen sind im Zusammenhang mit den Vorurteilen zu stellen:

● *Woher kommen Sie?*

Menschen, die bestimmten Gruppierungen angehören wollen (Familie, Berufsstand, Schulklasse, Konfession), müssen in einem hohen Ausmaß die Wertsysteme und Glaubensvorstellungen dieser Gruppe teilen. Um Gruppenzugehörigkeit zu erlangen, ist es notwendig, mit den affektiv verwurzelten Überzeugungen dieser Gruppe übereinzustimmen. Diese Übereinstimmung macht einen wesentlichen Teil des sogenannten Wir-Gefühls einer Gruppe aus, sie ist Erkennungszeichen und Bedingung für die Zugehörigkeit. — Wer also „dabeisein will", muß auch die Stereotype einer Gruppe oder Gesellschaft übernehmen: ‚Ein Junge weint nicht', ‚die Schotten sind geizig', ‚Kapitalisten beuten aus'. Man kann also sagen, daß Stereotype und Vorurteile, genetisch gesehen, bedingt sind durch soziales Lernen im Streben nach Gruppenzugehörigkeit.

● *Wozu dienen Sie?*

Stereotype, ähnlich wie auch Gewohnheiten, sparen Zeit und Mühe, sich in jeder Situation jeweils neu entscheiden zu müssen — was sowieso nicht leistbar wäre und nur eine geringe Handlungsfähigkeit des Menschen ermöglichen würde, da es enorm viel Zeit und psychischer Energie brauchen würde, dauernd solche Entscheidungen zu treffen. Insofern sind Stereotype sinnvoll und werden beibehalten, solange sie das Individuum schützen und befriedigen. Sie wirken also entlastend, auch dadurch, daß sie eine Gruppenzugehörigkeit und damit Sicherheit vermitteln. Man kann sagen, daß mit Hilfe von Stereotypen Verhaltensweisen innerhalb von sozialen Gruppen bestimmt und reguliert werden. Eine Abwehr gegen die Infragestellung und Änderung von Stereotypen ist in diesem Sinne als Schutzfunktion für die entsprechende Soziätat zu verstehen.

Von diesen sozialen Funktionen her ist es verständlich, daß Stereotype meist

● einfacher strukturiert sind als die Wirklichkeit
● die Erfahrung grob vereinfachen
● ein vorschnelles, nicht der Realität angepaßtes Urteilen implizieren
● eine hohe Konstanz und Rigidität besitzen.

Daraus wird vielleicht deutlich, daß es nicht darum gehen kann, bestehende Stereotype gewaltsam zu zerbrechen in der Illusion, man käme ohne sie aus. Es kommt vielmehr darauf an, sich seiner Stereotype, die man aufgrund diverser Gruppenzugehörigkeiten erworben hat, bewußt zu werden und sie in den Situationen, in denen eine Konfrontation mit dem stereotypisierten Objekt (z. B. mit den Schotten) ansteht, auf ihren Gehalt hin zu prüfen.

7.93 SCHUTZ- UND ABWEHRFUNKTIONEN
(Revidierte Fassung der 5. Auflage)

Wird unseren Wünschen und Bedürfnissen versagt, ihr Ziel zu erreichen, so bleibt eine Frustration. Die Kommunikation in Gruppen wird nun dadurch bestimmt, wie ihre Mitglieder auf — unausweichliche — Frustrationen reagieren. Für die Formen des Umgangs damit hat sich der Begriff des Abwehrmechanismus eingebürgert (Anna F r e u d 1964, auf zwischenmenschliche Prozesse bezogen auch H e i g l - E v e r s & H e i g l 1983, M e n t z o s 1988, R i c h t e r 1972); wegen des pathologisierenden Beigeschmacks dieses Begriffes spricht man sinnvoller von Schutzfunktionen. Denn diese unbewußt ablaufenden Prozesse dienen vor allem dem Schutz — eines Individuums, einer Gruppe, einer Institution — vor Angst, Scham, Wut und anderen unangenehmen Gefühlen.

Diese Schutzmechanismen, die wir ständig benötigen, lenken zum einen die verhinderten Energien in bestimmte Bahnen, zum anderen hindern sie unangenehme Gefühle an der Bewußtwerdung. — Die Grafik zeigt, in *welche Richtungen* die Energien gelenkt werden, die folgenden Ausführungen, *wie* sie vom Ich ferngehalten und am Bewußtwerden gehindert werden.

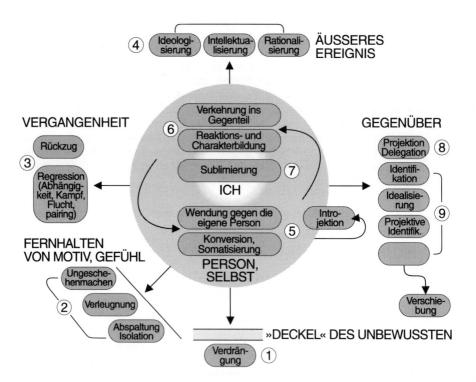

1. *Verdrängung* — Begriff und Beschreibung stammen von Sigmund F r e u d — heißt, daß das zugrundeliegende Bedürfnis gleichsam annulliert wird und im Falle des Gelingens meist „spurlos" verschwindet (während die anderen Schutzmechanismen erfahrbare Spuren im sozialen Verhalten hinterlassen). Die Verdrängung ist eine Art Grundabwehr, die bei den anderen Formen meist mitvorhanden ist, wie überhaupt die Abwehrformen in der Realität meist vermischt auftauchen.

2. In dieselbe Richtung gehen die recht einfachen Mechanismen des

   - *Ungeschehenmachens:* häufig wird mit Hilfe von magischen Mitteln oder Symbolhandlungen (zum Beispiel Bußübungen) ein dem Überich nicht akzeptables Handeln als nicht geschehen erklärt („... und also schloß er messerscharf, daß nicht sein kann, was nicht sein darf")

   - und der *Verleugnung:* die Existenz eines Motives (oder eines Konfliktes, eines Gefühls) wird als nicht existent erklärt („das hat doch überhaupt nichts mit Konkurrenz zu tun")

   - noch einen Schritt weiter geht die *Abspaltung* (oder *Isolierung*) von Affekten und Gefühlen: ein bedrohliches Motiv wird als nicht zum Ich gehörend erklärt („komisch, aber ich hatte eben den Impuls, Dir eine runterzuhauen").

3. Eine weitere Gruppe von Schutzmechanismen lenkt die Energie und die Gefühle in die lebensgeschichtliche Vergangenheit, das heißt in Verhaltensweisen, die früheren Entwicklungsstufen entsprechen:

   - *Rückzug* heißt, bei einem nicht erreichten Ziel einfach aufzugeben („Einmal habe ich versucht, etwas von mir zu sagen, und da bist Du mir übers Maul gefahren — jetzt sage ich gar nichts mehr").

   - *Regression* ist ein Sammelbegriff für Rückgriffe auf nicht altersangemessene Verhaltensweisen („Ich weiß schon vorher, daß ich das nicht kann"). Auch Erwachsene können bei Wegnahme von gewohnten Strukturen mit einer Vielzahl von regressiven Verhaltensweisen reagieren. Die Bion'schen Grundannahmen (vgl. 2.714, 8.93 und 11.42) gehören dazu. Solche Regressionen haben meist vorübergehenden Charakter und sind manchmal auch lustvoll getönt. Lediglich ein dauerhaftes Steckenbleiben in der Regression ist als bedrohlich zu werten.

4. Eine vierte Gruppe von Schutzfunktionen geht gewissermaßen „in den Kopf". Hier wird mit Hilfe der intellektuellen Funktionen versucht, die Verantwortung auf ein äußeres Ereignis zu schieben und sowohl das Antriebshafte als auch die Gefühle wegzudiskutieren.

   - *Rationalisierung* heißt, ein motivgeleitetes Verhalten „vernünftig" zu erklären („das mache ich doch nur, weil...") oder eine Frustration durch Umdeutung erträglich zu machen — so wie der Fuchs, der die zu hoch hängenden Trauben als sauer bezeichnet.

- *Intellektualisierung* ist von einer ähnlichen Dynamik, aber als dauerhaftere Haltung zu verstehen. Hier werden Gefühle und Motive notorisch ausgeblendet und „wegerklärt": wenn ein Gruppenmitglied an einer Stelle im Training, wo es vor Erotik knistert, einen Vortrag über die gesellschaftliche Relevanz der Sexualität zu halten beginnt.

- Die *Ideologisierung* besagt, daß die „vernünftigen" Gründe für Verhalten in ein Wertsystem eingeordnet oder mit ontologischen Qualitäten versehen werden: „Schmerzen sind gesund".

5. Weiter gibt es Schutzmechanismen, die die Energie gegen die eigene Person richten:

   - *Wendung gegen die eigene Person* heißt, daß aggressive Motive, die eigentlich gegen andere gerichtet sind, auf sich selbst zurückgelenkt werden: „Ich bin durch mein Verhalten ganz alleine schuld daran, daß ich der Sündenbock der Gruppe bin".

   - *Konversion* oder ähnlich, *Somatisierung,* heißt, daß seelische Konflikte sich in körperlichen Verhaltensweisen oder Symptomen zeigen: Muskelverspannungen, Rücken- und Nackenschmerzen; oder auch, daß eine ungeklärte Gruppensituation „auf den Magen schlägt".

6. Einen bedrohlichen Impuls, der nicht ungestraft geäußert werden darf, umzupolen, ist das Kennzeichen der folgenden Mechanismen:

   - *Verkehrung ins Gegenteil* heißt, feindselige Impulse durch übertriebene Freundlichkeit auszugleichen (beim Lächeln die Zähne zeigen) und damit die Angst vor der eigenen Aggressivität zu überwinden; oder auch ein als bedrohlich wahrgenommenes Gegenüber zu verkleinern oder zu verniedlichen („Sie sind ja ein ganz goldiger Trainer").

   - Wird diese Verkehrung zur Gewohnheit, spricht man von *Reaktions-* oder *Charakterbildung:* „Ich kann es überhaupt nicht leiden, wenn man sich in der Gruppe streitet".

7. Schließlich gibt es eine, von F r e u d als gelungene Form der Abwehr bezeichnete Variante, die *Sublimierung:* ein sozial minder bewertetes Motiv wird durch ein sozial akzeptables Verhalten ersetzt („ich bin Trainer geworden, weil ich mich in Gruppen immer schon als Außenseiter gefühlt habe").

8. Die folgenden Schutzmechanismen sind für die Gruppendynamik insofern von besondere Wichtigkeit, als sie ein jeweiliges Gegenüber mit einbeziehen.

   - Der für das Verständnis vieler Gruppenphänomene vielleicht wichtigste Schutzmechanismus ist die *Projektion* (vgl. auch 11.43): ein Individuum, eine Gruppe oder eine Nation schreibt einem oder einer anderen Eigenschaften zu, die eigentlich die eigenen sind, die man aber nun beim anderen wacker bekämpfen kann („Ihr seid heute alle so unfreundlich zu mir"). — Eine verwandte Form, Eigenes beim anderen zu deponieren, ist die *Delegation* („was können wir denn den Trainern sagen, damit es nachfolgenden Gruppen einmal besser geht als uns?").

9. Die neunte Gruppe der Schutzfunktionen läßt sich dadurch charakterisieren, daß die Grenzen zwischen Ich und Du verwischt werden.

- Sich empathisch auf andere Menschen einzulassen und sich identifizieren zu können, ist eine notwendige Voraussetzung für gelingende Gruppenarbeit. Schlüpft jemand hingegen aus frustrierten eigenen Bedürfnissen in die Haut eines anderen, dem es mutmaßlich besser geht, dann sprechen wir von *Identifikation* im Abwehr-Sinne. Machen sich zum Beispiel Teilnehmer Eigenschaften und Verhaltensweisen der Trainerinnen und Trainer zu eigen, um an deren Macht teilzuhaben, dann führt das zu unerwünschtem Co-Trainer-Verhalten, u. U. auch mit dem Aspekt der *Identifikation mit dem Angreifer.*

- Gewissermaßen eine Projektion mit umgekehrten Vorzeichen ist die *Idealisierung* eines Gegenüber — in ihm das eigene, selbst nicht lebbare Idealbild zu sehen und ihm all das zuzuschreiben, was man selbst nicht kann oder darf („Du bist so toll, was du kannst, könnte ich nie!").

- Mit der Identifikation verwandt ist die *Introjektion*. Der Introjizierende nimmt das Gegenüber so weit in sich hinein, daß er nicht nur dessen Gefühle empfindet, sondern auf Ungefragtes bereits antwortet: „Ich weiß schon, was Du mich fragen willst".

- Die *Verschiebung* läßt sich am einfachsten mit dem Sprichwort „er schlägt den Sack und meint den Esel" erläutern: nicht an dem Gegenüber, dem er eigentlich gebührt, wird der Ärger abgelassen, sondern an einem Ersatzobjekt („Wir müßten hier in der Gruppe nicht soviel miteinander kämpfen, wenn ihr Trainer nicht so tatenlos herumsäßet").

- Eine höchst komplexe Form, die mehrere Schutzmechanismen in einem zeitlichen Ablauf verbindet, ist die *projektive Identifikation* (vgl. Heigl-Evers & Heigl 1983). Sie ist für die zwischenmenschlichen Abwehrprozesse, die die Autoren „psychosoziale Kompromißbildungen" nennen, von großer Bedeutung. Projektive Identifikation heißt, daß das Gegenüber nicht nur Gegenstand einer Projektion wird, sondern zusätzlich auch noch ein Druck dahingehend ausgeübt wird, daß das Gegenüber die projizierten Gefühle selbst erlebt und sich in der Beziehung entsprechend verhält. Damit kann der Projizierende sich in seiner komplementären Rolle bestätigt fühlen: „Solange die Trainer ununterbrochen demonstrieren müssen, was sie alles können, habe ich hier keinen Raum, mich zu entfalten".

Diese Beschreibung von Schutzmechanismen beansprucht keine Vollständigkeit — wichtig ist, daß sie insgesamt dazu dienen, unseren innerseelischen und zwischenmenschlichen Haushalt ökonomisch zu gestalten, daß es aber für Kommunikation in Gruppen gut ist, sie bei sich selbst und bei anderen zu erkennen.

Analyse des Gruppenprozesses

8.0 EINLEITUNG

Auch die Inhalte dieses Kapitels erstrecken sich in ihrem Anwendungsbereich über den Verlauf einer gesamten Veranstaltung. In verschiedenen Stadien der Prozeßentwicklung können dabei verschiedene Taktiken der Prozeßreflexion angewendet werden. In die hier dargestellten Techniken, die nicht Übungen im eigentlichen Sinne sind, geht nicht das ein, was an sich zentral sein sollte: die qualitativ-inhaltliche Prozeßanalyse, das eigentliche Kernstück der Gruppenreflexion (differenzierte Darstellungen in P a g e s , M., 1968, und S l a t e r , P. E., 1970). Die hier beschriebenen Techniken sind eigentlich nur als Hilfsmittel oder Aufhänger für diese Form der Prozeßanalyse gedacht und werden damit doch Übungen im Sinne der Schulung und des Trainings.

Es sei darauf hingewiesen, daß das Wort Prozeßanalyse eine starke Bedeutungseinengung erfahren hat, die vermutlich vorwiegend der Öffentlichkeitswirksamkeit des Werkes von B r o c h e r , T. (1967) zuzuschreiben ist. Ausfüllung und Berechnung der unter 8.1 wiedergegebenen skalierten Fragen beansprucht in der Ansicht vieler, die volle Varianz des Begriffes auszuschöpfen. — Die Prozeßanalyse in der metrischen und in der qualitativen Form ist sicherlich die gruppenzentrierteste der drei in diesem Kapitel enthaltenen Techniken. — Die Soziometrie (8.2) ist ein Sammelname für eine Vielfalt von Verfahren, die sich inzwischen fast zu einem eigenständigen Wissenschaftszweig entwickelt haben. In dieser Methode vereinigt sich der persönlichkeitsorientierte Ansatz mit der sozialpsychologischen und auch tiefenpsychologischen Analyse von Gruppenstruktur und Gruppenprozeß. Die hier geschilderten Einzelverfahren sind diejenigen, die sich für das gruppendynamische Setting eignen, zum Teil sogar dort entstanden sind. — Die Analyse der individuellen Fähigkeiten und Verhaltensweisen in Gruppen (8.3) ist schließlich das Verfahren, das am stärksten auf die Veränderungen der einzelnen Person im Sinne des personal growth hin orientiert ist.

8.1

GRUPPENPROZESS, VERLAUFSKONTROLLE

Prozeßanalyse

	Rückmeldung von Prozeßvariablen (Gefühle, Erfahrungen, Einstellungen) in die Gruppe; Hilfe zur Reflexion und zur gezielteren Lokomotion einer Gruppe
Indikation	Vorwiegend Trainingsgruppen; auch für thematische Arbeitsgruppen mit konstanten Teilnehmern (aber mit anderen Fragen; vgl. 8.12) geeignet; nur sinnvoll bei einer größeren Anzahl von Sitzungen und bei normaler Gruppengröße
Übungstyp, Beteiligte	Keine eigentliche Übung; alle Teilnehmer einer über mehrere Sitzungen hin konstanten Gruppe
Durchführung	1. Am Ende jeder Gruppensitzung individuelles Ausfüllen der entsprechenden Skalen 2. Berechnung von Gruppenmittelwerten pro Skala 3. Aufzeichnung der Gruppenextremwerte und der Gruppenmittelwerte in Kurvenformulare 4. Der Art der Veranstaltung angemessene Rückkopplung in die Gruppe: gemeinsame Assoziation oder Diskussion der Ergebnisse
Dauer	Insgesamt 10–15 Min. pro Gruppensitzung
Unterlagen, Material	Pro Teilnehmer pro Sitzung: 1 Blatt mit skalierten Fragen (oder Nr. der Frage und Skalierungsmöglichkeiten), pro Frage 1 Kurvenformular
Geeignete papers	Phasenmodell für Gruppenprozesse (8.92), Grundannahmen und Gruppenentwicklung (8.93)
Autor	nicht bekannt
Literatur, Erfahrungen	Umfangreiche Literatur; gute Orientierung in B r o c h e r, T. (1967), P r i o r, H. (1970), ähnliche Verfahren in N y l e n, D. et al. (1967) beschrieben – vorwiegend in strukturierten Trainings vielfach erprobt; Möglichkeit der wissenschaftlichen Auswertung
Auswertungshilfen	
Variationen	In Auswahl oder Veränderung der Fragen, den jeweiligen Zielen der Veranstaltung angepaßt Möglichkeit, daraus eine Entscheidungsübung zu machen: Prozeßanalyse anbieten, Fragen auswählen lassen und Art der Auswertung bestimmen lassen
Analoga	Analyse der individuellen Fähigkeiten ... (8.3)

8.11 SAMMLUNG VON SKALIERTEN FRAGEN ZUR PROZESSANALYSE

1. Wie habe ich mich heute in der Gruppe gefühlt?

    völlig wohl — vollkommen unbehaglich und gespannt

2. Wie klar waren heute die Gruppenziele?

    völlig unklar — völlig klar

3. Wie arbeitete die Gruppe?

    faul, zufrieden und oberflächlich — intensiv tiefgehend, begierig und hungrig

4. War die Diskussion sachfremd oder sachbezogen?

    völlig sachfremd, theoretisch, unrealistisch — völlig sachbezogen

5. Haben die Teilnehmer mehr über die Sachinhalte oder die Entwicklung der Gruppe gesprochen?

    völlig inhaltsorientiert, sprachen zur Sache — völlig entwicklungsorientiert, bezogen auf persönliche Beziehungen, Gefühle und Gruppenvorgänge

6. Waren die Mitglieder darauf aus, Punkte für sich zu gewinnen oder ihre eigenen Standpunkte durchzusetzen?

    völlig darauf aus, Punkte für sich zu sammeln — völlig nur an der Bedeutung der Sache orientiert

7. Wurden abweichende Ansichten genügend angehört?

    nein, sie blieben völlig unbeachtet oder wurden nicht zugelassen — ja, sie wurden vollständig besprochen, ausgewertet und in Erwägung gezogen

8. Fühlte ich mich der Mehrzahl der Teilnehmer gegenüber frei oder unfrei?

    fühlte mich völlig abgekapselt, verschlossen und versteckt — fühlte mich ziemlich frei und äußerungsfähig, offen und meinen Gefühlen entsprechend

9. Fühlte ich mich mit der Gruppe identifiziert?

    nein, ich fühlte mich völlig negativ, zurückgezogen, gelangweilt, abgewiesen — ja, fühlte mich völlig aufgenommen, selbst in der Gruppe stehend

10. Bekam ich Hilfe, wie ich sie gebraucht hätte?

    nein, meine Bedürfnisse bleiben völlig unbeachtet — ja, meine Bedürfnisse wurden wahrgenommen, es wurde ihnen in völlig befriedigender Weise entsprochen

11. Welche Mitwirkung war mir heute in der Gruppe möglich?

    völlig unwirksam, der Gruppe bei der Erreichung ihrer Ziele zu helfen — völlig mitwirkungsfähig, der Gruppe bei der Erreichung ihrer Ziele zu helfen

12. Was halte ich im Augenblick von dieser Gruppe?

    ich halte sie für die denkbar schlechteste Gruppe — ich halte sie für die denkbar beste Gruppe

13. Heute war der Gruppenleiter ...

    völlig inaktiv — sehr aktiv

14. Ich glaube, daß der Gruppenleiter diese Gruppe betrachtet als ...

    die denkbar schlechteste Gruppe — die denkbar beste Gruppe

15. Die besprochenen Probleme und Inhalte waren, verglichen mit meinen Erfahrungen in anderen Gruppen ...

    völlig irgendwo und irgendwann, abseits — völlig hier und jetzt

16. Welche Entfaltungsmöglichkeiten hatte ich heute in der Gruppe?

    völlig frei, offen und äußerungsfähig — vollkommen unterdrückt

17. Haben die in der Gruppe herrschenden Bedingungen mir geholfen, etwas über mich zu lernen?

    so viel über mich gelernt, wie irgend möglich — absolut nichts über mich gelernt

18. Wie viele Teilnehmer etwa übten in dieser Gruppe führende Funktionen aus?

    alle — nur einer

19. War die Gruppe erfolgreich im Diagnostizieren ihrer Probleme?

    völlig erfolgreich, Konfrontation — völlig erfolglos, Vermeidung

20. Wo lagen die Themen und Probleme, die in der Gruppe besprochen wurden?

    völlig hier und jetzt, zentrierte sich völlig auf die wesentlichen Fragen der Gruppe — völlig irgendwo und irgendwann, konzentrierte sich auf außerhalb der Gruppe liegende Themen und Probleme

21. Haben die in der Gruppe herrschenden Bedingungen mir geholfen, etwas über Gruppenvorgänge zu lernen?

    optimal gelernt — nichts darüber gelernt

22. Wie steht das Trainerteam zur Gruppe?

    völlig außerhalb — gehört zur Gruppe

Die Fragen 1—15 sind aus B r o c h e r (1967), S. 128—132; die anderen entstammen verschiedenen Laboratorien.

8.12 BEISPIEL EINER MODIFIZIERTEN PROZESSANALYSE-TECHNIK FÜR KOOPERATIONSSEMINARE (P. Malzahn)

Alle Fragen beziehen sich auf die *vorangegangene Sitzung*. Bitte setzen Sie in *jede* Zeile ein Kreuz, lassen Sie keine aus!		1	2	3	4	5	6	7	
1. Wieviel konnte ich über mich lernen?	wenig								viel
2. Wieviel habe ich über Gruppenvorgänge lernen können?	wenig								viel
3. Wieviel Erfahrung konnte ich für mich persönlich gewinnen?	wenig								viel
4. Wieviel Erfahrung konnte ich für meine berufliche Tätigkeit gewinnen?	wenig								viel
5. Wie konnte ich mich entfalten?	gut								schlecht
6. Wieviel meiner mitgebrachten Erfahrungen konnte ich anwenden?	wenig								viel
7. Wie schätze ich die Transfer-Möglichkeiten meiner neugewonnenen Erfahrungen auf meinen Tätigkeitsbereich ein?	schlecht								gut
8. Wie hat die Gruppe in dieser Sitzung ihre Probleme bearbeitet?	diffus								zielstrebig
	oberflächlich								tiefgehend
	erfolgreich								erfolglos
	geduldig								ungeduldig
	rational								emotional
9. Wie habe ich mich in der Gruppe während dieser Sitzung erlebt und gefühlt?	gehemmt								gelöst
	produktiv								unproduktiv
	einflußreich								einflußlos
	abgelenkt								konzentriert
	verstanden								unverstanden
	abhängig								selbständig
	aktiv								reaktiv
	vertraut								fremd
	gruppenbezogen								personenbezogen
	angenommen								abgelehnt
	gelangweilt								interessiert
	verantwortlich								nicht verantwortlich
	erregt								ruhig
10. Wie war die Beteiligung in der Gruppe gestreut?	breit								vereinzelt
11. Wie gern bin ich in der Gruppe gewesen?	gern								ungern

8.13 SCHEMA ZUR AUFZEICHNUNG PROZESSANALYTISCHER FRAGEN

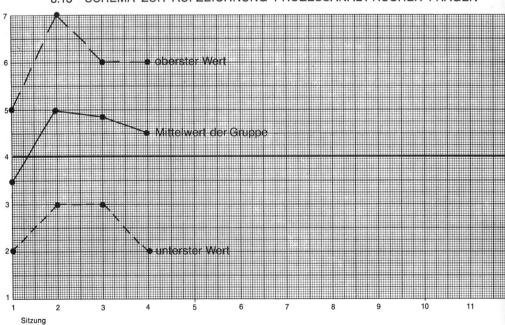

Stichworte	**INTERPERSONALE BEZIEHUNGEN, SOZIOMETRIE** **8.2**
Titel	Soziogramm
Ziel	Diagnose und Bearbeitung sozial-emotionaler Beziehungen zwischen Teilnehmern konstanter Gruppen
Indikation	Fast jede Form einer längeren Veranstaltung, in der konstante Gruppen arbeiten. Zeit und Gelegenheit zur Bearbeitung sollte gegeben werden
Übungstyp, Beteiligte	Alle Teilnehmer und Teammitglieder in bestehenden Gruppen; individuelles Wahlverfahren
Durchführung	Im einzelnen siehe 8.21 1. Auswahl geeigneter Fragen 2. Festlegen der Verfahrensweise 3. Durchführung der individuellen Wahlen 4. Auswertung und Aufzeichnung der Wahlen
Dauer	unbestimmt
Unterlagen, Material	Bei üblichen Verfahren pro Teilnehmer Zettel oder Formblatt; Plakat und verschiedenfarbige Filzstifte
geeignete papers	Rollenfunktionen in der Gruppe (8.96)
Autor	Moreno, J. L. (1957)
Literatur, Erfahrungen	Darstellung soziometrischer Methoden in: Höhn, E., Schick, A. (1954); Libo, L. M. (1953); Bastin, G. (1967); Prior, H. (1970) — ursprünglich nicht aus der Gruppendynamik; hat sich als Name für viele Verfahren eingebürgert.
Auswertungshilfen	Welche Gefühle und Widerstände entstehen beim Zwang, positiv oder negativ zu wählen? Wie leicht oder wie schwer fallen die Wahlen? Welche Gefühle (Freude, Enttäuschung, Ärger) entstehen beim Ergebnis? Wie stehen Erwartungen und Ergebnisse in Beziehung? Was sagen die Wahlen und die Soziogramm-Muster über die Struktur der Gruppe aus? Gruppenintegration? Führungsfunktionen? Abgelehnte? Subgruppen und Cliquen?
Variationen	vgl. 8.21
Analoga	

8.21 INSTRUKTIONEN ZUR DURCHFÜHRUNG UND AUSWERTUNG SOZIOMETRISCHER VERFAHREN

8.211 Geeignete soziometrische Fragestellungen

● Mit wem möchte ich (jetzt) ein persönliches Gespräch führen?
● Mit wem möchte ich eine gefährliche Unternehmung (z. B. Bergtour) zusammen durchführen?
● Mit wem möchte in eine TG, AG usw.?
● Auf wen könnte ich mich in einer Situation, in der die Gruppe mich angreift, verlassen?
● Wem in der Gruppe würde ich die meiste Freiheit bei der Durchsetzung seiner Interessen zugestehen?

Diese und andere, der jeweiligen Situation der Gruppe anzupassende Fragen können in folgender Form gestellt werden:

1. je ein oder mehrere Gruppenteilnehmer werden für den positiven wie auch für den entsprechenden negativen Pol der Frage gewählt
2. es werden ein, zwei oder mehr Personen pro Fragestellung gewählt (vgl. dazu G r o n l u n d , N. E., 1955)
3. alle Gruppenmitglieder werden in eine Rangfolge zwischen positivem und negativem Pol eingestuft
4. vermutete Wahlen der eigenen Person, von wem, werden geschätzt (n. B o r g a t t a).

8.212 Auswertungsmöglichkeiten

● Die üblichste Auswertung ist die, daß auf einem Blatt die Teilnehmer durch einen Kreis mit Kennzeichnung dargestellt werden; alle Teilnehmer

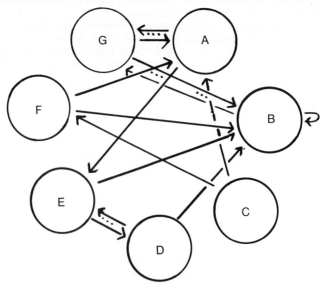

werden im Kreise angeordnet und die verschiedenen Wahlen mit verschiedenen Farben eingezeichnet. Mehrere Wahlfragen zu stellen, ermöglicht die Diagnose verschiedener Rollenpositionen und Interaktionsgefüge in der Gruppe. Nach außen gehende Wahlen und Selbstwahlen können dargestellt werden.

- Eine weitere Auswertungsform betont stärker die Rangpositionen in der Gruppe. Die Personen werden je nach der Häufigkeit der passiven Wahlen auf einer Skala aufgetragen; die am häufigsten gewählte Person steht oben.

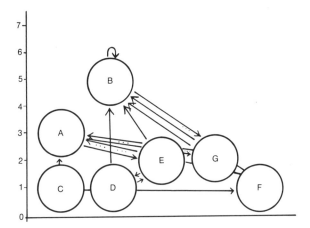

- Für die Gruppe können verschiedene Kohäsions- und Distanzmaße (Übersicht siehe H o f s t ä t t e r , P., 1957) berechnet werden, die Aufschluß über die Integration der Gruppe geben können. Grundlage dafür ist die sog. Soziomatrix (vgl. P r i o r , H., 1970)

- Eine mögliche Soziogrammform besteht darin, daß ohne eine bewußte Wahl von einem Beobachter die Häufigkeit der Anrede der Teilnehmer untereinander aufgezeichnet wird (Ähnlichkeit zu B a l e s -Kategorisierung), die dann in Soziogrammform aufgezeichnet werden können.

8.213 Schuh-Soziogramm

Eine ohne technischen Aufwand durchführbare und im Verlauf des Gruppengespräches veränderbare Form des Soziogramms ist das Schuh-Soziogramm, das vermutlich einmal in einer Trainingsgruppe erfunden wurde: Jeder Teilnehmer der im Kreis sitzenden Gruppe zieht einen Schuh aus. Der andere Schuh bleibt zur Identifikation angezogen. Ein Teilnehmer stellt die Schuhe so auf, wie er die Gruppe erlebt und empfindet oder wie er sie sich wünscht. Dabei kann ein auf den Boden gezeichnetes oder imaginäres Achsenkreuz als Orientierung dienen. Reale oder gewünschte Beziehungen können durch Zu- oder Abkehrung der Schuhspitzen, Nebeneinanderstellen etc. angezeigt werden. Eine weitere Möglichkeit ist, daß ein Teilnehmer seinen Schuh in die Mitte setzt und die anderen um sich herum gruppiert usw. usf. — Die Übung kann verbal oder nonverbal durchgeführt werden; nach Fertigstellung können die anderen Teilnehmer nach Erleben oder Wunsch das Bild verändern.

8.214 Einfluß — Macht — Vertrauen

Diese Soziogrammform ist geeignet für Großgruppen, in denen eine graphische Darstellung zu unübersichtlich wird. Die Durchführung ist in folgenden Schritten möglich:

1. Jeder Teilnehmer schreibt auf ein längs geknicktes DIN-A 6-Papier seinen Namen groß und deutlich.
2. Jeder Teilnehmer erhält eine vorher festgelegte, gerade Anzahl von Zetteln in DIN-A 6- oder DIN-A 7-Format.
3. Bei ausreichender Vertrautheit in der Gruppe können die Zettel mit dem eigenen Namen (d. h. dem Absender) gezeichnet werden.
4. Die vorher getroffene Auswahl der Fragen (Wer in der Gruppe übt Macht aus? Wem in der Gruppe gestehe ich Einfluß zu? Wessen Einfluß empfinde ich als positiv? Welchen Einfluß empfinde ich als negativ? Zu wem in der Gruppe habe ich Vertrauen?) wird verlesen; günstig sind zwei Fragestellungen.
5. Jeder Teilnehmer bezeichnet einen Teil seiner Zettel mit einem E für Einfluß, einem V für Vertrauen usw. und sucht sich die anderen Teilnehmer aus, denen er Zettel geben will.
6. Günstig ist es noch, jeden Teilnehmer vorher schätzen zu lassen, wie viele Zettel der entsprechenden Sorte er erwartet.
7. Alle Teilnehmer stehen auf, hinterlassen auf ihrem Stuhl ihre Namenskarte und verteilen ihre Zettel an die anderen Teilnehmer.
8. Nach Abschluß dieses Vorgangs knickt jeder Teilnehmer die erhaltenen Zettel in der Mitte, so daß sie aufrecht stehen und stellt sie vor sich auf.
9. Qualitative Auswertung und Diskussion der Ergebnisse.

Mögliche Modifikationen bestehen darin, daß Zettel zurückbehalten werden können oder daß alle Zettel ausgeteilt werden müssen; daß auf eine Person kumuliert werden kann oder nicht; daß Zettel an die eigene Person vergeben werden können oder nicht. — In kleineren Gruppen und bei einer Fragestellung reichen notfalls Streichhölzer aus.

Die angegebenen Fragestellungen nach Einfluß, Macht und Vertrauen sind solche, die gerade in Großgruppen dynamisch wirksam werden; auch entsprechende geeignete andere soziometrische Fragestellungen sind möglich. Die Herkunft dieser Übung ist ebenfalls nicht genau bekannt.

Stichworte	
Titel	**PERSÖNLICHER FORTSCHRITT, VERLAUFSKONTROLLE** **8.3**
	Analyse der individuellen Fähigkeiten und Verhaltensweisen in Gruppen
Ziel	Hilfe zur Selbstreflexion und zum Feed Back über den persönlichen Entwicklungs- und Veränderungsprozeß
Indikation	personal growth-zentrierte Veranstaltungen, d. h. vorwiegend TG's; aber auch andere Veranstaltungen mit kontinuierlichen Gruppen; unter Umständen statt Prozeßanalyse zu verwenden
Übungstyp, Beteiligte	Keine Übung; alle Teilnehmer konstanter Gruppen
Durchführung	1. Auswahl geeigneter, den Zielen angepaßter Fragen 2. Regelmäßige oder tageweise individuelle Ausfüllung 3. Eventuell Berechnung über Verlauf des einzelnen oder über die Gruppe
Dauer	Pro Einheit ca. 10′
Unterlagen, Material	Pro Teilnehmer 1 Blatt mit skalierten Fragen (zu skalieren analog 8.1)
Geeignete papers	Grundannahmen und Gruppenentwicklung (8.93)
Autor	Unbekannt
Literatur, Erfahrungen	Offensichtlich in vielen Trainings erprobt
Auswertungshilfen	
Variationen	Durch Auswahl der Fragen und Art der Auswertung
Analoga	Prozeßanalyse (8.1); Back Home Auswertungsbogen (10.4)

8.31 SAMMLUNG VON FRAGEN ZUR ANALYSE DER PERSÖNLICHEN FÄHIGKEITEN UND VERHALTENSWEISEN IN GRUPPEN

1. Klarheit im Ausdrücken meiner Gedanken?
   ganz vage — außergewöhnlich klar
2. Fähigkeit, aufmerksam und verstehend zuzuhören?
   sehr gering — sehr hoch
3. Fähigkeit, Ideen einprägsam und überzeugend vorzubringen?
   sehr gering — sehr hoch
4. Neigung, anderen zu vertrauen?
   sehr mißtrauisch — außergewöhnlich vertrauensvoll
5. Bereitschaft, anderen zu sagen, was ich fühle?
   alles verbergen — alles offenbaren
6. Neigung, die Gruppe in die Hand zu nehmen?
   kein Versuch — Versuch mit allen Mitteln
7. Übliches Verhalten gegenüber anderen?
   kühl — freundlich
8. Reaktion auf Kommentar oder Bewertung meines Verhaltens?
   ignorieren — ernst nehmen
9. Verständnis für die Gefühle anderer (Einfühlungsvermögen)?
   keine Ahnung, was sie fühlen — wirkliches Verstehen
10. Verständnis, warum ich tue, was ich tue (Einsicht)?
    keine Ahnung — vollkommen klar
11. Toleranz für Konflikt und Widerstand in der Gruppe?
    kann ich nicht aushalten — mag ich sehr gern
12. Toleranz für Äußerungen der Zuneigung und Freundlichkeit?
    kann ich nicht aushalten — mag ich sehr gern
13. Fähigkeit, andere in der Gruppe zu beeinflussen?
    gering — hoch
14. Neigung und Bereitschaft, auf früheren Ideen anderer Gruppenmitglieder aufzubauen?
    gering — hoch
15. Bereitschaft, sich von anderen beeinflussen zu lassen?
    gering — hoch
16. Neigung und Bereitschaft zu engen persönlichen Beziehungen mit anderen in der Gruppe?
    gering — hoch
17. Reaktion auf Meinungen, die den meinen entgegengesetzt sind?
    geringe Duldungsbereitschaft — sehr weitgehende Duldungsbereitschaft

8.9 PAPERS
8.91 GRUPPENLEISTUNG

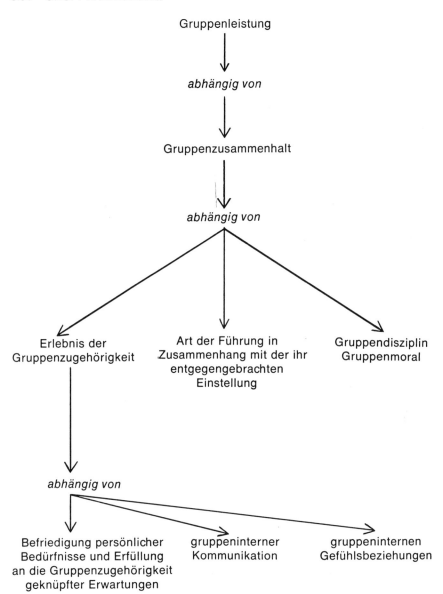

aus Lersch, Ph. (1964)

8.92 PHASENMODELL FÜR GRUPPENPROZESSE

Ein Gruppenprozeß ist kein geradliniger Fortschritt, sondern eher ein spiralförmiges Kreisen, etwa so:

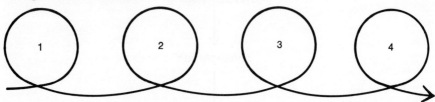

Die Phasen (jede Phase wäre durch einen Spiralbogen dargestellt) nennt Miles:

1. Phase des Konventionellen
2. Phase des unsicheren Abtastens
3. Phase des depressiv Stagnierenden
4. Phase des Euphorischen

Sehen wir uns eine der Spiralen genauer an, dann kann man in jeder Phase einen Kreislauf von Verhaltensweisen feststellen:

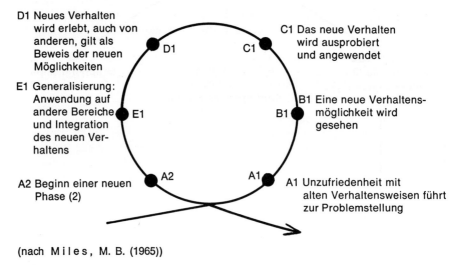

D1 Neues Verhalten wird erlebt, auch von anderen, gilt als Beweis der neuen Möglichkeiten

C1 Das neue Verhalten wird ausprobiert und angewendet

E1 Generalisierung: Anwendung auf andere Bereiche und Integration des neuen Verhaltens

B1 Eine neue Verhaltensmöglichkeit wird gesehen

A2 Beginn einer neuen Phase (2)

A1 Unzufriedenheit mit alten Verhaltensweisen führt zur Problemstellung

(nach Miles, M. B. (1965))

8.93 GRUNDANNAHMEN UND GRUPPENENTWICKLUNG

8.931 DIE GRUNDANNAHMEN

Nach W. Bion (1961, dt. 1971) besitzt die Entwicklung einer Gruppe Ähnlichkeiten mit der psychoanalytisch-psychosozialen Entwicklung des einzelnen Individuums.

Speziell in der Anfangsphase einer Gruppe dominieren vor dem ziel-orientierten Arbeitsverhalten einer Gruppe — das auf einer funktionierenden Interdependenz der Mitglieder basiert — die sogenannten Grundannahmen (basic assumptions). Sie dringen, als emotionale Inhalte mit entwicklungspsychologischen Ursachen, nicht ins Bewußtsein der Gruppenteilnehmer, sondern werden in nicht bewußte Verhaltensweisen umgesetzt. Sie sind in jeder neu zusammengesetzten Gruppe zu finden, unabhängig von deren Arbeitsinhalten, Lerngegenständen und deren intellektuellen Niveau. Diese Annahmen beziehen sich im Wesentlichen auf die Dimensionen der Intimität und der Orientierung gegenüber der Autorität — in der Tat Probleme, die jedes Individuum von seiner eigenen Sozialisation her mitbringt.

B i o n hat vier dieser Grundannahmen analysiert, die im Anfangsstadium einer Gruppe in einer Art Sequenz sich ablösen oder zum Teil auch nebeneinander bestehen.

1. Abhängigkeit (dependency)

Die Mitglieder einer Gruppe sind in vollem Maße auf den Leiter fixiert, nehmen an, daß er allmächtig sei und alles wissen müsse. Sie behaupten hartnäckig völlige Abhängigkeit von ihm. Entspricht er nicht diesen Erwartungen — wie z. B. in der Trainingsgruppe — wird versucht, sich an etwas anderes anzulehnen: an andere Mitglieder, an eine Autorität außerhalb, an eine Aufgabe, eine Tagesordnung, eine Methode u. a. (typische Verhaltensweisen der jeweiligen Grundannahmen sind 2.714 zu entnehmen). — Die entsprechende Entwicklungsstufe in der kindlichen Sozialisation ist: Das Kleinkind ist auf die Hilfe des übermächtigen Erwachsenen angewiesen, dem es sich ausgeliefert fühlt und den es in der Phantasie mit Allmacht ausstattet.

Gegenabhängigkeit (counter-dependency)

Diese, erst später in das Schema übernommene Grundannahme äußert sich so, daß aus der enttäuschten Abhängigkeitserwartung Aggressionen entstehen, die sich in Rebellion und Aufsässigkeit äußern, bis hin zu destruktiven Tendenzen. Da in der Trainingsgruppe meistens der Trainer das versagende Moment ist, wird er in besonderem Maße angegriffen. Die beiden nächsten Grundannahmen, Kampf und Flucht, stehen im engen Verhältnis zur Gegenabhängigkeit. — Die analoge Phase der Kleinkindentwicklung wäre das Trotzalter, in dem sich das Kind vom Erwachsenen ablösen möchte, ohne daß dies aufgrund äußerer Bedingungen möglich ist.

2. Kampf (fight)

Die Mitglieder der Gruppe versuchen, einen Kampf aller Teilnehmer untereinander, besonders gegen den Gruppenleiter, zu eröffnen in der Annahme, durch diesen Kampf könne eine Verminderung der Mitgliederzahl erreicht und dadurch die Befriedigung des einzelnen Mitgliedes relativ vergrößert werden. In dieser Phase besteht bei den Teilnehmern besonders wenig Motivation, Situationen zu analysieren, sich an ihre Situation anzupassen oder aus Situationen zu lernen. Die dominante Abwehrform ist die Flucht nach vorne, der Angriff. — Es ist wieder die Trotz- und Kampfhaltung der ersten Trotzphase und der Pubertät, in denen aus dem Gefühl der Ohnmacht, unbequeme Bindungen lösen zu können, Rache genommen wird an Schwächeren.

3. Flucht (flight)

Die gesamte Gruppe oder einzelne Mitglieder der Gruppe versuchen, sich der gestellten Aufgabe durch Flucht zu entziehen. Die Gruppe wird physisch (durch Hinausgehen, Heimfahren) oder psychisch (durch innere Emigration) verlassen, die Problematik der Situation wird verneint, man entzieht sich auf ein anderes Thema oder in abweichendes Verhalten, ohne zu versuchen, mit der unangenehmen Befindlichkeit fertig zu werden oder sie zu ändern. — Das Ausreißen in der frühen Kindheit und die Fluchttendenzen in der Pubertät, die eine tatsächlich bestehende Gebundenheit an den Erwachsenen überkompensieren, sich vor gestellten Aufgaben und Forderungen zurückzuziehen und der Versuch der Leugnung innerer Abhängigkeit sind die entsprechenden entwicklungspsychologischen Gegebenheiten.

4. Paarbildung (pairing)

Die Mitglieder einer Gruppe fördern, unterstützen oder verhindern entstehende Paarbildungen einzelner Mitglieder in der Erwartung, dadurch könne eine bessere Bewältigung der Gruppensituation entstehen. Dabei wird einzelnen Paaren vorübergehend völlig die Führung überlassen, während die übrigen Teilnehmer sich durch Flucht und Rückzug vor jeder Aktivität entziehen. Damit ist die Vorstellung verbunden, durch die geförderte Paarbildung sei eine neue Lösung des Gruppenproblems zu erwarten. Das betreffende Paar, das dieser Vorstellung real nicht nachkommen kann, wird für die damit verbundene Enttäuschung verantwortlich gemacht. — Die ödipale Phase, die Paarbildung des Kindes mit dem gegengeschlechtlichen Elternteil und die darauf kompensatorisch folgenden gleich- oder gegengeschlechtlichen Paarbildungen in der späteren Kindheit, durch die die noch nicht bewältigte Ablösung von den primären Beziehungspersonen ausgeglichen werden soll, ist das entwicklungspsychologische Paradigma dieser Grundannahme.

Es ist verständlich, daß diese Analogsetzung B i o n ' s von Entwicklungspsychologie und Gruppenentwicklung Kritik hervorgerufen hat und nicht von allen Autoren geteilt wird. Eine besondere Schwierigkeit liegt darin, diese Verhaltensweisen genau zu operationalisieren. — Faßt man diese Theorie der Gruppenentwicklung jedoch auf als ein heuristisches Modell, das gewisse Aspekte, wenn auch beileibe nicht alle Variationen in der Entwicklung einer Gruppe erklären kann, dann kann es einen gewissen Wert und Sinn bekommen und für die Analyse eines Gruppenprozesses brauchbar werden. — B e n n i s , W. G., S h e p a r d , M. A. (1956) haben, aufbauend auf diese Theorie und angereichert mit Beobachtungsdaten, ein Entwicklungsschema einer typischen Laboratoriumsgruppe zusammengestellt.

(nach B i o n , W. G. (1961), B r o c h e r , T. (1967) und einem paper von H. G. Schöpping)

8.932 PHASEN DER GRUPPENENTWICKLUNG

PHASE I: Abhängigkeit – Autoritätsbeziehungen (Dependency – Authority Relations)

	Unterphase 1 Abhängigkeit – Unterwerfung	Unterphase 2 Gegenabhängigkeit	Unterphase 3 Klärung
Emotionale Bestimmtheit	Abhängigkeit – Flucht	Gegenabhängigkeit – Kampf. Zielloser Kampf zwischen den Mitgliedern. Mißtrauen gegenüber dem Trainer. Ambivalenz.	Zusammenfinden in der Gruppe. (Pairing) Intensive Beschäftigung mit der Gruppenaufgabe.
Diskussionsthemen	Diskussion über zwischenmenschliche Beziehungen außerhalb der Gruppe	Diskussion über die Organisation der Gruppe, z. B. welcher Grad von strukturierenden Mitteln ist für ein „wirksames" Gruppenverhalten erforderlich.	Diskussion und Definition der Rolle des Trainers.
Dominierende Rollen. (Zentrale Personen)	Vordrängende, aggressive Mitglieder mit reicher Vorerfahrung in Organisationsfragen oder in den Sozialwissenschaften.	Die stark vordrängenden gegenabhängigen und abhängigen Mitglieder. Die weniger vordrängenden Unabhängigen und Abhängigen ziehen sich zurück.	Die vordrängenden Unabhängigen
Gruppenstruktur	Hauptsächlich in mehrere Untergruppen auf der Grundlage früherer Erfahrungen.	Zwei deutlich abgegrenzte Cliquen, die aus den Führern und Anhängern der Gegenabhängigen und Abhängigen bestehen.	Die Gruppe findet zusammen in der Verfolgung ihres Zieles und entwickelt ein internes Autoritätssystem.
Tätigkeit der Gruppe	Auf sich selbst bezogenes Verhalten der Mitglieder, wie am Anfang der meisten menschlichen Zusammenkünfte.	Suche nach einem Verfahren, das Übereinstimmung ermöglicht: Abstimmung, Wahl eines Vorsitzenden, Suche nach Themen, die alle angehen.	Die Mitglieder übernehmen die Führungsrollen, von denen sie vorher angenommen hatten, daß sie nur dem Trainer zukommen.
Entwicklungsprozeß der Gruppe	Weigerung der Trainer, die Situation in gewohnter Weise zu strukturieren, Verfahrensregeln aufzustellen und die Art und Weise der Mitarbeiter festzulegen.	Enttäuschung über die Trainer, verbunden mit dem Auffangen der Unsicherheit durch die sich am meisten vordrängenden Gegenabhängigen und Abhängigen. Zur Abwehr der Angst bilden sich Untergruppen.	Aufstand der vordrängenden Unabhängigen, welche die Untergruppen zusammenbringen, indem sie die Herausforderung der Trainer in Gang bringen und durchführen.

PHASE II: Wechselseitige Verflochtenheit (Interdependenz) – Persönliche Beziehungen

	Unterphase 4 Verzauberung – Flucht	Unterphase 5 Entzauberung – Kampf	Unterphase 6 Übereinstimmung in der Beurteilung
Emotionale Bestimmtheit	Paarbildung – Flucht Die Gruppe erscheint so ideal, daß sie nicht mehr in Frage gestellt werden darf.	Kampf – Flucht Angstreaktionen. Mißtrauen und Argwohn verschiedener Mitglieder.	Paarbildung, sich verstehen, sich gegenseitig annehmen.
Themen für die Diskussion	Diskussion über die Entwicklung der Gruppe und die im allgemeinen begrüßenswerten Seiten des Trainingsprogramms, der Gruppe und der Mitgliedschaft in ihr.	Wiederaufleben der inhaltlichen Thematik von Unterphase 1: Was ist eine Gruppe? Was tun wir hier? Welches sind die Ziele der Gruppe? Was muß ich persönlich aufgeben, um zu der Gruppe zu gehören? Wieviel persönliche Nähe und Zuwendung sind gefordert? Abwägen dessen, was die Gruppe gibt, mit der Preisgabe des Intimbereiches, der dafür verlangt wird. Aufstellen angemessener sozialer Verhaltensnormen.	Diskussion und Beurteilung der Mitgliedrollen.
Dominierende Rollen (Zentrale Personen)	Zum erstenmal allgemeine Anteilnahme am Gruppengeschehen. Mitglieder, die sehr enge persönliche Beziehungen vorziehen, haben das Übergewicht.	Die vordrängenden Gegenpersonalen und Überpersonalen, vor allem die Gegenpersonalen.	Die vordrängenden Unabhängigen.
Die Gruppenstruktur	Solidarität, Verschmelzung. Hoher Grad von Kameraderie und Beeinflußbarkeit. Le Bons Beschreibung des Gruppengeistes würde hier gelten.	Neustrukturierung der Mitglieder in zwei miteinander rivalisierende, vorherrschende Untergruppen, die aus Mitgliedern bestehen, die ähnliche Haltungen bezüglich der bei sozialen Interaktionen erforderlichen engen persönlichen Beziehungen haben, d. h. der überpersönlichen und gegenpersönlichen Gruppen. Die unabhängigen Mitglieder bleiben neutral handeln aber	Lockerung der Bande, die auf persönlicher Orientierung beruhen. Die Gruppenstruktur ist jetzt vermutlich den Bedürfnissen der Situation angemessen und beruht vorwiegend auf wesentlichen und nicht so sehr auf emotionalen Orientierungen. Übereinstimmung in wichtigen Fragen wird viel leichter erreicht.

Tätigkeit der Gruppe	Lachen, Scherzen, Humor, Planen von außerprogrammäßigen Tätigkeiten wie Parties. Die Institutionalisierung des Glücksempfindens soll durch Vergnügungsveranstaltungen erreicht werden. Hoher Grad von Interaktion und Teilnahme.	Herabsetzung der Gruppe auf verschiedene Weise. Häufigkeit von Abwesenheit, Zuspätkommen und von Unwillen zur In-Angriffnahme von Interaktionen, welche die ganze Gruppe beanspruchen. Häufig abfällige Bemerkungen über die Gruppe. Ihre Wichtigkeit wird in Abrede gestellt. Gelegentlich bittet ein Mitglied um besondere Hilfe, die jedoch von der Gruppe abgelehnt wird.	Mitteilung an andere über das eigene zwischenmenschliche Beziehungssystem, d. h. das sich selbst und anderen Bewußtmachen des Begriffssystems, das man benutzt, um die Konsequenzen persönlichen Verhaltens vorauszusehen. Das Annehmen der Gruppe in ihrer Realität.
Entwicklungsprozeß der Gruppe	Unabhängigkeit und Leistung, die durch die Herausforderung der Trainer und deren Folgen bewirkt wird. Daraus entwickeln sich einige allgemein anerkannte Methoden der Autoritätsausübung und der Kontrolle. (Die Rebellion der Unterphase 3 überbrückt die Kluft zwischen Unterphase 2 und 4.)	Aufgeben der Verliebtheit in die Gruppe, weil die Erwartungen, die in das Gruppenleben gesetzt waren, sich als phantastisch herausstellen. Weil eine weitergehende Beteiligung am Gruppenleben als Bedrohung der Selbstachtung erkannt wird, entsteht eine Spaltung innerhalb der Gruppe je nach dem Grad der Nähe und Zuwendung, der in der Gruppe gewünscht wird. Die vordrängenden Gegenpersonalen und Überpersonalen mildern die Angstursache, indem sie eine intensivere Teilnahme am Gruppengeschehen herabsetzen oder verneinen. Es bilden sich Untergruppen, um die Angst abzuwehren.	Die äußeren Realitäten, das bevorstehende Ende der Gruppe und das Bedürfnis nach einem System der Rolleneinschätzung werden zum „barometric event". Geführt von den Unabhängigen, prüft die Gruppe die Realität und mildert die autistischen Ansichten über die Mitarbeiter in der Gruppe.
Hauptsächliche Abwehrmechanismen	Verleugnung, Isolierung, Intellektualisierung, Verfremdung.		

8.94 DIAGNOSE VON GRUPPENPROBLEMEN

Jede Gruppe ist dauernd dabei, Entscheidungen zu treffen und Probleme zu lösen. Jede Gruppe ist auch im Verlauf des In-Angriff-Nehmens ihrer besonderen Aufgabe zu gewissen Zeiten mit internen Problemen konfrontiert, die sich auf ihre Arbeit und Leistung hinderlich auswirken. Drei der häufigsten Problemgruppen sind Konflikt, Interesselosigkeit (Apathy) und Unentschlossenheit (Indecision). Jede dieser Problemgruppen zeigt sich in bestimmten Symptomen, auf Grund derer es dann möglich ist, das eigentliche Problem zu bestimmen, es zu diagnostizieren.

8.941 Konflikt

Konflikt in einer Gruppe meint Meinungsverschiedenheit, affektgeladenes Argumentieren, Spannung, Ungeduld, Anklagen, Mangel an Zuhörbereitschaft, an Kompromißbereitschaft und an Übereinstimmung.

Allgemeine Symptome für Konflikt

— Mitglieder sind ungeduldig miteinander.

— Ideen werden angegriffen, noch bevor sie ganz ausgesprochen sind.

— Mitglieder nehmen Partei und weigern sich nachzugeben.

— Mitglieder können sich nicht über Pläne und Vorschläge einigen.

— Argumente werden mit großer Heftigkeit vorgetragen.

— Mitglieder greifen sich gegenseitig auf subtile Weise persönlich an.

— Mitglieder sprechen abfällig über die Gruppe und ihre Fähigkeit.

— Mitglieder widersprechen den Vorschlägen des Leiters.

— Mitglieder klagen sich gegenseitig an, daß sie das eigentliche Problem nicht verstehen.

— Mitglieder verdrehen die Beiträge von anderen.

● *Diagnose Nr. 1 des Problems*

Der Gruppe wurde eine Aufgabe übertragen, der sie nicht gewachsen ist. Daher fühlen sich die Mitglieder frustriert, da sie spüren, daß sie die an sie gestellten Anforderungen nicht erfüllen können, daß die Aufgabe nicht klar ist oder zu bedrückend.

Die Symptome, die die Diagnose Nr. 1 nahelegen

— Jeder Vorschlag, der gemacht wird, scheint aus praktischen Gründen nicht durchführbar.

— Einige Mitglieder meinen, die Gruppe sei zu klein.

— Jeder einzelne scheint unter Zeitdruck zu stehen.

— Mitglieder sind ungeduldig miteinander.

- Mitglieder bestehen darauf, daß die Gruppe nicht genügend Erfahrung hat.
- Mitglieder können sich nicht darüber einigen, was die eigentliche Aufgabe der Gruppe ist.

● *Diagnose Nr. 2 des Problems*

Das Hauptinteresse von Mitgliedern ist vielleicht nur die persönliche Anerkennung (Status) in der Gruppe. Die Aufgabe der Gruppe wird lediglich als Vorwand benützt, um persönliche Bedürfnisse zu befriedigen.

Symptome, welche die Diagnose 2 nahelegen

- Ideen werden angegriffen, noch bevor sie ganz ausgesprochen sind.
- Mitglieder ergreifen Partei und weigern sich nachzugeben.
- Es gibt kein Vorankommen in Richtung auf eine Lösung.
- Die Gruppe fährt sich in ganz unwesentlichen Punkten fest.
- Mitglieder greifen sich gegenseitig auf subtile Weise persönlich an.
- Es gibt verhüllte Angriffe gegen die Führung der Gruppe.
- Es gibt kein Interesse, wirklich ein Ziel zu finden oder bei der Sache zu bleiben.
- Es bilden sich häufig Cliquen.

● *Diagnose Nr. 3 des Problems*

Jedes Mitglied geht von einem ganz bestimmten Gesichtspunkt aus, der von den anderen nicht geteilt wird, vielleicht, weil die Mitglieder überzeugte Anhänger von verschiedenen anderen Gruppen sind, deren Interessen in Konflikt stehen mit denen der gegenwärtigen Gruppe.

Symptome, welche die Diagnose Nr. 3 nahelegen

- Das Gruppenziel wird in sehr allgemeiner Weise definiert und nicht als konkrete Aufgabenstellung.
- Mitglieder ergreifen Partei und weigern sich nachzugeben.
- Jedes Mitglied will seinen eigenen Vorschlag durchbringen.
- Diskussionsbeiträge bauen nicht auf den Beiträgen anderer auf.
- Mitglieder können sich nicht über Pläne oder Vorschläge einigen.
- Mitglieder hören nicht aufeinander.

● *Diagnose Nr. 4 des Problems*

Mitglieder sind wirklich am Problem interessiert und arbeiten hart an seiner Lösung. Der Konflikt, der sich zeigt, ist konstruktiv und offenbart wirkliches Interesse an der Sache.

Symptome, welche die Diagnose Nr. 4 nahelegen
- Die Mitglieder verstehen das Ziel und haben sich darauf geeinigt.
- Die meisten Beiträge beziehen sich direkt und in konstruktiver Weise auf das anstehende Problem.
- Mitglieder sind oft verschiedener Meinung bezüglich der einzelnen Vorschläge.
- Mitglieder leisten ihre Beiträge mit großer persönlicher Überzeugung und Heftigkeit.
- Es gibt auch gelegentlich Äußerungen warmer Zuneigung zueinander.
- Mitglieder sind oft ungeduldig miteinander.
- Die Gruppe kommt der Lösung des Problems näher.

8.942 Interesselosigkeit

Interesselosigkeit schließt ein: Gleichgültigkeit, Langeweile, mangelnde Begeisterung und Ausdauer, Zufriedenheit mit mangelhafter Leistung.

Allgemeine Symptome für Interesselosigkeit

- Häufiges Gähnen und Einnicken der Mitglieder.
- Mitglieder verlieren den Faden der Diskussion.
- Geringe Beteiligung.
- Die Diskussion ist schleppend.
- Verspätungen und häufige Abwesenheit der Mitglieder.
- Unruhe und Sich-unbehaglich-Fühlen.
- Unüberlegte hastige Entscheidungen.
- Entscheidungen werden nicht ausgeführt.
- Bereitwilliges Vertagen.
- Mangelnde Vorbereitung für Versammlungen.
- Weitere Verantwortung wird nur sehr zögernd übernommen.

● *Diagnose Nr. 1 des Problems*

Das Problem, an dem die Gruppe arbeitet, scheint für die Mitglieder nicht wichtig zu sein, oder wenigstens weniger wichtig zu sein als ein anderes Problem.

Symptome, welche die Diagnose Nr. 1 nahelegen
- Es wird die Frage gestellt, was nun wirklich die Aufgabe der Gruppe ist.
- Mitglieder führen Entscheidungen der Gruppe nicht aus.
- Es besteht keine Erwartung, daß die Mitglieder wirklich Verantwortung zeigen werden.

- Es wird nichts gegen unwichtige oder konfuse Behauptungen eingewandt.
- Mitglieder wundern sich, daß man überhaupt sich mit einem solchen Problem befaßt.
- Vorschläge werden gemacht, sich einem anderen Problem zuzuwenden.
- Die Entscheidung scheint nicht wirklich wichtig zu sein.

● *Diagnose Nr. 2 des Problems*

Es kann sein, daß das Problem für die Mitglieder wichtig ist, aber es gibt Gründe, die sie veranlassen, einer Lösung des Problems auszuweichen, wie Interessenkonflikt oder Angst vor den Folgen.

Symptome, welche die Diagnose Nr. 2 nahelegen

- Es braucht lange Zeit, bis man überhaupt anfängt.
- Es gibt lange belanglose Unterhaltung, bevor man anfängt.
- Mitglieder sind zögernd und fühlen sich unbehaglich, das Problem überhaupt zu erörtern.
- Mitglieder betonen die schwerwiegenden Folgen von Fehlentscheidungen.
- Mitglieder entschuldigen sich für ihre Vorschläge und machen sie nur versuchsweise.
- Vorgeschlagene Lösungen werden oft als unrealistisch angegriffen.
- Abschieben der Entscheidung auf jemand anderes, oder wenigstens der Vorschlag, die Entscheidung einem anderen zu überlassen.
- Mitglieder bestehen darauf, daß sie zu wenig Informationen oder Fähigkeiten haben.
- Die Gruppe hat allgemein angenommene Regeln der Vorsicht im Handeln.
- Die Gruppe scheint unfähig zu sein, zwischen verschiedenen sich anbietenden Lösungen des Problems zu wählen.

● *Diagnose Nr. 3 des Problems*

Die Gruppe beherrscht nicht die angemessenen Verfahrensweisen für die Lösung ihrer Probleme.

Symptome, welche die Diagnose Nr. 3 nahelegen

- Keiner ist fähig, den ersten Schritt vorzuschlagen, wie man vorgehen soll.
- Mitglieder scheinen nicht fähig zu sein, bei einem bestimmten Punkt zu bleiben.

- Mitglieder scheinen einander mißzuverstehen oder einander nicht zu hören.
- Die gleichen Beiträge wiederholen sich immer wieder.
- Die Gruppe scheint unfähig zu sein, zu angemessenen Zusammenfassungen zu kommen.
- Der Erwägung möglicher Folgen wird wenig Aufmerksamkeit geschenkt.
- Es wird nur wenig versucht, die Tatsachen klar herauszufinden und entsprechende Hilfen zu benützen.
- Die Mitglieder weichen dauernd auf Randaufgaben aus.
- Mitglieder beschweren sich, daß die Gruppe eine unmögliche Aufgabe hat.
- Es formen sich dauernd Untergruppen, und es entwickeln sich viele private Diskussionen.
- Meinungsverschiedenheiten werden nicht aufgearbeitet und Entscheidungen werden nicht durchgeführt.
- Es wird vorgeschlagen, die Entscheidung irgendeinem Mitglied zu überlassen.

● *Diagnose Nr. 4 des Problems*

Die Mitglieder fühlen vielleicht, daß sie keine Möglichkeit haben, die endgültige Entscheidung mitzubestimmen.

Symptome, welche die Diagnose Nr. 4 nahelegen
- Es wird die Ansicht geäußert, daß jemand, der mehr Autorität besitzt, zugegen sein sollte.
- Es werden Entscheidungen getroffen, die ganz unrealistisch sind, und es zeigt sich ein großer Mangel an Verantwortungsbewußtsein für die Abwägung der Folgen der Entscheidungen.
- Es wird gesagt, daß die Entscheidung im Grunde ja doch nicht zählt, da der Führer der Gruppe oder jemand außerhalb der Gruppe diese Entscheidung ja doch nicht beachtet.
- Es wird kein Versuch gemacht, eine wirkliche Übereinstimmung unter den Mitgliedern zu erreichen, da es lediglich wichtig ist, daß der Führer zuhört und versteht, was gesagt wird.
- Die Diskussion konzentriert sich auf die Frage der Machtpositionen, entweder innerhalb der Gruppe mit Bezug auf den Führer, oder außerhalb der Gruppe; wobei das Hauptinteresse der Frage gilt, wer innerhalb der Organisation wirklich zählt.
- Zweifel werden geäußert, ob die ganze Arbeit an dem Problem nicht verlorene Liebesmühe ist.
- Am Schluß der Versammlung haben viele Mitglieder das Gefühl, daß sie zwar gute Ideen haben, aber sie scheinbar nicht richtig anbringen konnten.

● *Diagnose Nr. 5 des Problems*

Ein Konflikt zwischen einigen wenigen Mitgliedern der Gruppe erzeugt Interesselosigkeit in anderen.

Symptome, welche die Diagnose Nr. 5 nahelegen

— Zwei oder drei Mitglieder bestreiten die gesamte Diskussion, können jedoch nicht übereinstimmen.

— Es zeigt sich ein Konflikt zwischen starken Mitgliedern, ganz gleich was auch immer diskutiert wird.

— Stark hervortretende Mitglieder suchen gelegentlich Unterstützung von anderen, dominieren jedoch anderweitig die Diskussion.

— Die Entscheidungen werden nur von zwei oder drei Mitgliedern gefällt.

8.943 Unentschlossenheit

Unentschlossenheit bezieht sich auf Mängel im Verfahren, durch das Entscheidungen herbeigeführt werden sollen.

Allgemeine Symptome für Unentschlossenheit

— Furcht vor den Folgen der Entscheidung.

— Interessenkonflikte zwischen Gruppenmitgliedern.

— Persönliche Konflikte zwischen Gruppenmitgliedern.

— Methodische Fehler im Verfahren, durch das Entscheidungen getroffen werden sollen.

— Mangelhafte Führung im Verfahren, durch das Entscheidungen gefällt werden.

● *Diagnose Nr. 1 des Problems*

Es kann sein, daß eine Entscheidung voreilig gefordert wurde, oder daß die Entscheidung zu schwierig ist, oder daß die Gruppenkohäsion gering ist und daß die Gruppe sich selbst wenig zutraut.

Symptome, welche die Diagnose Nr. 1 nahelegen

— Die Gruppe schwingt vom Extrem zu voreiliger Entscheidungen zum anderen Extrem, daß sie kaum etwas entscheiden kann.

— Die Gruppe kommt beinahe zu einer Entscheidung, zögert aber im letzten Augenblick.

— Mitglieder fordern eine Definition und dann eine erneute Definition ganz unwichtiger Punkte.

— Die Diskussion wird abstrakt und theoretisch.

● *Diagnose Nr. 2 des Problems*

Das Problemgebiet, in dem Entscheidungen fällig sind, ist vielleicht bedrohlich für die Gruppe, sei es wegen unsicherer Konsequenzen, sei es aus Furcht vor der Reaktion anderer Gruppen, sei es aus Furcht vor Mißerfolg einzelner Mitglieder.

Symptome, welche die Diagnose Nr. 2 nahelegen

- Die Gruppe weiß gar nicht genau, was die Entscheidung ist.
- Es besteht Meinungsverschiedenheit, über welche Frage man sich wirklich einig geworden ist.
- Die Entscheidung wurde anscheinend gefällt, wird aber zum Schluß in Zweifel gezogen.
- Mitglieder weigern sich, Verantwortung zu übernehmen.
- Es werden dauernde Anstrengungen unternommen, die Entscheidung entweder einem Führer oder einer Untergruppe oder einer Außeninstanz zu überlassen.

(Aus: B r a d f o r d , P., S t o c k , Dorothy, H o r w i t z , M.: „How to diagnose Group Problems", Group Development. NTL (1961))

8.95 DAS UMGEHEN MIT KONFLIKTEN IN GRUPPEN

Der Sozialpsychologe Lewis A. Coser ist einer der frühesten Theoretiker zum heute allgegenwärtigen Thema Konflikt. Er beschreibt den sozialen Konflikt – also nicht den, der in der Person selbst ausgetragen wird – als einen Kampf um Werte, Status, Macht und Mittel. Es sei ein Kampf, in dem zuwiderlaufende Interessen sich neutralisieren, gegenseitig verletzen oder ausschalten. Er sei jedoch kein „negativer" Faktor in sozialen Gebilden; vielmehr könne er positive Funktionen im zwischenmenschlichen Bereich erfüllen: „Konflikt kann dazu dienen, trennende Elemente in einer Beziehung zu beseitigen und Einheit wiederherzustellen. Insoweit Konflikt eine Lösung von Spannungen bedeutet, hat er stabilisierende Funktionen und wird eine integrative Komponente der Beziehung." (Coser, 1972, Umschlagtext).

Es sei lediglich der Starre und Unbeweglichkeit sozialer Systeme zuzuschreiben, wenn Konflikte bedrohlich und zerstörend werden; der beste Schutz gegen das Destruktivwerden von Konflikten besteht in der Anerkennung, der Tolerierung, ja der Institutionalisierung von Konflikten. Eine Lösung von Konflikten sei jedoch nicht möglich, wenn Wertmaßstäbe und Verhaltensnormen innerhalb einer Gruppe allzu stark divergieren. Ein Interesse an der Lösung von Konflikten sei nur dann zu beobachten, wenn ein Interesse am Fortbestand der Gruppe selbst bestehe. Ungelöste Konflikte bedrohen nämlich den Bestand einer Gruppe.

In Gruppen äußern sich Konflikte häufig in Form von Opposition gegen die vorherrschende Richtung der Gruppe – anders ausgedrückt in einem Widerspiel zwischen Majorität und Minorität. Die folgende Reihe von Umgehensweisen mit Konflikten wird von Coser als zunehmende Reifung einer Gruppe bezeichnet. Dieses implizite Reifungsmodell kann man in Frage stellen: Manchmal ist auch die „unreifere" eine angemessenere Form der Lösung. Als eine Abfolge macht es Sinn.

1. Vermeidung

Die Gruppe bleibt an der Oberfläche, an der sich keine ernsthaften Konflikte entzünden können. Sie ignoriert die Opposition oder unterwirft sich ihr sofort; vorhandene Konflikte werden geleugnet, vertuscht und verdrängt.

2. Eliminierung

Das oder die opponierenden Mitglieder werden veranlasst, die Gruppe zu verlassen. Das kann geschehen durch Prügeln, Diffamieren, Spott, Kaltstellen und Ignorieren. Bei dieser Form des Umgangs wird der opponierende Teil der Gruppe genötigt, sich zurückzuziehen: „Wir geben auf", „Wir sind beleidigt", „Wir bilden unsere eigene Gruppe".

3. Unterdrückung

Die Gruppe widersteht der Opposition mit Gewalt, um sie damit aus der Welt zu schaffen. Die Majorität zwingt die Minorität zum Gehorsam. Die Minorität wird mit Mitteln der Gewaltanwendung beherrscht und in Angst und Abhängigkeit gehalten. Zumindest für einige Zeit unterwirft sich die schwächere Gruppe und gehorcht dem Druck der Macht. Häufig wachsen jedoch im Laufe der Zeit die Widerstände, Spannungen und Feinseligkeiten so stark an, daß es zur Revolte, zum Zerbrechen oder zum Zerfall der Gruppe kommt.

4. Zustimmung

Die Mehrheit herrscht und bestimmt zwar, aber die Minderheit leidet nicht unter dem Gefühl der Unterlegenheit und gibt ihre Zustimmung. Manchmal kann und darf sie sich – wie im demokratischen Modell – organisieren.

5. Allianz

Die streitenden Parteien geben nichts von ihrem Standpunkt oder Besitz auf, schließen aber aus Klugheit ein Bündnis, um ein bestimmtes, gemeinsames Ziel zu erreichen. Der Konflikt bleibt – meist, nicht immer – voll bewusst. Er wird sozusagen auf Eis gelegt, bis das intendierte Ziel erreicht ist. Nach Erreichung löst sich die Allianz meist auf. Bleibt die Gruppe zusammen und erweist der Konflikt sich dann noch unverändert aktuell, lebt er von Neuem auf.

6. Kompromiss

Sind die streitenden Parteien etwa gleich stark, macht jede Partei der anderen so viele Zugeständnisse, daß der Bestand der Gruppe nicht mehr gefährdet ist. Jede ist bereit, etwas von ihrem Vorteil aufzugeben, um das Problem zu lösen in der Hoffnung, daß am Ende für alle Beteiligten ein größerer Vorteil herausspringt

(Win-Win-Situation). Dabei kann es zu guten, aber auch zu faulen Kompromissen kommen; die Notwendigkeit zu den Zugeständnissen wird von den Beteiligten zwar eingesehen, löst aber oft nur wenig Befriedigung aus.

7. Integration

Diese Form der Konfliktlösung bezeichnet Coser als die reifste und die seltenste. Es findet sich aber gar nicht so selten, daß widersprechende Meinungen diskutiert, gegeneinender abgewogen und neu formuliert werden (durchaus im Sinne der Hegel´schen Synthese). Die Gruppe als Ganzes erarbeitet eine Lösung, die alle befriedigt und oft besser ist als alle vorangegangenen Teilvorschläge und Teilbedürfnisse. Hier kann der „Gruppenvorteil" spielen.

8. Transformation

Diese, von Coser nicht genannte Form heißt: Lernen mit den Konflikten zu leben, die nicht lösbar oder nicht zu beseitigen sind.

(Neufassung für die 9. Auflage nach Coser, 1972²)

8.96 ROLLENFUNKTIONEN IN DER GRUPPE

In jeder Gruppe entwickeln sich bestimmte Rollenfunktionen, die den unausgesprochenen Zielen der Gruppe dienen, damit diese ihre Arbeit fortsetzen kann. Es lassen sich dabei deutlich eine Reihe von Rollen herauskristallisieren, die sich aus der Bemühung des einzelnen ergeben, das jeweilige, entstehende soziale System einer Gruppe weiter zu entwickeln. Wir unterscheiden dabei zwischen Rollen, die vorwiegend *Aufgabenrollen* sind und solchen, die vorwiegend *Erhaltungs- und Aufbaurollen* sind. Darüber hinaus gibt es auch *Konflikt und Spannung anzeigende Rollen,* die gegen jede konstruktive Beteiligung an der Gruppenarbeit gerichtet scheinen.

8.961 Aufgabenrollen

1. *Initiative und Aktivität* = Lösungen vorschlagen, neue Ideen vorbringen, neue Definitionen eines gegebenen Problems versuchen, neues In-Angriff-Nehmen des Problems, Neu-Organisation des Materials.
2. *Informationssuche* = Frage nach genauerer Klärung von Vorschlägen, Forderung nach ergänzenden Informationen oder Tatsachen.
3. *Meinungserkundung* = Versuche, bestimmte Gefühlsäußerungen von Mitgliedern zu bekommen, die sich auf die Abklärung von Werten, Vorschlägen oder Ideen beziehen.
4. *Informationen geben* = Angebot von Tatsachen oder Generalisierungen. Verbinden der eigenen Erfahrung mit dem Gruppenproblem, um daran bestimmte Punkte und Vorgänge zu erläutern.
5. *Meinung geben* = Äußern einer Meinung oder Überzeugung, einen oder mehrerer Vorschläge betreffend, speziell eher hinsichtlich seines Wertes als der faktischen Basis.
6. *Ausarbeiten* = Abklären, Beispiele geben oder Bedeutungen entwickeln; Versuche, sich vorzustellen, wie ein Vorschlag sich auswirkt, wenn er angenommen wird.
7. *Koordinieren* = Aufzeigen der Beziehungen zwischen verschiedenen Ideen oder Vorschlägen; Versuch, Ideen oder Vorschläge zusammenzubringen; Versuch, die Aktivität verschiedener Untergruppen oder Mitglieder miteinander zu vereinigen.
8. *Zusammenfassen* = Zusammenziehen verwandter Ideen oder Vorschläge; Nachformulierung von bereits diskutierten Vorschlägen zur Klärung.

8.962 Erhaltungs- und Aufbaurollen

9. *Ermutigung* = Freundlichsein, Wärme, Antwortbereitschaft gegenüber anderen; andere und deren Ideen loben; Übereinstimmen und Annehmen von Beiträgen anderer.
10. *Grenzen wahren* = Versuch, einem anderen Gruppenmitglied einen Beitrag dadurch zu ermöglichen, daß andere darauf aufmerksam ge-

macht werden: z. B. „Wir haben von X noch gar nichts zu diesem Thema gehört", oder „Y wollte etwas sagen, erhielt aber nicht die Gelegenheit". Begrenzung der Sprechzeit für alle, um damit allen eine Chance zu geben, tatsächlich gehört zu werden.

11. *Regeln bilden* = Formulierung von Regeln für die Gruppe, die für Inhalt, Verfahrensweisen oder Entscheidungsbewertungen gebraucht werden sollen; Erinnerung der Gruppenmitglieder, Entscheidungen zu vermeiden, die mit den Regeln kollidieren.

12. *Folge leisten* = Den Gruppenentscheidungen folgen, nachdenklich die Ideen anderer annehmen und anhören, als Auditorium während der Gruppendiskussion dienen.

13. *Ausdruck der Gruppengefühle* = Zusammenfassung, welches Gefühl innerhalb der Gruppe zu spüren ist. Beschreiben der Reaktionen der Gruppenmitglieder, Mitteilung von Beobachtungen und unbewußten Reaktionen von Gruppenmitgliedern, geäußerten Ideen oder Lösungen gegenüber.

14. *Auswerten* = Überprüfen der Gruppenentscheidungen im Vergleich mit den Regeln; Vergleich der Bemühungen im Verhältnis zum Gruppenziel.

15. *Diagnostizieren* = Bestimmen der Schwierigkeitsquellen und der situationsgerechten nächsten Schritte; Analysieren der Haupthindernisse, die sich dem weiteren Vorgehen entgegenstellen.

16. *Übereinstimmung prüfen* = Versuchsweise nach der Gruppenmeinung fragen, um herauszufinden, ob die Gruppe sich einer Übereinstimmung für eine Entscheidung nähert. Versuchsballons loslassen, um die Gruppenmeinung zu testen.

17. *Vermitteln* = Harmonisieren, verschiedene Standpunkte miteinander versöhnen, Kompromißlösungen vorschlagen.

18. *Spannung vermindern* = Negative Gefühle durch einen Scherz ableiten, beruhigen, eine gespannte Situation in einen größeren Zusammenhang stellen.

Diese Rollen sind keineswegs fest auf ein und dieselbe Person verteilt. Vielmehr wechseln sie ähnlich wie Führung, Aktivität und Widerstand. *Alle die obengenannten Rollenfunktionen sind zugleich Führungsfunktionen.*

8.963 Rollen, die Spannung anzeigen

19. *Aggressives Verhalten* = Arbeiten für den eigenen Status, indem andere kritisiert oder blamiert werden; Feindlichkeitsäußerungen gegen die Gruppe oder einzelne Mitglieder; Herabsetzen des Selbstwertes oder des Status anderer Mitglieder; Versuch, ständig zu dominieren.

20. *Blockieren* = Die Weiterentwicklung der Gruppe durchkreuzen durch Ausweichen auf Randprobleme; Angebot persönlicher Erfahrungen, die nichts mit dem vorliegenden Problem zu tun haben; hartnäckige Argumentation zu einem einzigen Punkt; Abweisung von Ideen ohne jede Überlegung aus affektiven Vorurteilen.

21. *Selbstgeständnisse* = Benützen der Gruppe als Resonanzboden für rein persönliche, nicht an den Gruppenzielen orientierte Gefühle oder Gesichtspunkte.

22. *Rivalisieren* = Mit anderen um die produktivsten oder besten Ideen zanken, ständig am meisten sprechen, die größte Rolle spielen, die Führung an sich reißen.

23. *Suche nach Sympathie* = Versuch, andere Gruppenmitglieder zur Sympathie mit den eigenen Problemen und Mißgeschicken zu verleiten; die eigene Situation verwirrend darstellen oder die eigenen Ideen so erniedrigen, daß auf diese Weise Unterstützung durch andere erreicht werden soll.

24. *Spezialplädoyer* = Einführung oder Unterstützung von Vorschlägen, die mit eigenen, eingeengten Bedenken oder Philosophien verbunden sind. Hierher gehört auch das Lobbyistenverhalten.

25. *Clownerie* = Jux veranstalten, Witzeln, Nachäffen, um die Arbeit der Gruppe möglichst immer wieder zu unterbrechen.

26. *Beachtung suchen* = Versuche, die Beachtung auf sich zu ziehen, durch lautes und ausgiebiges Reden, extreme Ideen oder ungewöhnliches Verhalten.

27. *Sich zurückziehen* = Überwiegend indifferentes, passives Verhalten, beschränkt auf äußerste Formalität; Tagträumen; Unsinn machen; mit anderen flüstern, vom Thema weit abweichen.

Bei den Spannungsrollen muß man sich vor der Tendenz in jeder Gruppe hüten, andere oder sich selbst zu beschuldigen, bei denen vorübergehend dieses Verhalten auftritt. Es ist sinnvoller, solches Verhalten als Symptom dafür wahrzunehmen, daß es um die Fähigkeit der Gruppe schlecht bestellt ist, individuelle Bedürfnisse ausreichend durch gruppenzentrierte Arbeit zu befriedigen. Hinzu kommt, daß die Aspekte zu einzelnen Verhaltensweisen individuell verschieden sein können. So kann unter Umständen ein zunächst aggressiv erscheinender Beitrag auf durchaus positive Weise die Luft reinigen und einer Gruppe neue Impulse geben.

Als *Regel* kann man annehmen, daß jede Gruppe besser und erfolgreicher arbeiten kann, wenn ihre Mitglieder

- sich der jeweils erforderlichen Rollenfunktion besser bewußt werden,
- sensibler und bewußter das Erforderliche tun, um das Gewünschte tatsächlich zu erreichen, und
- ein Selbsttraining beginnen, um den Umfang ihrer Rollenfunktionen zu prüfen und die Fähigkeit einzuüben, sie tatsächlich zu erfüllen.

(Entnommen aus B r o c h e r, T. (1967), S. 137 f; erweitert nach D e u t s c h, M. in: C a r t w r i g h t, D., Z a n d e r, A. (1960^2) und B e n n e, K. S h e a t s, P. (1948). Auch in N y l e n, D. et al. (1967). Übung dazu in P f e i f f e r, J. W. J o n e s, J. E. II (1970).

Beratungstechnik

9.0 EINLEITUNG

Das skill-training, d. h. Üben von gewissen berufsbezogenen Fertigkeiten, nimmt bei N y l e n , D. et al. (1967) einen großen Raum ein. Es sind dort Übungen zur Schulung der Fertigkeit in Leitung von Gremien, der Behandlung von Personal etc. dargestellt. — Hier wird lediglich *eine* Gruppe von skills exemplarisch behandelt: Die Fähigkeiten, die dazu nötig sind, als Berater zu arbeiten. Diese Auswahl ist nicht zufällig, sie spiegelt ein wesentliches Interesse des Verfassers, das in der Zusammenarbeit mit Lehrenden und Dozenten entwickelt wurde. Der Verfasser teilt die Meinung von Carl R o g e r s , daß es das primäre Ziel eines Lehrers sein müsse, sich überflüssig zu machen. Diese Haltung scheint mit den Mitteln der Gruppendynamik angehbar zu sein. — Dieses Kapitel ist weiterhin dadurch bestimmt, daß der als gruppendynamischer Trainer Tätige in seinen verschiedenen Trainerrollen als auch in der Rolle des Supervisors solche Techniken selbst benötigt.

Beratungstechnik (vgl. 9.91) ist hier in dem Sinne verstanden, daß der Berater die Fähigkeit besitzt, den Klienten seine individuellen oder institutionellen Probleme artikulieren zu lassen, zuzuhören und richtige Fragen stellen zu können, durch die der Klient in die Lage versetzt wird, selbst Problemlösungen zu entwickeln. Diese können dann gemeinsam mit dem Berater kritisch geprüft werden. Als erster Schritt für das Training der Beratungstechnik kann wiederum der kontrollierte Dialog (3.5) sehr gut verwendet werden. Gute Hinweise für die Gesprächsführung finden sich in K e l b e r e r, M. (1970[9]). — Die Übung Hilfe suchen — Hilfe geben (9.1) spricht das Niveau realer institutionell-persönlicher Probleme an; die Übungen Beratungsstelle (9.2) operieren alle mit einer hidden agenda, die nur aufgedeckt wird, wenn es dem Berater durch sachgerechtes Verhalten gelingt, das Vertrauen des Klienten zu erwerben. Durch den Rollenspielcharakter ist eine gute Distanzierung von realen eigenen Problemen möglich, die das Augenmerk mehr auf die Technik des Gesprächsablaufes zentriert. — Übungsmodelle für Gruppen- und Teamberatung fehlen hier zwar, das Modell der Dreiergruppenübung läßt sich aber relativ leicht auf Gruppensituationen umschreiben. In einer Jugendgruppenleiter-Schulung war statt des einen Klienten eine Gruppe mit verschiedenen Rollen vorgegeben, die mit dem Berater ein gemeinsames Gruppenproblem bearbeiten wollten. — Auch tatsächlich bei Teilnehmern einer Veranstaltung vorhandene Problemfälle können in Rollenspielform unter Hinzuziehung eines Beraters bearbeitet werden. Sie ermöglichen dem Betroffenen ein Feed Back dadurch, daß die Rollenspieler auf Problemlösungen kommen, die ihm selbst, in institutionellen Bindungen verhaftet, kaum möglich sind. — Die Übung Annahme — Ablehnung (9.3) ist unter dem Doppelaspekt zu sehen, daß auf der einen Seite akzeptierendes oder ablehnendes Verhalten einer zu beratenden Gruppe das Verhalten des Beraters selbst konditioniert, ihn auf der anderen Seite aber vor die Aufgabe stellt, mit solchen Situationen konstruktiv umgehen zu können.

Stichworte	BERATUNGSTECHNIK, FEED BACK — **9.1**
Titel	Hilfe suchen — Hilfe geben
Ziel	Vertiefung des Feed Back; Lösung individueller, nicht in der Gruppe zu bearbeitender Fragen; Praxis und Training der Fallberatungstechnik
Indikation	Als „Aufräumer" gegen Ende aller Arten von Labs; aber auch zu beliebigen Zeitpunkten
Übungstyp, Beteiligte	Dreierübung mit Rollen-Rotation; alle Teilnehmer der Gruppe oder des Labs; Anzahl möglichst durch 3 teilbar!
Durchführung	1. Aufteilung in Dreiergruppen (ggf. mit Steuerung zur Vermeidung ungeeigneter Kombinationen) 2. Austeilen der Instruktion (9.11) 3. Je 15' Gespräch bei dreifacher Rotation 4. Gemeinsame Diskussion über *formale* Durchführung der Gespräche (gut: nur 2–3 Gruppen zusammen diskutieren lassen)
Dauer	1½ Std.
Unterlagen, Material	Pro Teilnehmer 1 Instruktionsblatt (9.11)
Geeignete papers	Das Beratungsgespräch (9.91)
Autor	In dieser Form S b a n d i, P., V o g l, A.; ähnliche Durchführung in N y l e n, D. et al. (1967) S. 171 ff. und in P f e i f f e r, J. W., J o n e s, J. E. II (1970): verbal exercises within groups — helping pairs
Literatur, Erfahrungen	Geeignet nach der Durchführung des kontrollierten Dialogs (3.5) und/oder Beratungsstelle (9.2)
Auswertungshilfen	Vgl. Beratungsstelle (9.2)
Variationen	Inhaltliche Bestimmung möglich mit Vorgabe von gruppenrelevanten Problemen
Analoga	Kontrollierter Dialog (3.5), Beratungsstelle (9.2)

9.11 INSTRUKTIONEN ZUR ÜBUNG ‚HILFE SUCHEN — HILFE GEBEN'

Aufteilung der Teilnehmer in Dreiergruppen (Person A, B, C).

Je eine Person (A) dieser Gruppen trägt B ein bedeutsames Problem eines zwischenmenschlichen Verhältnisses in seinem Arbeitsbereich vor, um von B Hilfe zu erbitten. — A überlegt sich für ein paar Minuten ein bestimmtes Problem, das folgende Voraussetzungen erfüllt:

- Es ist ein Problem, das A direkt berührt und für ihn wichtig ist.
- Es ist ein Problem, das gegenwärtig ungelöst ist.
- Es ist ein Problem, mit dem A etwas anstellen will.
- Es ist ein zwischenmenschliches Problem, d. h. es berührt A und sein Verhältnis zu einer oder mehreren anderen Personen.

B versucht, durch das Gespräch so gut wie möglich Hilfe zu geben.

C stoppt die Zeit und beobachtet das Gespräch stillschweigend, ohne sich einzuschalten im Hinblick darauf, ob:

- ein persönliches und zwischenmenschliches Problem vorgebracht wird
- das Problem genügend klar und für B verständlich formuliert wird
- B auf das Problem eingeht und eine echte Hilfe bietet
- A mit der Antwort zufrieden ist und das Gefühl hat, daß ihm geholfen ist.

Das einzelne Gespräch dauert je 15' (insgesamt dreimal), nach 15' Rollenwechsel, so daß jeder Teilnehmer einmal auch als Beobachter fungiert.

Nach 45' Treffen zur gemeinsamen Diskussion über die Durchführung der Gespräche (nicht über die Themen oder Inhalte!).

NOTIZEN:

Stichworte	BERATUNGSTECHNIK, ROLLENSPIEL	**9.2**
Titel	Beratungsstelle	
Ziel	Sammeln von Erfahrungen in den Rollen des Beraters, des Beratenwerdens und des Beobachters; Training in Fallberatungstechnik: Zuhören und Fragen formulieren lernen	
Indikation	Besonders in Labs (Sens.-Training) mit Angehörigen beratender Berufe; wichtig im Zusammenhang mit Feed Back	
Übungstyp, Beteiligte	Übung in Dreiergruppen, innerhalb oder zwischen bestehenden Gruppen. Teilnehmerzahl möglichst durch 3 teilbar	
Durchführung	1. Aufteilung in Dreiergruppen und Funktionsverteilung 2. Getrennte Ausgabe der jeweiligen Instruktionen (9.211 und 9.212 bzw. entsprechend 9.22, 9.23, 9.24). 3. 20′ Beratungsgespräch mit Beobachtung 4. Gemeinsame Auswertungsdiskussion; geeignet in 2–3 Dreiergruppen	
Dauer	$3/4$ Std.	
Unterlagen, Material	Für jede Dreiergruppe: 1 Instruktionsblatt (9.211 bzw. folgende), 2 Instruktionsblätter (9.212), 1 Beobachtungsbogen, herzustellen nach 9.91	
Geeignete papers	Das Beratungsgespräch (9.91)	
Autor	Design Sbandi, P., Vogl, A., (9.21 und 9.22); ähnlich in Antons, K., Enke, E., Malzahn, P., v. Troschke, J., (1971) (9.23 und 9.24).	
Literatur, Erfahrungen	Maier, N. R. F. et al. (1957), Shaw, M. E. (1967), Corsini, R. J. et al. (1961)	
Auswertungshilfen	s. 9.91	
Variationen	Geeignete Fälle können konstruiert werden; entweder Verteilen verschiedener Problemfälle auf verschiedene Dreiergruppen oder sukzessive Rotation der Rollen mit verschiedenen Problemfällen	
Analoga	Kontrollierter Dialog (3.5); Hilfe suchen – Hilfe geben (9.1); Geeignet: Abfolge von 3.5, 9.1 und 9.2	

9.21 INSTRUKTIONEN ZUR ÜBUNG BERATUNGSSTELLE

9.211 Beratungsstelle: Instruktionen für den Berater (B)

1. Aufteilung der Teilnehmer in Dreier-Gruppen: eine Mutter (A), eine Erziehungsberaterin (B), ein Beobachter (C).
2. Die Mutter kommt mit ihrem Problem zur Erziehungsberaterin, um von ihr Hilfe zu erbitten.
3. Gesprächsdauer 20'; die Zeit wird vom Beobachter des Gesprächs (C), der schweigend dabeisitzt, gestoppt.
4. Nach 20' Treffen aller Teilnehmer zur gemeinsamen Diskussion (10').

9.212 Beratungsstelle: Instruktionen für Mutter und Beobachter (A und C)

Durchführung:

1. Aufteilung der Teilnehmer in Dreier-Gruppen: eine Mutter (A), ein(e) Erziehungberater(in) (B), einen Beobachter (C).
2. Die Mutter kommt mit ihrem Problem zur Erziehungsberaterin, um von ihr Hilfe zu erbitten.
3. Gesprächsdauer 20'; die Zeit wird vom Beobachter des Gesprächs (C), der schweigend dabeisitzt, gestoppt.
4. Nach 20' Treffen aller Teilnehmer zur gemeinsamen Diskussion (10').

Das Problem:

Die 16jährige Tochter der Mutter wurde von der Polizei aufgegriffen, die sie herumstreunend fand. Der Mutter wurde gesagt, wenn dies noch einmal vorkäme, müßte die Tochter in ein Erziehungsheim. Die Mutter kommt nun in ihrer Sorge zur Erziehungsberaterin, um von ihr beratende Hilfe zu erbitten.

Der Hintergrund des Problems ist dieser: Die geschiedene Mutter wird von einem Freund häufig besucht, den sie auch heiraten möchte. In der letzten Zeit entdeckte die Mutter, daß ihre Tochter Gefallen an ihrem eigenen Freund gefunden hat und die beiden intime Beziehungen miteinander haben.

Diese Hintergründe ihres Problems erzählt sie der Beraterin (B) jedoch nur, wenn es B gelingt, ihr Vertrauen einzuflößen.

C beobachtet das Gespräch:

- hinsichtlich der Geschicklichkeit der beiden Gesprächspartner, dem Problem auf den Grund zu kommen;
- ob es gelingt, eine Atmosphäre des Vertrauens zu schaffen, um ganz offen sprechen zu können;
- ob A mit der von B angebotenen Hilfe zufrieden ist.

C stoppt auch die Gesprächszeit von 20'.

9.221 Vorgesetzter — Untergebener: Instruktionen für den Vorgesetzten (B)

Durchführung:

1. Aufteilung der Teilnehmer in Dreier-Gruppen: ein Untergebener (A), ein Vorgesetzter (B), ein Beobachter (C).
2. Der Untergebene wird vom Vorgesetzten zu sich zu einer Unterredung vorgeladen.
3. Gesprächsdauer 20'; die Zeit wird vom Beobachter (C) gestoppt, der schweigend das Gespräch verfolgt.
4. Nach 20' Treffen zur gemeinsamen Diskussion (10').

Das Problem:

Dem Vorgesetzten ist aufgefallen, daß der sonst sehr verläßliche und anerkannte Untergebene in seiner Arbeitsleistung plötzlich nachgelassen hat, einen müden, abgespannten Eindruck macht, obwohl er erst kürzlich seinen Urlaub genommen hat.
(Anmerkung: Der Vorgesetzte hat keine Möglichkeit, ihm noch einen Zusatzurlaub oder Geld anzubieten.)
Um der Ursache auf den Grund zu gehen, bittet er den Untergebenen zu einer Aussprache zu sich.

9.222 Vorgesetzter — Untergebener: Instruktionen für Untergebenen und Beobachter (A und C)

Durchführung:

1. Aufteilung der Teilnehmer in Dreier-Gruppen: ein Untergebener (A), ein Vorgesetzter (B), ein Beobachter (C).
2. Der Untergebene wird vom Vorgesetzten zu sich zu einer Aussprache vorgeladen.
3. Gesprächsdauer 20'; die Zeit wird vom Beobachter (C) gestoppt, der schweigend das Gespräch verfolgt.
4. Nach 20' Treffen zur gemeinsamen Diskussion (10').

Das Problem:

Der Untergebene kann seiner Dienstleistung nicht mehr so gut nachkommen wie früher: Er fühlt sich müde, überfordert, urlaubsbedürftig. Der Urlaub ist jedoch erst kürzlich genommen worden. Dieser Zustand fällt seinem Vorgesetzten auf, der ihn deshalb zu einer Unterredung zu sich ladet.
Der Hintergrund des Problems ist: Der 15jährige Sohn des Untergebenen arbeitet in einer Bäckerlehrstelle. Der Bäcker war bisher immer voll des Lobes über diesen Sohn. Eines Tages muß er dem Vater eröffnen, daß der Sohn einen Geldbetrag von DM 5 000,— anstatt zur Post zu tragen, entwendet und auch bereits verbraucht hat. Der Bäcker ist nicht in der Lage, län-

gere Zeit auf dieses Geld zu verzichten. Um dem Sohn zu helfen und ihm eine Anzeige zu ersparen, nimmt der Vater neben seiner Berufstätigkeit verbotenerweise Nachtarbeit als Kellner an.

Diese Hintergründe erzählt der Untergebene dem Vorgesetzten jedoch nur, wenn es diesem gelingt, ihm Vertrauen einzuflößen.

C beobachtet das Gespräch:

- hinsichtlich der Geschicklichkeit der beiden Gesprächspartner, dem Problem auf den Grund zu kommen;
- ob es gelingt, eine Vertrauens-Atmosphäre zu schaffen, um ganz offen sprechen zu können;
- ob A mit der von B angebotenen Hilfe zufrieden ist.

C stoppt die Gesprächszeit von 20'.

9.231 Sprechstunde: Instruktionen für den Patienten und den Beobachter

Durchführung:

1. Aufteilung der Teilnehmer in Dreiergruppen: ein Patient (Herr Wolf), ein Arzt (Dr. Fuchs), ein Beobachter.
2. Sie sind Herr Wolf. Sie sind verheiratet und haben drei Kleinkinder. Vor sieben Wochen haben Sie sich bei der Arbeit den rechten Unterarm gebrochen. Vor zehn Tagen wurde der Gips entfernt. Dr. Fuchs — Ihr Hausarzt — hatte Sie auf Ihre Bitte statt sieben Tage noch zehn Tage krankgeschrieben. Heute sind Sie einbestellt, um gesundgeschrieben zu werden. Sie wollen dagegen noch eine weitere Woche krankgeschrieben bleiben. Ihre Frau ist an einer hartnäckigen Grippe erkrankt und ist zu schwach, um aufzustehen und die kleinen Kinder zu versorgen. Da Sie niemanden haben, der Ihnen helfen kann, wollen Sie noch eine Woche zu Hause bleiben und die Familie versorgen. Ihren Jahresurlaub haben Sie leider schon gehabt. Ihre Frau war mit Dr. Fuchs unzufrieden und ist seit einem Jahr bei Frau Dr. Gans in Behandlung.
3. Gesprächsdauer 20'; die Zeit wird vom Beobachter des Gesprächs, der schweigend dabeisitzt, gestoppt.
4. Nach 20' Treffen aller Teilnehmer zur gemeinsamen Diskussion (10').

9.232 Sprechstunde: Instruktionen für den Arzt

Durchführung:

1. Aufteilung der Teilnehmer in Dreiergruppen: ein Patient (Herr Wolf), ein Arzt (Dr. Fuchs), ein Beobachter.
2. Sie sind Dr. Fuchs. In Ihre Sprechstunde kommt Herr Wolf, dessen Hausarzt Sie sind. Seine Frau haben Sie seit ungefähr einem Jahr nicht mehr gesehen, aber Herr Wolf kommt öfters wegen seiner Rückenschmerzen. Jetzt ist er wegen eines Arbeitsunfalles bei Ihnen in Behandlung. Er

hatte sich vor sieben Wochen den rechten Unterarm gebrochen. Vor zehn Tagen haben Sie den Gips entfernt und den Mann auf sein Bitten — statt einer Woche — zehn Tage krankgeschrieben. Heute ist Herr Wolf zum Gesundschreiben einbestellt.

Heute früh hat der Arbeitgeber von Herrn Wolf angerufen und nachgefragt, wann dieser endlich wieder zur Arbeit käme. Er wäre an einer sehr wichtigen Maschine, die durch sein Fehlen außer Betrieb bleiben müsse.

3. Gesprächsdauer 20'; die Zeit wird vom Beobachter des Gesprächs, der schweigend dabeisitzt, gestoppt.
4. Nach 20' Treffen aller Teilnehmer zur gemeinsamen Diskussion (10').

9.241 Sprechstunde: Instruktionen für die Patientin und den Beobachter

Durchführung:

1. Aufteilung der Teilnehmer in Dreiergruppen: eine Patientin (Frau Hirsch), ein Arzt (Dr. Fuchs), ein Beobachter.
2. Sie sind Frau Hirsch. Sie sind verheiratet und haben zwei Kinder im Alter von drei und fünf Jahren. Sie haben festgestellt, daß Sie wieder schwanger sind. Sie haben Angst vor dieser Schwangerschaft und davor, daß das Kind auf die Welt kommt; deshalb möchten Sie die Schwangerschaft unterbrechen lassen.

   Der Hintergrund des Problems ist folgender: Ihr Mann ist ein chronischer Trinker, der Sie oft mißhandelt. Das Kind ist im Rausch gezeugt, und Sie haben Angst, das Kind könnte geschädigt sein. Außerdem tragen Sie sich mit dem Gedanken, die Ehe aufzulösen, weshalb Sie nicht noch ein Kind gebrauchen können. Diese Hintergründe des Problems erzählen Sie Dr. Fuchs jedoch nur, wenn es ihm gelingt, Ihnen Vertrauen einzuflößen.
3. Gesprächsdauer 20'; die Zeit wird vom Beobachter des Gesprächs, der schweigend dabeisitzt, gestoppt.
4. Nach 20' Treffen aller Teilnehmer zur gemeinsamen Diskussion (10').

9.242 Sprechstunde: Instruktionen für den Arzt

Durchführung:

1. Aufteilung der Teilnehmer in Dreiergruppen: eine Patientin (Frau Hirsch), ein Arzt (Dr. Fuchs), ein Beobachter.
2. Die Patientin kommt mit einem Problem zu Ihnen, um von Ihnen Hilfe zu erbitten.
3. Gesprächsdauer 20'; die Zeit wird vom Beobachter des Gesprächs, der schweigend dabeisitzt, gestoppt.
4. Nach 20' Treffen aller Teilnehmer zur gemeinsamen Diskussion (10').

NOTIZEN:

Stichworte	BERATUNGSTECHNIK, HIDDEN AGENDA, GRUPPENDRUCK **9.3**
Titel	Annahme — Ablehnung
Ziel	Erleben, in einer angenommenen bzw. abgelehnten Rolle zu sein; Aufmerksamkeit der Teilnehmer für Gefühle und Bedürfnisse anderer Personen; Diagnose von sozialen Lernprozessen
Indikation	Zur Förderung der Integration von Gruppen, z. B. bei Auftreten von Sündenbock-Verhalten; universell geeignet
Übungstyp, Beteiligte	Rollenspiel für 8—10 Teilnehmer mit Rollenverteilung; größere Gruppen unterteilen
Durchführung	Siehe 9.31 — Anmerkung: Der thematische Bereich der Beratung kann sowohl aus der Veranstaltung als auch aus den beruflichen Situationen der Teilnehmer genommen werden
Dauer	1 Std.
Unterlagen, Material	Keine
geeignete papers	Das Beratungsgespräch (9.91); kann zur Instruktion der Berater verwandt werden
Autor	N y l e n , D. et al. (1967) S. 121 ff.
Literatur, Erfahrungen	In: A n t o n s , K., E n k e , E., M a l z a h n , P., v. T r o s c h k e , J. (1971), M i l l s , J. (1969) Kap. 13
Auswertungshilfen	Inwieweit wirken Annahme und Ablehnung als Konditionierungsmaßnahmen im Sinne von Belohnung und Bestrafung? Welche Empfindungen hatten die Berater? Vergleich der Situationen? Reaktionen auf Gefühle des Angenommenseins — Abgelehntwerdens? Was hat Berater getan, um die Situation zu verändern?
Variationen	Übung kann abgewandelt werden, indem der eine Berater höheren Status zuerkannt bekommt, während der andere unbedeutend ist. Wird diese Übung jedoch überstrukturiert, verliert sie leicht an Wirkung.
Analoga	Asch-Experiment (7.1); Hilfe suchen — Hilfe geben (9.1) Status-interaction study, in: P f e i f f e r , J. W., J o n e s , J. E. II (1970)

9.31 INSTRUKTIONEN ZUR ÜBUNG ANNAHME – ABLEHNUNG

1. Der Übungsleiter schafft mit der Gruppe eine Situation, in welcher ein Komitee die Hilfe von zwei Beratern erbittet. Es soll eine Situation geschaffen werden, in der die Gruppe zusammenkommt, um einen Plan aufzustellen, und in der sie gute Gründe hat, Fachleute zur Beratung heranzuziehen. Möglichst eine Situation, mit der sich die Teilnehmer leicht identifizieren können.

2. Festlegung von Einzelheiten, wie Ort der Versammlung, wer die Versammlung einberuft, wer teilnimmt, die sachlichen Inhalte der Diskussion.

3. Die Gruppe wählt zwei Berater, die den Raum verlassen.

4. Instruktion der Fallberater außerhalb des Raumes. Sie sollen zu der Gruppe zurückkehren und versuchen, die größtmögliche Hilfe zu leisten. Hilfe geben, daß sie sich in die Situation hineindenken können, evtl. mit paper 9.91.

5. Die Mitglieder der Gruppe bestimmen einen der beiden Berater als begünstigten Besucher, den anderen als abgelehnten Besucher. Der begünstigte Besucher muß jedwede Aufmerksamkeit erhalten und das Gefühl bekommen, daß er erwünscht und wichtig ist. Alle Fragen und Bemerkungen müssen an ihn gerichtet sein. – Der abgelehnte Besucher muß mit aller Höflichkeit behandelt, jedoch soviel als möglich ignoriert werden. An ihn sollen keine Fragen gerichtet werden. Wenn er Bemerkungen macht, sollen sie nicht aufgegriffen werden. Die Mitglieder können jedoch freundlich lächeln, wenn er eine Bemerkung macht, sollen in keiner Weise andeuten, daß sie die Meinung des abgelehnten Besuchers später noch einmal aufgreifen wollen oder ihn überhaupt konsultieren wollen.

6. Die Berater werden hereingebeten, 20–30′ Beratungssituation, die möglichst von zwei Beobachtern beobachtet wird.

7. Abbruch der Übung, wenn genügend Material für die Diskussion gesammelt ist oder bis die beiden Besucher ahnen, welche Instruktion die Gruppe erhalten hat.

NOTIZEN:

9.9 PAPERS

9.91 DAS BERATUNGSGESPRÄCH

9.911 Es sind verschiedene *Formen des Beratungsgesprächs* zu unterscheiden, die in der Realität nicht immer klar voneinander zu trennen sind:

- In der *Fallberatung* (consultation) akzeptiert der Berater die Person des Klienten so wie sie ist und befaßt sich vorwiegend mit der Rolle dieser Person und den Problemen, die sich für ihn aus dieser bestimmten Rolle ergeben haben.
- In der *persönlichen Beratung* (counselling) befaßt sich der Berater vorwiegend mit der Person des Klienten und den Problemen, die sich daraus ergeben haben, weil er so ist, wie er ist.
- In der *Fachberatung* (advising) befaßt sich der Berater vorwiegend mit einem bestimmten Sachproblem, das der Klient hat. Er versucht, die Eigenart dieses Problems zu bestimmen und schlägt entsprechende Maßnahmen zu seiner Lösung vor.

9.912 *Probleme des Klienten,* die verstärkt werden können oder unter Umständen überhaupt erst auftreten durch ungünstiges Verhalten des Beraters, sind folgende:

- Kampf um Selbständigkeit
- Angst vor der eigenen Verantwortung
- Scham, ein tabuisiertes Thema zur Sprache zu bringen
- Erwartung, vom Berater sofort eine passende Lösung zu erhalten
- Klient hört nicht zu
- Klient teilt dem Berater nicht alle Fakten mit, da der Berater nicht danach fragt
- Ressentiments des Klienten gegenüber dem Berater
- Klient redet immer um das eigentliche Problem herum.

9.913 *Probleme des Beraters* können sein:

- Identifizierung des Beraters mit dem Klienten — kein Abstand
- Falsche Einschätzung der eigenen Bedeutung und Kompetenz
- Unterschätzung der Problematik
- Argumentation von Berater und Klienten auf theoretischer Ebene
- Negierung des emotionalen Bereiches

- Berater gibt Richtlinien und technische Anweisungen zur praktischen Lösung des Problems („seien Sie zurückhaltend"), statt die gefühlsmäßige Einstellung des Klienten zum Problem zu beachten und zu bearbeiten
- Versuch des Beraters, den Klienten zu überreden, eine vom Berater vorgeschlagene Lösung zu akzeptieren
- Geben von falschen Beispielen durch Mißverstehen des Problems

9.914 *Geeignete und anzustrebende Verhaltensweisen des Beraters* sind:

- Herstellung gegenseitigen Vertrauens
- Systematisches Erfragen differenzierter Fakten und Feststellen aller wichtigen Tatsachen ohne Verhörcharakter
- Zuhören, Hinhören und Zwischenfragenstellen auf beiden Seiten — exakte Wahrnehmung
- Suchen von Begründungen und Vermeidung von Urteil, Beurteilung und Verurteilung
- Zusammenarbeit in der Problemabgrenzung
- Gefühlsreaktionen des Klienten beachten — die des Beraters und die des Klienten — besonders in der Abgrenzung des eigentlichen Problems.
- Gemeinsame Diagnose des Problems, Findenlassen durch Helfen, Nachfragen und konstantes Vertiefen des bereits Geklärten
- Sammlung und Bearbeitung von Gefühlen und gefühlsmäßigen Einstellungen des Klienten zu einbezogenen dritten Personen. Nicht über dritte Personen reden; allenfalls fragen oder klären, ob der Gesprächspartner anderen Personen gegenüber gleiche oder ähnliche Gefühle hätte.
- Scheinbar nebensächliche Aussagen des Klienten sammeln und auswerten, aber nicht gegen den Klienten gebrauchen (präverbale Äußerungen, Schweigen, langes Nachdenken, spontane Reaktionen, mimische und gestische Äußerungen)
- Sprechdauer des Beraters kontrollieren — der Klient soll sprechen
- Fehler des Klienten nicht beurteilen, sondern fragen und nachfragen, warum er sich so äußert und verhält
- Verhalten des Beraters kontrollieren: Äußeres, Stimme, Haltung, Störungen und Beunruhigungen.

9.915 L i p p i t t (1959) empfiehlt, daß ein *Berater zur Prüfung seiner Rolle sich folgende Fragen stellt:*

- Worin scheint die Schwierigkeit beim Klienten zu bestehen? Woher kommt dieses Problem? Was macht es zum Problem?

- Aus welchen Motiven beteilige ich mich als Berater an diesem Hilfsprozeß? Warum habe ich den Wunsch, an Veränderungen mitzuwirken?
- Was scheinen die gegenwärtigen sowie die potentiellen Motive des Klienten für Veränderungen und gegen Veränderungen zu sein?
- Welche Voraussetzungen bringe ich als Berater mit, um die Art von Hilfe geben zu können, die nötig erscheint oder die sich im Laufe des Beratungsprozesses als nötig erweisen kann?
- Welche vorbereitenden Schritte sind nötig, um eine Beratungsbeziehung anzubahnen und zu entwickeln?
- Wie nehme ich als Berater in den verschiedenen Phasen des Veränderungsprozesses Führung wahr, bzw. wie passe ich mich der Situation an?
- Wie fördere ich die Fähigkeit zu kreativer kontinuierlicher Veränderung im Klientensystem?

9.916 *Hinweise für Beobachter* von Beratungssituationen:

- Versuchen Sie, unbemerkt zu bleiben und sich so wenig wie möglich einzumischen.
- Stellen Sie sich während des Interviews oft die Frage: Was geht zwischen dem Klienten und dem Berater vor sich?
- Wie aufmerksam hören Berater und Klient einander an?
- Was tut der Berater, um ein gutes Verhältnis zu etablieren?
- Helfen seine Bemerkungen dem Klienten, sich frei zu äußern?
- Beschäftigt der Klient sowohl als der Berater sich ausschließlich mit der Definition und dem Verständlichmachen des Problems und seiner Ursachen, ehe sie versuchen, Lösungen ausfindig zu machen?
- Wenn Sie Ihre Beobachtungen mitteilen, teilen Sie sie so mit, daß sie den Klienten und den Berater anspornen, über Ihre Beobachtungen nachzudenken und darüber zu sprechen.
- Beschreiben Sie das Verhalten des Klienten und des Beraters möglichst genau.
- Achten Sie außerdem darauf, wie Sie selbst während der Beobachtung gefühlsmäßig reagieren – notieren Sie sich gegebenenfalls Ihre eigenen Empfindungen.
- Bringen Sie Ihre Verhaltensbeobachtungen und Ihre eigenen spontanen Gefühle in kurzer Form vor.
- Halten Sie sich in Ihrem Beitrag an das, was Sie beim Gespräch beobachtet haben, und schweifen Sie nicht von der beobachteten Situation ab. Es ist wenig nützlich, wenn Sie Ihre Überlegungen und Ihre Vermutungen über mögliche Motive der Gesprächspartner vorbringen.

(Aus L i p p i t t, R. (1959) und aus papers von A. M. D ä u m l i n g, S. H e l l i n g e r, G. L e u s c h n e r, P. P e t e r s e n)

Back Home

10.0 EINLEITUNG

Dieses Kapitel wurde nur mit einigen Bedenken in die Sammlung aufgenommen. Das Durchspielen einer Wiedergewinnung des Realitätsbezuges in Form einer Übung mutet fast an wie ein gruppendynamisches Fossil: Es erinnert an die Kritik, die aus politisch orientierten Kreisen (H o r n , K. 1969, G i e r e , W. 1970) an dem „Inselcharakter" gruppendynamischer Veranstaltungen geübt wurde: „Für acht Tage Flucht aus der Realität, am letzten Tag dann wieder Rückorientierung." — Die meisten Trainings haben heute eine zunehmende Tendenz zur höheren Realitätsorientierung, wodurch die Fragen des Back Home, der Übertragung, des Transfers sozusagen von Anfang an mit einbezogen sind.

Die in diesem Kapitel aufgenommenen Übungen können jedoch auch noch einen anderen Akzent erhalten: Die Gruppe selbst, die für einige Zeit Zentralthema war, löst sich nun auf. Der einzelne ist — wenn er nicht gerade in einem Teamtraining war — mit seinen Erfahrungen wieder auf sich alleine gestellt, muß sich wieder in einer nicht trainierten Umwelt zurechtfinden. Damit ist weniger die Frage des Transfers angesprochen als vielmehr die reale Rückorientierung und das personale Umgehenkönnen mit derselben.

Die beiden Back Home-Rollenspiele (10.1 und 10.2) versuchen dies darzustellen, indem sie den Laboratoriumsteilnehmer in eine Defensivposition und einen Zugzwang setzen. Dabei ist die zweite Form über Pro und Kontra sicher aufschlußreicher, gibt auch den Veranstaltern ein abgerundeteres Feed Back als nur eine Diskussion über die positiven Seiten. — Dieser Feed Back-Aspekt für die Veranstalter ist auch in den folgenden Übungen Manöverkritik (10.3) und dem Auswertungsbogen (10.4) sehr stark enthalten. Beide Übungen treten damit in die Nähe von Untersuchungen zur Erfolgskontrolle (z. B. A n t o n s - B r a n d i 1973). — Die Laufbahnplanung (10.5) schließlich betont in starkem Maße die im Rahmen der Sensitivierungsphase einer gruppendynamischen Veranstaltung möglichen, zukunftsgerichteten Veränderungen der Persönlichkeit.

Stichworte	BACK HOME, ROLLENSPIEL
Titel	Back Home Rollenspiel, Typ I
Ziel	Rückgewinnung der Realitätskontrolle durch Verbalisierung und Durchspielen der Situation am Arbeitsplatz nach dem Laboratorium
Indikation	Zum Ende des Labs, nur bei halbwegs homogenen Berufsgruppierungen; Möglichkeit für die Teilnehmer, Kritik am Lab zu äußern
Übungstyp, Beteiligte	Rollenspiel mit inhaltlich fixierten Rollen; 6 Teilnehmer, die anderen als Zuschauer
Durchführung	1. Auswahl einer Rollenspielgruppe von 6 Teilnehmern 2. Rolleninstruktionen an die Gruppe: „Ein Diplompsychologe (...) in einem Erziehungsberatungs-Team, in dem ein Theologe, Soziologe, Sozialarbeiter, Psychoanalytiker und ein Pädagoge sind, kommt vom Training in die erste Team-Besprechung. Die Kollegen fürchten um ihre Rolle und Positionen." 3. Ausreichende Vorbereitungszeit für die Gruppe 4. 15' Rollenspiel 5. Feed Back durch die Zuschauer
Dauer	1 Std.; mit Pause zur Vorbereitung
Unterlagen, Material	Rolleninstruktionen, evtl. schriftlich
geeignete papers	
Autor	Team des Trainings St. Augustin 1969
Literatur, Erfahrungen	Kann zu (humorvollem) acting-out führen
Auswertungshilfen	Wie versucht Protagonist, seine Erfahrungen mitteilbar zu machen? Wie reagieren die Kollegen, Identifikation mit Rolle oder eigener Teilnehmerschaft? Welche Gefühle gegenüber der eigenen Laboratoriums-Erfahrung kommen darin zum Ausdruck?
Variationen	Gewisse Ähnlichkeit, auch als Parallelspiel zu verwenden, aber eigentlich thematisch zu Entscheidungen gehörig, ein Rollenspiel mit folgender Instruktion: „Nach einem spannungsreichen Wochenende wird Herr X von seiner Frau veranlaßt, das Training abzubrechen. Die Frau ist mitgekommen, ist gespannt und nervös. Sie ist gesundheitlich nicht belastbar; sie wartet in der Halle."
Analoga	Back Home Rollenspiel, Typ II (10.2); Manöverkritik (10.3); Auswertungsbogen (10.4)

NOTIZEN:

Stichworte	BACK HOME, ROLLENSPIEL	**10.2**

Titel	Back Home Rollenspiel, Typ II
Ziel	Siehe 10.1
Indikation	Siehe 10.1
Übungstyp, Beteiligte	Rollenspiel mit thematischer Vorbereitung und Delegation von Rollenspielern; alle Teilnehmer
Durchführung	1. Aufteilung des Plenums in 3 beruflich homogene Gruppen (z. B. Kleriker, Pädagogen, Analytiker). Diese Gruppen sollen als Expertengremium die Durchführung eines Labs in ihrer Organisation (für Ausbildungszwecke) diskutieren und argumentieren. 2. Jede der 3 Gruppen wird in je zwei Arbeitsgruppen unterteilt, deren eine aus ihrer Erfahrung als Teilnehmer eine Argumentation *für* die Durchführung eines Labs in der Organisation erarbeitet; die Organisation soll von der Wichtigkeit und Notwendigkeit eines Labs überzeugt werden. Die andere Gruppe soll eine Argumentation *gegen* die Durchführung eines Labs oder die Entsendung von Mitgliedern in Labs erarbeiten. 3. Die 6 Arbeitsgruppen haben 2 Std. Zeit zur Erarbeitung ihrer Argumentation; sie delegieren je 3 Mitglieder als Experten in eine Podiumsdiskussion; die Zuhörer sind, je nach Expertengremium z. B. eine Bischofskonferenz, eine Schulratskonferenz oder der Ausbildungsausschuß eines psychoanalytischen Institutes. 4. Nach 2 Std. wird je 1 Podium mit 6 delegierten Experten durchgeführt, die pro und kontra argumentieren, jeweils 15–20′
Dauer	ca. 4 Std.
Unterlagen, Material	
Geeignete papers	
Autor	Team des Laboratoriums Traunstein 1970
Literatur, Erfahrungen	
Auswertungshilfen	Wie gut wurden die Standpunkte vertreten? Wie werden die subjektiven Erlebnisse übertragen auf die Bedürfnisse einer Organisation? Welche Kritik am durchgeführten Lab wird deutlich? Wie sind die Teilnehmer in der Lage, ihre Erfahrungen mitteilbar zu machen?
Variationen	— in der Aufgabenstellung: evtl. Durchplanung eines Labs als Aufgabe geben — in den Auditorien: z. B. Jugendarbeit, Erwachsenenbildung, politische Bildung, Sozialarbeit, Beratung
Analoga	Rollenspiel, Typ I (10.1), Manöverkritik (10.3), Auswertungsbogen (10.4)

NOTIZEN:

10.3

BACK HOME, ERFOLGSKONTROLLE	**10.3**
Manöverkritik	

Bewertung und Gewichtung der Methoden und Bestandteile des Labs; Feed Back für das Team

Am Ende längerer strukturierter Veranstaltungen

Individuelle Bewertung mit Berechnung von Gesamtergebnissen; alle Teilnehmer

1. Einführung, Ausgabe und Ausfüllen der Fragen (10.31)
2. Einsammeln und geeignete (schnelle) Auszählung
3. Darstellung (Säulendiagramm mit Prozenteinteilung, Mittelwerte aller Teilnehmer) der Ergebnisse
4. Diskussion, evtl. mit erweiterter, verbalisierter Manöverkritik

1 1/2 Std.

Pro Teilnehmer: 1 Bogen mit Fragen (Beispiel 10.31); Empfehlenswert: Schneidemaschine oder vorher Bogen in Streifen schneiden

Team des Trainings Wien 1970

Welche Methoden und Bestandteile kommen am besten/am schlechtesten an? Welche Begründungen werden gegeben? Welche Aussagen sind über Bedürfnisse, Motive, Verständnis und Eigenaktivität der Teilnehmer zu treffen?

Je nach durchgeführten Bestandteilen des Labs

Back Home Rollenspiele (10.1 und 10.2); Auswertungsbogen (10.4)

10.31 MANÖVERKRITIK-FRAGEBOGEN (BEISPIEL)

Bitte bewerten Sie einzeln die folgenden Bestandteile des Laboratoriums. Sie haben für jede Frage die Möglichkeit, maximal 100 Punkte zu vergeben.

                                            Punkte

1. Gesamte Organisation: ....

2. Empfang: ....

3. Einleitung: ....

4. Tagesordnung: ....

5. TG-Sitzungen: ....

6. Übungen:
   Nonverbale Übungen ....

7. Übungen:
   Gesprächsübungen in Dreiergruppen
   (Kontrollierter Dialog, Hilfe suchen und geben,
   Beratungsstelle) ....

8. Übungen:
   Gruppenarbeit mit Beobachter
   (Diskussion mit Interaktionskontrolle,
   Quadratübung) ....

9. Gruppe im Bild ....

10. Intergruppen-Übungen ....

NOTIZEN:

Stichworte	BACK HOME, ERFOLGSKONTROLLE **10.4**
Titel	Auswertungsbogen
Ziel	Verbalisierung der Trainingserfahrungen und Mitteilbar-machen; Reflexion und Gewichtung
Indikation	Am Ende eines längeren Labs; letzte Sitzung oder katamnestisch
Übungstyp, Beteiligte	Individuelle Bewertung; alle Teilnehmer
Durchführung	1. Einführung, Verteilung der Bögen 2. ½ bis 1 Std. Zeit zum Beantworten; gegebenenfalls mit Freiumschlag mitgeben 3. Gesamtergebnis allen Teilnehmern nach dem Lab zusenden
Dauer	1½ Std.
Unterlagen, Material	Pro Teilnehmer 1 Bogen mit Fragen (Beispiel 10.41)
Geeignete papers	
Autor	S. Hellinger
Literatur, Erfahrungen	Nachträgliches Ausfüllen (Katamnese) ökonomischer, aber Rücklaufquote geringer
Auswertungshilfen	
Variationen	Nach jeweiligen Zielen der Veranstaltung
Analoga	Back Home Rollenspiele I und II (10.1 und 10.2), Manöverkritik (10.3), Analyse der individuellen Fähigkeiten ... (8.3)

10.41 AUSWERTUNGSBOGEN (BEISPIEL)

1. Welches waren Ihre wichtigsten Lernerfahrungen im Bereich der Selbsterkenntnis?
2. Welches waren Ihre wichtigsten Lernerfahrungen im Bereich der zwischenmenschlichen Beziehungen?
3. Welches waren Ihre wichtigsten Lernerfahrungen im Bereich der Gruppendynamik und der Gruppenentwicklung?
4. Inwieweit können Sie das in diesem Kurs Gelernte in Zukunft für Ihre Arbeit verwenden?
5. Was hat Ihnen an diesem Kurs besonders gefallen und warum?
6. Was hat Ihnen an diesem Kurs nicht gefallen und warum?
7. Wie würden Sie diesen Kurs auf der folgenden Bewertungsskala einstufen? Zeichnen Sie einen Kreis um die betreffende Zahl!

    wertlos   1–2–3–4–5–6–7–8–9   äußerst wertvoll

8. Feed Back für die Teammitglieder (Einzelheiten bitte!)
9. Welche Ihrer Erwartungen haben sich im Training erfüllt, welche nicht?
10. Weitere Bemerkungen und Vorschläge?

NOTIZEN:

	BACK HOME **10.5**
chworte	
el	Lebens- und Laufbahnplanung — revidierte Version für die 5. Auflage
el	Klarheit über den eigenen persönlichen und/oder beruflichen Standort, über Entwicklungsinteressen und über Mittel und Möglichkeiten der Realisierung
dikation	Vorwiegend in der Endphase länger dauernder, individuell (personal growth) zentrierter Trainings, aber auch zu Beginn einer längerfristigen Weiterbildung
ungstyp, teiligte	Übung in Dreiergruppen; Gesamtgröße beliebig. Wechsel zwischen individueller und Gruppenarbeit
rchführung	s. 10.51 1. Bildung von Dreiergruppen 2. Austeilung der gehefteten Blätter mit der Bitte, den schriftlichen Anweisungen zu folgen 3. Zeitplanung wird durch den Übungsleiter gesetzt, der auch für Rückfragen zur Verfügung steht; Pausengestaltung den Trios überlassen
uer	6 Std., in 2 Phasen à 3 Std.
terlagen, terial	Pro Teilnehmer 7 Blätter mit den Instruktionen 10.51; dabei möglichst eine Instruktion pro Blatt; pro Person 10 Zettel 9 x 9 cm; Papier und Wachsmalstifte.
eignete papers	
tor	Übertragen nach P f e i f f e r, J. W., J o n e s, J. E. II (1970)
eratur, ahrungen	„Selbstläufer-Übung" mit durchweg hoher Intensität
swertungshilfen	Eine anschließende Besprechung der Antworten im Plenum möglich; meist sinnvoll, die Inhalte bei den Dreiergruppen zu belassen.
riationen	a) kann die gesamte Übung stärker auf die Berufsplanung hin orientiert werden; dann an den entsprechenden Stellen „Berufsleben" oder „beruflich" einsetzen, b) kann die Aufgabe 5 auf den Kontext umgeschrieben werden; die hier abgedruckte Version bezieht sich auf den Beginn einer Gruppenleiterfortbildung, c) läßt sich die Übung reduzieren, z. B. Aufg. 1 (Vergangenheit), 2 (Gegenwart), 6 und/oder 7 (Zukunft)
aloga	Hilfe suchen — Hilfe geben (9.1)

10.51 INSTRUKTIONEN

life planning, Blatt 1

WER BIN ICH UND WAS WILL ICH?
(Lebens- und Laufbahn-Planung — Life Planning)

Die folgenden Übungen sollen Ihnen helfen, sich darüber klar zu werden, wo Sie persönlich und beruflich jetzt stehen, wohin Sie in der Zukunft gelangen wollen und über welche Mittel und Möglichkeiten Sie verfügen.

1. Lebenslinie

Zeichnen Sie auf einem Blatt eine Linie, die Ihr Leben darstellen soll und markieren Sie den Punkt, wo Sie jetzt stehen. — Die Linie kann gerade, schräg, gebogen, gewellt oder spiralförmig sein, ganz wie es Ihnen angemessen erscheint. Es kommt nicht auf Objektivität an, sondern darauf, wie Sie persönlich Ihre bisherige Entwicklung und Ihre Zukunft sehen.

Die Linie kann „chrono-logisch" sein oder „psycho-logisch".

Erläutern Sie diese Linie Ihren Gesprächspartnern und erzählen Sie ihnen, was die Linie bedeutet.

Als *Zuhörer/in* fragen Sie den Erzähler/die Erzählerin so lange, bis Ihnen die Bedeutung seiner/ihrer Linie ganz klar ist.

> Sie werden wahrscheinlich am meisten von der Übung haben, wenn Sie die einzelnen Schritte hintereinander machen und *nicht* erst alle Fragen lesen!

In Trios können Sie folgendermaßen vorgehen:

Jede/r stellt reihum (Zeitmanagement!) seine/ihre Lebenslinie vor und die eigenen Fragen dazu.

Aufgabe der beiden anderen ist, sich um ein möglichst vollständiges Verstehen zu bemühen. Dazu ist es notwendig *nachzufragen,* wenn etwas unverständlich ist, im Sinne des aktiven Zuhörens Gehörtes *wiederzugeben* (Habe ich das richtig so verstanden?) und *Feedback zu geben* (Dabei ist mir aufgefallen ...).

Hilfreiche Fragen für diesen Feedback-Prozess, nach dem der/die Berichtende mehr über sich wissen sollte als vorher, sind unter anderem:

- Was fällt mir an der Lebenslinie auf? Was ist „typisch"?
- Welche Wendepunkte, Hoch- und Tiefpunkte sehe ich? Was hat sich von wo zu wo gewendet?
- Welche Muster und Leitmotive werden deutlich?
- Welches sind die Energiequellen dieses Lebens-Weges?
- Was waren fördernde, was hemmende Faktoren für die Entwicklung?
- Welche innere Logik des Lebens wird deutlich?

life planning, Blatt 2

2. Wer bin ich? — Identitätsuntersuchung

Mit diesem Schritt der Übung können Sie Ihre derzeitige persönliche Situation näher untersuchen.

2.1 Schreiben Sie zehn verschiedene Antworten auf die Frage „Wer bin ich?" auf zehn Zettel. Ihre Antworten können sich auf ihre Rollen oder auf Ihre Position, auf Ihre Werte und Überzeugungen, auf Ihre Fähigkeiten und Qualifikationen, auf Ihre persönlichen Eigenarten, Gefühle, Vorlieben, Verhaltensweisen, Bedürfnisse, Ziele und anderes mehr beziehen — was auch immer Sie für sich als charakteristisch erachten.

Schreiben Sie nur solche Antworten auf, die für Sie in persönlicher und beruflicher Hinsicht wirklich wichtig sind und auf die Sie unter keinen Umständen verzichten könnten, ohne einen Teil Ihrer Identität aufzugeben.

2.2 Nehmen Sie jede Ihrer zehn Antworten der Reihe nach einzeln vor. Stellen Sie sich vor, wie es sein würde, wenn Sie auf das, was in der Aussage beschrieben ist, verzichten müßten. Welche Folge hätte das konkret für Ihre persönliche Entwicklung und für Ihre berufliche Tätigkeit?

2.3 Wenn Sie alle Antworten durchgegangen sind, dann bilden Sie eine Rangreihe von eins bis zehn, je nach der Wichtigkeit der betreffenden Aussage. Eins ist die wichtigste und zehn die unwichtigste Aussage, wobei kein Rangplatz zweimal vergeben werden darf.

Falls Ihre Liste Aussagen enthält, die Sie ablehnen, heißt das noch nicht, daß diese Punkte an das Ende der Rangreihe gehören. Das entscheidende Kriterium für die Rangreihe ist vielmehr: Wie sehr würde sich Ihr Leben verändern, wenn Sie auf diesen Punkt verzichten müßten? — Es kann sein, daß es für Sie sehr schwierig wäre, gewisse negative Züge aufzugeben.

2.4 Diskutieren Sie die Aussagen, die Sie bei den Schritten 2.1 bis 2.3 gemacht haben, mit Ihren Gesprächspartnern, wenn und soweit Sie es wollen!

life planning, Blatt 3

3. Unerfüllte Wünsche, Ansprüche, Bestrebungen

Machen Sie eine Liste all dessen, was Sie bis zum Ende Ihrer beruflichen Laufbahn tun, versuchen, erreichen, erfahren, lernen oder innehaben möchten. — Vermeiden Sie dabei allgemeine Formulierungen und Phrasen wie „einen nützlichen Beitrag zur menschlichen Gesellschaft leisten" oder „mich voll entfalten können" — seien Sie möglichst konkret und genau.

Sprechen Sie über Ihre Aufstellung erst mit Ihren Gesprächspartnern, wenn Ihnen nichts mehr einfällt.

---

life planning, Blatt 4

4. Erfolge und Mißerfolge

4.1 Überlegen Sie, welche beruflichen und privaten Situationen Sie in den zurückliegenden zwölf Monaten besonders erfolgreich gemeistert haben. Worauf sind Sie besonders stolz? Was ist Ihnen dabei besonders gut gelungen?

Berichten Sie dies Ihren Kollegen und Kolleginnen und stellen Sie Ihre Stärken, Fähigkeiten und Begabungen, die den Erfolg bewirkt haben, deutlich heraus!

Machen Sie keine Einschränkungen, schieben Sie nichts auf „Glück" oder „Zufall", lassen Sie „wenn" und „aber" weg. Nehmen Sie Ihren Erfolg ganz für sich in Anspruch.

4.2 Denken Sie nun kurz an den Mißerfolg im vergangenen Jahr, der Sie besonders niedergeschlagen hat und der Sie in Gedanken noch länger beschäftigt hat. Wo haben Sie konkret versagt? Wo haben Sie sich besonders ungeschickt, inkompetent oder „daneben" benommen? Worüber sind Sie jetzt noch böse, was kränkt Sie noch heute?

Berichten Sie dies Ihren Kollegen und Kolleginnen und stellen Sie Ihre Schwächen, Fehler und Defizite, die den Mißerfolg bewirkt haben, deutlich heraus.

Gebrauchen Sie keine Einschränkungen, Ausreden oder Entschuldigungen! Nehmen Sie den Mißerfolg auf sich und schieben Sie nichts auf „Pech" oder „unglückliche Umstände".

life planning, Blatt 5

5. Einflüsse

Der folgende Arbeitsschritt bezieht sich speziell auf Ihre vorangegangenen Erfahrungen mit dem, was Sie in der Fortbildung erwartet.

Wo haben Sie Ihre erste Lernerfahrung in einer Gruppe gemacht? Welche Stimmungen und Gefühle kommen Ihnen, wenn Sie daran denken? Wenn Sie möchten, fassen Sie dies in einem Bild zusammen.

Welche Bedeutung hat seitdem in Ihrer bisherigen Laufbahn das Lernen in Gruppen gehabt? Welche positiven und negativen Erinnerungen haben Sie an Gruppen? Was hat Sie dort besonders beeinflußt und geprägt?

Listen Sie Ihre Erfahrungen auf!

Vergleichen Sie mit Ihren Gesprächspartnern, arbeiten Sie die Ähnlichkeiten und die Unterschiede zwischen sich heraus!

---

life planning, Blatt 6

6. Wünsche und Vorstellungen

Ziel dieses Übungsschritts ist, einen Abschnitt auf Ihrer persönlichen Entwicklungslinie ganz frei nach Ihren eigenen Wünschen und Vorstellungen — in der Phantasie — auszufüllen.

Zu diesem Zweck stellen Sie sich am besten ein Jahr, eine Woche oder auch nur einen Tag irgendwann in der Zukunft vor. Malen Sie ein Tätigkeitsfeld, eine berufliche Position oder Ähnliches aus, das Ihnen ideal erscheint. Wenn Sie wollen, schreiben Sie Ihre Phantasien auf.

Vielleicht ziehen Sie es auch vor, nur die Augen zu schließen und sich Ihrer Phantasie hinzugeben.

Erst, wenn Ihnen nichts mehr einfällt, sollten Sie mit Ihren Gesprächspartnern über Ihre Wünsche und Vorstellungen sprechen.

life planning, Blatt 7

7. Entwicklungsbilanz

Der letzte Schritt dieser Übung konzentriert sich wieder ganz auf Ihre jetzigen Einstellungen, Möglichkeiten und Fähigkeiten. — Nachstehend finden Sie sieben Fragen, zu denen Sie so viele Antworten wie möglich aufschreiben sollten. Dazu gibt es drei Spielregeln:

— Nehmen Sie sich so viel Zeit, um so viele Antworten niederzuschreiben, wie Ihnen ohne langes Nachdenken einfallen. Schreiben Sie ruhig alles auf, ohne die Antworten vorher innerlich zu zensieren.

— Vergleichen Sie am Ende Ihre Antworten mit denen Ihrer Gesprächspartner. Vielleicht bekommen Sie dadurch Anregungen zur Erweiterung Ihrer eigenen Liste.

— Engagieren Sie Ihre Gesprächspartner als Berater, damit Sie sich intensiv mit der Aufgabe auseinandersetzen und gegebenenfalls neue und vielleicht überraschende Gesichtspunkte entdecken können.

Die Fragen lauten:

7.1 Wann fühle ich mich glücklich? Welche Dinge, Ereignisse oder Tätigkeiten vermitteln mir im Beruf, in der Familie, im Freundeskreis usw. das Gefühl, daß es sich wirklich lohnt, so zu leben?

7.2 Was beherrsche ich wirklich gut? Welche Fähigkeiten habe ich bis zu einer gewissen Vollkommenheit entwickelt? Was tue ich dabei für meine eigene private und berufliche Entfaltung und Zufriedenheit?

7.3 Was muß ich noch lernen, um meine Vorstellungen und Ansprüche zu verwirklichen?

7.4 Welche Wünsche sollte ich jetzt in konkrete Pläne umsetzen? Gibt es Dinge und Verhaltensweisen, die ich früher als unrealistisch abgetan habe, die ich aber eigentlich wieder aufgreifen könnte?

7.5 Welche unentwickelten oder falsch genutzten Mittel und Möglichkeiten (Materielles, Talente, Fähigkeiten, Verbindungen und anderes) habe ich?

7.6 Womit möchte ich jetzt gleich anfangen?

7.7 Womit möchte sich jetzt gleich aufhören?

Übungen 1992

11.0 EINLEITUNG

Es galt, in dieses Kapitel die verschiedenen Aspekte meiner heutigen Sicht auf Übungen unterzubringen; deshalb folgt es nicht dem Aufbau der ersten zehn Kapitel; die Randmarkierung weist eine andere Struktur auf.

Im Abschnitt 11.1 gebe ich in gekürzter Form die Diskussion um Übungen wieder, die im Thementeil des Heftes der Zeitschrift Gruppendynamik 20/2, 1989 erschien.

Im Abschnitt 11.2 folgt eine kapitelweise Kommentierung des 1972 geschriebenen Textes; Erläuterungen, Korrekturen, Erfahrungen und Entwicklungen der Gruppendynamik gehen hier ein.

Im 11.3 folgen einige Übungen, die sich in meiner Praxis durch die Jahre hin bewährt haben, die ich heute gerne verwende und die in den ersten Auflagen nicht enthalten sind.

Einige Informationspapiere, mit denen ich heute arbeite, sind in 11.4 abgedruckt. Für die Genehmigung zum Abdruck der beiden ersten Papiere sei Bert Voigt herzlich gedankt.

Schließlich folgt in 11.5 ein Literaturverzeichnis mit Büchern und Artikeln, die seit etwa 1973 erschienen sind. Alle im Kapitel 11 zitierten Veröffentlichungen sind in diesem Verzeichnis aufgeführt. Von einer Integration dieser Werke in die Gesamtliteraturliste am Ende des Buches habe ich abgesehen.

Für die achte Auflage wurde das Literaturverzeichnis 11.5 nachgeführt. Für den Abdruck des unter 11.44 angefügten Papiers über Entwicklungsphasen in Gruppen danke ich Ute Volmerg.

11.1 HABENT SUA FATA LIBELLI

Bücher haben ihr Schicksal — unter dieser Überschrift möchte ich das kommentierende und ergänzende Kapitel einleiten. Zwanzig Jahre Entwicklung einer damals neuen Sichtweise und Methode machen das Wiederlesen und Durcharbeiten des einst selbst Geschriebenen beziehungsweise Bearbeiteten zu einer spannenden, nicht immer angenehmen Reise in die eigene Vergangenheit. Da waren Reaktionen wie „Aha, so habe ich damals gedacht, geglaubt und gefühlt ...", bei manchen Texten auch der innere Aufschrei „So kannst du das heute nicht mehr unter deinem Namen stehen lassen", aber auch „Das stimmt nach wie vor; ich wundere mich, daß ich das damals schon gesehen habe". Schließlich schüttele ich den Kopf über meinen akademischen Schreibstil, in dem ich mich selbst in der dritten Person als „Verfasser" bezeichne; ferner schien damals die Welt nur aus Männern zu bestehen.

Als dieses Buch 1973 erschien, prägte die Gruppendynamik die erste Welle des Psycho-Booms, die dann überrollt wurde von den nachfolgenden Wellen der humanistischen Psychologie, der Familien- und Systemtherapie und einigen anderen. Obwohl es stiller wurde um die Gruppendynamik, hat sie weiter existiert, was unter anderem aus den konstanten Verkaufsziffern dieses Buches ersichtlich ist. Nun gehen diese Verkaufsziffern im letzten Jahr deutlich in die Höhe, und auch anderswo ist die Nachfrage nach gruppendynamischen Veranstaltungen wieder größer geworden. — Vor zwei Jahren lud die Zeitschrift Gruppendynamik, das heißt mein Freund und Kollege Jörg Fengler, zu einem Themenheft mit dem Titel ein: Gruppendynamische Übungen — alter Hut oder neuer Praxis? Da das Verfassen meines und die Beschäftigung mit den anderen Artikeln dieses Themenheftes eine wichtige innere Vorbereitung für die in diesem Jahr erfolgte Anfrage des Verlages nach einer überarbeiteten 5. Auflage der „Praxis der Gruppendynamik" war, möchte ich aus diesen Artikeln einige längere Abschnitte zitieren und damit mein eigenes, gewandeltes Verständnis der Gruppendynamik und den Stellenwert von Übungen beschreiben.

Wenn der Stil dieses Kapitels sich deutlich von meinem damaligen unterscheidet, dann spiegelt das meine Entwicklung in den nahezu zwei Jahrzehnten, die seit dem Schreiben der ersten Auflage zurückliegen.

In meinem Diskussionsbeitrag der Zeitschrift habe ich die Entstehungsgeschichte dieses Buches wie folgt beschrieben:

> „Als ich im Frühjahr 1968 bei der Riege der ersten, selbsternannten Trainergeneration in die Lehre ging, war die einzige Organisationsform gruppendynamischer Veranstaltungen das sensitivity training. In ihm wurden an relativ vorherbestimmbaren Prozeßsituationen standardisierte Übungen eingebaut — meist mit relativ großem technischen Materialaufwand, z. B. die „Kommunikationsmuster in Gruppen" mit aufgebauten Sichtschirmen. Meist paßten sie recht gut in den Entwicklungsprozeß der Gruppe hinein und vermittelten Aha-Erlebnisse über das Wie und Warum des Miteinander.

In dem Maße, wie in den folgenden Jahren der USA-Import des klassischen sensitivity trainings modifiziert wurde, wurde auch der Prozeß der Gruppe virulenter und schwerer vorhersagbar; dadurch wurden Ort und Stellenwert der Übungen unklarer und diffuser. Was damit einsetzte, war eine Entwicklung, die mich schließlich dazu motivierte, das Übungsbuch zu verfassen. Etwas überspitzt formuliert, sah die so aus: wenn der Prozeß klemmte oder die TrainerInnen überrollte, die Situationsdiagnosen im staff uneinheitlich waren und alle mehr oder weniger ratlos herumhockten, dann zog — im wahrsten Sinne des Wortes — sicher jemand eine Übung aus der Tasche: „Das haben wir in x oder y schon mal gemacht, und es hat viel gebracht."

Übungen und Spiele wurden in diesen Jahren also als rettende Allheilmittel gegen die eigene Desorientiertheit, den mangelnden Durchblick und die ungenügende Handlungskompetenz eingesetzt. Die durch sie ausgelöste Dynamik führte dann auch unweigerlich zu einem neuen Punkt — an dem man besser sehen konnte, was los war; an dem die Dynamik verraucht war; oder aber ein neues Chaos entstand (was u. a. zu dem Geruch der „Gefährlichkeit" mancher Übungen beitrug).

Dies mag, bei aller ironisierenden Überspitzung, belegen, daß der Stellenwert von Übungen in der Gruppendynamik recht hoch war." (A n t o n s - V o l m e r g, 1989, S. 122)

Ein Kollege aus der damaligen Zeit, Klaus V o p e l, hat in seinem Beitrag diese Geschichte wie folgt beschrieben:

„Anfang der siebziger Jahre arbeitete ich in der Hochschuldidaktik. Ich war auf der Suche nach Lernstrategien, um studentische Arbeitsgruppen fit zu machen für das damals von der Bundes-Assistenten-Konferenz propagierte „forschende Lernen" ... Ich recherchierte und traf auf einen Kongreß des DAGG in Ulm auf das Reisensburg-Team um Editha Enke, und auf den Lindauer Psychotherapiewochen lernte ich Ruth Cohn kennen. Mit den Reisensburgern ergab sich bald eine rege Kooperation. Nachdem ich zuvor als Teilnehmer die typischen Laboratoriums-Marterinstrumente kennengelernt hatte, konnte ich bei einigen Kooperationsseminaren nun aus der Perspektive des Teammitglieds alles aus höherer Warte betrachten. Dabei zeigten sich jedoch vielerlei Schwierigkeiten. Auch der Staff geriet unter Streß, und wir suchten oft angestrengt nach Lösungen für kritische Dependenz- oder Konterdependenzsituationen der brodelnden Großgruppe. Wir studierten im legendären Trainerhandbuch von Klaus Antons, das damals nur unter strengen Sicherheitsauflagen erworben werden durfte. Erst 1973 als „Praxis der Gruppendynamik" veröffentlicht, wurde Klaus' Buch die Bibel der Gruppendynamiker. Und natürlich suchten wir auch schon nach milderen Übungen, um unseren Teilnehmern ein besseres "feeling" zu ermöglichen. In der exklusiven Abgeschiedenheit des Staff diskutierten wir die neuesten Lernstrategien, die uns aus den USA erreichten, wir flirteten, blödelten und spielten ein wenig mit dem Feuer. Ich erlebte diese Großgruppenseminare als Ritt auf dem Tiger, bei dem schwer auszumachen war, wer mehr lernte, die Leiter oder die Teilnehmer. Genossen habe ich die gruppendynamischen Abenteuer mit Editha, Klaus, Jürgen und Peter sehr. Bei aller therapeutischen Fragwürdigkeit unserer Vorgehensweise gab es im Kollegenkreis eine spezielle Atmosphäre, die ich später so nicht wiederfand.

Zweierlei konnte ich hier herausfinden. Die Übungen oder Experimente von Klaus deuteten ein speziellen Weg des Lernens an, der endlich nicht mehr nur theoretisch, akademisch, farblos bleiben mußte. Andererseits hatten die gruppendynamischen Prozesse in Wechselspiel von Großgruppen und Kleingruppen einen gravierenden Nachteil. Es gab keine rechte Verbindung zwischen Leitern und Teilnehmern." (V o p e l , 1989, S. 132f.)

Klaus V o p e l beschreibt, wie dieses Buch entstand; nach seinem Erscheinen hatte es einen reißenden Absatz, so daß nach drei Jahren die vierte, bis heute fortgeschriebene Auflage erschien, wenig später holländische, schwedische und spanische Übersetzungen. Ich darf mich weiter zitieren:

„Nach kurzer Zeit war ich als der „Übungs-Antons" bekannt — mit einem Image, das mir mit schöner Regelmäßigkeit bis heute entgegenkommt von Menschen, die mich über das Buch kennengelernt haben: „Ich habe mir Sie aber ganz anders vorgestellt!" Auf meine Nachfrage kommt dann unisono: alt, mit Glatze und Brille, dick, ernst, streng und würdig. — Älter bin ich zwar inzwischen geworden, aber ich war 31 Jahre, als ich es schrieb; ansonsten bin ich weder dick noch brauche ich eine Brille oder habe eine Glatze. — Wenn ich dieses Bild, das sich Leser von einem Autor machen, einmal versuche zu verstehen, dann schält sich für mich folgendes heraus: ich habe, in einer Überkompensation meiner eigenen Desorientierung, wohl eine recht prägnante Ordnungsleistung vollbracht, in der mir meine Zwanghaftigkeit (astrologisch: Jungfrau ...) ganz gut zur Hilfe kam. Das vermittelt dem opus vermutlich etwas von einer abgeklärten, alles überblickenden und allem seinen Platz zuweisenden Überlegenheit. Mein damaliges Verständnis von Wissenschaftlichkeit im Sinne von erfassendem und kategorisierendem Denken mag noch dazu beigetragen haben.

Vielleicht ist es gerade das, was das Buch bis heute auf dem Markt hält — im Gegensatz zu etwa einem halben Dutzend anderer, um dieselbe Zeit erschienener Werke, die heute vergriffen sind. Sie waren z. T. (ich denke an K i r s t e n & M ü l l e r - S c h w a r z , 1974) wesentlich origineller und ansprechender aufgemacht, suggerierten aber auch: „Wenn Du dieses Buch durchackerst, kannst Du Gruppen leiten!"

Diese Suggestion zu verhindern, war mir beim Schreiben ein Anliegen. Gewirkt hat es sicher nur teilweise — manches, was ich besonders in den ersten Jahren nach dem Erscheinen über die Verwendung des Buches hörte, ließ meine Nackenhaare sich sträuben; es gab eine Zeit, in der ich mich am liebsten von dieser „Jugendsünde" distanziert und das Buch aus dem Verkehr gezogen hätte. Inzwischen kann ich mit einer gewissen

Gelassenheit zugestehen, daß weder klare Zielsetzungen noch mahnende Appelle gegen mißbräuchliche Verwendung schützen.

Es kamen aber noch andere Reaktionen, die z.T. bis heute anhalten: die der lieben Kolleginnen und Kollegen. Neben vielen positiven Rückmeldungen ... zeigte sich der mehr oder weniger verhohlene Neid. Meist hörte ich nur indirekt die Vorwürfe des „Klauens" und des Plagiierens. Das hat mich weniger gestört: ich habe mich mit allem mir möglichen Aufwand bemüht, Quellen und Autoren ausfindig zu machen und sie zu nennen ...

Mehr als die Vorwürfe des Klauens haben mich Behauptungen beschäftigt, daß Übungen eigentlich gar nicht zur Gruppendynamik gehören, Importe aus anderen Methodenrichtungen seien, ein „Sich-schmücken-mit-fremden-Federn", wie ein Kollege das kürzlich formulierte. — Für manche, heute verwendeten Übungen stimmt das durchaus: Körperübungen sind aus Gestalt- und Neo-Reich'schen Therapien eingewandert, Skulpturarbeit aus der Satirschen Familientherapie, und die Methode des Soziogramms läßt sich auf Moreno zurückführen. Dennoch gibt es einen Typ von Übungen, der zum Grundbestand gruppendynamischer Methodik gehört — von Beginn an. Und zwar sind es zu nicht geringen Teilen Übertragungen von sozialpsychologischen Experiment-Designs in "skill-exercises", wie sie spätestens seit B r a d f o r d , G i b b und B e n n e (dt. 1972, S. 110, 136) als — eher pädagogische — Bestandteile der amerikanischen Trainings beschrieben werden. Es sind meist Experimente, die von Sozialpsychologen im Umfeld der Lewin-Gruppe in den vierziger Jahren durchgeführt wurden, so z. B. „Alte-junge Frau", Einweg-Zweiweg-Kommunikation, Quadrate-Übung, Prisoner's Dilemma und das Asch-Experiment.

Nein, Gruppendynamik ist nie nur reflexive Arbeit am Prozeß gewesen — Übungen haben seit eh und je dazugehört." (A n t o n s - V o l m e r g, a.a.O., S. 123f.)

Im Editorial des genannten Themenheftes unterstreicht Jörg F e n g l e r diese Sichtweise (a.a.O., S. 119):

„In den ersten Jahren der gruppendynamischen Praxis in Deutschland waren Übungen fester Bestandteil der Laboratorien. Allein schon der Wechsel von Trainingsgruppe, Arbeitsgruppe und Plenum hatte etwas Spielerisches, Leichtes, verglichen mit dem Sitzen und Reden in anderen Seminaren. Übungen und Spiele waren damals gleichsam eine Fortsetzung dieser Beweglichkeit: Die unterschiedlichen Gruppierungen wurden mit einer Instruktion versehen, die eine besondere Tätigkeit, Konfrontation, Erfahrung oder Begegnung ermöglichte. So konnten Themen, die sich konstellierten, fokussiert und kanalisiert werden. In der Regel wirkte dieses Lernangebot als Impuls auf die nächsten Sitzungen fort und reicherte sie an.

Später gerieten die gruppendynamischen Übungen eine zeitlang ziemlich in Verruf. Es hieß nun, sie seien nicht prozeßorientiert oder eben ‚Spielchen'.

Manche Kolleginnen und Kollegen wandten sich der analytischen Selbsterfahrung zu und betrachteten fortan das Spielen als Agieren; andere übernahmen Supervisionsaufgaben, in denen die fallbezogene Arbeit im Vordergrund stand. Dritte führten Organisationslaboratorien durch, wo Ergebnisse nicht erspielt, sondern verhandelt wurden. Wieder andere berieten nur noch Teams und Institutionen, in denen mit Teamdiagnosen statt mit Spielen operiert wurde. In dieser Zeit schien es bisweilen, als sei der Einsatz von Übungen eigentlich schon immer falsch gewesen. Jedenfalls war er streckenweise unter den echten Professionellen der Gruppendynamik verpönt."

Wie dies aus der Sicht einer Trainerkandidatin der 80er Jahre aussieht, beschreibt Ute Volmerg (a.a.O., S. 137 ff.):

„Das erste Training mit dem geheimnisvollen Titel ‚Struktur und Prozeß' wurde dann doch zu einer Krisenerfahrung ohne Gebrauchsanleitung. Mit mir warteten ca. 20 Teilnehmer vergeblich darauf, Übungen und Spiele kennenzulernen, die sie zur Förderung von Lernprozessen und zur Bewältigung von Krisensituationen in ihren Gruppen im eigenen Berufsfeld anwenden könnten. Die Trainer erschienen uns wie Zauberer, deren Hauptfähigkeit darin bestand, Spannungen auszuhalten und nichts zu tun. Sie verweigerten sich auch im weiteren Verlauf der Fortbildung konstant den Bedürfnissen der Teilnehmer, Übungen und Spiele auszuprobieren. Alles andere wurde unseren Lernwünschen entsprechend geplant, nur das Kapitel Übungen wurde ausgelassen ...

Meine Ausbildung fand in einer Zeit statt, in der Übungen und Spiele zur Anregung, Beschleunigung oder Aufklärung eines Prozesses abgelehnt wurden. Der Prozeß muß sich quasi aus dem Nichts, aus sich selbst heraus entwickeln wie etwas ‚Heiliges', das erst erscheint, wenn sich alle darauf konzentrieren. Wer aus dem magischen Zirkel der T-Gruppe ausbrechen wollte, etwa dadurch, daß er eine Übung vorschlug, disqualifizierte sich selbst. Implizit wurde damit ein Modell des Gruppenleitens vermittelt, in dem alles auf die Person des Gruppenleiters ankommt. Er ist autonom, konfliktfähig, machtbewußt, flexibel, kann seine Gefühle ausdrücken und sie zurückhalten, er ist distanziert und nah, je nachdem wie es die Situation erfordert, kurzum ein Musterbeispiel der reifen, handlungsfähigen und unabhängigen Persönlichkeit."

Der Ehrlichkeit halber muß ich gestehen, daß ich selbst einer dieser Trainer war, die so abstinent mit Übungen umgingen. Diese Entwicklung ist aber wohl eher spezifisch für den Berufsverband der Gruppendynamik-Trainer; außerhalb desselben werden Übungen nach wie vor verwendet.

Wie kommt es aber nun zu dieser Entwicklung? Wie sich die Gruppendynamik als Methode in den letzten beiden Jahrzehnten entwickelt hat, ist an vielen Stellen beschrieben worden. (Orlik et al. 1978, Nieder 1979, Schmidt, Doppler & Voigt 1982, sowie viele in der Literaturliste

11.5 genannten Themenhefte der Zeitschriften ‚Gruppendynamik und Gruppenpsychotherapie' und ‚Gruppendynamik', insbesondere: Kolloquium Gruppendynamik, GD 1981; 7 Beiträge, GD 1983; Instrumentelle versus reflexive Gruppendynamik, GD 1987; Gruppendynamik und systemtheoretische Reflexion, GD 1990). Für diesen Kontext möchte ich nur vier Wandlungsmomente herausgreifen, die die Verwendung und den Stellenwert von Übungen beeinflußt haben:

- von Einmal-Interventionen zu längerfristigen Maßnahmen
- vom freien Angebot zur Arbeit in und für Institutionen
- vom Angebot für interessierte Konsumenten zum Trainingsprogramm für profesionelle GruppenleiterInnen
- von der instrumentellen Gruppendynamik zur Arbeit mit dem Prozeß der Gruppe selbst.

Damit haben sich sowohl die Ziele als auch die Ansprüche und nicht zuletzt das Klientel der gruppendynamischen Veranstaltungen gewandelt. Das ursprüngliche sozialpsychologische Lernziel, zu lernen, wie sich der Mensch in der Gruppe verhält, ist heute weniger attraktiv geworden. Aber auch in der gewandelten Anwendung von Gruppendynamik haben Übungen, Spiele, Experimente, Direktiven oder wie sie immer bezeichnet werden, ihren Stellenwert. F e n g l e r hat im genannten Themenheft selbst einen Artikel verfaßt mit dem Titel „Indikation und Kontraindikation für den Einsatz gruppendynamischer Übungen" (a.a.O., S. 141—153), der jedem Anwender und jeder Anwenderin von Übungen sehr zu empfehlen ist. Leider ist er für einen Abdruck zu umfangreich, der Abdruck lediglich der Thesen würde den Gehalt zu sehr verzerren.

Die Entwicklung der Methode hat dazu geführt, daß wir heute mit Zentralbegriffen wie Struktur und Prozeß, Design und Intervention arbeiten (vgl. S c h m i d t 1983, V o i g t & A n t o n s 1987). Mit dem Design, das heißt dem Plan oder Entwurf einer gruppendynamischen Veranstaltung, reagiere ich als Trainer auf Variablen des Kontextes, auf Variablen der TeilnehmerInnen und auf Variablen bei mir selbst. Nach einer Vordiagnose entwerfe ich ein Design, in dem Übungen durchaus Platz haben können, aber selten an vorgefertigter Stelle einzuplanen sind. Strukturen setze ich nicht durch Inhalte, sondern durch Interventionen wie Gruppengröße, Aufgabenstellung etc. und beobachte kontinuierlich den daraus entstehenden Prozeß. In ihn kann ich mit verbalen oder non-verbalen Interventionen hineinwirken und situativ mitsteuern. So handele ich als Trainer in einem rollenden Prozeß von Situationsdiagnose — Intervention — Überprüfung, ohne das Ende jeweils bestimmen oder vorhersehen zu können.

Daß in einem solchen Konzept von Gruppendynamik vorwiegend Übungen ihren Platz haben, die ohne große technische Vorbereitung durchführbar sind, dürfte deutlich werden. Dementsprechend hat sich in solchen prozeßorientierten Seminaren auch der Schwerpunkt in Einsatz von Übungen verändert (vgl. dazu P o r t e l e 1975, H e i n z e l 1977, R e i c h l e et al. 1977 sowie die Kommentare unter 11.2).

Daß sich mit einem solchen Verständnis gruppendynamischen Handelns auch die Beziehung zur empirisch-quantifizierenden Wissenschaftlichkeit verändert hat, dürfte einleuchtend sein (vgl. auch Themenheft der Zeitschrift GD 9/1 1978). Während ich noch im Vorwort zur dritten Auflage von 1974 dem Prinzip einer empirischen Erfolgskontrolle von Übungen nicht abgeneigt war, denke ich heute, daß das einfach nicht machbar ist: ich kann zwar erfragen und mit Mittelwerten und Varianzen verrechnen, wie gut eine Übung „angekommen" ist — welchen verhaltenswirksamen Effekt eine einzelne Übung im Gesamt einer einwöchigen Veranstaltung mit ihren unzähligen Interventionen haben kann — das zu erforschen entzieht sich meines Erachtens den empirischen Möglichkeiten.

Insofern bekenne ich mich zu einer reflektierten Subjektivität in der Anwendung von Übungen: wenn ich das Spektrum einer Übung aus (Selbst-)Erfahrung kenne, wenn sie auf die derzeitige Situation einer Gruppe paßt, mit den Zielen der Veranstaltung in Übereinstimmung steht, und wenn sie mir überdies noch Spaß macht, dann ist sie wohl indiziert und wird ihre Wirkung für den weiteren Prozeß haben. — Ein solches Vorgehen ist auch in Einklang mit der im Vorwort zur dritten Auflage zitierten und für mich nachhaltig wichtig gebliebenen Studie von L i e b e r m a n et al. (1974); sie macht deutlich, daß die meiste Variation in der Wirkung von Gruppenveranstaltungen durch einen Faktor zu erklären ist, der mit Trainerstil oder Trainerpersönlichkeit zu benennen ist. Das beinhaltet für mich die Aufforderung, dieses „Instrument" zu entwickeln und zu pflegen — mindestens jedenfalls so gut wie den Methodenkoffer oder das Trainerhandbuch.

Meine durch die Begegnung mit der Systemtheorie (vgl. die Themenhefte: GT + GD 24/2, 1988; 26/3, 1990; GD 21/1, 1990, dort speziell K ö n i g s w i e s e r & P e l i k a n sowie W i m m e r) weiter entwickelte Identität als gruppendynamischer Trainer manifestiert sich bei der Verwendung von Übungen hauptsächlich durch ein Wichtignehmen der Transparenz. Heute ist es für mich unverzichtbar, in einem Kontrakt mit dem Teilnehmerinnen und Teilnehmern ein Einverständnis darüber herzustellen, daß es nun darum geht, die Realitätsebene zu wechseln; daß die Übungssituation — eine durch den Spielrahmen begrenzte und vielleicht verfremdete Situation — für eine bestimmte Zeit fordert, sich einzulassen, dabei neue Erlebnisse und Erfahrungen zu machen, und nachher diese Erfahrungen selbst auszuwerten.

Wichtig geworden ist mir inzwischen ein breites Spektrum non-verbaler Übungen, alles das, was mit Körperarbeit zu tun hat oder mit Analogien arbeitet. Die Literatur dazu ist aus der Gestaltrichtung, den Neo-Reich'schen Therapierichtungen, aus TZI und anderen so zahlreich geworden, daß ich sie nicht in dieses Kapitel aufnehme und mich mit einigen Literaturhinweisen begnügen kann (H e l l i n g e r 1972, D ä u m l i n g 1976, V o p e l 1974 ff., die Themenhefte der Zeitschrift GD 5/1, 1974 und 14/1, 1983).

11.2 KOMMENTARE ZU DEN KAPITELN 1—10

11.20 ZUR EINLEITUNG UND ZUR BENUTZUNGSANLEITUNG (S. 11—22)

Wie erwähnt, haben sich Arbeits- und Organisationsformen der Gruppendynamik gewandelt und damit auch die Begrifflichkeit. Die ursprüngliche Form des Sensitivity-Trainings existiert noch, hingegen nicht mehr die genannten „Organisationslaboratorien" (S. 11 ff.) die "Touch and Tell Labs" (S. 14) und die „Ambulatorien" (S. 15). Daß sie aus dem Repertoire verschwunden sind, hat damit zu tun, daß sich die Gruppendynamik aus der anfänglichen Experimentierphase konsolidiert hat sowohl in Richtung längerfristiger Angebote als auch in Richtung der Arbeit mit und in Institutionen. Damit sind die alten Begriffe des Organisations- oder Family-Labs heute am ehesten zu übersetzen mit Lernveranstaltungen im Rahmen von Team- und Organisationsentwicklung. Entsprechend sind die in der Einleitung wie im weiteren Verlauf des Buches genannten Begriffe zu übersetzen; für Laboratorium oder Lab setzt man am besten Lernveranstaltung.

An manchen Stellen sind Bücher genannt, die mich damals beeinflußt haben und aus denen ich auch Materialien und Übungen übernommen habe — an erster Stelle das wegbereitende Buch von Don N y l e n (S. 16); die meisten von ihnen sind heute nicht mehr auf dem Markt erhältlich.

Was den Katalog meiner Indikationen (S. 14) betrifft, so halte ich ihn nach wie vor brauchbar mit Ausnahme einer Indikation: Übungen einzusetzen, um Stagnation im Prozeß zu überwinden. Heute frage ich lieber: Was ist denn eigentlich los? und entscheide nach einer gemeinsamen Analyse der Situation, ob ein Bearbeiten der Stagnation, der Einsatz einer Übung oder schlichtweg eine Pause indiziert ist. — Nochmals sei dabei auf den differenzierten Indikationskatalog bei F e n g l e r (1989) verwiesen.

Den in der „Anleitung zur Benutzung" zum Ausdruck kommenden Glauben an die Planbarkeit von Prozessen kann ich heute nicht mehr teilen: nach 20 Jahren Erfahrung stehe ich zu Beginn einer Gruppe immer noch vor der Situation, daß ich nicht weiß, wo der Prozeß enden wird. Früher habe ich das meiner mangelnden Erfahrung oder der ungenügenden Berücksichtigung wichtiger Variablen zugeschrieben — heute denke ich, daß solche Prozesse nicht planbar *sind*. Das zu akzeptieren, dazu hilft mir auch ein verändertes Weltbild, das unter den Stichworten Selbstorganisation und Nichtlinearität derzeit en vogue und von K ü p p e r s sehr präzise beschrieben ist:

> „Das Geheimnis der Vielfalt liegt in einer als ‚Nichtlinearität' bezeichneten Eigenschaft komplexer Systeme verborgen. Die Wechselwirkungen zwischen den Teilen eines solchen Systems sind nichtlinear, wenn sie sich nicht einfach addieren, sondern das Ganze mehr ist als die Summe seiner Teile.

Die Nichtlinearität macht sich vor allem bei der Entstehung komplexer Systeme bemerkbar. Ein ‚nichtlinearer Aufbaumechanismus' hat nämlich die Eigenschaft, über alle Grenzen zu wachsen: Er führt — mathematisch gesehen — in endlicher Zeit zu unendlichen Zustandsgrößen. So können sich bereits kleinste Schwankungen in den Anfangsbedingungen gravierend auf den Endzustand des betreffenden Systems auswirken.

Hieraus ergeben sich einschneidende Konsequenzen für die Berechenbarkeit solcher Systeme. Obgleich die Gesetze, die ein nichtlineares System beherrschen, streng deterministische Gesetze sind, ist eine präzise Vorhersage seines Endzustandes nicht möglich, weil die kleinste anfängliche Unbestimmtheit sich lawinenartig verstärkt ... In einem sich selbst organisierenden Ganzen verliert sich der ‚Anfang' des Systems in seiner Entwicklungsgeschichte". (GEO-Wissen: Chaos und Kreativität, Nummer 2, 7.5.1990, S. 29)

Mit solchen, heute von seiten der Naturwissenschaften formulierten Konzepten erfährt die Gruppendynamik letztlich eine Bestätigung ihres Ansatzes; das bedingt aber auch ein anderes Selbstverständnis als Trainer: Ich bin nicht mehr der von außen einwirkende und unverändert bleibende "Change Agent", sondern ein in den Strukturen und im Hier und Jetzt präsenter Trainer, der sich in einem gemeinsamen Suchprozeß in Wechselwirkung mit der Gruppe verhält. Die „sich selbst untersuchende Gruppe" ist insofern geblieben; wir nehmen sie — und uns selbst — nur anders wahr.

Bei der Beschreibung von „Übungstyp und Beteiligte" (S. 18f.) wurde ein Abschnitt ausgewechselt, der allzu antiquiert war. — Die Bemerkungen zu Unterlagen und Material wurden geschrieben, bevor es Metaplan, Pinwände, Tageslichtprojektoren, Video und andere Medien gab, die heute selbstverständlich zum Seminarrüstzeug gehören. Wo bei den Übungsbeschreibungen „Tafel" oder „Dias" steht, könnte man heute „Flipchart" und „Tageslichtprojektor" schreiben (vgl. P i e p e r 1984). — Wenn auch die Literatur sich erweitert hat und Erfahrungen hinzugekommen sind, wurde hier nichts verändert; das wäre einer Neufassung gleichgekommen.

11.21 Kapitel 1: ERÖFFNUNG, ANFANGSPHASE

Die in der Einleitung geschilderten Anfänge der Art, daß das Leitungsteam nicht vorhanden ist oder daß mit einem Nonsens-Vortrag begonnen wird, sind heute abgenutzt und kursieren höchstens noch als Erinnerungen. Die mittelstrukturierten Beginn- und Anwärmsituation im Sinne des „Mini-Lab" (1.1) dürfte den überwiegenden Teil der heutigen Veranstaltungsanfänge ausmachen. Häufig und gerne verwende ich in solchen Situationen Übungen, die mit Bildern und Analogien arbeiten, wie „Schiffe auf See" oder, in ähnlicher Weise, die Übernahme von Rollen auf einem Schiff. (Instruktion etwa: „Bitte stellen Sie sich vor, Sie seien einmal kein Mensch, sondern ein Schiff. Welche Art von Schiff — vom kleinsten Kahn bis zum größten Ozeanriesen — würde am ehesten Ihre augenblickliche Verfassung in dieser Situation spiegeln? Wenn Sie es gefunden haben, stehen Sie auf und seien Sie für die nächsten 20 Minuten dieses Schiff — allerdings können diese Schiffe hier sprechen. Sie können mitteilen, welches Schiff Sie sind, woher Sie kommen und wohin Sie fahren, was Sie geladen haben usw. — Nehmen Sie auf diese Art Kontakt auf zu den anderen Schiffen, versuchen Sie zu erfahren, welche anderen mit Ihnen in See stechen, legen Sie an, tauschen Sie aus und fahren Sie weiter zum nächsten!" — Der staff kann dann auf dieser Ebene als Sturm, Flaute oder Leuchtturm den Prozeß steuern. Vgl. auch 11.31)

In heutigen Trainings kann und muß man, speziell wenn sie in Institutionen durchgeführt werden, mit einer vorherigen Bekanntschaft und Vernetztheit, ja sogar Abhängigkeit der Teilnehmerinnen und Teilnehmer untereinander rechnen. Damit ist der Anfang kein Anfang mehr, und es ist um so notwendiger, die vor Beginn bestehenden Strukturen zu verdeutlichen. Eine schöne Übung dazu ist unter 11.35 beschrieben.

Die unter 1.5 beschriebene „Zwiebelschale" hat sich unter dem Anglismus "Fishbowl" durchgesetzt, wird heute meistens mit einem freien Stuhl bestückt und ist eine nicht nur in Anfangssituationen beliebte Strukturierungsform eines Plenums geworden. — Die „Gruppen- und Trainerwahl" (1.3) ist, wie auch andere Wechsel von Gruppenart und Gruppengröße, eine wesentliche gruppendynamische Interventionsform geblieben.

Zu einer auf Seite 35 auftauchenden Zielsetzung einer Übung ist zu bemerken: die Worte „gleichberechtigte Bestimmung gemeinsamer Lernziele" spiegeln die damalige Tendenz zur Nivellierung und Verleugnung von Rollenunterschieden. Heute vermögen wir klarer zu sagen, wann Rollendistanz sinnvoll, notwendig und lernförderlich ist, und welches die Situationen sind, in denen es um Mitmachen des Leitungsteams geht; im allgemeinen wird der Staff seine Interessen als spezielle, mit eine Machtvorsprung versehene Untergruppe in die Diskussion bringen.

11.22 Kapitel 2: WAHRNEHMUNG, BEOBACHTUNG

Die in der Einleitung genannten und unter 2.11 dargestellten optischen Täuschungen benutzte ich noch heute gerne — wenn ich sie auch inzwischen auf Tageslichtfolien habe und im Laufe der Jahre die Sammlung sich um schöne Exemplare erweitert hat: z. B. die nach dem Prinzip der „unmöglichen Figuren" konstruierten Bilder von M. C. E s c h e r (Die Welten des M. C. E s c h e r, Pavlak, Herrsching 1971, oder M. C. E s c h e r : Grafik und Zeichnungen, Moos, München, 1971), fantasievolle Kombinationen von optischen Täuschungen aus S c h o b e r & R e n t s c h l e r (Das Bild als Schein der Wirklichkeit, Moos, München, 1972) und L a n n e r s (Illusionen, Bucher, München und Luzern, 1983[5]), "Illusorismen" von D e l - P r e t e (Benteli, Bern, 1984) und vor allem eine Reihe von Kippbildern von Salvador D a l i .

Die „alte/junge Frau" (2.2) ist wohl heute kaum noch zu verwenden — höchstens noch bei Jugendlichen. Eine ähnlich geeignete Figur ist mir aber bisher nicht bekannt geworden.

Die unter 2.71 beschriebenen Beobachtungssysteme benutze ich nach wie vor zum Training der Prozeßwahrnehmung in Gruppen. Die B a l e s'schen Beobachtungskategorien sind inzwischen weiterentwickelt worden (vgl. dazu S b a n d i & V o g l 1973 sowie das Themenheft 20/3 1989 der Zeitschrift GD).

Zum Paper 2.91 (Wahrnehmung) ist anzumerken, daß eine solche Sicht auf die Irrtumsmöglichkeiten der Wahrnehmung nach wie vor als Einführung in die Thematik geeignet ist. Meine Grundhaltung dazu heute ist aber eine andere: Ging unser damaliges Denken von einer objektivierenden Wissenschaftlichkeit aus, die es gerne sah, dem Menschen seine Fehlerhaftigkeit vorzuführen, so denke ich heute, daß die subjektive Wahrnehmung, die den sogenannten objektiven Realitäten widerspricht, *auch eine Realität* ist, der Anerkennung gebührt. Ich habe es damals zwar geahnt, aber noch nicht zu sagen gewagt, was heute anerkannt ist: daß jeder Mensch seine subjektive Wirklichkeit konstruiert, und daß wir nur kommunizieren können, wenn wir uns über unsere unterschiedlichen subjektive Welten verständigen können. — Wie sehr auch Wissenschaftsergebnisse epochal bedingt sind, mag das auf S. 68 zitierte R o s e n t h a l - W h i t e Experiment zeigen: es ist zu bezweifeln, ob die dort genannte Einschätzung heute noch dieselbe wäre!

11.23 Kapitel 3: KOMMUNIKATION, FÜHRUNGSSTILE

In diesem Kapitel sind für mich am deutlichsten zwanzig Jahre Entwicklung abzulesen. Zum einen gilt das in 11.1 Gesagte, daß experimentähnliche und aufwendige Übungsanordnungen wie 3.1 und 3.2 situationsnäheren, aus dem Prozeß heraus zu gestaltenden Übungen weitgehend gewichen sind. Das mühsam aus der Übung 3.2 zu gewinnende Ergebnis läßt sich auch leichter vermitteln, entsprechen doch der „Kreis" dem Modell von Teamleitung, und der „Stern" dem Modell der hierarchischen Führung. — Wesentlicher ist aber, daß in diesen zwanzig Jahren — zumindest bei den Bevölkerungsschichten, die in gruppendynamische Lehrveranstaltungen kommen — das Verständnis darüber, wie wir kommunizieren, deutlich gewachsen ist. Eine Kenntnis der unterschiedlichen Führungsstile und ihrer Auswirkungen sind heute fast Allgemeingut geworden; die 1973 noch weithin unbekannten pragmatischen Axiome der Kommunikationspsychologie sind selbst Menschen aus der Industrie bekannt und vertraut; das Operieren mit ihnen gehört für mich heute zur gruppendynamischen Routine.

Und damit sind Inhalts- und Beziehungsebene, kontrollierter Dialog, Aktives Zuhören, Ich- und Du-Botschaften, Feedback etc. eher im Prozeß der Gruppe selbst zu trainierende Qualitäten als durch Übungen nahezubringende Heilslehren. Dennoch ist der kontrollierte Dialog — dessen Autorenschaft eher im scholastischen Gespräch als bei der Gruppendynamik zu suchen ist — nach wie vor eine wertvolle Übung, die ich gerne durch Übungen zum Bewußtheitsrad (siehe 11.32) ergänze, um dann das Feedback in das prozessuale Gespräch einzuführen. Ich arbeite auch gerne mit Wahrnehmungs- und Kommunikationsübungen aus dem neurolinguistischen Programmieren (NLP), das mit den grundlegenden Arbeiten von G r i n d e r und B a n d l e r wertvolle Übungsmöglichkeiten zur wirkungsvollen Kontaktaufnahme vermittelt — ungeachtet seines zweifelhaften Anspruches, eine Therapiemethode zu sein.

Entsprechend ist das Paper 3.91 in Denkansatz überholt und sollte eher durch ein an den pragmatischen Axiomen orientiertes ersetzt werden; ebenfalls dürfte das zur Übung 3.4 gehörende Paper 3.92 seinen aufklärerischen Wert eingebüßt haben (zu Führungsstile siehe Thementeil der Zeitschrift GD 20/1, 1989).

11.24 Kapitel 4: FEEDBACK

Aus heutiger Sicht würde ich sagen, daß das Feedback selbst keine Technik ist, und daß die Übungen dieses Kapitels eher Techniken zur Einübung von Feedback darstellen. Dazu gehört auch die unter 11.32 wiedergegebene Übung zum Bewußtheitsrad.

Feedback zu trainieren ist mir auch heute noch ein zentrales Anliegen gruppendynamischer Veranstaltungen. Einen besonderen und stark erweiterten Stellenwert haben dabei analoge Techniken, das heißt den Einsatz von Körper (Pantomime, Bewegung) und gestalterischen Medien (Malen, Tonen). Unter 11.28 und 11.33 sind eine Reihe solcher Übungen aufgeführt, die sowohl dem Feedback als auch den Stichworten Prozeßanalyse und Gruppendiagnose zuzuordnen sind (vgl. S b a n d i 1970, W i e r i n g a 1973 sowie das Themenheft 9/3, 1978 der Zeitschrift GD).

Zum Verständnis von Feedback ist das erstaunlich einfache, aber überwältigend erklärungsträchtige Johari-Fenster (4.92) nach wie vor ein „Renner"; zwar kennt es inzwischen fast jede Führungskraft in der Industrie, eine wiederholende Darstellung schadet jedoch selten. — Im Verlauf einer Veranstaltung wird Feedback nicht selten zu einer künstlich-hochgestochenen Kommunikationsform. Es gilt dann, dahingehend zu intervenieren, daß es eine alltäglichere Form der Kommunikation wird. Nicht immer muß dann ein Mini-Kontrakt dabei sein („Darf ich Dir ...?"), und es ist auch keineswegs immer richtig, die eigenen Affekte herauszuhalten. Die Hilfen in Paper 4.91 scheinen mir nach wie vor gültig und beherzigenswert.

11.25 Kapitel 5: KOOPERATION, WETTBEWERB

Kooperation und Konkurrenz sind Themen, die in jeder Gruppenarbeit zentral sind, deswegen sind auch Übungen zur Verdeutlichung ihrer Dynamik und

Dialektik angezeigt. Allerdings: arbeitet ein Team bereits lange zusammen, so braucht es wohl kaum eine Übung, *das* aufzuzeigen. — Die „Kohlegesellschaft" (5.3) ist, ähnlich wie der „Dienstwagen" (6.2) von ihren sachlichen Vorlagen her natürlich rettungslos veraltet — angefangen von der Bedeutung, die Kohle heute (nicht mehr) hat.

Eine der erfolgreichsten Übungen dürfte wohl der „Turm- oder Brückenbau" (5.5) sein, zu der ich neulich von einem Kollegen (Hans-Dieter Wilms) eine reizvolle Variante hörte, die vor allem bei technikbegeisterten Männern in der Industrie ankommen dürfte: Die Aufgabe besteht darin, aus diversem Material einen Flugkörper herzustellen, mit dessen Hilfe ein rohes Ei sicher aus dem Fenster des ersten Stockes auf die Erde gebracht werden kann. Hier ist die Objektivität des Erfolgskriteriums unbezweifelbar!

„Haus-Baum-Hund" (5.1) ist offenbar eine sehr häufig verwendete Übung; persönlich verwende ich eher andere Formen des Partnermalens (vgl. 11.33).

Planspiele (5.6) gehören bei entsprechenden Zielsetzungen einer Veranstaltung nach wie vor zum Standard-Repertoire. Statt unzählige Varianten aufzuführen, mögen die gegebenen Anregungen genügen — ich finde es sowieso eine sehr vergnügliche Tätigkeit, im Team ein situationsangemessenes Planspiel zu entwickeln. Dabei können, besonders in längerfristigen Lernveranstaltungen, bestimmten Teilnehmern Rollen auch als Feedback vorgegeben werden. — *Wie* verblüffend realistisch Planspiele soziale und politische Prozesse abbilden, erfuhren wir mehrfach, wenn in einem Spiel ein Dutzend Helfer um einen Klienten so sehr mit sich selbst beschäftigt waren, daß der Klient nicht mehr beachtet wurde und erst eine Symptomverschlimmerung simulieren mußte, bis die Aufmerksamkeit des Helfersystems zu ihm zurückkehrte! (vgl. auch E w e n 1977, L e f f e r s & M ü l l e r 1983, Themenheft Zeitschrift GD 14/3, 1983).

Ein zu Kooperation und Konkurrenz gehörender Aspekt war zur Zeit, als ich das Buch zusammenstellte, offenbar noch kein Thema: die Beziehung von Männern und Frauen in Gruppen. Es gab sie zwar damals sehr wohl, aber meistens bleiben die vielen "pairings" unter der Decke und im informellen Bereich. Deshalb sei in 11.34 eine Übung skizziert, die ich in dieser Form zwar nur einmal miterlebt habe, die aber als Anregung zu zahlreichen Varianten diente.

11.26 Kapitel 6: ENTSCHEIDUNGEN

So wie die Thematik des vorigen so hat auch die Thematik dieses Kapitels an Bedeutung eher noch gewonnen. Die heutige Gruppendynamik zentriert sich ja auf Instruktionen zur Veränderung von Gruppenstrukturen mit der Aufforderung, die Wirkung auf den entstehenden Prozeß zu erfahren und zu überprüfen. Insofern ist „Neue Gruppen" (6.1) ein Paradigma für eine Vielfalt von Umstrukturierungen in Lernveranstaltungen. Aufgaben für Einzelpersonen,

Arbeit in Paaren, in Trios, in selbststeuernden und geleiteten Kleingruppen, in Supervisionsgruppen, in der Trainingsgruppe, in Innenkreisen und anderen Systemgrößen sind weiterhin bevorzugte Interventionen von gruppendynamischen Trainerinnen und Trainern.

In diesem Kapitel sind zwei weitere „Renner" mit recht unterschiedlichem Entwicklungsschicksal: die Übung „Dienstwagen" (6.2) und die „NASA-Übung" (6.3). Der „Dienstwagen" wird bis heute in der ursprünglichen Form verwendet; bei mir selbst hat es nie zu einer Revision gelangt. Dabei sind durchaus aktuelle Verteilungskonflikte um andere Güter denk- und konstruierbar. Ein Kollege hat eine Variante entwickelt, in der es um einen neuen Computer geht. – Trotz der Autotypen, die heute kaum noch jemand kennt, scheint es nicht opportun, sie zu verändern: die heutigen Typenvielfalt dürfte auch die meisten Männer ins Schleudern bringen. Die diskriminierenden Äußerungen gegenüber Frauen (unter „Erfahrungen", S.149) möchte ich zurücknehmen; als Dokument meines – und wohl nicht nur meines – damaligen Bewußtseins lasse ich sie stehen. Auch daß Ersteigen von Masten im Zeitalter des Glasfaserkabels nicht mehr Aufgabe von Telefonarbeitern ist, scheint nicht zu stören; vielmehr scheint die historische Verfremdung und Distanz der Übung eher einen Reiz zu verleihen.

Ganz anders die „NASA-Übung": sozusagen das Flaggschiff der instrumentellen Gruppendynamik, wurden zu ihr eine Reihe von Varianten entwickelt, wie auch schon die Übung 6.4 eine Variante ist. Mir sind entsprechend aufgebaute Übungen in der Wüste, im Urwald, in Seenot und in der Galaxis bekannt. Außerdem aktiviert die Übung offenbar eine Reihe von Stellungnahmen: von der — durchaus berechtigten — polemischen Frage, warum man denn in der Gruppendynamik zu fällende Entscheidungen und zu bewältigende Konflikte unbedingt auf den Mond verlagern müsse, bis hin zu dem Brief, den mir ein freundlicher Mensch vor einigen Jahren schrieb: daß ein Mensch in Ruhe 15 Liter Sauerstoff pro Stunde brauche, mit den vorhandenen 100 Litern ein Mensch in Ruhe höchstens sieben Stunden leben könne, und deshalb die Aufgabe in der gestellten Form unlösbar sei. — Ich habe bei P f e i f f e r & J o n e s nachgeschaut und festgestellt, daß es sich dort um 100 lb-(amerikanische Pfund-Bezeichnung) Tanks handelt, die sich vermutlich auf verflüssigten Sauerstoff beziehen; und daß damit die in der mir vorliegenden deutschen Übersetzung gewählte Maßeinheit unkorrekt war. — Und es geht hin bis zu dem Streit über die Urheberschaft dieser Übung. Die in der Literaturangabe (S. 155) erwähnte Untersuchung von H a r e basiert ihrerseits auf eine Grundidee von M u z a f e r S h e r i f (der seine Jugendlichen die Aufgabe real im Wald lösen ließ). Nach zuverlässigen Angaben wurde die abgedruckte Form 1964 von der NASA entwickelt und im selben Jahr von der IBM in Lizenz übernommen. Vermutlich haben auch die NTL (National Training Laboratories — Institute for Applied Behavioural Science) eine Lizenz erhalten oder abgekupfert, denn über ihre "Ten Exercises for Trainers" (Washington D.C., 1969) fand sie wohl den Weg in die Sammlung von P f e i f f e r & J o n e s (I, 1969). — Nun geschah es 1977, daß der Verlag für Psychologie vom schwedischen Verlag „Student Litteratur" in Lund darauf hingewiesen wurde, daß er über die Rechte an der Übung verfüge und den Autor vertrete.

Offenbar also viel Lärm auf dem Mond; er zeigt das über den Wert einer Übung hinausgehende technologische Interesse — wo es doch eher um die Art des Entscheidungs- und Konfliktmanagements in einer Gruppe geht!

11.27 Kapitel 7: NORMEN, VORURTEILE, ABWEHR

Die in der Einleitung zu diesem Kapitel dargestellte Spannung zwischen Tiefenpsychologie auf der einen und Sozialpsychologie auf der anderen Seite war eine epochal bedingte Sichtweise, die auch durch die damaligen Vertreterinnen und Vertreter der Trainerschaft akzentuiert wurde — heute ist diese Diskrepanz nicht mehr von Bedeutung: einerseits befaßt sich die Psychoanalyse mit interpersonellen Prozessen (z. B. Richter, Heigl & Heigl-Evers, Mentzos), andererseits hat die Sozialpsychologie ihre Sicht auf die latenten Prozesse erweitert, so daß es größere Integrationsbereiche zwischen beiden Richtungen gibt.

Daß ich in der damaligen Zeit der Gruppeneuphorie bereits den kritischen Aspekt hervorgehoben habe, daß die Gruppe neben ihrem synergetischen Potential auch das Risiko der Einengung des Individuums bis hin zu seiner Identitätszerstörung besitzt, darüber freue ich mich. Ein leider vergriffenes Buch über Gruppendynamik von Sbandi (1973) beginnt konsequenterweise mit diesem Aspekt von Gruppe; Untersuchungen im Gefolge des Milgram-Experimentes (1974) weisen auf die Bereitschaft des Menschen zu gruppenkonformen Reaktionen hin (vgl. auch Domann 1974, Lilli 1983 und Van Elten 1990).

Was das Thema Abwehr betrifft, so ist mir in meinen Gruppen die Arbeit mit der Projektion zunehmend wichtiger geworden. Ich halte sie, nach zwei weiteren Jahrzehnten Weltgeschichte, für einen der zentralen Hinderungsgründe menschlicher Verständigung, auf internationalem wie auf Gruppenniveau. In der Gruppe zeigt sie sich am deutlichsten in der Sündenbockrolle.

Nun gibt es eine ganze Reihe von teilweise fragwürdigen Übungen, mit denen man in einer mehr oder weniger verfremdeten Situation Außenseiter oder Sündenböcke in einer Gruppe produzieren kann (vgl. auch Nolting 1978, Themenheft der Zeitschrift GD 12/2, 1981). Sie folgen meist den Muster des „einer steigt aus": aus dem Ballon, aus der Sauerstoffversorgung, aus dem Rettungsboot oder ähnlich. Ich habe lange überlegt, ob ich eine solche Übung — die ich selbst gelegentlich mit sehr strikter Indikation verwende — neu aufnehmen soll oder nicht. Ich habe mich schließlich dagegen entschieden, denn ich denke, daß man weitgehend ohne solche Übungen auskommen kann. Sie verstärken eher eine Dynamik der Gruppe, die im Prozeß zu überwinden wäre.

11.2   275

Eine veränderte Sichtweise auf die Phänomene von Abwehr und Widerstand, die sich wegentwickelt hat von der „gnadenlosen Wahrheitssuche" der siebziger Jahre, macht es möglich, mit diesen Phänomenen, die in Gruppen ja ständig auftreten, anders umzugehen als sie per Übung zu induzieren. Generell ist heute eine höhere Sensibilität dafür vorhanden, und die — aus dem systemischen Denken übernommene — Fragen, was ein Sündenbock oder Symptomträger der Gruppe denn eigentlich abnimmt, welchen Schattenaspekt der Gruppe er darstellt, was er für die Gruppe agiert o. ä. lassen Gruppenteilnehmerinnen und Gruppenteilnehmer heute rascher darauf reagieren im Sinne der Zurücknahme von Projektionen. — Ein Paper zu dieser Thematik ist unter 11.43 angefügt; es ergänzt die Papers 7.91 und 7.92; das Paper 7.93 ist völlig neu bearbeitet (vgl. zu dieser Thematik auch B r o c h e r 1973, M e n z i e s 1974, H e i g l - E v e r s & H e i g l 1983, T a f e r t s h o f e r 1983).

Zu den Übungen selbst ist zu sagen, das das „A s c h - Experiment" (7.1) vermutlich nur noch sehr selten durchgeführt wird; „Kindsmörderin" (7.4) und „Abtreibung" (7.5) greifen nach wie vor akute Themen auf – natürlich muß bei der letzteren der Gesetzestext auf Seite 186 entsprechend dem derzeit gültigen abgeändert werden. Auch die Fallsituationen sind teilweise zu aktualisieren.

Was ich immer noch gerne, speziell in Weiterbildungskursen, verwende, ist das „Abwehrmechanismen-Rollenspiel" (7.6), allerdings meist ohne die Spezifikation des Publikums; dann reichen 15–20 Minuten Vorbereitungszeit voll aus. Wer es allerdings mit der Spezifikation durchführt, der wird die „APO-Gruppe oder Kommune" durch einen neueren Begriff für Alternativkulturen ersetzen wollen.

11.28 Kapitel 8: ANALYSE DES GRUPPENPROZESSES

Das zentrale Anliegen in der Gruppendynamik, die Entwicklung und den Prozeß einer Gruppe zu verstehen, wird nach wie vor in zwei Dimensionen praktiziert, die die Übungen 8.1 und 8.2 angehen: die Verlaufsanalyse als Erfassung der längsschnittlichen und die Soziometrie als Erfassung der querschnittlichen Dynamik einer Gruppe (vgl. E c k s t e i n 1973, M i l o w i t z & K ä f e r 1989, Themenheft 8/2, 1977 der Zeitschrift GD; zur Soziometrie D o l l a s e 1975 und K r ü g e r 1976).

Der wesentliche Unterschied in der heutigen — nicht nur meiner — Praxis ist der, daß weitgehend auf die an der experimentellen Kleingruppenforschung orientierten Skalierungsverfahren verzichtet wird zugunsten solcher Methoden, deren Ergebnis ganzheitlicher und unmittelbarer sichtbar und einsichtig wird. Das heißt, daß überwiegend analoge Darstellungsmittel zur Anwendung kommen.

Für die kontinuierliche Prozeßanalyse in Sensitivity-Trainings bevorzuge ich etwa folgende Techniken:

- Für eine „Fieberkurve" entsprechend 8.13 beschränke ich mich auf zwei Fragen, die einerseits die Arbeits- und Inhaltsebene, andererseits die Beziehungs- und Prozeßebene betreffen.

- Statt der verbalen Skalierungen lasse ich am Ende jedes Halbtags ein „Gruppengesicht" — als gemeinsame Aufgabe für die ganze Gruppe — malen. Vereinfachte Formen sind dafür das Ankreuzen oder Malen eines "Smiley" zwischen ☹ und ☺.

- Oder ich lasse zum Ende der Sitzung die wichtigste Erfahrung durch einen Einwortsatz, eine Metapher, durch eine Geste oder eine Körperhaltung ausdrücken.

Wichtiger noch als die kontinuierliche Prozeßanalyse ist mir eine solche an Punkten, wo der Prozeß klemmt. Sie kann in verbaler Form, als eine Pantomime, oder in Form einer Geschichte durchgeführt werden. Der dritte Zeitpunkt, bei dem mir eine Prozeßanalyse wichtig ist, ist das Ende einer (einwöchigen) Veranstaltung. Dabei haben sich für mich zwei bevorzugte Formen herausgestellt:

- Auf einer Papierrolle, die so lang ist wie der Plenumsraum und die auf dem Boden ausgelegt wird, markiere ich die einzelnen Tage mit einem Längsstrich, lasse aber Platz dazwischen für den informellen Bereich. Nach dem verbalen Durchgehen der einzelnen Stationen der Veranstaltung gebe ich die Instruktion: „Stellt anhand von Bildern, Symbolen, Zeichen, Farben und Formen die Ereignisse im Verlauf der Woche dar, die für euch wichtig waren!"

- Auf einer Metaplanwand stelle ich den formalen, inhaltlichen und methodisch-strukturellen Verlauf der Woche kurz dar (es ist immer wieder erstaunlich, wie sehr man in einer prozeßorientierten Woche vergißt, was wann war — der subjektive Prozeß ist etwas anderes als der tatsächliche Ablauf) und fordere nach jedem Halbtag auf, emotionale Stichworte zuzurufen. Die schreibe ich in die Zwischenräume oder auf eine zweite Metaplanwand in einer anderen Farbe, und daran ist meist möglich, den Entwicklungsprozeß einer Gruppe sehr präzise zu beschreiben. — Beide Verfahren eignen sich dazu, über die Entwicklung der Gruppe, ihre Krisen und Phasen in ein integrierendes und zusammenfassendes Auswertungsgespräch zu kommen.

Die Soziometrie, die ja ihre Wurzeln im Psychodrama wie in der Gruppendynamik hat (vgl. dazu P e t z o l d 1978 und 1980), hat inzwischen entscheidende Anregungen aus der S a t i r'schen Familientherapie erfahren: die Skulpturarbeit. Sie hat heute durchweg die Stelle der aufwendigen Befragung und Verrechnung soziometrischer Ergebnisse übernommen. Als eine erste zaghafte Annäherung in diese Richtung ist das „Schuh-Soziogramm" (8.213) zu sehen. Heute arbeite ich vorwiegend mit folgenden Techniken:

- Die Teilnehmerinnen und Teilnehmer stellen sich schweigend, mit oder ohne Körperausdruck, in einem Probier- und Annäherungsverfahren so, wie sie sich in Bezug zur Macht (z. B. eine Marke im Zentrum des Raumes) und in Nähe und Distanz zueinander empfinden. Neben dieser Erhebung des Ist-Zustandes kann in einer zweiten Phase auch noch das gewünschte Bild ausgedrückt werden.

- Eine Alternative ist, daß ein wenig involvierter Teilnehmer die anderen als „Wachsfiguren" formt und so stellt, wie er oder sie sie in Beziehung zueinander erlebt. Nach Äußerung der Gefühle in der entsprechenden Position können auch hier Veränderungen erprobt werden.

- Mit Holzklötzen, Ton, Metaplankarten oder anderen Materialien stellen oder gestalten die Teilnehmerinnen und Teilnehmer ein Bild der Gruppe. Eine Aufteilung der Gruppe (wie in 4.5) ist möglich, wie auch eine gegenseitige Darstellung von zwei Gruppen.

Als soziometrische Fragestellung für gruppendynamische Prozesse ist die nach „Einfluß, Macht und Vertrauen" (8.214) wesentlich. Bemerkenswert ist vielleicht, daß es außer dieser soziometrischen Übung kaum andere Übungen speziell zu Macht und Autorität in Gruppen gibt. Offenbar sind diese Themen bis heute eher im Prozeß zu erarbeiten als durch Übungen.

Eine hübsche, wenn auch diagnostisch weniger relevante Übung ist das — vermutlich aus der TZI stammende — Zuwerfen eines Garnknäuels: Durch das symbolhafte Netz von Person zu Person wird eher ein Gefühl von Vernetztheit und Interdependenz in der Gruppe verdeutlicht.

Zum Verständnis soziometrischer Positionen in der Gruppe ist mir im Laufe der Jahre das Konzept von S c h i n d l e r (z.B. 1968, 1969) wichtig geworden — wenn ich es auch nicht in seiner ursprünglichen Form verwende (s. 11.43). Auch die Theorie von B i o n ist, ungeachtet aller Kritik (vgl. S v e n s s o n 1971, S a n d n e r 1975, Z e c h 1985) eine brauchbare Grundlage zum Verständnis von Gruppenprozessen. Das darauf aufbauende komplexe Phasenmodell von B e n n i s und S h e p h a r d (8.932) ersetze ich heute meistens durch eines, das unter 11.44 wiedergegeben ist. Statt oder in Ergänzung des Papers 8.931 verwende ich häufig das unter 11.42 abgedruckte. – Eine Form der Soziometrie, die speziell bei vorher bekannten Gruppen zu Beginn einer Veranstaltung sich anbietet, ist unter 11.35 beschrieben.

11.29 Kapitel 9: BERATUNGSTECHNIK

Im Gegensatz zum vorigen ist der Inhalt dieses Kapitels aus dem Fokus gruppendynamischer Trainings herausgerückt. War das Vermitteln von Beratungskompetenzen damals eine Aufgabe, die sich die Gruppendynamik zu eigen gemacht hatte, so sind heute die Angebote von Gesprächstherapie, Supervision, Organisations- und Teamberatung so zahlreich, daß dieses „Leihkind" nicht mehr im Zentrum gruppendynamischer Kompetenzvermittlung steht. Institutionsgeschichtlich ist allerdings zu sehen, daß Organisations- und Teamentwicklung sowie die Gruppensupervision entscheidende Impulse aus der Gruppendynamik erhalten haben. — Aus dieser Situation heraus bleibt das Kapitel 9 unkommentiert und unergänzt; lediglich eine Empfehlung für ein Papier sei ausgesprochen: der Artikel von Carl R. R o g e r s „Die Eigenschaften einer hilfreichen Beziehung", (in B e n n i s, B e n n e & C h i n, 1975).

11.210 Kapitel 10: BACK HOME

Heute würde ich dieses Kapitel „Abschluß einer Gruppe" nennen. Im Laufe der Jahre habe ich erfahren, daß mindestens genau so wichtig wie der methodisch gekonnte Beginn der methodisch saubere Abschluß einer Gruppe ist. Besonders bei Menschen aus dem sozialen Bereich mit ihrer depressiven Tendenz zur Vermeidung von Abschiedsgefühlen wird dies oft vergessen. Man arbeitet bis zum Ende durch, und der Abschluß wird im Haurutck-Verfahren durchgezogen. — Prinzipiell muß gegen Ende eines Gruppenprozesses mit denselben kollektiven Gefühlsreaktionen gerechnet werden, wie sie Elisabeth K ü b l e r - R o s s („Interviews mit Sterbenden", 1969 und spätere Publikationen) aufgezeigt hat:

- Das Ende wird verleugnet; es wird so getan, als gehe es ewig weiter. Es werden nachgehende Verabredungen getroffen und es herrscht ein allzu munterer Ton vor.

- Wird diese Verleugnung unwirksam, wird gegen das Ende gekämpft: „Können wir nicht noch einen Tag anhängen?", „Jetzt, wo wir alle so gut miteinander können, soll Schluß sein — das ist gemein!"

- Hält diese aggressive Haltung der Realität nicht stand, gerät sie in eine depressive Phase: „Das war doch alles nichts wert", und zu den entwertenden gesellen sich häufig auch stark regressive Tendenzen. Wie in einer Therapie tauchen Symptomverschlimmerungen auf; nochmals zeigen sich Abhängigkeit und Hilflosigkeit.

- Erst nach einer Bearbeitung dieser Abläufe ist eine Integration des Endes möglich: zu sehen, was die Gruppe gebracht hat, was sie auch nicht geleistet und bewältigt hat, und wie das Leben ohne diese Gruppe weitergeht.

Wenn eine — besonders länger laufende — Gruppe dem Ende zugeht, gebe ich gelegentlich das folgende Schema mit den verschiedenen Dimensionen des Abschlusses als Impuls ein und erarbeite mit der Gruppe, welchen dieser Fragestellungen wir uns zuwenden wollen — das ist von den jeweiligen Zielen der Gruppe abhängig:

FRAGESTELLUNGEN FÜR DEN ABSCHLUSS VON GRUPPEN

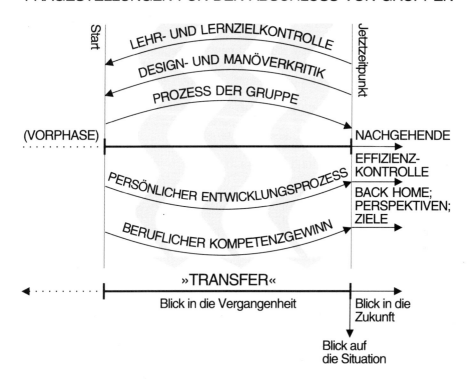

Das "Back Home" und der Transfer (vgl. F a t z e r 1980, F a t z e r & J a n s e n 1980, A n t o n s & V o i g t 1982) sind nur zwei der Dimensionen des Abschlusses; für die „Manöverkritik" (10.3) verwende ich gerne eine Form, die die umständliche Punkteberechnung erübrigt und für alle das Ergebnis sofort sichtbar macht: ich schreibe vier für die Veranstaltung relevante Fragen (z. B. Inhalte, Methoden, persönliche Lernerfahrung, Zufriedenheit, Rahmenbedingungen) in vier Farben auf einen Flipchart mit einer Skalierung von eins bis sieben. Die Teilnehmerinnen und Teilnehmer erhalten vier verschiedenfarbige Klebpunkte, die sie dort anbringen sollen, wo sie bewerten wollen. Nach einigen Minuten sind vier Säulendiagramme zur nachfolgenden Besprechung fertig.

Auch der „Auswertungsbogen" (10.4) ist rascher ersetzt durch „Koffer und Mülleimer": auf große Metaplanbögen male ich umrißhaft einen Koffer und einen Mülleimer, in die die Teilnehmerinnen und Teilnehmer schreiben, was sie mitnehmen und was sie hier hinterlassen wollen.

Die letzte Übung des Kapitels, die Lebens- und Laufbahnplanung, für die sich hartnäckig der Anglismus "life planning" erhalten hat, ist eine meiner Lieblingsübungen geblieben. Die im Laufe der Jahre weiterentwickelte Form ist unter 10.5 abgedruckt. Der Anwendungsbereich dieser Übung hat sich für mich allerdings erweitert und differenziert:

- zum einen verwende ich sie häufiger am Beginn einer längerfristigen Weiterbildung, im Rahmen einer ersten Kurswoche, wobei die Aufgabe fünf je nach Inhalt und Zielsetzung des Kurses verändert wird.

- zum zweiten mache ich sie, je nach Zielsetzung der Veranstaltung, entweder als Lebensplanung oder als berufliche Laufbahnplanung. Die entsprechenden Worte sind dann auszutauschen.

Eine inhaltliche Auswertung in Plenum führe ich nie mehr durch; je nach Zielsetzung arbeite ich aber in den Trios als Berater mit. Da die Übung meistens über einen ganzen Tag läuft, lasse ich die Gruppe vor dem Mittagessen kurz zusammenkommen und austauschen, wie weit die einzelnen Trios sind und wie die Stimmung ist.

Statt der üblichen, ein Seminar abschließenden feedback-Runde, die bei größeren Gruppen leicht langweilig wird, bediene ich mich häufig einiger Übungen aus Gestalt und Psychodrama, etwa dem „Zauberladen" oder dem „Basteln von Abschiedsgeschenken".

11.3 Zusätzliche Übungen
die ich heute verwende

11.31 Vorstellung — analog
11.32 Bewußtheitsrad
11.33 Vom Einzel- zum Gruppenbild
11.34 Café Duo Infernal
11.35 Tableaus, Kreidestrich

NOTIZEN:

| Stichworte | ERÖFFNUNG, KENNENLERNEN | 11.31 |

| Titel | Vorstellung analog |

| Ziel | Herstellen von Kontakt bei Vermeiden konventioneller Vorstellung; Abbau von Unsicherheit und Wecken von Neugier; Finden gemeinsamer Themen |

| Indikation | Anfangssituationen in lern- und personorientierten, mittelstrukturierten Gruppen (nicht für TG) |

| Übungstyp, Beteiligte | Hochstrukturierte, leiterzentrierte Übung in der Runde; nicht mehr als 15 TeilnehmerInnen; Beteiligung des staff eher kontraindiziert |

| Durchführung |
1. Einführung: Bedeutung des Kennenlernens
2. Instruktion: kurzes, individuelles Meditieren der drei Fragen: Wo bin/stehe ich? (Alternative: woher komme ich?) Wohin will ich? Was brauche ich als Hilfe, um von 1 nach 2 zu kommen? — Jede/r geht allein nach draußen, in die Natur, und findet (nicht Suchen!) zu jeder der drei Fragen einen Gegenstand und bringt ihn mit, legt die drei Gegenstände vor sich hin. — Nach 20' Vorstellung, reihum oder in frei gewählter Reihenfolge, anhand dieser Gegenstände.
3. Bei der Vorstellungsrunde helfen, ggf. ermutigen oder bremsen
4. Gruppengespräch: was möchte ich noch von wem wissen? Welche gemeinsamen und unterschiedlichen Themen tauchen auf? Was könnten Gruppenthemen sein?

| Dauer | Ca. 1 Std., abhängig von der Gruppengröße |

| Unterlagen, Material | Mitgebrachte Gegenstände. Wichtig: sie werden zu einem späteren Zeitpunkt (Ende) daraufhin befragt, was sie eröffnet, gezeigt, ermöglicht haben und dann wieder dorthin gebracht, von wo sie genommen wurden |

| Geeignete papers | |

| Autor | Aus der indianischen Tradition; in dieser Form von P. R y s e r übernommen |

| Literatur, Erfahrungen | Keine bekannt; in längerfristigen Lernveranstaltungen zeigt sich, daß wichtige Lebens- und Gruppenthemen in verschlüsselter Form präsentiert werden, die erst nachher in ihrer Bedeutung offenbar werden |

| Auswertungsfragen | Wie war die andersartige Vorstellung? Was hat sie gezeigt, was nicht? — Wichtig: über das Individuelle hinaus gemeinsame Themen herausarbeiten |

| Variationen | Kürzer: Vorstellung anhand von drei Gegenständen aus der Hand- oder Hosentasche: diese drei Gegenstände sprechen über ihren Besitzer (ich bin das Taschenmesser von ...) |

| Analoga | Mini-Lab (1.1), Schiffe auf See (11.21) |

NOTIZEN:

Stichworte	KOMMUNIKATION, BEWUSSTHEITSFUNKTION	**11.32**
Titel	Bewußtheitsrad (Wheel of Awareness)	
Ziel	Bewusstheitsfunktionen kennen und unterscheiden lernen; automatische Verknüpfungen (Konditionierungen) erkennen und neu lernen; neue Verknüpfungen zwischen den Funktionen bewusster nutzen	
Indikation	Sensibilisierung für klarere Kommunikation; als Vorübung zum Feedback-Training; sowohl für Kulturen, die zum vorschnellen Handeln neigen als für solche, die mit Zuschreibungen operieren	
Übungstyp, Beteiligte,	Hochstrukturierte, leiterzentrierte Übung in wechselnden Paaren; beliebig viele TeilnehmerInnen, möglichst gerade Anzahl	
Durchführung	Detaillierte Instruktion s. 11.321 1. Erläuterung des Modells 2. Bildung von Paaren 3. Erster Satz Instruktionen 4. Auswertungsgespräch und Wechsel der Paare 5. Zweiter Satz Instruktionen 6. Auswertungsgespräch und Wechsel der Paare 7. Dritter Satz Instruktionen 8. Auswertung in Paaren und im Plenum	
Dauer	1 1/2 Std.	
Unterlagen, Material	Tageslichtschreiber mit Folie des Rades, wasserlöslicher Folienschreiber, mit dem in anderer Farbe die Verknüpfungen aufgezeichnet werden	
Geeignete papers	Kommunikation (3.91), Feed Back (4.91)	
Autor	M i l l e r , S. et al. (1972) für das Modell; Übung eigene Entwicklung	
Literatur, Erfahrungen	S. Autor, vgl. Paula 1997[3]; wichtig: auf die Bedeutung der rituellen Kommunikation mit Nachdruck hinzuweisen; ggf. Korrekturhilfe nach der ersten Runde: meist werden Interpretationen statt Wahrnehmungen ausgetauscht; Übung in gesamter Länge ist sehr anstrengend!	
Auswertungshilfen	(Für Auswertungsgespräche der Paare): Was war leichter/schwerer, zu sprechen oder zuzuhören ohne reagieren zu dürfen? Was hat das Sprachritual ermöglicht zu sagen, was sonst nicht mitgeteilt worden wäre? Was habe ich über meinen Umgang mit den Funktionen erfahren; was kann ich gut, was nicht? Welche Konsequenzen hat die Übung für die Kommunikation in der Gruppe?	
Variationen	Liegen in der Anzahl und der Auswahl der Aufgaben; Zeiten nicht verkürzen!	
Analoga	Kontrollierter Dialog (3.5), Paar-Interview (4.1), Haus-Baum-Hund (5.1), Übungen zum „Vier-Ohren-Modell" von S c h u l z - v o n T h u n (1981)	

11.321 INFORMATIONEN UND INSTRUKTIONEN ZUR ÜBUNG „BEWUSSTHEITSRAD"

Ziel dieser Übung ist, die verschiedenen Funktionen, derer sich unser Bewußtsein oder Ich im Prozeß der Informationsaufnahme und -verarbeitung bedient, besser kennenlernen und voneinander unterscheiden zu können. Vollständige Bewußtheit oder Achtsamkeit ist ein schwer zu erreichendes Ziel, aber ein besseres Verständnis dafür, was ich gerade tue, erleichtert die Kommunikation in der Gruppe. Wir benutzen im wesentlichen fünf verschiedene Funktionen oder Fähigkeiten:

- **Wahrnehmen**
  ist gewissermaßen die „input-Funktion" und bezeichnet all das, was ich über meine „fünf Sinne" (in Wirklichkeit sind es mehr) von der Umwelt in mich aufnehme: sehen, hören, riechen, schmecken, tasten ...

- **Interpretieren**
  heißt, den sensorischen Informationen Sinn und Bedeutung zu geben. Jede aktuelle Wahrnehmung wird sofort mit dem Gesamt der zur Verfügung stehenden Erinnerungen verglichen: Mit welcher mir bekannten Situation ist diese Wahrnehmung vergleichbar? — In Form von Assoziationen, Phantasien, Annahmen, Deutungen, Schlußfolgerungen (hier ist das Denken beteiligt) gebe ich der Wahrnehmung einen Sinnzusammenhang.

- **Fühlen**
  Wir fühlen ständig etwas, sind uns dessen oft nicht bewußt; Gefühle werden „abgespalten". Sie können aus der Innenwahrnehmung oder aus der Außenwahrnehmung stammen; mit der Interpretation einer Wahrnehmung ist auch stets eine Gefühlsqualität verbunden. Sie kann zwischen den Polen von angenehm und unangenehm variieren; sie kann zu den „starken" Gefühlen von Liebe, Freude, Zorn und Haß gehören, sie kann aber auch eine sehr differenzierte Empfindung sein wie Aufregung, Langeweile, Irritation, Überraschung etc.

- **Intendieren**
  Ich verarbeite nicht nur nach innen, sondern ich will auch etwas tun. Was in der Situation zu tun ist, das sagt mir eine Intention, ein Impuls, ein Wunsch, oder, wenn es schon konkreter ist, ein Ziel und ein Plan.

- **Ausdrücken**
  Diese „output-Funktion" kann in einem verbalen oder non-verbalen Verhalten, im Tun oder Unterlassen bestehen. Im Kommunikationsprozeß ist dieser Akt Grundlage für die Wahrnehmung meines Gegenüber.

Dieser Prozeß läuft normalerweise in Sekundenbruchteilen ab; alle die Funktionen stehen dabei im Zusammenhang, manche werden auch übersprungen. Das ist mit diesem Modell gemeint:

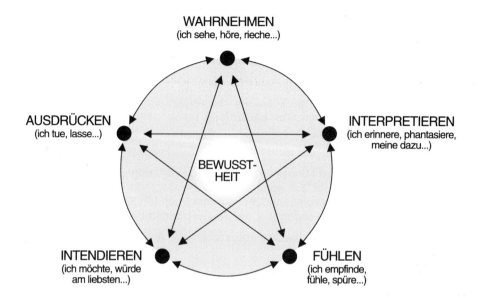

In den folgenden Übungen geht es darum, diesen Ablauf zu verlangsamen, genauer zu registrieren, was gerade bei mir abläuft, und diesen Prozeß damit bewußter und handhabbarer zu machen. Bei der Übung bleibt zunächst die Funktion des Ausdrückens draußen.

Bildet Paare und setzt Euch als Paar gegenüber. Verteilt Euch so im Raum, das jedes Paar eine Art Schutzzone um sich herum hat. Verteilt die Buchstaben A und B unter Euch.

Wichtig und für die Übung förderlich ist, bei den folgenden Aufgaben die vorgegebenen Sprachformeln einzuhalten und nicht einfach frei zu reden. — A und B werden im Wechsel jeweils drei Minuten lang etwas sagen; Aufgabe des Zuhörenden ist, zwar aufmerksam zuzuhören, aber nicht — weder mit Worten noch mit Mimik oder Gestik — darauf zu reagieren. Zunächst spricht A zu B.

(1. Satz Instruktionen)

1) A sagt zu B für drei Minuten nichts anderes als Sätze, die beginnen mit „ich nehme an Dir wahr...". Wenn A nichts mehr einfällt, schweigt er oder sie. Bitte nur Wahrnehmungen! „Ich nehme wahr, daß Du schöne Schuhe anhast" oder „Ich nehme an Dir Dein freundliches Lächeln wahr" sind Interpretationen. (3′)

Wechsel, B spricht zu A: „Ich nehme an Dir wahr..." (3′)

2) Bei der nächsten Runde schließt der Sprechende die Augen und schaltet auf Innenwahrnehmung: „Ich fühle/spüre/empfinde im Moment ..." — A zu B (3').

Wechsel, A spricht mit geschlossenen Augen zu B: „Ich spüre/fühle im Moment ..." (3').

3) Bei der nächsten Runde könnt Ihr die Augen wieder öffnen und Euren Intentionen nachgehen. Der Satzanfang heißt: „Ich würde jetzt am liebsten ..." — A zu B (3').

Wechsel, B zu A (3').

Nun sprecht für fünf Minuten frei über Eure Erfahrungen, die Ihr bei dieser Übung gemacht habt. Ich gebe ein Zeichen, wenn die Zeit um ist. Verabschiedet Euch dann voneinander und dankt Euch für die Hilfe, die Ihr erfahren habt (Eventuell Fragen aus der Auswertungshilfe eingeben) (5').

Wenn Ihr Euch verabschiedet habt, stehen alle A auf und suchen sich ein neues B.

(2. Satz Instruktionen, Kurzfassung. Auf dem Tageslichtschreiber die Verbindung der Funktionen markieren)

4) „Ich nehme an Dir wahr ... und das erinnert mich an/dazu kommt mir folgender Zusammenhang ..." (je 3').

5) (mit geschlossenen Augen) „Ich fühle/empfinde jetzt ... und ich möchte am liebsten ..." (je 3').

(Auswertung, evtl. mit neuen Fragen, für 5'; Wechsel der Paare, indem B sich ein neues A sucht)

(3. Satz Instruktionen)

6) (mit geschlossenen Augen) „Ich fühle/empfinde jetzt ... und das erinnert mich an ..." (3').

7) „Ich nehme an Dir wahr ... das erinnert mich an ... das löst in mir ein Gefühl aus von ... und ich würde jetzt am liebsten ..." (5').

(Auswertung in Paaren, dann Auswertung im Plenum. Zum Schluß die Empfehlung, die eine oder andere Intention in der Pause in die Tat umzusetzen. Meist ist unterdrücktes Gekicher die Reaktion darauf.)

Stichworte	NUTZEN UND KOSTEN DER GRUPPENMITGLIEDSCHAFT, PROZESSANALYSE **11.33**
Titel	Vom Einzel- zum Gruppenbild
Ziel	Erfahrbar machen, was Einzel- und Gruppenidentität bedeuten, wo sie in Konflikt geraten; Verdeutlichen der Positionen in der Gruppe
Indikation	Zu Beginn einer Veranstaltung zum Aufzeigen der Möglichkeiten und Grenzen der Gruppe; in der Phase der Positions- und Rollenklärung; in der Auswertung als generalisierende Verdichtung des gelaufenen Prozesses zwischen Autonomie und Fremdbestimmung; in gruppenprozeßorientierten Veranstaltungen
Übungstyp, Beteiligte	Schrittweise instruierte, strukturierte Übung, alleine und in freigewählten, wechselnden Untergruppen; alle TeilnehmerInnen, gerade Anzahl und Gruppengröße bis 16 günstig
Durchführung	Detaillierte Instruktion s. 11.331 1. Malen eines Einzelbildes 2. Finden eines anderen Bildes und Malen eines Doppelbildes 3. Finden eines anderen Doppelbildes und Malen eines Viererbildes 4. (Je nach Gruppengröße) entsprechend Achterbild 5. Erstellen und Malen eines Gruppenbildes 6. Auswertung
Dauer	1 1/2 Std., je nach Gruppengröße
Unterlagen, Material	Pro TeilnehmerIn ein gleichgroßer, fester Bogen ca. DIN A 3, ausreichend Wachsmalstifte oder -blöcke, große Rolle Tesakrepp
Geeignete papers	Gruppenmeinung und Gruppennormen (7.91)
Autor	Unbekannt; in dieser Form von K. B o h n e übernommen
Literatur, Erfahrungen	Nicht bekannt; da Instruktionen im Prozeß leicht mißverstanden werden, vorher Aufriß der gesamten Übung geben; Bilder zusammenzukleben fällt manchen Menschen sehr schwer!
Auswertungsfragen	(je nach Zielsetzung unterschiedlich fokussieren): Was bewirkt es, das eigene Bild zur Verfügung zu stellen, zu übermalen, übermalen zu lassen, um etwas Gemeinsames entstehen zu lassen? Wer hat gewählt, sich wählen lassen? Wer hat übermalt, übermalen lassen? Wer hat keinen Anschluß gefunden? Wo im Gruppenbild finde ich mich wieder? Finde ich mich überhaupt wieder? Wer ist im Zentrum, wer am Rande? Was sagt das über Positionen in der Gruppe? Welche Konflikte gab es bei den Wahlen?
Variationen	In der Anzahl der Durchgänge bis zum Gruppenbild. Paarzentrierte Alternative: jede/r malt ein Bild, tauscht es mit jemand anderem, der — im Sinne eines Geschenks — das Bild vervollständigt, erweitert. Nach der Rückgabe unerwünschte Geschenke wieder übermalen oder überkleben, Akzeptiertes belassen.
Analoga	Haus-Baum-Hund (5.1), Prozeßanalyse im Bild, s. 11.28

11.331 INSTRUKTIONEN „VOM EINZEL- ZUM GRUPPENBILD"

1. Die ganze Übung geht ohne Worte — versucht, Euch mit Augenkontakt und Gesten zu verständigen! — Der erste Schritt ist: Jede/r malt für sich ein Bild, in dem durch Farben, Formen, Symbole — aber möglichst nicht gegenständlich — die eigene, momentane Situation in dieser Gruppe zum Ausdruck kommt; das Bild sollte eine Antwort auf die Frage geben: wie erlebe ich mich jetzt in der Gruppe?

2. Wenn alle fertig sind, legt die Bilder auf den Boden, geht herum und sucht Euch eines, das zum eigenen Bild paßt. Nehmt ohne Worte Kontakt auf, und einigt Euch darüber, ob und wie Ihr Eure Bilder aneinander legen wollt. Wenn es klar ist, verbindet die Bilder auf der Rückseite mit einem Klebestreifen zu einem Doppelbild. Dann setzt Euch gegenüber und verbindet durch gemeinsames Weitermalen die beiden Bilder zu einem neuen Bild. (Bei ungerader Anzahl: ein Dreifachbild).

3. Wenn alle Paare mit dem Ergänzen fertig sind, nehmt gemeinsam Euer Bild und sucht ein anderes Paar, dessen Bild am besten zu Eurem paßt. Einigt Euch wieder, klebt sie zusammen zu einem Viererbild und malt weiter, gemeinsam, bis das Viererbild zu einem neuen Bild geworden ist.

4. (Bei größeren Gruppen): Jedes Quartett sucht nun ein anderes und fügt mit Klebestreifen und anschließendem gemeinsamen Malen ein Achterbild zusammen.

5. (Bei kleineren Gruppen): Nun fügt die Viererbilder zu einem gemeinsamen Gruppenbild zusammen und vervollständigt es durch Weitermalen.

Nehmt Euch Zeit, das Gruppenbild zu betrachten.
(Auswertung je nach entsprechender Fokussierung).

Stichworte	GESCHLECHTERROLLEN, ROLLENSPIEL	**11.34**
Titel	Café Duo Infernal	
Ziel	Bedeutung geschlechtsspezifischer Rollenmuster erfahren; eigene gegengeschlechtliche Anteile entdecken	
Indikation	Spätere Phase eines längeren, selbst- und gruppenerfahrungsorientierten Prozesses	
Übungstyp, Beteiligte	Rollenspiel mit zwingender Rahmenvorgabe, aber freiem Prozeß; alle Beteiligten einer größeren Gruppe ab 15—20 mit ausgewogener Geschlechterverteilung	
Durchführung	1. Der staff verändert vor der Plenumsveranstaltung den Raum in ein — möglichst klassisch anmutendes — Tanzcafé, mit Tischchen, Blumen etc. 2. Instruktion (im Stehen): Aufgabe ist, daß in 20' jede Frau als Mann und jeder Mann als Frau verkleidet hier zum Tanz erscheint. 3. Nach Wiedereintreffen: formelle Eröffnung des Tanzcafés, mit Musik und Bedienung; Mitteilen des genauen Endes, ab da freien Prozeß zulassen. 4. Auswertung, 1. Teil noch in den Rollen, 2. Teil nach dem Abschminken.	
Dauer	1 1/2 — 2 Std.	
Unterlagen, Material	Vor allem Phantasie! Verkleiden entweder der Selbstorganisation überlassen oder Kleiderkiste, Schminke etc. zur Verfügung stellen	
Papers	Keines; s. animus-anima-Thematik bei C. G. J u n g	
Autor	Staff des Internationalen Sommerkurses der Freien Universität Berlin, August 1981	
Literatur, Erfahrungen	S. unter papers; in dieser Form nur einmal durchgeführt, hohe Intensität bei richtigem timing; diente als Vorlage für zahlreiche Varianten	
Auswertungshilfen	Wie erleben sich Männer in Frauenkleidern und umgekehrt? Welche Chancen und welche Blockierungen ergeben sich durch den Rollenwechsel? Wie genußvoll oder ängstigend ist es, die gegengeschlechtliche Rolle auszuleben? Wie wurden die Rollen gespielt, wie verhalten oder überzogen (Macho, Vamp ...)? Was war über die eigenen gegengeschlechtlichen Seiten zu erfahren? Was sagt das Rollenspiel über das Verhältnis der Geschlechter in dieser Gruppe aus?	
Variationen	Beliebig	
Analoga	Sich gegenseitig schminken, Masken malen; Kampf der Geschlechter	

NOTIZEN:

Stichworte	SOZIOMETRIE, GRUPPENSTRUKTUREN	**11.35**
Titel	Tableaus, Kreidestrich	
Ziel	(vorher bestehende) Strukturen in der Gruppe verdeutlichen und erfahrbar machen	
Indikation	Besonders am Beginn einer Veranstaltung, deren Mitglieder vorher bekannt sind; auch als Soziogramm im Prozeß, wenn Subgruppen hemmende Wirkung zeigen	
Übungstyp, Beteiligte,	Hochstrukturierte, leiterzentrierte Übung; kann durch Polarisierungswünsche der TeilnehmerInnen gruppenzentrierter werden; alle Beteiligten einer größeren Gruppe ab ca. 15, für bestimmte Fragen Beteiligung des staff sinnvoll	
Durchführung	1. Instruktion: Es gilt, Ähnlichkeiten und Unterschiede in der Gruppe sichtbar und erlebbar zu machen. Dazu nenne ich eine Reihe von Polaritäten und bitte, daß sich die beiden Untergruppen jeweils rechts und links im Raum (... vom Kreidestrich auf dem Boden) aufstellen, sich gegenseitig betrachten und mitteilen, was das Bild auslöst. 2. Die Subgruppen zu jeder Fragestellung sich aufstellen lassen, ggf. interviewend intervenieren, bis die Bedeutung klar ist. Besonders wichtig, wenn Subgruppen durch einzelne oder wenige Personen gebildet werden, und bei den subjektiven Einschätzungen ohne objektives Kriterium. 3. Mögliche Polarisierungen (je nach Zielsetzung und Problematik auswählen bzw. neue erfinden): — Männer — Frauen — vor — nach 1945 geboren — keine — viele Vorerfahrungen für das Seminar — Vielredner — Schweiger — berufliche Herkunft: Technos — Psychos — hier, um beruflich — persönlich was zu lernen — (bei Institutionen) höhere — niedere Hierarchieebene — (bei Institutionen) Bereich/Abteilung A — B	
Dauer	20 — 40'	
Unterlagen, Material	keine, mündliche Instruktion; evtl. Kreide	
geeignete papers		
Autor	vermutlich aus der Psychodrama-Tradition	
Literatur, Erfahrungen	keine bekannt; bei manchen Fragen, die nicht eindeutig dichotomisieren, stehen oft „Unentschiedene" in der Mitte — gut befragen! Nach 3—5 Vorgaben fragen, welche weiteren Unterschiede die Mitglieder noch sehen wollen	
Variationen	Wenn nötig, vor Beginn Bekanntheitsgrad erfragen: Wer kennt wen am längsten? Jede/r legt die rechte Hand auf die Schulter der Person, die er/sie am längsten kennt!	
Analoga	Diverse Formen der Soziometrie (s. 8.2 und unter 11.28)	

NOTIZEN:

11.4 Neue Papers

11.41 Zur Psychologie einer Gruppe
11.42 Aspekte der Dynamik von Gruppen
11.43 Gruppenprojektionen: Außenseiter und Sündenböcke
11.44 Phasen des Gruppenprozesses

11.41 ZUR PSYCHOLOGIE EINER GRUPPE

Was ist eine Gruppe

Definitionen für „Gruppe" gibt es viele, seit das Phänomen Gruppe als eine soziale Einheit entdeckt worden ist, die eigenen Gesetzen unterliegt.

Die Gruppe ist auf jeden Fall mehr als die Summe der Persönlichkeiten ihrer Mitglieder.

Vier grundsätzliche Voraussetzungen, damit man von „Gruppe" sprechen kann

Wenn wir Grenzfälle vernachlässigen, sind vier Elemente wichtig, damit man von Gruppe sprechen kann:

Gruppengröße

— Gruppengröße: drei bis ungefähr zwölf. Hat eine Gruppe mehr als zwölf Mitglieder, so bilden sich in der Regel Untergruppen, weil mehr als zwölf Mitglieder für den einzelnen nicht mehr überschaubar sind.

Die optimale Gruppengröße hängt von der Aufgabe ab, die die Gruppe zu lösen hat.

Gruppenziel

— Gruppenziel: ohne ein gemeinsames Ziel wird sich kaum eine Gruppe bilden oder länger bestehen können.

Dauer

— Bestand über einen längeren Zeitraum: dadurch entstehen u. a. Engagement und Identifikation.

Wechselseitige Beziehungen

— Die Mitglieder kennen sich untereinander, d. h. sie stehen in wechselseitiger Beziehung zueinander.

Diese vier Elemente von Gruppe — Größe, Ziele, Dauer, Beziehungen — beeinflussen sich wechselseitig.

Die Vielfalt und Unterschiedlichkeit von Gruppen ist allein schon eine Folge dieser wechselseitigen Einflüsse.

„Gruppe" ist das, was z w i s c h e n den Mitgliedern geschieht

Wir haben eingangs gesagt, die Gruppe ist mehr als die Summe der Persönlichkeiten ihrer Mitglieder. Etwas überspitzt kann man formulieren: Gruppe ist das, was zwischen den Mitgliedern geschieht. Das soll nicht heißen, daß die Mitglieder einer Gruppe als Personen keinerlei Bedeutung für die Gruppe hätten.

Die inneren Eigengesetzlichkeiten einer Gruppe:

Unser Augenmerk soll aber auf die zwischenmenschlichen Wirkungen gerichtet werden, die durch die Eigengesetzlichkeiten einer Gruppe erzeugt werden. Durch den Einfluß solcher Eigengesetzlichkeiten kann sich die Persönlichkeit von Mitgliedern sowohl überraschend entfalten als auch unverhofft eingeengt werden.

Das Rollengeflecht	In einer Gruppe besteht ein Netz von mehr oder minder deutlich definierten Rollenbeziehungen, die das Verhalten der einzelnen Mitglieder zueinander bestimmen.
Was ist eine Rolle?	„Rolle" ist der Inbegriff von Erwartungen, die die Mitglieder an das Verhalten des Inhabers einer ganz bestimmten Position haben.
Formelle Rollen	Deutlich definierte und offizielle bzw. formelle Rollen sind z. B. Abteilungsleiter, Gruppenleiter, Sachbearbeiter, Betriebsrat, Vorstand.
Funktion der Rolle	Eine klar definierte und offiziell anerkannte Rolle erleichtert das zwischenmenschliche Verhalten: Jeder weiß, was er vom Inhaber einer bestimmten Rolle zu erwarten hat; ebenso weiß der Rollenträger, welches Verhalten die anderen von ihm erwarten.
Rolle und Person	Der Zusammenhang zwischen Rolle und der Person des Rolleninhabers ist allerdings komplexer Natur:
Die Rolle liegt mir	Es gibt Personen, denen die jeweilige Rolle liegt; deshalb identifizieren sie sich entweder ganz mit ihr (die Person verschwindet hinter der Rolle) oder sie wandeln die Rolle entsprechend ihrer Person ab (die Person scheint durch die Rolle hindurch).
Die Rolle liegt mir nicht	Es gibt aber auch Personen, denen die Rolle nicht liegt.
	Auch in diesem Fall gibt es zwei Möglichkeiten: Entweder wird diese Spannung mit der Zeit verarbeitet, z. B. durch allmähliches Hineinwachsen und Gewöhnung bzw. durch Ausübung der Rolle aus rein zweckrationalen Überlegungen.
	Oder dieses Auseinanderklaffen wird nicht verarbeitet: die Person paßt sich zwar nach außen an, behält aber ihren inneren Protest gegen die Rolle bei; oder es wird offen protestiert unter Verweigerung der Anpassung an die Rollenerwartungen.
Informelle Rollen	Neben den offiziell anerkannten, sogenannten formellen Rollen gibt es ein Geflecht von mehr oder minder deutlichen sog. informellen Rollen, z. B. Meinungsführer, emotionaler Bezugspunkt, Sündenbock, Prügelknabe usw.
Formelle und informelle Rollen sind nicht deckungsgleich	Das informelle Rollengefüge ist selten deckungsgleich mit dem formellen Rollensystem. Das ergibt eine Fülle von z. T. fruchtbaren Spannungen und z. T. destruktiven Reibungen.
Das Statusgefüge	Im Zusammenhang mit der Differenzierung der Gruppe durch formelle und informelle Rollen kommt es zu einer Differenzierung des Status der einzelnen Gruppenmitglieder, was wiederum das Verhalten der Gruppenmitglieder zueinander beeinflußt.

Was heißt „Status"?	D. h. es gibt in jeder Gruppe ein Rangsystem mit hohen und niedrigen Positionen bzw. es gibt unterschiedliche Bewertungen und Anerkennungen der Personen durch die anderen Gruppenmitglieder.
	Den einzelnen Punkt innerhalb eines Rangsystems nennt man „Status".
Formeller Status durch die Organisation	Formellen Status verleiht die Organisation mit der Vorgabe von formellen Rollen bzw. durch sonstige offizielle Anerkennungen.
Informelle Statusverleihung durch die Gruppe	Informellen Status erhalten die Mitglieder durch ihr tatsächliches Verhalten, wie es von den anderen Gruppenmitgliedern erlebt wird.
Formeller und informeller Status sind selten deckungsgleich	Der formelle Status deckt sich selten mit dem informellen Status, mit dem sich die Mitglieder einer Gruppe tatsächlich gegenseitig ausstatten. So kann zum Beispiel in einer Gruppe oder in einer Abteilung die eigentlich maßgebende Person, nach deren Meinung sich alle ausrichten, nicht der formelle Leiter sein, sondern ein anderes Gruppenmitglied. Entsprechend hoch wird seine Anerkennung und sein informeller Status in der Gruppe sein.
Der Einfluß von Gruppennormen	Gruppen und Organisationen haben bestimmte Normen und Werte, die das Verhalten ihrer Mitglieder zumindest in solchen Situationen bestimmen, in denen die speziellen Belange der Gruppe bzw. Organisation betroffen werden.
Belohnungen und Bestrafungen gewährleisten ihre Einhaltung	Die Einhaltung von solchen Gruppennormen wird durch eine Vielfalt von direkten und indirekten Belohnungen und Bestrafungen gewährleistet.
Offizielle Normen	Offizielle Normen und Werte sind solche, über die man sich ausdrücklich geeinigt hat und an denen sich das Verhalten der Gruppe auch offiziell „messen" lassen muß, z. B. bestimmte Leistungsvorhaben, kooperativer Führungsstil.
Inoffizielle Normen	Daneben gibt es eine Reihe von inoffiziellen Normen und Werten bzw. Gesetzen in einer Gruppe, über die zwar offiziell kaum geredet wird, nach denen sich aber das Verhalten der Gruppe streng ausrichtet. Manchmal sind solche Normen nicht allen Mitgliedern der Gruppe in gleicher Weise bekannt bzw. durchschaubar.
Möglicher Widerstreit zwischen den offiziellen und den inoffiziellen Normen	Wenn die inoffiziellen Normen und Werte mit den offiziellen in Widerstreit stehen, so werden die Gruppenmitglieder ihr Verhalten in erster Linie nach den inoffiziellen Normen ausrichten, wenn der Gruppendruck entsprechend stark ist.

11.4

**Beispiel:
Die Offenheit in einer Gruppe**

Das Ausmaß der persönlichen Offenheit der Gruppenmitglieder zueinander und zum Leiter der Gruppe wird z. B. durch eine entsprechende Norm geregelt.

Dabei kann es passieren, daß die offizielle Norm heißt: „Wir müssen offen miteinander reden, weil gegenseitiges Feedback nur nützlich sein kann". Die inoffizielle Norm kann aber lauten: „Fehler werden auf keinen Fall offen angesprochen, weil der Leiter der Gruppe diese Aussagen als Material für seine Beurteilungen verwenden könnte".

Solange diese „Untergrundnorm" nicht offen bearbeitet wird und zwar dergestalt, daß die Ziele, die damit verbunden werden, benannt und die Befürchtungen, aufgrund derer sie eingeführt wurde, ausgeräumt werden können, wird sie die Erfüllung der gegenläufigen offiziellen Norm blockieren. Appelle wären in so einer Situation völlig wirkungslos.

Auswirkungen auf die gruppeninterne Kommunikation und Kooperation

Dieses Mischgefüge von formellen und informellen Strukturierungen und Regelungen in einer Gruppe wirkt sich direkt auf das Kommunikations- und Kooperationsverhalten der Mitglieder zueinander aus.

Am Beispiel zweier Soziogramme läßt sich das illustrieren:

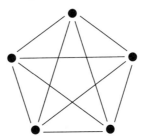

Die Punkte seien die Mitglieder der Gruppe, die Linien symbolisieren, wer mit wem in der Regel spricht bzw. „wer mit wem kann".

Im Beispiel 1 spricht jeder mit jedem gleich intensiv bzw. „kann" jeder mit jedem gleich gut; die Gruppe ist in ihrer internen Kommunikation und Kooperation ausgewogen. So sollte es wohl auch sein, wenn es nach der formellen Struktur ginge. Die Wirklichkeit sieht aber oft anders aus. Zum Beispiel so:

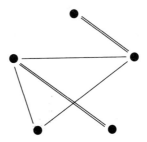

Es gibt hier nur insgesamt die Hälfte der Kommunikations- un[d] Kooperationsbeziehungen, die dazu noch ungleich sind — also ei[n] ganz andere Gruppe.

Das Gruppenklima wird bestimmt durch das WIE des Miteinanderkönnens	Der Grad der Ausgewogenheit der Kommunikations- und Kooper[a]tionsbeziehungen in einer Gruppe beeinflußt seinerseits wieder d[as] Gruppenklima. Auch hier ist in erster Linie nicht das WAS, so[n]dern das WIE entscheidend: jede Handlung zwischen Menschen h[at] nicht nur einen Ziel- und Leistungsaspekt, sondern auch ein[en] Beziehungsaspekt.
	Mit dem Gruppenklima ist es wie mit dem Wetter: es kann warm(he[r]zig), frostig oder wechselhaft sein; es kann einen allgemein vorhe[rr]schenden Klimazustand oder aber in der gleichen Gruppe gleichz[ei]tig verschiedene Klimazonen geben.
Die Gruppenkohäsion wird maßgeblich vom Gruppenklima bestimmt	Das Gruppenklima beeinflußt seinerseits wieder maßgeblich d[en] Zusammenhalt der Gruppe, die Gruppenkohäsion.
	Die „sachlichen" Voraussetzungen einer Gruppe können optima[l] die offizielle Rollenverteilung und Statusverleihung äußerst fun[k]tional sein: wenn das Klima nicht stimmt, wird es mit dem Zusa[m]menhalt der Gruppe nicht weit her sein. Umgekehrt vermag e[in] gutes Gruppenklima die Gruppenkohäsion stark zu fördern un[d] selbst ungünstige Voraussetzungen und z. T. unfunktionale stru[k]turelle Regelungen zumindest eine Zeitlang zu kompensieren.

FAZIT:

Wenn man das informelle Rollengefüge, die u. a. damit verbundene informelle Statusverleihu[ng] und das informelle Wertsystem in einer Gruppe bzw. Organisation nicht wahrhaben will od[er] sie lediglich als zu beseitigenden Störfaktor der formellen Regelungen ansieht und entspr[e]chend negativ damit umgeht, so führt das zu erheblichen Spannungen und Reibungsverluste[n]. Denn solche informelle Regelungen können durchaus dazu beitragen, die Arbeit und/oder d[ie] Entwicklung einer Gruppe zu fördern bzw. Defizite der formellen Regelungen bis zu eine[m] gewissen Grad zu kompensieren.

Wenn sie, was auch möglich ist, die Arbeit und/oder die Entwicklung einer Gruppe hemme[n], so ist das als ein Indikator anzusehen, der veranlassen sollte, genauer zu analysieren, w[as] die eigentlichen Ursachen dafür sind.

Wie real dieses informelle Gefüge von Rollen, Status und Normen in einer Gruppe bzw. Org[a]nisation ist, erfahren Sie vor allem an der Schwierigkeit, als Neuling in eine bestehende Grupp[e] wirklich „hineinzukommen", obwohl Sie ja durch Ihre Zuteilung offiziell bereits Mitglied dies[er] Gruppe sind.

(D o p p l e r , K. & V o i g t , B.)

11.42 ASPEKTE DER DYNAMIK VON GRUPPEN (BIONS THEORIE DER GRUNDANNAHMEN UND DIE MACHT IN GRUPPEN)

● In Gruppen — und damit auch in Lern- und Arbeitsgruppen — gibt es neben vielen Unterschiedlichkeiten und Überraschungen auch Regelmäßigkeiten, die mit einiger Wahrscheinlichkeit im Laufe eines gruppenorientierten Lern- und Arbeitsprozesses auftreten, diesen beeinflussen oder sogar prägen.

Das einzelne Gruppenmitglied sieht sich insbesondere am Anfang einer Gruppe oder eines Seminar mit einer neuen Situation konfrontiert. Es ist aus seiner gewohnten psychischen und sozialen Umwelt heraus in eine ihm fremde Umgebung versetzt. So ist ihm z. B. das Seminargebäude unbekannt, die anderen Teilnehmer sind ihm fremd, das Seminar selbst kennt es noch nicht. Diese Situation erzeugt häufig negative Gefühle wie Unsicherheit, ängstliche Beklommenheit, Einsamkeit, Fremdheit, Gespanntheit. Diese Gefühle sind sicher nicht bei allen Teilnehmern und Teilnehmerinnen gleicher Art und gleich stark, sie sind aber dennoch in der Gruppe vorhanden und schaffen ein Bedürfnis nach Strukturierung, die der unklare Situation ein Ende machen und Orientierung bieten könnte. In dieser Phase stehen für die Teilnehmer folgende Fragen unterschiedlich stark im Vordergrund (vgl. 1.91).

— *Wer bin ich hier, wer soll ich hier sein?*

   Wie soll ich mich hier verhalten, welche meiner vielen Rollen soll ich spielen?

— *Wer sind die anderen?*

   Was kann ich von ihnen erwarten? Wie werde ich auf sie wirken? Wer hat hier Einfluß und Anerkennung, bestimmt das Gruppengeschehen? Kann ich mich hier behaupten und von wem kann und will ich mich beeinflussen lassen?

— *Was kommt hier auf mich zu?*

   Werde ich fähig sein, meine Ziele zu erreichen? Werde ich überfordert sein? Welche Folgen wird mein Verhalten in der Gruppe haben? Werde ich fähig sein, die negativen Folgen zu ertragen?

● Besonders in dieser Phase meinen viele Teilnehmer, sich in irgendeiner Form vom Leiter / Trainer / Dozenten / Moderator oder von äußeren, mitgebrachten Normen abhängig machen zu müssen, statt sich Schritt um Schritt selbst zu orientieren und die damit verbundene Unsicherheit als natürlich, wenn auch nicht unbedingt angenehm zu akzeptieren.

B i o n spricht hier von „Abhängigkeit" (vgl. 8.931).

Andere Teilnehmer meinen, sich in Untergruppen oder mit mindestens einem oder einer anderen enger zusammenschließen zu müssen, um das Gefühl des Alleinseins zu vermeiden und eine erste emotionale Orientierung zu haben. B i o n nennt dieses Verhaltensmuster "Pairing" (also etwa: Paar- und Bündnisbildung).

Pairing, die Bildung von Paaren oder Untergruppen, und *Abhängigkeit,* die Fixierung auf den/die Leiter oder auf Normen, wirken sich auf die Struktur und den Prozeß einer Gruppe aus. Sie können sich dabei verbinden mit zwei anderen, von B i o n beschriebenen, typischen emotionalen Mustern: *Flucht-* und *Kampf*verhalten (fight/flight).

— Verbinden sich Abhängigkeit und *Flucht,* dann bedeutet das, daß man sich dem Leiter unterwirft, da man die eigene Entmündigung ohnehin erwartet.

— während die *Fluchtreaktion* bei Pairing so aussieht, daß man sich in oder mit der Untergruppe zurückzieht und sich isoliert („wir bilden unsere eigene Gruppe", „... halten uns raus", „... sind beleidigt").

— Im Falle der Abhängigkeit bedeutet *Kampf,* daß man sich gegen den Leiter oder gegen die Normen zur Wehr setzt, mit ihnen kämpft, Opposition betreibt (Gegen-Abhängigkeit, Protest gegen die Autorität).

— während *Kampf* sich im Falle des Pairing dadurch zeigt, daß man sich mit und im Schutze der Untergruppe durchsetzen will, ohne Rücksicht auf die übrigen Teilnehmer zu nehmen.

Bevor solche Gruppenphänomene nicht geklärt, bearbeitet bzw. durchbrochen sind, absorbieren sie Energie. Sie nehmen den einzelnen Teilnehmer gefühlsmäßig mehr oder minder in Beschlag. Dies hindert daran, die Aufmerksamkeit auf die Bearbeitung des anstehenden Stoffes zu richten und sich auf die Ziele hin zu orientieren, an denen die einzelnen Teilnehmer der Lern- oder Arbeitsgruppe wirklich interessiert sind und womit sie sich wirklich beschäftigen möchten.

Andererseits hemmen diese Phänomene auch den Prozeß der Gesamtgruppe, d. h. es kommt nicht oder nur sehr mühsam zu einer Zusammenarbeit, die sachlich und atmosphärisch das trifft, worum es den einzelnen Teilnehmern eigentlich geht (Work-culture).

Die beschriebenen Phänomene sind in gruppenarbeitsorientierten Lernveranstaltungen kaum zu vermeiden. Aber sie sind zu bearbeiten, wenn sie den Lernprozeß behindern. Der Trainer, der solche Muster selbst wahrnehmen und beschreiben kann, hat dazu mehrere Möglichkeiten:

— er kann die negativen Spannungen benennen, die Gründe ihres Zustandekommens sichtbar und damit auch ansprechbar machen

— er kann die eigenen Gefühle aussprechen und den Teilnehmern helfen, die ihren klar zu machen und zu ändern

— er kann für sich selbst voraussetzen und akzeptieren, daß in den Frühstadien eines gruppenorientierten Seminars viel Energie darauf verwendet werden muß, die beschriebenen emotionalen Muster zu durchbrechen, um wirklich produktive Arbeitsarrangements treffen zu können.

● Die Grundmuster des Verhaltens, die B i o n für die Frühstadien von Gruppen beschrieben hat, können — wenn sie sich nicht auflösen — den Entwicklungsprozeß einer Gruppe stark beeinflussen, ja sogar regelrecht zur typischen Konfliktbewältigungstechnik der Gruppen werden.

Um dies genauer darzustellen, benötigen wir einen weiteren Begriff, den der *Macht*. Um sie dreht sich in Gruppen vieles, sie gibt manchen auf den ersten Blick übertriebenen und sinnlosen Verhaltensweisen letztlich Sinn und vermag bisweilen zweckvolle Unklarheit in der Gruppenstruktur zu erklären.

Was bedeutet nun Macht in einem Seminar und wie wirkt sie sich aus?

Offiziell und für alle sichtbar hat in einem Seminar der Trainer Macht. Das Seminar ist vorerst sein „Reich", sein „Gelände". Er genießt Vorschuß-Autorität, häufig gestützt durch eine unausgesprochene Erwartung, die letztlich heißt „der Trainer weiß alles und kann alles", zumindest im Hinblick auf den Stoff und auf die konkreten Probleme, die der einzelne Teilnehmer lösen bzw. gelöst haben möchte.

Dagegen sind die Teilnehmerinnen und Teilnehmer offiziell alle gleich. Tendenziell möchte aber fast jeder Teilnehmer besondere Aufmerksamkeit durch den Trainer erfahren und auf diese Weise aus der Gruppe herausgehoben werden. Die entsprechenden Verhaltensmuster wurden bereits anhand der Begriffe Abhängigkeit und Gegenabhängigkeit dargestellt: Sie reichen von schutzsuchender Unterwerfung und Musterschüler-Habitus über demonstrativ zur Schau getragenem Desinteresse bis zur ständigen Rangelei und Opposition.

Die Aufmerksamkeit und das Verhalten der Teilnehmer sind jedenfalls — wie in einer Hierarchis — verstärkt „nach oben", auf den Trainer gerichtet. Die anderen Teilnehmer werden dagegen eher als *Rivalen* um die Gunst und Aufmerksamkeit des Trainers wahrgenommen. Inoffiziell, d. h. „unter der Decke" wird dadurch viel Dynamik ausgelöst, deren unterschwelliges Ziel die Herstellung einer Rangordnung unter den Teilnehmern ist.

● Das entscheidende Kriterium dieser Rangordnung kann man „Einfluß" oder „Macht" nennen. Sie bildet sich in einem Machtkampf heraus, der mit sehr unterschiedlichen Mitteln geführt wird. Erst in einem späteren Stadium kommt „Vertrauen" hinzu oder anders formuliert: Vor der Vertrauensfrage beschäftigt Gruppen unterschwellig die Machtfrage.

Macht und Einfluß erlangt:

— wer Orientierung und Stärke glaubwürdig darstellt
— wer die Bedürfnisse relativ vieler Teilnehmer trifft und ausdrückt
— wer häufiger vom Trainer bestätigt wird
— wer Normen setzt oder sich über Normen hinwegsetzt
— wer distanziert beobachtet, gelegentlich treffende Aussagen macht und dadurch signalisiert, daß er „treffen" kann, wenn er will, ohne selbst „getroffen" zu werden
— wer die anderen Teilnehmer oder den Trainer emotional auf sich aufmerksam macht
— wer seine Schwäche glaubwürdig darstellt und damit Auseinandersetzung mit sich blockiert
— oder aber, wer infolge eines Pairings mit Helfern, Beschützern oder Hilfstruppen auftritt und damit ebenfalls Auseinandersetzung unterbindet.

Macht und Einfluß hat der Teilnehmer, auf den viele Interaktionen bezogen sind; ob diese nun direkt oder indirekt, mit Worten, Blicken oder Gesten durchgeführt, von Ängsten oder Aggressionen, Anerkennung oder Mitleid, Sympathie oder Abneigung motiviert sind.

Macht wird erlebt als Ausgeliefertsein (das Gefühl ist dann Ohnmacht), als Konkurrenz oder als Schutz, Sicherheit und Orientierung schaffend.

Macht und Einfluß können — und werden in der Regel — im Verlauf des Gruppenprozesses wechseln. Wesentlich ist dabei, daß Macht- und Einflußfaktoren nicht nur mit Stärke, sondern auch mit Schwäche verbunden sind. Macht und Einfluß zeigen sich deshalb auch nicht nur im Durchsetzen, sondern auch im Verhindern (Veto- oder Blockademacht), ihr Erscheinungsbild ist nicht nur offen, sondern auch verdeckt und manipulativ.

Die Ausübung von wie auch die Reaktion auf Macht kann sowohl aggressive als auch depressive Gefühlsstörungen auslösen. Solch aggressiven oder depressiven Gefühle können sich — auch bei einer Person — abwechseln. Der aggressive Impuls richtet sich dann z. B. gegen die *Macht des Schwachen,* dessen Schwäche als manipulierend erlebt wird (das mindert depressiv getönte Schuldgefühle und Handlungsängste) oder gegen die *Schwäche des Mächtigen* (das mindert Angst und Ohnmachtsgefühle).

Wesentlich dabei ist, daß latente, unausgesprochene Aggression Verunsicherung schafft und die Entwicklung der Gruppe hin zur kooperativen Arbeitsfähigkeit lähmt, während manifeste, klar geäußerte und klar bezogene Aggression bisher Unterschwelliges deutlich macht, dadurch Handlungsfähigkeit schafft und den Gruppenprozeß eher befördert. Eine wichtige Funktion des Trainers ist deshalb, unterschwellige Aggressionen aufzugreifen, anzusprechen und sie sichtbar zu machen. Und dies selbst dann, wenn es ihm ebenfalls lieber wäre, einen Konflikt zu vermeiden, rational wegzudrücken bzw. wieder ins Unterschwellige zu verschieben.

Bei durch Stärke oder Schwäche übermächtigen Mitgliedern der Gruppe — also etwa dem Trainer selbst, bei stabilen Pairings oder sehr hilflosen Teilnehmern — kann der Widerstand der Teilnehmer gegen eine offene Konfrontation (und die Angst vor deren phantasierten Folgen) so stark sein, daß sich der Konflikt nicht aufdecken läßt. Die Mächtigen halten dann mit Macht den Deckel auf dem Topf, obwohl über dessen brodelnden Inhalt eigentlich jeder Bescheid weiß. Es gilt dann sich zu überprüfen, auf weitere Hinweise zu sehen und die Situation neu anzusprechen, *wenn die Behinderung der Gruppe das nächste Mal deutlich* und lästig spürbar ist.

Eine Lerngruppe bildet ständig neue Macht- und Einflußstrukturen, aber nur durch eine offene Klärung lernt sie mit ihren Macht- und Einflußpotentialen konstruktiv, im Sinne ihrer Aufgabenbewältigung umzugehen und dies in einem Klima, das auch die emotionalen Bedürfnisse der beteiligten Personen befriedigt.

● Eine These dieses Arbeitspapiers war, daß die B i o n'schen Grundmuster des Verhaltens in Gruppen zur typischen Konfliktbewältigungstechnik einer Gruppe pervertieren können, wenn es nicht gelingt, sie aufzulösen. Der Lern- und Arbeitsvorteil von Gruppen (Flexibilität, Kreativität und Selbststeuerung) würde dann verspielt.

Zum Schluß soll deshalb betrachtet werden, wie sich Kampf und Flucht, wie sich Abhängigkeit und Pairing darstellen, wenn sie den Gruppenprozeß längerfristig prägen und Teil der „Gruppenkultur" werden.

Im Fall von Konflikten ist dann zu beobachten:

— Ein oder mehrere Gruppenmitglieder werden veranlaßt, die Gruppe zu verlassen. Das kann mit Hilfe verschiedener Mittel geschehen: mit Spott, mit Diffamieren, durch Kaltstellen und Ignorieren oder durch Schuldzuweisung nach dem Sündenbockmodell. Die Verfahren reichen dabei vom Hinauswurf bis zum Hinausekeln oder zum Angebot, „mit Anstand" (oder als „der Klügere") Konsequenzen zu ziehen.

— Diese Art Konfliktlösung kann man auch von der umgekehrten Seite betrachten, indem man sagt: ein Teil der Gruppe schließt sich aus, gibt auf, springt ab.

— In vielen Fällen reicht bereits eine angedeutete Drohung mit Ausschluß oder die Drohung, die Gruppe zu verlassen, um einen Konflikt zum eigenen Vorteil und auf Kosten anderer zu lösen.

— Eine andere, ebenfalls wohlbekannte Form der Konfliktlösung könnte man Unterdrückung nennen: wer Macht und Einfluß besitzt, zwingt die anderen zum Nachgeben. Einer oder eine Gruppe beherrscht oder manipuliert andere und hält sie in (Verlust-)Angst und damit in Abhängigkeit.

— Umgekehrt gesehen, kann man auch sagen: die Seite, die sich schwächer fühlt, sich unterwirft, dem Druck nachgibt, die Auseinandersetzung scheut, sich fügt, macht sich abhängig.

— Eine häufige Form von Konfliktbewältigung, die dann bevorzugt wird, wenn es gilt, Unterschwelliges nicht offenbar werden zu lassen — also z. B. nicht über Ärger, Gefühle des Mißtrauens und der Rivalität oder über die Angst vor Dominanz zu sprechen — ist der „faule Kompromiß": Jede Partei macht der anderen soviel Zugeständnisse, daß zwar die aktuelle Situation überbrückt, aber an dem eigentlichen Frontverlauf nichts geändert wird. Der alte Konflikt wird absehbar an einer neuen Stelle wieder auftreten. Da dies alle bereits erahnen, aber nicht aussprechen, bleibt ein unbefriedigendes Gefühl.

— Eine letzte Form des Umgangs mit Konflikten, die sich aus den B i o n'schen Annahmen ableiten lassen, kennen wir bereits als Pairing oder Allianz, d. h. als Zweckbündnis, bei dem bewußt Äpfel und Birnen vertauscht werden und man gemeinsam vor sich und anderen den Etikettenschwindel verleugnet. Anders formuliert: Um ein bestimmtes Ziel zu erreichen, spricht man nicht über die Probleme und Konflikte untereinander und läßt auch niemand anderen darauf zu sprechen kommen. Man klärt die eigene Beziehung nicht, sondern legt deren Probleme auf Eis. Unausgesprochen bleibt z. B.: „Ich bin zwar durchaus nicht der Meinung von X, aber ich unterstütze ihn voll, denn ich brauche ihn, um mich hier nicht so fremd und allein zu fühlen". Dadurch entsteht ein kurzfristiger Vorteil gegenüber anderen, die über ihre Differenzen offen sprechen. Und diesen Vorteil nützt man aus.

Solche Konfliktlösungen sind für die Arbeitsfähigkeit und das Klima einer Gruppe destruktiv. Sie alle behindern und blockieren einen Prozeß, der mit der Zeit zu einer echten Kooperation mit reifen Entscheidungen führt, zu Lösungen, die von der ganzen Gruppe erarbeitet sind und alle Mitglieder weitgehend befriedigen.

Um dies aber leisten zu können, muß die Arbeitskultur der Gruppe es ermöglichen, daß unterschiedliche Bedürfnisse und Interessen benannt, differente Meinungen diskutiert, abweichende Meinungen ernst genommen, gegeneinander abgewogen, kreativ ergänzt, völlig umgedacht und neu formuliert werden. Nur so hat die Lösung Chancen, inhaltlich besser und emotional befriedigender und tragfähiger zu sein als alle vorangegangenen Teilvorschläge. Man könnte dies „Integration" nennen.

Integration in diesem Sinne setzt aber voraus,

— daß sich alte Muster wie Kampf und Flucht, Abhängigkeit und Gegenabhängigkeit aufgelöst haben oder die Gruppe sie zumindest selbst aussteuern kann,

— daß die Macht- und Einflußstruktur weitgehend geklärt ist (was bleibt vom Schwachen, wenn seine Macht — und was vom Starken, wenn seine Schwäche entdeckt und besprochen wird?) und Kompetenzen sich entfalten können, ohne sich in Rivalitäten zu verstricken,

— daß ein „Vertrauensklima" den Arbeitsprozeß trägt, so daß die eigenen Meinungen und Möglichkeiten angstfrei dargestellt und eingebracht werden können.

(V o i g t, B.)

11.43 GRUPPENPROJEKTIONEN: AUSSENSEITER UND SÜNDENBÖCKE

In den meisten Gruppenverläufen gibt es Phasen, in denen ein Mitglied nicht dazuzugehören scheint; was er oder sie tut, ist „daneben", unpassend, falsch. Das kann bis zur Ausstoßung oder dem Abbruch der Teilnahme dieses Mitglieds gehen.

Nicht jedes Gruppenmitglied eignet sich für diese Rolle; zwei Arten von Menschen bieten sich dafür an:

— solche, die aufgrund unveränderbarer Eigenschaften anders sind als die anderen, z. B. eine andere Hautfarbe, eine andere Sprache, ein Gebrechen haben (das schwarze Schaf unter weißen) und sich von daher zur Ablehnung anbieten;

— solche, die in ihrer Lebensgeschichte, beginnend mit ihrer Rolle in der Familie, bevorzugt Außenseiterpositionen eingenommen haben und ein Repertoire an Verhaltensweisen mitbringen, die einen Ausschluß provozieren: Zurückweisen von Kontakt- und Hilfsangeboten, gezieltes Übertreten von Gruppenregeln, Entwerten der Gruppe etc. Solche Menschen (Kombinationen aus beidem sind möglich) sind nicht nur Opfer der Gruppe; meist führt eine Kette von eskalierenden Interaktionen zum Ausschluß.

Für einen gruppendynamischen Zugang zu dieser Problematik ist es weniger wichtig nachzuforschen, wer warum zum Außenseiter wird; mehr Aufschluß bringt die Betrachtung des Prozesses unter der Fragestellung: was geschieht hier in der gesamten Gruppe? Wozu braucht diese Gruppe in dieser Situation einen Außenseiter, einen Sündenbock?

Der „Sündenbock" war bei den alten Israeliten ein realer Hammel, der zur Zeit der frühjährlichen rituellen Reinigung symbolisch mit den Sünden der Gemeinschaft beladen und in die Wüste gejagt wurde (Der „Prügelknabe" dürfte eine ähnliche rituelle Herkunft haben). — Wenn damals, in einem religiösen Kontext, eine solche Ent-Schuld-igung gewirkt haben mag, so haben Gruppen heute doch meist mit massiven Schuldgefühlen zu kämpfen, wenn sie „erfolgreich" ein Mitglied zum Verlassen gebracht haben.

Den hier wirksam werdenden Vorgang nennt man Projektion (vgl. 7.93): ein Motiv, ein Gefühl, ein Verhalten oder eine Haltung, die ich bei mir selbst nicht akzeptiere, sehe ich beim anderen vergrößert. Bei ihm kann ich das entsprechende dann bekämpfen, ohne merken zu müssen, daß der Kampf eigentlich einer Regung in mir selbst gilt. — Der Begriff entspricht dem technischen Vorgang, in dem ein Film- oder Diaprojektor ein kleines Bild aus seinem „Inneren" heraus vergrößert und auf die Projektionsfläche wirft.

Menschen haben schon immer versucht, sich auf diese Weise vor der Auseinandersetzung mit den eigenen ungeliebten Eigenschaften zu schützen: Jesus empfielt in der Bergpredigt (Mt. 7.3-4, Lk. 6.41-42), nicht den Splitter im Auge des Bruders, sondern den Balken im eigenen Auge zu betrachten (wie überhaupt die Bergpredigt sich gegen das Projektive wendet); Goethe läßt Mephisto sagen: „Sprich, wovon Du willst – Du wirst immer von Dir selber reden!"

Sündenbock-Projektionen spielen in individuellen wie in internationalen Beziehungen ein Rolle. Sie wirken beim Zustandekommen von Feindbildern, von nationalen, rassischen und anderen Vorurteilen (vgl. 7.92); sie wirken auch in Gruppen. R. S c h i n d l e r (z. B. 1968, 1969) hat ein Gruppenmodell vorgelegt, mit dem die Funktion von Sündenböcken in Gruppen verständlich wird.

Positiv formuliert, bilden sich Gruppen um ein gemeinsames Ziel. S c h i n d - l e r formuliert es andersherum und sagt, daß sie sich gegen einen gemeinsamen Gegner bilden. Gruppengegner kann eine reale Person sein, genauso gut aber ein Zustand, ein Mangel oder Mißstand. Alkoholikergruppen bilden sich gegen den Feind Alkohol, Diätgruppen gegen die Freßsucht — Menschen, die in ein gruppendynamisches Training kommen, wollen vielleicht ihrem Mangel an Sozialkompetenz oder Sensitivität abhelfen.

Die Spannung zwischen dem Ziel, das die Gruppe gemeinsam erreichen will, und dem herrschenden Mißstand beeinflußt die Rollenverteilung in der Gruppe. Mit dem Ziel sind die Mitglieder positiv identifiziert, mit dem Mißstand negativ. Für beide werden in der Gruppe Repräsentanten gesucht, die den anderen die Möglichkeit geben, sich anzulehnen oder sich abzugrenzen. S c h i n d l e r nennt den Repräsentanten des Gruppenziels die α-Funktion, den des Gruppengegners die ω-Funktion (wobei dies häufig wechseln und auch durch mehrere und unterschiedliche Personen wahrgenommen werden kann). Wer α verkörpert, hat meist eine Reihe von Anhängern, die Unterstützung leisten, vom Autor γ-Funktion genannt. Wer ω verkörpert, steht meist allein und in der Gefahr, das Sündenbockschicksal zu erleiden. Wird die ω-Funktion durch eine Untergruppe wahrgenommen, besteht die Gefahr, daß die Gruppe sich spaltet.

In dieser affektiven Dynamik der Gruppe, die S c h i n d l e r „soziodynamische Grundformel" (hier leicht abgeändert) nennt, gibt es eine weitere Rollenfunktion, die etwas distanzierter dem Geschehen gegenübersteht und dem

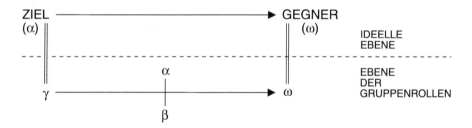

Leiter oder auch einem Mitglied eingeräumt wird: die außerhalb des affektiven Prozesses stehende β-Funktion des Beraters. Sie bietet die Chance, das projektive Geschehen in der Gruppe bewußt zu machen. — Das Modell beschreibt einen Vorgang der Gruppenprojektion; es kann dem Leiter helfen, Sündenbockmechanismen zu erkennen und die Gruppenmitglieder darin zu unterstützen, sich mit den eigenen abgewehrten, ungeliebten Seiten auseinanderzusetzen und die Projektionen zurückzunehmen.

11.44 PHASEN DES GRUPPENPROZESSES

	1. Orientierung	2. Positionskampf und Rolle
Entwicklung im Verhältnis von Gruppenmitglied und Gruppe	Dilemma von Annäherungen und Ausweichen Kein vertrauensvolles Klima Konventionelle Aktivitäten und Umgangsformen Vertrauen, erste Bindung	„Hörner abstoßen" an der Gruppenrealität Erforschung, Orientierung, Bemühen um Status Positionskämpfe zwischen Mitgliedern untereinander und dem Leiter Autonomie oder Gruppenmitgliedschaft Gefahr des Abspringens Krise im Hinblick auf Gruppenmitgliedschaft und Verfahrensweisen (Normen)
Orientierungsrahmen des einzelnen für die Beurteilung der Gruppe und der Aktivitäten der übrigen Teilnehmer ist:	Gesellschaftlich-Konventionell „Das Kursthema" „Der Dozent" „Die bewährten Verfahren"	Im Übergang Übertragung von konventionellen Vorstellungen auf die Gruppe: „Wieso jetzt das?" „Wieso darf der das jetzt machen?"
Verhältnis zum Programm der Gruppe, Bedeutung der formalen Aktivitäten	Forderung nach Erfüllung des formellen Programms Abtasten der Möglichkeiten von eigener Aktivität und möglichem Ertrag Sich-nicht-festlegen-wollen Ambivalenz gegenüber angebotenen Inhalten Sich-nicht-einbringen in die Gruppe	Programmpannen, oft wird Planung über den Haufen geworfen Konkurrenz Erproben von Einfluß und Autorität Versuche, die Beziehungen durch formalisierte Regeln zu ordnen („Geschäftsordnung")
Schwerpunkte der Aktivität des Gruppenleiters	Distanz zulassen Zu Vertrauen ermuntern „Erkundung" erleichtern	„Aufruhr" zulassen, Suche nach Gemeinsamkeit unterstützen Psychische Sicherheit der Individuen gewährleisten Positionskämpfe klären helfen Aufgaben vorsehen, die die Phase meistern helfen

Überarbeitete Fassung der Tabelle von Garland, J. A., Jones, H. E. & Kolodny, R. L., in: Bernstein & L 1969[3], 96-99.

Vertrautheit und Intimität	4. Differenzierung	5. Trennung und Ablösung
ndenz zum gegenseitigen ch-Offenbaren feinander bezogen sein hin zur „Verliebtheit" die Gruppe rstärktes persönliches d zwischenmenschliches gagement meinsame Zielsetzungen rden deutlicher d Bestrebungen, zu realisieren	Zusammenhalt der Gruppe besteht Freier Ausdruck wird möglich Gegenseitige Unterstützung Gute Kommunikation Wenig Machtprobleme Identität des einzelnen in der Gruppe ist gewährleistet, Rollen sind klar	Leugnen der Trennung, Aufbegehren dagegen, Depression, Entwertung der Gruppe Rückblick, Auswertung, Bilanz Auseinandergehen Abwendung von der Gruppe oder Versuche, neue gemeinsame Aktivitäten zu entwickeln
miliär ie bei uns" chlimmer als mein Mann" ie mein kleiner Bruder"	Gruppen-intern „Unser Herr X" „Unsere Gruppe ist prima" „Unser" Kursleiter	Gruppe selbst Übertragen auf neue Situationen „Das werde ich auch mal probieren" „Das müßte sich doch machen lassen"
tivitäten gefühlsbesetzt seinandersetzung Aufmerksamkeit und eiligung chsende Fähigkeit zur operation und Planung, r sehr emotionsbesetzt ntakt nach außen uziert	Freiere gegenseitige Kooperation Gruppennormen und -traditionen spielen eine große Rolle bei der Tätigkeit Hohe Gemeinsamkeit bei Aktivitäten, Sachziele sind wichtig Beziehungen zu Außengruppen werden aufgenommen oder Pläne dazu entwickelt	Langeweile bei Routinetätigkeit Außeninteressen Aufkommen von Aspekten der Phase 1; Rückfälle Wunsch nach Wiederbegegnung
erstützen der ppenentwicklung trotz flikten rnahme oder Übertragung Aufgaben je nach denz der Gruppe	Selbsttätigkeit begünstigen Gelegenheit bieten, gemeinsam nach außen zu handeln	Jeden seinen Weg gehen lassen Auswertung erleichtern Für angemessenen Abschluß sorgen

11.45 ENTWICKLUNGSPHASEN IN GRUPPEN

von Ute Volmerg

Vorbemerkung

Der nachstehende Artikel bezieht sich auf Lern-, Arbeits-, Selbsterfahrungs-, Therapie- und Trainingsgruppen, bei denen Anfang und Ende festgelegt sind – nicht auf fortlaufende halboffene Gruppen. Die Erkenntnisse und Erfahrungen sind gewonnen aus gruppendynamischen Trainings mit Erwachsenen. In diesen geht es darum, mit Hilfe einer minimalen Strukturierung die Gruppendynamik und die Entwicklungsphasen von Gruppen erfahrbar zu machen. Diese Prozesse laufen aber auch ab, wenn die Gruppe ein Thema oder eine Aufgabe zu bearbeiten hat – nur nicht so deutlich und nicht so ausgeprägt. Die Beschreibungen sollen helfen, den Entwicklungsstand der eigenen Gruppe erkennen und fördern zu können. Aus gruppendynamischer Sicht ist die Leitung ebenso wie die Mitglieder in den Entwicklungsprozess involviert. Mir geht es darum, dass seine innere Logik nachvollziehbar wird. So lade ich dazu ein, sich mit beiden zu identifizieren, mal mit den TeilnehmerInnen, mal mit den LeiterInnen. In unterschiedlichen Funktionen und Rollen sind alle am Gruppenprozess beteiligt. Sie erschaffen ihn gemeinsam und sind ihm zugleich unterworfen.

Orientierung und Sicherheit

Wenn Menschen in einer Gruppe zusammenkommen, haben sie zwiespältige Gefühle. Auf der einen Seite entsteht Neugier und Lust auf ein soziales Abenteuer, auf der anderen Seite Unsicherheit und Angst. Innerlich sind sie mit Fragen beschäftigt: Wer bin ich in dieser Gruppe, wer sind die anderen, werde ich meinen Platz finden und mich behaupten können, werden mich die Leiter mögen und ich sie, wer ist mir sympathisch und von wem habe ich Ungewisses zu erwarten? Auch wenn diese Fragen nicht bewusst sind, so beherrschen sie doch menschliches Verhalten in der Anfangssituation von Gruppen, und zwar sowohl das Verhalten der TeilnehmerInnen wie das der LeiterInnen. Als TeilnehmerInnen konzentrieren wir uns vielleicht auf die Einführung ins Thema, die Informationen zum Ablauf, die Vorstellungsrunde – aber da ist noch etwas anderes. Wir haben Mühe, das Gesagte zu behalten, uns Namen zu merken. Wir schweifen ab in die Vergangenheit oder die Zukunft.

In der Leitungsrolle müssen wir alle Kraft zusammennehmen, um den Anfang überzeugend und klar zu gestalten und doch haben wir oft das Gefühl, bei den Gruppenmitgliedern nicht recht anzukommen. Dies alles zeigt einen Spannungszustand an, bei dem die Wahrnehmung eingeschränkt ist und die Energien nicht frei zur Verfügung stehen. Unterschwellig ist Angst im Raum, mit der jeder und jede auf eigene Weise umzugehen versucht. Die einen zeigen freundlich werbende Gesichter, die anderen wirken verschlossen und abweisend. Man will sich selbst schützen, aber möglichst schnell Orientierung über die anderen gewinnen.

In der Anfangsphase in Gruppen begegnen Menschen einander mit ihren Sicherheitsstrategien. Das ist der Grund dafür, dass eine Atmosphäre der Nichtbezogenheit entsteht, so freundlich und bemüht einzelne Kontaktversuche auch sein mögen. Warum ist das so? Jeder Eintritt in eine fremde Gruppe ist eine Bedrohung für unsere Identität und rührt Ängste an, die ganz am Anfang unseres sozialen Werdens liegen, als wir noch niemand waren und total abhängig von unserer Umgebung. Ohne Gruppe war Überleben nicht möglich. In einer fremden Gruppe wissen wir nicht, ob wir angenommen werden. Zwar haben wir als Erwachsene eine gewisse Unabhängigkeit erreicht, doch steht sie in der fremden Gruppe wieder in Frage: Vielleicht kommen ganz unangenehme Dinge zum Vorschein, wir werden verletzt oder gar ausgeschlossen. Kein Mensch kann sich alleine definieren, jeder ist abhängig von der Bestätigung und der Zuwendung durch andere. Es entsteht eine konflikthafte Spannung zwischen dem Bedürfnis, ein unverwechselbares, unabhängiges Individuum zu sein, das sich selbst bestimmen kann, und dem Bedürfnis nach Zugehörigkeit, Abhängigkeit, Zuwendung und Bestätigung durch andere. Dieser Grundkonflikt menschlichen Daseins zwischen Autonomie und Abhängigkeit aktualisiert sich in Gruppen immer wieder neu.

Der Anfang in der Gruppe führt uns auch an den Anfang unserer jeweiligen Geschichte mit diesem Konflikt zurück. Er liegt in der Familie. Von daher kann das Sein in der Gruppe bei Menschen ganz unterschiedliche Gefühle und Erinnerungen wachrufen. Gerade weil der soziale Raum am Anfang noch undefiniert ist, füllen wir ihn mit dem, was wir in Gruppen schon erlebt haben und treffen entsprechende Sicherheitsvorkehrungen.

Das bisher Beschriebene kann von den TeilnehmerInnen und LeiterInnen völlig unbemerkt bleiben. Es kommt auf die Art und Weise der Veranstaltung und die Gestaltung des Anfangs durch die Leitung an, wieviel von den untergründigen Spannungen angerührt und bewusst wird. Als LeiterInnen versuchen wir, den Anfang möglichst schnell hinter uns zu bringen. Vorstellungsrunden, Namensspiele, Anwärmübungen und vertrauensbildende Massnahmen sollen den Gruppenmitgliedern ermöglichen, Fremdheit abzubauen, ohne viel von sich preisgeben zu müssen. In Gruppen, die eine Aufgabe zu erledigen haben, geht es darum, möglichst schnell arbeitsfähig zu werden. Hier gibt es keinen Sinn, die Anfangserwartungen der TeilnehmerInnen nach Orientierung und Sicherheit zu frustrieren. Anders in Therapie- und Selbsterfahrungsgruppen. Hier wäre eine Lernchance vertan, würde man den Anfang nicht nutzen, die Gruppenmitglieder mit sich selbst in Kontakt zu bringen: eben mit jenen Primärerfahrungen, nach deren Muster sie Anfangssituationen in fremden Gruppen gestalten. Das geschieht nur, wenn die TeilnehmerInnen selber aktiv werden müssen und wenn die Anfangsphase entsprechend ausgewertet wird. In diesem Fall ist es notwendig, dass die Leitung Raum und Zeit gibt und die Gruppenmitglieder ermutigt, einander zu begegnen.

Wird hingegen der Anfang einfach ignoriert und gleich zur Sache gegangen, bleiben die Gruppenmitglieder mit einem Teil ihrer Aufmerksamkeit auch in den nächsten Phasen damit beschäftigt herauszukommen, wer die anderen sind und wie man sich am besten schützen kann. Auf der Sachebene mag bereits diskutiert werden, auf der Beziehungsebene befindet sich die Gruppe jedoch immer noch am Anfang und versucht mit Hilfe der Sachdiskussion Fremdheit abzubauen und soziale Sicherheit herzustellen. Solche Diskussionen haben einen abtastenden vagen Charakter. Niemand will sich festlegen oder gar Stellung beziehen, um nur ja keine Angriffsfläche zu bieten. Die Diskussion dreht sich im Kreis, alle Ansichten scheinen möglich, werden wie probeweise eingenommen, doch die Personen dahinter bleiben unsichtbar. Dieses Verhalten wird verständlich, wenn man sich klar macht, welch hohes Risiko es ist, sich in einer fremden Gruppe gleich zu Anfang zu offenbaren: Man könnte alle anderen gegen sich haben und ausgeschlossen werden. Die TeilnehmerInnen versuchen also herauszubekommen, welche Spielregeln in der Gruppe gelten und wo die Grenzen des Erlaubten liegen. Es gibt Menschen, die einfach schweigend abwarten, was sich herauskristallisiert und solche, die versuchen, durch Provokation Klarheit zu gewinnen. Sie spielen probeweise den advocatus diaboli, aber wer sie wirklich sind, bleibt verborgen.

Bisher stand die Betrachtung unangenehmer Gefühle am Gruppenanfang im Vordergrund. Es gibt aber auch eine andere Seite des Geschehens. Sie wird zum Beispiel in Selbsterfahrungsgruppen spürbar, in denen die TeilnehmerInnen ohne Strukturvorgaben von sich aus beginnen müssen. Dann kann ein Schweigen entstehen, das alle zu verzaubern scheint. Wenn alles noch unbestimmt ist, ist auch alles noch möglich. In der Gruppe entsteht ein wohltuendes Gefühl von Frieden, Einheit und unbegrenzter Potentialität. Es ist wie ein paradiesischer Moment, bevor Adam und Eva ihre Verschiedenheit entdeckten. Als Gruppenmitglieder erleben wir einen Widerstand, das Schweigen zu brechen und sind ärgerlich, wenn andere es tun. Als Leiter und Leiterin haben wir Mühe, laut und deutlich zu sprechen und der Gruppe den nächsten Schritt abzuverlangen.

Positionen und Normen

Jede Aktion am Beginn einer Gruppe ist zugleich eine Positionierung in einem sozialen Raum. Es ist wie bei einem Schachspiel: Es werden Felder besetzt, die Züge und Gegenzüge hervorrufen, bis alle Figuren auf dem Spielfeld stehen und man weiss, welche Rollen sie spielen. Während es ganz am Anfang darum geht, überhaupt existent zu werden und alles, was dazu verhilft, willkommen ist, verschiebt sich nun der Schwerpunkt der Aufmerksamkeit: wer hat was und wieviel zu sagen und nach welchen Regeln soll das Spiel gespielt werden? In Gruppen, in denen Vorgesetzte und Mitarbeiter in unterschiedlichen Funktionen zusammenwirken, braucht das nicht ausgehandelt zu werden, die Spielregeln sind klar. Es gelten diejenigen der Firma oder Institution. Anders in fremden Gruppen: die Mitglieder kommen aus verschiedenen Welten mit verschiedenen Regeln. Sie haben draussen Positionen, die drinnen weder bekannt noch anerkannt sind. Angesichts der Vielfalt der Möglichkeiten und Konflikte richten sich alle Erwartungen an die Leitung, an die einzige Rolle, die klar definiert und mit genügend Macht ausgestattet ist, um Vorgaben für alle zu machen.

In dieser Phase der Gruppenentwicklung gibt es ein starkes Bedürfnis nach Führung, aber auch Widerstand dagegen. Er äussert sich zum Beispiel in Zweifeln an der Themenstellung und an der Kompetenz der Leitung. Zurückhaltung wird angekündigt. Die Möglichkeit, offen und vertraulich zu sprechen, wird in Frage gestellt. Die TeilnehmerInnen wollen Auskunft über die Verwertung der Ergebnisse und den Schutz ihrer Daten. Es können Phantasien entstehen, dass die LeiterInnen Informationen und Bewertungen hinter dem Rücken der TeilnehmerInnen an deren Vorgesetzte weitergeben. So etwas geschieht häufig, wenn Mitarbeiterfortbildungen im institutionellen Auftrag durchgeführt werden. Die Leitung erscheint dann als verlängerter Arm der Institution, ob nun Pfarrer um die Preisgabe vertraulicher Mitteilungen bangen oder FirmenmitarbeiterInnen eine verdeckte Prüfung ihrer Qualifikationen befürchten. Die Kursleitung wird auf ihre Vertrauenswürdigkeit geprüft. Es ist gut für die Gruppenentwicklung, wenn solche Phantasien und Fragen offen geäussert werden können. Die Leitung erhält dadurch Gelegenheit, sich zu zeigen. Hier kommt es weniger auf geschickte inhaltliche Erwiderungen an als darauf, dass die TeilnehmerInnen sich in ihrem Wunsch nach einer guten Autorität ernst genommen fühlen. Denn so abwegig das Misstrauen auch sein mag, dahinter steht der Wunsch, vom Gegenteil überzeugt zu werden. Eine Leitung, die gereizt reagiert, stellt die Legitimität von Anfragen an ihre Autorität und Vertrauenswürdigkeit in Frage. Die TeilnehmerInnen können sich dadurch in ihrem Verdacht bestätigt fühlen, dass fraglose Unterwerfung gefordert ist; weil äussere Distanzierung nicht erlaubt ist, werden sie innerlich auf Distanz gehen.

Eine andere Art, die Autorität der Leitung auf die Probe zu stellen, sind Abweichungen von den Rahmenbedingungen. Gruppenmitglieder können später kommen oder früher gehen und Sonderregelungen ungefragt für sich in Anspruch nehmen wollen. Hier steht die Durchsetzungsfähigkeit und Gerechtigkeit der Leitung auf dem Prüfstand; gerade wenn solches Verhalten am Beginn einer Gruppe vorkommt, wird es für alle Beteiligten zu einem Test, ob die Leitung stark genug ist, gleiche Bedingungen für alle durchzusetzen. Lässt sie Abweichungen einfach geschehen, ohne korrigierend einzugreifen, werden die TeilnehmerInnen das als Schwäche interpretieren. Sie werden dann die Regeln ebenso locker handhaben, wie es die ersten „Abweichler" vorgemacht haben. Am Anfang der Gruppe, wenn Regeln gesucht werden, kann alles Verhalten zum Modell werden. Konflikte – auch um Formales – sind eine gute Gelegenheit, klare Autorität zu zeigen und zugleich die schwierige Balance zwischen Einzel-, Gruppeninteresse und Leitungsrolle exemplarisch zu praktizieren. Eine Leitung, die hier vage bleibt, macht es der Gruppe schwer, sich weiterzuentwickeln.

Wie weit Regeln gesetzt oder ihre Entwicklung dem Selbstorganisationsprozess der Gruppe überlassen werden muss, hängt wiederum vom Ziel und der Gruppenaufgabe ab. Auf jeden Fall müssen Rahmenbedingungen und Strukturen gesichert sein, sonst kann sich keine Gruppe entwickeln. Dazu gehören: Ziele, Aufgaben, Zeit und Ort, Mitgliederzahl, Anfang und Ende, Turnus und Dauer der Gruppentreffen und Rollenklarheit über Mitgliedschaft und Leitungsfunktion. Darüberhinaus sind die Gruppenmitglieder auf der Suche nach Regeln für ihr unmittelbares Verhalten zueinander. Wie muss man sein, um in der Gruppe Anerkennung zu finden? Das ist durch die Sachaufgabe allein nicht definiert, vielmehr geht es hierbei um informelle Normen, die durch Phantasien, durch Versuch und Irrtum, durch das emotionale Zusammenspiel der TeilnehmerInnen – mehr nonverbal als verbal – entstehen.

Solche informellen Normen sind Annahmen, in denen die Gruppenmitglieder übereinzustimmen meinen, ohne sich darüber verständigt zu haben; zum Beispiel:

In dieser Gruppe muss man Leistung bringen; nur wenn man klar weiss, was man will, darf man etwas sagen; Kritik ist nur erlaubt, wenn man einen besseren Vorschlag hat; über Gefühle spricht man nicht; oder: nur wer den Mut hat, etwas Persönliches zu offenbaren, findet Anerkennung; Schwäche ist nicht erlaubt – und Ähnliches.

Mit der Bildung von Normen wird auch die Macht in der Gruppe verteilt. Wie geschieht das? Einige TeilnehmerInnen finden mehr Gehör und Aufmerksamkeit als andere. Einigen fliesst positive emotionale Energie zu, weil sie mit ihren Beiträgen etwas treffen, was andere auch wollen. Sie lösen Bewunderung und Neid aus. Ebenso ist die umgekehrte Bewegung im Gang. Es gibt TeilnehmerInnen, die mit ihrem Verhalten andere bedrohen und Ablehnung hervorrufen. Ganz unbemerkt ist ein Prozess der emotionalen Funktionsverteilung in der Gruppe im Gang, der nicht ohne Kampf abgeht.

Wie die Leitungspersonen ihre Aufmerksamkeit und Zuwendung verteilen, ist von entscheidender Bedeutung für den Ausgang des Kampfes. Wer von der Leitung namentlich erwähnt oder angesprochen wird, steigt im Status. Auch häufiger Blickkontakt mit Einzelnen aus der Gruppe bleibt von den anderen nicht unbemerkt. Ebenso werden Angriffe auf die Leitung oder private Kontakte im informellen Bereich zu Mitteln, um sich in der Gruppe zu profilieren.

Zumeist gibt es mehrere Mitglieder, die für eine Führungsfunktion in Frage kommen und sich direkt oder indirekt um diese Rolle streiten. In Gruppen mit einer Sachaufgabe gibt es Auseinandersetzungen über das richtige Vorgehen. In Gruppen, die ein Thema bearbeiten, geht es um die Durchsetzung der richtigen Meinung. Meist sind die Unterschiede gar nicht so gravierend, doch darauf kommt es jetzt nicht an – im Gegenteil: Es geht gerade um die Unterschiede. Sie sind ein Mittel, sich in der Gruppe als ein unverwechselbares Individuum zu positionieren. Der Grundkonflikt zwischen Individuum-Sein und In-der-Gruppe-Sein wird in dieser Phase so gelöst, dass jede/r die ganze Gruppe für sich gewinnen will, nach dem Motto: Wenn alle so wären wie ich, hätten wir keine Konflikte. Das führt notwendigerweise zu einer allseitigen Rivalität. Gewinnen kann den Kampf niemand, denn In-der-Gruppe-Sein geht nur, wenn jedes Individuum von seiner Macht etwas abgibt. Das ist auch der Grund, warum diese Phase schliesslich zu Ende geht: Den Gruppenmitgliedern wird meistens die Vergeblichkeit ihres Bemühens, alle unter einen Hut zu bringen, schmerzlich bewusst und sie öffnen sich für die nächste Phase.

Der Kampf um die Macht ruft in der Gruppe vielfältige Prozesse der Zustimmung und Ablehnung hervor, so dass sich ein vorläufiges hierarchisches Muster einspielt mit TeilnehmerInnen, denen Macht und Einfluss in der Gruppe zugestanden wird, an der Spitze und solchen, die für die Gruppe weniger Bedeutung erringen konnten, am Ende der Hierarchie. Der eigentliche Wert dieser Entwicklungsphase liegt darin, dass die Gruppenmitglieder überhaupt eine Position in der Gruppe finden. Sie haben die Erfahrung gemacht, sich zeigen und behaupten zu können, und sie haben mehr Klarheit gewonnen darüber, wie die anderen zu ihren Ansprüchen stehen. Gegenüber der Anfangsphase werden sie dadurch zu jemand Bestimmten. Das engt auf der einen Seite ein, gibt auf der anderen Seite Orientierung und Verhaltenssicherheit. So wie in formellen Systemen hierarchische Positionen Rolle und Verantwortung definieren, so ist es auch im informellen System der Gruppe. Nach dieser Phase haben die Mitglieder ein Gefühl dafür, wo sie selbst und wo die anderen stehen und welche Rolle sie im Leben der Gruppe spielen. Rollen entstehen, wenn Verhaltensweisen, die ein Mitglied zeigt und Erwartungen, die an es gerichtet werden, übereinstimmen. Wenn jemand immer den advocatus diaboli spielt, „hat" er/sie schliesslich diese Rolle. Oder umgekehrt, wenn ein Gruppenmitglied immer bemüht ist, zwischen verschiedenen Meinungen zu vermitteln, wird schliesslich auch nichts anderes mehr von ihm erwartet.

Die Leitung tut in dieser Phase gut daran, die Autonomie der Gruppenmitglieder zu unterstützen und Positionierungen zu erleichtern; zum Beispiel durch Aufgaben, die es dem Einzelnen ermöglichen, sich vor der Gruppe zu zeigen. Gleichzeitig hat sie die Gruppe vor dem drohenden Auseinanderbrechen zu schützen. Denn vor lauter Ringen um die eigene Position geht der Blick für das Gemeinsame verloren und Angst entsteht, dass Zusammenarbeit gar nicht möglich sein könnte. Hilfreich sind Interventionen, die Erlaubnis zur abgrenzenden Positionierung geben und gleichzeitig das Verbindende hervorheben.

Wenn die Leitung die Angst vor der Zerstörung der Gruppe nicht auffangen kann, sondern selber davon gelähmt ist, kann es zu einer Polarisierung kommen. Dann können die einen mit ängstlicher Verachtung auf den Machtkampf der anderen starren. Es entstehen zwei Lager, die Lauten und die Leisen, die sich gegenseitig die Schuld an der Blockierung zuschieben. Die Gruppe bleibt im Machtkampf stecken und die Einzelnen können ihre Position nicht finden. Auch die Leitung bleibt von Gefühlen nicht verschont, dass die Gruppe misslingen könnte, weil die Gegensätze zu gross scheinen. In der Leitungsrolle entstehen Zweifel am Sinn des Unternehmens, wir spüren Erwartungen, als Schiedsrichter zwischen den streitenden Parteien vermitteln oder ein Machtwort sprechen zu sollen. Zugleich wissen wir, dass wir nicht für die einen Partei ergreifen dürfen, weil wir die anderen dann verlieren. Häufig kommt es in dieser Phase auch vor, dass die Leitung direkt oder indirekt angegriffen wird. TeilnehmerInnen äussern, dass sie mit ganz anderen Vorstellungen gekommen seien und nun ihre Abreise in Erwägung zögen. In Reaktion darauf können sich die LeiterInnen inkompetent, ohnmächtig und ängstlich fühlen und in Versuchung kommen, mit Einzelnen in der Gruppe um die Macht zu kämpfen. Dann haben sie vergessen, dass sie als einzige in der Gruppe bereits eine institutionell abgesicherte Machtrolle haben, die sie einsetzen könnten, um den anderen das Finden ihres Platzes zu erleichtern. Sie nehmen die Angriffe persönlich und verlieren die Funktion, die sie im Wachstumsprozess der Gruppe haben, aus dem Blick.

Wenn es den LeiterInnen gelingt, sich mit dem Entwicklungsziel der Gruppe zu identifizieren und nicht mit den eigenen Kränkungen, wird es möglich, mit Akzeptanz und Gelassenheit zu reagieren. Denn die Kämpfe helfen den Einzelnen, sich zu stärken und in der Gruppe zu profilieren. Häufig stellen die Mitglieder, die in der Gruppe um eine informelle Führungsrolle konkurrieren, die Leitungsautorität in Frage. So heftig das auch sein kann, es geht dabei nicht um Vernichtung, sondern um Akzeptanz. Die Leitung ist vor die schwierige Aufgabe gestellt, die eigene Position zu wahren und gleichzeitig die Herausforderer für ihren Mut und ihre Eigenständigkeit anzuerkennen. Das signalisiert der Gruppe, dass die Leitung stark genug ist, ein differenziertes Meinungs- und Verhaltensspektrum in der Gruppe zuzulassen. Die Leitung ist in den Prozess der Normbildung und Positionierung genauso involviert wie die Gruppenmitglieder. Ja, es hat entscheidende Bedeutung, wie und wofür die Leitung ihre Macht einsetzt: Unterstützt sie angepasstes, gar unterwürfiges Verhalten oder Eigenverantwortlichkeit und Kreativität der Gruppenmitglieder? Mangels anderer Orientierung nehmen die TeilnehmerInnen – gerade am Anfang – den Verhaltensstil der Leitung als Modell für das gewünschte Verhalten. Erst durch die Phase des Positionskampfes entwickelt die Gruppe eine eigene Ordnung sowie genügend Macht und Eigenständigkeit, um partnerschaftlich mit der Leitung zusammenzuarbeiten.

Intimität, Nähe, Verschmelzung

Wenn das Ringen um einen Platz in der Gruppe zu einem Ergebnis geführt hat, mit dem sich jeder/jede vorläufig einrichten kann, kommt es in Gruppen häufig zu einer Ruhepause. Der Kampf scheint ausgekämpft und die emotionale Nähe, die dadurch entstanden ist, wird als positive, tragende Kraft spürbar. Der Gefahr des Auseinanderbrechens entronnen, kann die Gruppe ein Wir-Gefühl entwickeln; Bedürfnisse nach Nähe und Übereinstimmung werden vorrangig. Die Gruppenmitglieder nehmen Bezug aufeinander, finden Ähnlichkeiten heraus; Differenzen, die zuvor unüberbrückbare Gegensätze geschaffen haben, scheinen nun keine Rolle mehr zu spielen. Sie sind in der erkämpften Zugehörigkeit zu dieser Gruppe aufgehoben. Das Gefühl, Bestandteil einer Gruppe zu sein, kann soviel Geborgenheit vermitteln, dass Persönliches, ja Intimes mitteilbar wird. Eine Grundstimmung von wechselseitiger Anteilnahme und Fürsorge breitet sich aus, die alle Beteiligten geniessen. In dieser Phase ist der Grundkonflikt zwischen Individuum-Sein und In-der-Gruppe-Sein zugunsten der Gruppe entschieden. „Einer für alle" hiess der Lösungsversuch in der Kampfphase. Jetzt gilt die Formel: „Wir sind alle eins".

Die LeiterInnen sind in der Regel, wie alle anderen froh, wenn die Kampfphase vorbei ist. Entspannung tritt ein, weil nun die Existenz der Gruppe nicht mehr gefährdet ist. Weil die bindenden Kräfte zum Tragen kommen, müssen sie die Gruppe nicht mehr zusammenhalten. Die Aufgabe der Leitung besteht nun darin, dem persönlicher gewordenen Austausch Raum zu geben, aber auch die Gruppe vor zuviel Intimität zu schützen. Denn die Atmosphäre des Vertrauens kann Einzelne dazu bringen, mehr von sich preiszugeben, als sie selbst und die Gruppe vertragen. Dann kommt es im Nachhinein, wenn sich die Gruppe wieder in einer anderen Phase befindet, zu Scham und Schuldgefühlen.

Wenn der Sog in die Gruppe zu stark wird, tut die Leitung gut daran, das Individuum zu stärken; wenn die Fliehkräfte überhand nehmen und die Gruppe keinen Halt gibt, braucht das Bindende Unterstützung. Letztlich geht es bei der Gruppenentwicklung darum, die Pole Individuum und Gruppe in eine fruchtbare Balance zu bringen, sodass sich die Gruppe durch die Einzelnen entwickelt und umgekehrt.

Exkurs: Männer und Frauen

Die Kampf- und die Intimitätsphase folgen nicht notwendig aufeinander. Vielfach ist es auch umgekehrt oder die Gruppe verharrt in einer von beiden und entwickelt sich nicht weiter. Männer tun sich leichter mit dem Kampf, Frauen mit der Intimität. Frauengruppen beginnen häufig damit, Ähnlichkeiten zu entdecken. Sie entwickeln schnell ein Klima der Bezogenheit und wechselseitigen Unterstützung, der Wärme und Nähe. Das „Wir" und die anderen sind bedeutsamer als die eigene unverwechselbare Individualität. Das ist einerseits eine Qualität, kann aber auch zu einer Behinderung der Gruppenentwicklung führen, dann nämlich, wenn die Gruppe in diesem Zustand verharrt und die Nähe zur Enge wird. Im Suchen nach dem „Wir" kann es besonders am Anfang dazu kommen, dass alles Besondere, Hervorragende, das Anstoss, Neid oder Aufmerksamkeit erregen könnte, bereits schon in der Vorstellungsrunde weggelassen wird und sich die Gruppenmitglieder vorsorglich auf einen kleinsten gemeinsamen Nenner einigen. Vor der Angst, gar keinen Platz in der Gruppe zu bekommen, können Frauen in die Ununterscheidbarkeit flüchten. Wenn alle gleich sind, hat jede Platz – allerdings um den Preis der Selbstbeschränkung und Bedeutungslosigkeit als Individuum. In Männergruppen hingegen kann es vorkommen, dass die Teilnehmer aus dem Kampf nicht herausfinden. Sich behaupten und miteinander rivalisieren werden zur Verhaltensnorm, um den Preis der Ungeborgenheit und Vereinzelung. Die notwendige Atmospäre für persönliche Mitteilungen und eine vertiefte Auseinandersetzung mit der Gruppenaufgabe entsteht gar nicht.

Diese unterschiedlichen Tendenzen in Männer- und Frauengruppen werden verständlicher, wenn wir uns die Ausgangsbedingungen für die männliche und weibliche Identitätsbildung vergegenwärtigen. Da der Eintritt in eine fremde Gruppe unsere Identität in Frage stellt, werden auch die Grundmuster der Identitätsfindung wieder auf den Plan gerufen. Sie sind bei Männern und Frauen verschieden. Am Anfang der Sozialisation des kleinen Mädchens steht die Erfahrung der Gleichheit mit der Mutter. Seine Identitätsentwicklung vollzieht sich über den Weg der Identifizierung nach dem Muster „ich auch" zur schrittweisen

Differenzierung. Die Erfahrung der Verschiedenheit mit dem anderen Geschlecht steht an zweiter Stelle. Für den Mann ist es umgekehrt. Ein Junge sein heisst, sich vom Geschlecht der Mutter unterscheiden. Sein Identitätsbewusstsein beginnt mit der Erfahrung der Differenz nach dem Muster „ich anders". Um sich mit dem eigenen Geschlecht identifizieren zu können, muss sich der Junge abwenden und die primäre Einheit mit der Mutter aufgeben.

Wenn Männer und Frauen in Gruppen zusammenarbeiten, können sie im günstigsten Fall voneinander lernen und sich ergänzen. Männer beherrschen in der Regel den Positionskampf besser als Frauen, sie können Frauen dazu ermutigen, sich mit ihren Fähigkeiten deutlich zu zeigen und das Risiko der Nichtübereinstimmung einzugehen. Männer können von den Frauen darin unterstützt werden, abgrenzendes Verhalten zu überwinden und sich aufeinander zu beziehen. Wenn beides gelingt, ist die Gruppe auf dem besten Wege dazu, arbeitsfähig zu werden.

Es kann aber auch ganz anders kommen: Frauen schauen mit Verachtung auf die kämpfenden Männer, die zu Nähe und echter Bezogenheit nicht fähig seien. Männer entwerten die Bemühungen der Frauen nach persönlicher Übereinstimmung als „Beziehungsgespräche" und der Sache nicht dienlich. Beide Geschlechter fühlen sich am Eigenen gehindert und geben dem jeweils anderen die Schuld, dass die Gruppe nicht vorankommt. So bilden sich zwei Lager, die sich gegenseitig fixieren und stabilisieren. Es sind durchaus nicht immer die Männer, die an erster Stelle das Klima in der Gruppe bestimmen; genauso kann es umgekehrt sein, dass die weibliche Art, Gruppe zu gestalten, vorherrscht und die Männer ihren Platz nicht finden. Das variiert je nach dem gesellschaftlichen Bereich, aus dem die TeilnehmerInnen kommen. In sozialen, therapeutischen und pädagogischen Arbeitsfeldern sind Gruppen eher weiblich, im politischen und wirtschaftlichen Umfeld eher männlich dominiert. In allen Bereich sind die Geschlechtsrollen in Bewegung und die Chancen steigen, dass Männer und Frauen in der Gruppe das jeweils Fehlende voneinander lernen.

Der Vorteil einer reinen Männer- oder Frauengruppe besteht darin, dass das zu Lernende nicht schon vom anderen Geschlecht in Anspruch genommen wird und besetzt ist. Entwicklung kann sich in einen offenen Raum hinein nach jeweils eigenen Masstäben vollziehen und ist nicht der ständigen Bewertung durch das andere Geschlecht ausgesetzt.

Leiter und Leiterinnen von Gruppen sind nicht neutral, sondern verstärken allein durch ihr Geschlecht die weibliche oder die männliche Seite. Wo uns das Eigene entgegenkommt, fühlen wir uns wohl, andernfalls unbehaglich. Da es die Aufgabe der Leitung ist, die Gruppe in ihrer Entwicklung zu fördern, fällt ihr die Rolle zu, den Frieden des Gewohnten zu stören; das heisst, Frauengruppen in der Abgrenzung, Männergruppen in der Bezogenheit herauszufordern und zu unterstützen. In Gruppen, die sich polarisiert haben, hat sie zwischen den Fronten zu vermitteln: sie kann beide Seiten in ihrem Beitrag zur Gruppenentwicklung würdigen, das Verständnis füreinander fördern und latente Abwertungen bewusst machen. Hilfreich ist eine Beschreibung der geschlechtsspezifischen Arbeitsteilung in der Gruppe: wie Männer und Frauen voneinander profitieren und woran sie sich gegenseitig hindern. Die Leitung kann helfen, das Leiden an der Rolle zu spüren, aber auch den Schutz wahrzunehmen, den sie bietet. Frauen werden vor Differenzen und Machtkämpfen untereinander, Männer vor Intimität und Nähe geschützt. Die Polarisierung kann nur aufgelöst werden, wenn anstelle von Schuldzuweisungen an das andere Geschlecht die eigenen Bedürfnisse und Ängste zur Sprache gebracht werden. Manchmal ist das nur möglich, wenn Männer und Frauen zeitweise getrennt in Untergruppen arbeiten. Die LeiterInnen müssen dann dafür sorgen, dass sich die Untergruppen mit sich selbst und nicht mit den anderen beschäftigen und dass ihre Erfahrungen ins Ganze zurückfliessen.

Differenzierung und Integration

Die Gruppe kann nur dann ihr ganzes Potential entfalten, wenn sowohl Abgrenzung als auch Bezogenheit gelebt werden können, wenn sich die Pole Individuum und Gruppe in einem dynamischen Gleichgewicht verbinden. Dann ist kreativer Austausch möglich, in dem die Impulse wie von selbst zusammenspielen und eine gemeinsame Richtung. Freude kommt auf. Sie basiert auf der Freiheit zum Zusammenspiel. Anders als in den vorangegangenen Gruppenphasen muss niemand mehr um seinen Platz bangen, um Abgrenzung, Anerkennung oder Sympathie ringen. Die Personen sind in dem, was sie zur Gruppe beitragen können, sichtbar geworden und anerkannt. Dadurch wird Energie frei, die auf das Ziel der Gruppe gerichtet werden kann. Es entwickelt sich ein hohes Maß an Selbststeuerung, weil jedes Gruppenmitglied sowohl die eigene Entfaltung als auch das Ganze im Blick hat. Damit wird die Integration der Differenzen und der auseinanderstrebenden kreativen Impulse von allen geleistet und nicht mehr an Einzelne delegiert – auch nicht an die Leitung. Die Fähigkeiten der Einzelnen fügen sich zu neuen ungeahnten Möglichkeiten zusammen, Synergie entsteht. Typisch ist für diese Phase auch, dass sich die Gruppe problemlos in Untergruppen aufteilen kann, ohne dass der Zusammenhalt gefährdet ist. Auch die Rollen und Funktionen sind flexibel und können von wechselnden Personen eingenommen werden. Die Kämpfer können sich zurücknehmen und die Zurückhaltenden können Führung übernehmen. Alle Beteiligten erleben die Gruppe als einen flexiblen, wachstumsfähigen, sozialen Organismus, in dem der Grundkonflikt zwischen Individuum und Gruppe, zwischen Autonomie und Abhängigkeit wie in einer höheren Einheit versöhnt ist.

Die Leitung hat in dieser Phase nicht viel zu tun ausser sich zurückzuhalten, damit sich die Gruppe in ihrer Potenz erleben kann. Anfangs braucht es noch Unterstützung zur Selbststeuerung, aber mit der Erfahrung des Gelingens gewinnt die Gruppe mehr und mehr Autonomie. Die Interventionen können sich auf unterstützende Fragen beschränken, zum Beispiel: ob die Rollen für eine Aufgabe auch klar verteilt sind, ob der Informationsfluss gesichert ist, ob die Ziele klar sind. Sie sind Hilfen zur Selbsthilfe und sollten den Gruppenmitgliedern die Fähigkeit zur Selbstorganisation bewusst machen. Das spürbare Vertrauen der

Leitung stärkt die Gruppe; ihre Anwesenheit macht die Angst vor Rückfällen in frühere Gruppenphasen erträglich und stützt die Risikobereitschaft. Bei solchen Rückfällen kann sie der Gruppe bewusst machen, was sie schon gelernt hat und nun anwenden kann. Eine Leitung, die Macht in dieser Phase nicht abgibt, sich nicht in eine mehr beratende Funktion zurückzieht, hält die Gruppe abhängig und verhindert die volle Entfaltung ihres Potentials.

Gruppenmitglieder beklagen sich häufig, diesen Zustand nicht schon früher erreicht und zuviel Zeit für Machtkämpfe verbraucht zu haben. Die Mühelosigkeit des Zusammenspiels erscheint ihnen wie ein Wunder, das man genauso gut hätte gleich zu Anfang erleben können, wenn man nur gewusst hätte, dass es möglich ist. Die Gruppe ist versucht, ihre früheren Entwicklungsstadien zu entwerten. Das ist für LeiterInnen eine gute Gelegenheit, die Tendenz zur Idealisierung anzusprechen und die Prozesshaftigkeit des Geschehens zu verdeutlichen. Differenzierung und Integration kennzeichnen ein Entwicklungsstadium der Gruppe. Es hat ebensowenig Dauer wie die anderen Stadien. Fragen zur Auswertung des Prozesses helfen der Gruppe, die innere Logik der Gruppenentwicklung zu begreifen. Zum Beispiel: Wodurch ist das gute Klima entstanden, was waren entscheidende Konflikte, Wendepunkte, Einstellungsänderungen, Lernschritte und ähnliches? Durch diese Art der Prozessreflexion wird Wissen verfügbar, das die TeilnehmerInnen in den nachfolgenden Gruppenkrisen zur Selbststeuerung anwenden können.

Die Gruppe beginnt einen neuen Entwicklungszyklus, wenn sich innere oder äußere Bedingungen gravierend verändern: Wenn beispielsweise alte Mitglieder die Gruppe verlassen oder neue dazukommen, wenn sich das Gruppenziel ändert oder die Kontinuität der Zusammenarbeit unterbrochen ist. Jedes Mal braucht es Orientierung, die Sicherung oder Neuverteilung der Positionen und die Erneuerung des Wir-Gefühls, bis sich ein tragfähiges neues Gleichgewicht zwischen Individuum und Gruppe eingespielt hat. Diese zyklischen Erneuerungsprozesse laufen umso klarer und schneller ab, je mehr die Gruppe aus den vergangenen Phasen gelernt hat, was nötig ist, um ihr Potential entfalten zu können. Das Wichtigste ist die Einsicht in die Prozesshaftigkeit des Geschehens: Die Reife der Gruppe lässt sich nicht installieren, sondern sie entsteht erst durch Konflikte und Auseinandersetzungen, in deren Verlauf die Individuen genügend Bindung und Sicherheit in der Gruppe finden, um sich frei entfalten zu können.

Auflösung, Trennung, Abschied

Wenn das Ende der Zusammenarbeit absehbar ist, beginnt ein neues Stadium im Leben der Gruppe. Kennzeichnend ist ein deutlicher Energieabfall, gepaart mit Gefühlen der Lustlosigkeit und Lähmung. Äusserlich können ähnliche Phänomene auftreten wie am Anfang: Mitglieder kommen zu spät, es gibt Regelverletzungen, die Zuverlässigkeit nimmt ab, Einzelne versuchen durch vermehrte Anstrengungen, das gute Arbeitsklima wiederherzustellen, andere kündigen ihr vorzeitiges Ausscheiden aus der Gruppe an. Frustration und Enttäuschung breiten sich aus. Es kann vorkommen, dass Mitglieder sang- und klanglos die Gruppe verlassen, ohne sich zu verabschieden.

Der Klimawechsel kommt meist für alle überraschend, auch für die Leitung. Auf den ersten Blick scheint das Ende der Gruppe noch weit und vieles noch möglich, wenn man es nur entschlossen genug anpacken würde, doch gerade daran mangelt es jetzt. Die Mitglieder der Gruppe brauchen ihre Energie für etwas anderes.

Das Ende einer Gruppe bedeutet Sterben und Tod eines sozialen Organismus. Es muss eine Welt aufgegeben werden, die zuvor mit viel Energie geschaffen worden ist. Bindungen sind entstanden, die nun wieder aufgelöst werden müssen. Dieser Prozess ist umso schmerzhafter, je besser und länger die Gruppe zusammengearbeitet hat und je mehr die Gruppenmitglieder mit ihrer ganzen Person engagiert waren.

Wie die Geburt der Gruppe, so ist auch der Tod der Gruppe ein existentieller Übergang, der lebensgeschichtlich frühe Erfahrungen und entsprechend tief verankerte Bewältigungsmuster anrühren kann. Jetzt geht es um Trennung, Ablösung und Verlust; um den Übergang aus dem sozialen Körper der Gruppe wieder in die Vereinzelung. Direkt oder indirekt sind die Energien der Gruppe darauf gerichtet, diesen Bedrohungen zu begegnen. Die emotionale Dynamik dieser Phase hat Ähnlichkeit mit dem, was über individuelle Sterbeprozesse bekannt ist. Dazu gehört die Tendenz, das Ende zu verleugnen, es zu vermeiden und sich dagegen zu wehren. Es kann vorkommen, dass TeilnehmerInnen bis zum letzten Augenblick arbeiten und dann ohne Abschied auseinandergehen wollen; oder dass sich Einzelne vorzeitig verabschieden; häufig wird auch vorgeschlagen, die Zeit des Zusammenseins zu verlängern oder sich wiederzutreffen, um die Gruppe fortzusetzen. Auch plötzlich auftretende aggressive und entwertende Äußerungen sind möglich, in denen Wut und Enttäuschung auf die Gruppe und auf die Leitung mitgeteilt wird. Es kann der Vorwurf gemacht werden, man habe nicht genügend gelernt, sei nicht genügend unterstützt worden, sei allein gelassen oder gar ausgeschlossen worden. Das Ende der Gruppe bringt bis dahin noch unterdrückte negative Gefühle an die Oberfläche: Da jetzt sowieso nichts mehr zu verlieren ist, kann man auch alles sagen. Angesichts des nahen Endes muss man dafür sorgen, dass man noch bekommt, was man wollte. So kann auch die Rivalität wieder ausbrechen, in der hektisch um den knappen Raum zur Befriedigung der noch offenen Ansprüche und Bedürfnisse gerungen wird.

Alle diese Erscheinungen weisen darauf hin, dass die Gruppe sich in der Auflösungsphase befindet und Hilfe braucht, um Abschied nehmen zu können. Es ist die Aufgabe der Leitung, hierfür Strukturen anzubieten. Diese müssen es ermöglichen, Angefangenes zu beenden und noch Ungesagtes zur Sprache zu bringen. Die Gruppenmitglieder brauchen Anerkennung für die geleistete Arbeit und sie brauchen Hilfe wahrzunehmen, was nicht möglich war und losgelassen werden muss. Die wichtigste Aufgabe der Gruppenleitung besteht aber darin, den beteiligten Gefühlen zum Ausdruck zu verhelfen, damit sich die TeilnehmerInnen selbst verstehen und die Gruppe vor pauschalen Entwertungen geschützt ist. Die Gruppenleitung erlebt diese Gefühle auch, sie mag sich fragen, ob sie genug gegeben hat. Bedürfnisse nach Nähe, nach Dank und Anerkennung für die geleistete Arbeit werden spürbar. Vielleicht gibt es auch Wut auf die Gruppe oder einzelne TeilnehmerInnen, die etwas verhindert haben, was nach Meinung der LeiterInnen, möglich gewesen wäre. Nichts davon lässt sich noch einholen; so wie es war, mit dem, was gelungen und dem, was nicht gelungen ist, müssen alle Beteiligten die Gruppe loslassen.

Die Leitung muss in dieser Phase nicht nur für die Gruppe, sondern auch gut für sich selbst sorgen. Genügend Zeit und eine klare haltende Struktur für die einzelnen Schritte: abschließen, aufräumen, auswerten, würdigen, trauern, Dank sagen und Abschied nehmen, hilft allen Beteiligten, Gefühle zuzulassen und schließlich entspannt auseinanderzugehen. Dann ist der Tod der Gruppe zugleich wieder ein Anfang. Durch den Auflösungsprozess werden Energien frei, die den Mitgliedern wieder zur Verfügung stehen. Ohne eine bewusst durchlebte Abschiedsphase bleiben die TeilnehmerInnen – je nachdem wie intensiv das Gruppenerlebnis war – noch lange an eine nicht mehr existente Gruppe gebunden.

Nachbemerkung

Nur Anfang und Ende in der Gruppenentwicklung sind festgelegt. In der Abfolge der Phasen zwischen Anfang und Ende gibt es eine große Variationsbreite. Ich habe eine Darstellung gewählt, die die innere Logik der Gruppenentwicklung nachvollziehbar macht. Was die Gruppe braucht, um sich zu entwickeln, ist am leichtesten einsehbar, wenn man sich die Entwicklung eines Kindes vorstellt. Auch das Kind entwickelt sich von der Abhängigkeit über Trotz und Selbstbehauptungskämpfe zur Selbstsicherheit. Aber im Unterschied zum Kind können Gruppen die Reihenfolge ihrer Entwicklungsphasen verändern. Wie dargestellt, liegt in Frauengruppen die Kampfphase später als in Männergruppen, aber auch das ist nicht zwingend. Gruppen sind offene, soziale Systeme, deren Entwicklung nicht biologisch determiniert ist. Ihre Entwicklungsgestalt hängt von vielen Faktoren ab: Von der Zusammensetzung der TeilnehmerInnen nach Alter, Geschlecht, Beruf und sozialem Status; von den Leitungspersönlichkeiten und ihrem Zusammenspiel mit der Gruppe und von äußeren Ereignissen, die die Themen und Gefühle der Gruppenmitglieder beeinflussen. In der Fachliteratur gibt es eine Reihe verschiedener theoretischer Modelle zur Gruppenentwicklung. Das hier vorgestellte hat sich als heuristisches Modell für längerfristige geschlossene Gruppen mit einer Teilnehmerzahl von 5 bis ca. 25 Personen bewährt. In seinem Differenzierungsgrad ist es besonders für Gruppen geeignet, deren Leistungsfähigkeit von der Qualität der Zusammenarbeit abhängt.

11.5 BÜCHER- UND ARTIKELVERZEICHNIS
(Veröffentlichungen seit etwa 1973)

Diese Liste vervollständigt — zeitlich — das nachfolgende Literaturverzeichnis der ersten Auflage, das unverändert blieb. In diesem Verzeichnis sind Bücher, die mir im Laufe der Jahre aufgefallen sind, ferner Übersetzungen ins Deutsche oder Neuauflagen von Werken, die damals nur in der Originalsprache erhältlich waren, schließlich auch die im Vorwort zur dritten Auflage genannten Publikationen.

Die beiden für die Entwicklung der Gruppendynamik wichtigsten Zeitschriften, die „Gruppendynamik" (Leske + Budrich, Opladen) und die „Gruppenpsychotherapie und Gruppendynamik" (Vandenhoeck & Ruprecht, Göttingen), habe ich durchgesehen und die mir wichtig erscheinenden Artikel aufgenommen. Beide Zeitschriften geben Themenhefte heraus; alle mit Gruppendynamik zusammenhängenden Themenhefte sind zu Beginn aufgelistet; nicht alle der in den Themenheften erscheinenden Artikel wurden in das Verzeichnis aufgenommen.

Bemerkenswert ist der Boom an Veröffentlichungen in der Mitte der siebziger Jahre; von diesen Werken sind die meisten inzwischen vergriffen.

Themenhefte der Zeitschriften „Gruppendynamik" (GD) und „Gruppenpsychotherapie und Gruppendynamik" (GT + GD)

| Zeitschrift | | Jahrg. | Heft | Jahr | Themenschwerpunkt |
GD	GT + GD				
x		5	1	1974	Körpersprache
x		8	2	1977	Prozeßerfassung in Trainingsveranstaltungen
	x	12	1/2	1977	Alf Däumling zum 60. Geburtstag
x		9	1	1978	Psychologische Forschung: Fest-Stellen oder Ent-Decken?
x		9	3	1978	Gibt es ein „gutes" und „schlechtes" Feedback?
x		12	1	1981	Colloquium Gruppendynamik — Versuch eines Fazits
x		12	2	1981	Außenseiterphänomene

Themenhefte der Zeitschriften „Gruppendynamik" (GD) und „Gruppenpsychotherapie und Gruppendynamik" (GT+GD), Fortsetzung

Zeitschrift		Jahrg.	Heft	Jahr	Themenschwerpunkt
GD	GT+GD				
x		14	1	1983	Nonverbale Verfahren der Therapie
x		14	3	1983	Rollenspiel und Gruppendynamik
x		14	4	1983	Mein Selbstverständnis in der Gruppendynamik — sieben Beiträge (407-431)
x		18	1	1987	Design und Intervention in gruppendynamischen Trainings
x		18	2	1987	Instrumentelle versus reflexive Gruppendynamik
	x	23	4	1988	Gruppendynamik
	x	24	2	1988	Evolution von Gruppenarbeit — brauchen wir einen Paradigmenwechsel?
x		20	1	1989	Führung heute: alte Mythen und neue Weisheiten
x		20	2	1989	Gruppendynamische Übungen: alter Hut oder neue Praxis?
x		20	3	1989	SYMLOG: Theoriegeleitete Beobachtung von Gruppen
x		21	1	1990	Gruppendynamik und systemtheoretische Reflexionen
x		21	4	1990	Autorität, Macht und Repression
	x	26	3	1990	Psychoanalyse und Systemtheorie in der Gruppentherapie

Themenhefte der Zeitschriften „Gruppendynamik" (GD) und „Gruppenpsychotherapie und Gruppendynamik" (GT+GD), Fortsetzung

Zeitschrift GD	GT+GD	Jahrg.	Heft	Jahr	Themenschwerpunkt
x		25	1	1994	Frauen – Männer – Macht
x		25	2	1994	Methodische Beiträge zur Kleingruppenforschung
x		28	1	1997	Gruppe und Geschlechterproblematik
x		29	1	1998	Kurt Lewins Erbe – 50 Jahre NTL
x		29	2	1998	Lernen für eine neue Männlichkeit
x		30	2	1999	Heterogenität in Gruppen
x		31	1	2000	Zwang und Freiwilligkeit
x		34	1	2003	Vereinsmanagement
	x	39	3	2003	Der gruppendynamische Raum
x		34	4	2003	Macht und Ehre in Verbänden
x		35	2	2004	Gruppendynamik in der Organisationsentwicklung
x		37	3	2006	Konflikt-Vertrauen-Verhandlung
x		37	4	2006	Gewalt und Gewaltprävention
x		38	2	2007	Kommunikation und Kooperation in Team und Grossunternehmen
	x	45	4	2009	Die gruppendynamische Haltung
x		41	1	2010	Feedback – eine Klärung

GD: Zeitschrift Gruppendynamik (bis 2000), ab Heft 1/2000 GD+OE: Zeitschrift Gruppendynamik und Organisationsentwicklung
GT+GD: Zeitschrift Gruppenpsychotherapie und Gruppendynamik

Antons, K.	Zum sogenannten Autoritätsproblem in gruppendynamischen Laboratorien. GT+GD 5/2, 203–211, 1972
Antons, K.	Gruppendynamik, systemische Familientherapie, Sozialpsychiatrie: Die leise Revolution des systemischen Paradigmas. Suchtprobleme und Sozialarbeit. 53/3, 110–121, 1975
Antons-Volmerg, K.	Nachdenkliches zu einem scheinbar abgekühlten Dauerbrenner. GD 20/2, 121–128, 1989
Antons, K., Amann, A., Clausen, G., König, O. & Schattenhofer, K.	Gruppenprozesse verstehen. Gruppendynamische Forschung und Praxis, 2. Aufl., VS-Verlag, Wiesbaden, 2004 (Zuerst Leske+Budrich, Opladen, 2001)
Antons, K. & Voigt, B.	Transferprobleme oder: wie finde ich die selbst versteckten Ostereier? Theorie und Praxis der sozialen Arbeit. 5, 189–194, 1982
Antons, K.	Teamfähigkeit: Die Gruppe als Lernort und als Lernmethode. Das Beispiel der Gruppenleiterfortbildung der Sektion Gruppendynamik. In: Velmerig, C. O., Schattenhofer, K., Schrapper, Ch. (Hg.): Teamarbeit. Konzepte und Erfahrungen – eine gruppendynamische Zwischenbilanz. Koblenzer Schriften zur Pädagogik. Juventa, Weinheim und München (2004), 59–73
Antons, K., Hunziker, V.	Gruppenteilung und Zugehörigkeit. In: Gruppenpsychotherapie und Gruppendynamik 39/3: 220–238 (2003)
Antons, K.	Das dicke Ende – Wenn Abschlüsse von Gruppen „misslingen". In: Gruppendynamik und Organisationsberatung 37/4 (2006), S. 375 – 391
Antons, K.	Die dunkle Seite von Gruppen. In: Edding, Cornelia; Schattenhofer, Karl (2009): Handbuch Alles über Gruppen. Theorie, Anwendung, Praxis. Beltz Weiterbildung, Weinheim, S. 324-355
Ardelt-Gattinger, E., Lechner, H. & Schlögl, W.	Gruppendynamik – Anspruch und Wirklichkeit der Arbeit in Gruppen, Hogrefe, Göttingen, 1998
Baake, D.	Kommunikation und Kompetenz. Grundlegung einer Didaktik der Kommunikation und ihrer Medien. Juventa, München, 1973, 1980^3
Bachmann, C. H. (Hrsg.)	Kritik der Gruppendynamik. Grenzen und Möglichkeiten sozialen Lernens. Fischer, Frankfurt, 1981

Back, K. W.	Beyond Words. Russel Sage Foundation, New York, 1972
Back, K. W.	Die Landschaft der Gruppenbewegung. GD 5/4, 249–258, 1974
Baumgarten, R.	Führungsstile und Führungstechniken. Gruyter, Berlin, 1977
Belz, H.	Das gemeinsam erfundene Märchen als Spiegel für Interaktion und individuelle Standortbestimmung innerhalb der Gruppe. GT+GD 8/3, 280–289, 1974
Belz, H.	Das gemeinsam erfundene Märchen als Spiegel für Interaktion und individuelle Standortbestimmung innerhalb der Gruppe. GT+GD 8/3, 280–289, 1974
Bennis, W. G., Benne, K. D. & Chin, R. (Hrsg.)	Änderung des Sozialverhaltens. Klett-Cotta, Stuttgart, 1975
Bion, W R.	Erfahrungen in Gruppen – und andere Schriften Klett-Cotta, Stuttgart, 1974
Bödiker, M. L. & Lange, W.	Gruppendynamische Trainingsformen. Rowohlt, Reinbek, 1975
Bradford, L. P., Gibb, J. R. & Benne, K. D.	Gruppen-Training. T-Gruppentheorie und Laboratoriumsmethode. Klett-Cotta, Stuttgart, 1972
Brocher, T.	Umgang mit Angst und Aggression in der therapeutischen Gruppe und im gruppendynamischen Setting (T-Gruppe). GT+GD 6/3, 253–265, 1973
Brocher, T.	Gruppenberatung und Gruppendynamik. Rosenberger Fachverlag, Leonberg, 1999
Brocher, T. & Kutter, P. (Hrsg.)	Entwicklung der Gruppendynamik. Wiss. Buchgesellschaft, Darmstadt, 1985
Claessens, D.	Rolle und Macht. Juventa, München, 1968
Crott, H.	Soziale Interaktion und Gruppenprozesse. Kohlhammer, Stuttgart, 1979
Däumling, A. M.	Meditative, imaginative und expressive Verfahren im Sensitivity-Training. GD 7/3, 182–189, 1976
Däumling, A. M., Fengler, J., Nellessen, L. & Svensson, A.	Angewandte Gruppendynamik. Klett-Cotta, Stuttgart, 1974
Dollase, R.	Soziometrie als Interventions- und Meßinstrument. GD 6/2, 82–91, 1975
Domann, G.	Gedanken zur Ideologie des Gruppenkonsens. GT+GD 8/3, 193–213, 1974

Doppler, K.	Gruppendynamik und Organisationsentwicklung im Spannungsfeld der Macht – Chancen und Gefährdungen eines handlungsorientierten Ansatzes. GT+GD 29/1, 103–114, 1993
Doppler, K. & Voigt, B.	Gruppendynamik und der institutionelle Faktor. GT+GD 17/3, 4, 280–297, 1982 auch in: Bachmann, C.H. (Hrsg.): Kritik der Gruppendynamik. Fischer, Frankfurt/M., 1981
Dorst, B.	Angewandte Gruppendynamik in Realgruppen. Theorie und Praxis der sozialen Arbeit. 5, 164–174, 1982
Dorst, B.	Gruppendynamik als Einübung einer neuen Beziehungskultur im Verhältnis der Geschlechter. GD /1, 39–46, 1994
Douglas, T.	Wie man mit Gruppen arbeitet. Eine Einführung. Lambertus, Freiburg, 1981[2]
Eckstein, B.	Eine gruppendynamische Übung unter Benutzung eines Fragebogens zur Prozeßanalyse. GD 4/2, 98–109, 1973
Edding, C.	Spiegelbilder; Die Einladung zum Gruppentraining – ein Problem professioneller Verhaltensstandards. GT+GD 13/2-3, 274–282, 1978
Edding, C.	Die Domestizierung der Gruppendynamik. GT+GD 23/4, 341–357, 1988
Edding, C.	Abschied von der Gruppe, so wie wir sie kannten und liebten? GT+GD, 1, 3–22, 2005
Edding, C. & Schattenhofer, K.	Handbuch Alles über Gruppen. Theorie, Anwendung, Praxis. Beltz, Weinheim, 2009
Ewen, A.	Bericht über eine Übung zur Konfliktbewältigung. GD 8/5, 379–382, 1977
Fatzer, G.	Transfer in der Arbeit mit Gruppen. GD 11/3, 243–259, 1980
Fatzer, G. & Jansen, H.H.	Die Gruppe als Methode. Beltz, Weinheim und Basel, 1980
Fengler, J.	Verhaltensänderung in Gruppenprozessen. Quelle & Meyer, Heidelberg, 1975

Fengler, J.	Strukturelle Interventionen. Gruppendynamik im Bildungsbereich. 2/3, 60–61, 1976
Fengler, J.	Grenzen der Gruppendynamik. In: Bachmann, C.H. (Hrsg.): Kritik der Gruppendynamik. Fischer, Frankfurt/M., 1981 S. 118–156
Fengler, J.	Lernziel, Design und Evaluation. GD 18/1, 5–18, 1987
Fengler, J.	Indikation und Kontraindikation für den Einsatz gruppendynamischer Übungen. GD 20/2, 141–154, 1989
Fengler, J.	Konkurrenzprozesse in Selbsterfahrungsgruppen. GT+GD 31/1, 41–60, 1995
Fritz, J.	Emanzipatorische Gruppendynamik. List, München, 1974
Frör, H.	Spielend bei der Sache. Kaiser, München, 1973[4]
Frör, H.	Spiel und Wechselspiel. Kaiser, München, 1974
Gassmann, L.	Gruppendynamik. Hintergründe und Beurteilung. Häussler, 1984
Geißler, K.A.	Anfangssituationen. Hueber, München, 1983
Geißler, K.A.	Schlußsituationen. Beltz, Weinheim, 1992
Gellert, M. & Nowak, K.	Teamarbeit Teamentwicklung Teamberatung. Ein Praxisbuch für die Arbeit in und mit Teams. Christa Limmer, Meezen, 2007[3]
Goffman, E.	Interaktionsrituale. Suhrkamp, München, 1973
Gordon, T.	Managerkonferenz. Effektives Führungstraining. Rowohlt, Reinbek, 1982
Götz-Marchand, B.	Über den Aufbau einer individuellen Theorie der Intervention. Gruppendynamik im Bildungsbereich. 3/2, 2–13, 1976
Harrison, R.	Das Tiefenniveau in der Organisationsintervention. GD 2/3, 296–312, 1971
Heider, J.	Tao der Führung. Sphinx, Basel, 1995[4]
Heigl-Evers, A. (Hrsg.)	Gruppendynamik. Vandenhoeck & Ruprecht, Göttingen, 1973

Heigl-Evers A. & Heigl, F.	Die projektive Identifizierung – eine der Entstehungsmechanismen psychosozialer Kompromißbildung. GT+GD 18/4, 316–327, 1983
Heintel, P.	Das ist Gruppendynamik. Heyne, München, 1974
Heintel, P. (Hrsg.)	betrifft: TEAM. Dynamische Prozesse in Gruppen. VS-Verlag, Wiesbaden, 2006
Heinzel, H.	Weitere Überlegungen zur Verwendung von Spielen. GD 8/1, 71–75, 1977
Hellinger, S.	Non-Verbale Übungen im Sensitivity-Training. GT+GD 6/1, 59–68, 1972
Hespos, M.	Gruppendynamische Grundkenntnisse. Verl. f. wissenschaftl. Publikationen. Bremen, 1982
Horn, K. (Hrsg.)	Gruppendynamik und der „subjektive Faktor". Suhrkamp, Frankfurt, 1972
Kirsten, R. E. & Müller-Schwarz, J.	Gruppentraining. dva, Stuttgart, 1974
Klein, J.	Gruppenleiten ohne Angst. Pfeiffer, München, 1995[5]
König, O.	Der verordnete Autoritätskonflikt. Ein gruppendynamisches Paradoxon. GD 21/4, 393–406, 1990
König, O. (Hrsg.)	Gruppendynamik. Geschichte, Theorien, Methoden, Anwendungen, Ausbildung. Profil, München, 1997[2]
König, O.	Macht in Gruppen. Pfeiffer, München, 1996
König, O.	Individualität und Zugehörigkeit. Gruppendynamik als Forschungsfeld der angewandten Sozialwissenschaft. GT+GD, 37 (1), 29–44, 2001
König, O.	Macht in Gruppen. Gruppendynamische Prozesse und Interventionen, 3. Auf., Pfeiffer bei Klett-Cotta, Stuttgart, 2002
König, O.	Ein unmöglicher Beruf. Zur Professionalisierung der Gruppendynamik. GT+GD, 39 (3), 261–277, 2003
König, O. (Hrsg.)	Gruppendynamik. Theorien, Methoden, Anwendungen, Ausbildung, 5. Aufl., Profil, München, 2006
König, O.	Gruppendynamik und die Professionalisierung psychosozialer Berufe. Carl Auer, Heidelberg, 2007
König, O. & Schattenhofer, K.	Einführung in die Gruppendynamik, Carl Auer, Heidelberg, 2006
Königswieser, R. & Pelikan, J.	Anders – gleich – beides zugleich. Unterschiede und Gemeinsamkeiten in Gruppendynamik und Systemansatz. GD 21/1, 69–94, 1990

Krainz, E. E.	Alter Wein in neuen Schläuchen? Zum Verhältnis von Gruppendynamik und Systemtheorie. GD, 21/1, 29–43, 1990
Krainz, E. E.	Gruppendynamik als Wissenschaft. In: Heintel, P. (Hrsg.): betrifft: TEAM Dynamische Prozesse in Gruppen. VS-Verlag, Wiesbaden, 2006
Krainz, E. E. & Paul-Horn, I.	Metapher als Intervention. GD+OE, 40/1, 22–46, 2009
Kreeger, L. (Hrsg.)	Die Großgruppe. Klett, Stuttgart, 1977
Krege, W.	Begriffe der Gruppendynamik. Klett-Cotta, Stuttgart, 1977
Krüger, H. P.	Nähe und Distanz in sozialen Beziehungen und ihre quantitative Erfassung. GD 7/3, 203–217, 1976
Küchler, J.	Gruppendynamische Verfahren in der Aus- und Weiterbildung. Kösel, München, 1979
Langmaack, B. & Braune-Krickau, M.	Wie die Gruppe laufen lernt. Psychol. Verlags Union, 1987^2, 7. vollst. überarb. Aufl. 2000
Langthaler, W. & Schiepek, G. (Hrsg.)	Selbstorganisation und Dynamik in Gruppen. LIT, Münster, 1995
Lapassade, G.	Gruppen, Organisationen, Institutionen. Klett-Cotta, Stuttgart, 1972
Lapassade, G.	Eine sozio-analytische Intervention an der Freien Universität Brüssel. GD, 4/6, 377–407, 1973
Lapassade, G. & Louvrau, R.	Clefs pour la sociologie. Paris, 1971
Leffers, C. J. & Müller, M.	Planspiel als didaktisches Instrument in der Erwachsenenbildung. GD 14/2, 187–202, 1983
Lewin, K.	Die Lösung sozialer Konflikte. Bad Nauheim, 1948.
Liebermann, M. A., Yalom, J. D. & Miles, M. B.	Die Wirkung von Encounter-Gruppen auf ihre Teilnehmer – einige vorläufige Hinweise. GD 5/4, 231–248, 1974
Lilli, W.	Eine alternative theoretische Erklärung des Gruppendruck-Effektes von Asch und ihre empirische Überprüfung. GD 14/3, 325–332, 1983
Lück, H. E.	Die Feldtheorie und Kurt Lewin. Psychologie Verlags Union, Weinheim, 1996
Luft, Joe	Einführung in die Gruppendynamik. Klett-Cotta, Stuttgart, 1971, 1986^6

Mann, L.	Sozialpsychologie. Beltz, Weinheim und Basel, 1972, 1981[6]
Mentzos, S.	Interpersonale und institutionalisierte Abwehr. Suhrkamp, Frankfurt, 1988
Menzies, J. E. P.	Die Angstabwehr-Funktion sozialer Systeme. GD 5/3, 183–215, 1974
Meyer, E. (Hrsg.)	Handbuch Gruppenpädagogik-Gruppendynamik. Quelle & Meyer, Heidelberg, 1977
Milesi, R.	Interventionen in Kursgruppen. Ein Leitfaden für Ausbilderinnen und Ausbilder. Migros Genossenschafts-Bund, Koordinationsstelle der Klubschulen, Zürich, 2007[2]
Milgram, S.	Das Milgram-Experiment. Rowohlt, Reinbek, 1974
Miller, S., Nunnally, E. W. & Wackmann, D. B.	MCCP Couples Handbook. Minnesota Couples Communication Program, Minneapolis, 1972
Milowitz, W. & Käfer, L.	Das Mikado – Prozeßmodell für Gruppen. GT+GD 25/2, 127–140, 1989
Nellessen, L.	12 Jahre Gruppendynamik in Deutschland – Bilanz und Perspektiven. GT+GD 12/1-2, 7–22, 1977
Nellessen, L.	Der Preis der Konsolidierung. GD 18/2, 109–119, 1987
Nieder, P.	Emanzipation und „emanzipatorische" Gruppendynamik. GD 10/2, 116–123, 1979
Nolting, H. D.	Zur Erklärung von Sündenbock-Phänomenen. GD 9/3, 197–207, 1978
Oehler, K. T.	Der gruppendynamische Prozess. R. G. Fischer, Frankfurt, 2007[2]
Orlik, P. & Bullinger, M.	Trainingsziele von Gruppendynamikern verschiedener „Schulen" – Ergebnisse einer Umfrage. GD 9/3, 282–291, 1978
Pagès, M.	Das affektive Leben der Gruppen. Klett-Cotta, Stuttgart, 1974
Paula, M. (Hrsg.)	Sage, was Du meinst. mvg, Landsberg/L, 1997[3]
Petzold, H.	Lewin und Moreno. GD 9/3, 208–211, 1978
Petzold, H.	Moreno – nicht Lewin – der Begründer der Aktionsforschung. GD 11/2, 142–166, 1980
Pieper, A.	Visualisierungsverfahren: Hilfe für die Moderation und Evaluation von praxisnaher Gruppenarbeit. GD 15/4, 401–416, 1984

Popitz, H.	Phänomene der Macht. Mohr, Tübingen, 1986
Portele, G.	Überlegungen zur Verwendung von Spielen. GD 6/3, 205–214, 1975
Rechtien, W.	Angewandte Gruppendynamik. Quintessenz, München, 1992
Reichele, K., Gellert, M., Neßling, P. & Wilde, B.	Ein Plenum muß weder langweilig noch anstrengend sein. GD 8/6, 431–441, 1977
Richter, H.	Lernziel Solidarität. Rowohlt, Reinbek, 1974
Richer, H. E.	Die Gruppe im Wandel des Zeitgeistes. GT+GD 35/3, 175–187, 1999
Richter, H.-E.	Die Gruppe im Wandel des Zeitgeistes. GD, 3, 175–187, 1999
Sader, M.	Psychologie der Gruppe. Juventa, München, 1976
Sader, M.	Anmerkungen zum Stand der Kleingruppenforschung. GD 21/3, 263–278, 1991
Sader, M.	Attraktionsforschung und Gruppenprozess. GD 26/4, 397–412, 1995
Sader, M.	Beobachtungslernen in der Gruppe. GD 27/1, 67–83, 1996
Sader, M.	Die unscheinbaren Normen. Thesen zur Gruppenpraxis. GD 27/4, 381–398, 1996
Sandner, D.	Die analytische Theorie der Gruppe von W. R. Bion. GT+GD 9/1, 1–17, 1975
Sandner, D.	Psychodynamik in Kleingruppen. Theorie des affektiven Geschehens in Selbsterfahrungs- und Therapiegruppen. utb, Reinhardt, München und Basel, 1978
Sbandi, P.	Gruppenpsychologie. Einführung in die Wirklichkeit der Gruppendynamik aus sozialpsychologischer Sicht. Pfeiffer, München, 1973
Sbandi, P. & Vogel, A.	Das dreidimensionale Gruppenmodell von R. F. Bales. GD 4/3, 181–192, 1973
Scharpf, U. & Fisch, R.	Neuere Verfahren zur Analyse sozialer Interaktion in Kleingruppen. GD 21/3, 279–294, 1991
Schattenhofer, K.	Selbstorganisation und Gruppe. Wetsdeutscher, Opladen, 1992
Schattenhofer, K. & Weigand, W. (Hrsg.)	Die Dynamik der Selbststeuerung. Westdeutscher, Opladen, 1998
Schindler, R.	Dynamische Prozesse in der Gruppenpsychotherapie. GT+GD 2, 9–20, 1968

Schindler, R.	Das Verhältnis von Soziometrie und Rangordnungsdynamik. GT+GD 3/1, 31–37, 1969
Schmidbauer, W.	Selbsterfahrung in der Gruppe. Rowohlt, Reinbek, 1979
Schmidt, J.	Design und Intervention in berufsfeldbezogenen gruppendymamischen Trainings I, 11. GD 14/2, 127–144, 1983. GD 14/3, 305–322, 1983
Schmidt, J.	Unspezifische Gruppendynamik – Zur Evolution eines Paradigmas. GD 20/3, 297–312, 1989
Schmidt, J.	Schwierigkeiten mit der Autorität. GD 21/4, 373–392, 1990
Schmidt, J., Hinst, K. & Voigt, B.	Das Lab „hinter den Kulissen des Labs". GT+GD 12/1-2, 182–197, 1977
Schmidt, J., Doppler, K. & Voigt, B.	Methodendogmatik und Feldorientierung. GD 13/3, 247–258, 1982
Schneider, H. D.	Kleingruppenforschung. Teubner, Stuttgart, 1985²
Schulz v. Thun, F.	Miteinander reden: Störungen und Klärungen. Rowohlt, Reinbek, 1981
Schwäbisch, L. & Siems, M.	Anleitung zum sozialen Lernen für Paare, Gruppen und Erzieher. Rowohlt, Reinbek, 1974
Schwarz, G., Heintel, P., Weyrer, M. & Staffler, H. (Hrsg.)	Gruppendynamik – Geschichte und Zukunft. WUV, Wien, 1993
Secord, P. F. & Backmann, C. W.	Sozialpsychologie. Asanger, München, 1983[4]
Sennett, R.	Autorität. Fischer, Frankfurt, 1985
Shaffer, J. & Galinsky, D.	Handbuch der Gruppenmodelle. Burckhardthaus – Laetare, Gelnhausen, 1976 (2 Bände)
Stahl, E.	Dynamik in Gruppen. Handbuch der Gruppenleitung. Beltz, Weinheim, 2002
Tafertshofer, A.	Die Organisation eines gruppendynamischen Trainingsseminars als Abwehrsystem. GT+GD 18/3, 217–232, 1983
Tjaden, K.	Soziale Systeme. Luchterhand, Neuwied u. Berlin, 1971
Tuckman, B. W.	Developmental Sequence in Small Groups. Psychol. Bull. 63 (6), 1965, S. 384–399
Turquet, P.	Bedrohung der Identität in der großen Gruppe. In: Kreeger, L. (Hrsg.): Die Großgruppe. Klett, Stuttgart, 1977

Van Beugen, M.	Agogische Intervention – Planung und Strategie. Lambertus, Freiburg, 1972
Van Elten, M.	Gehorsam, Autorität und Ideologie. GD 21/4, 419–438, 1990
Velmerig, C.-O., Schattenhofer, K. & Schrapper, C. (Hrsg.)	Teamarbeit. Konzepte und Erfahrungen – eine gruppendynamische Zwischenbilanz, Juventa, Weinheim, 2004
Voigt, B. & Antons, K.	Systematische Anmerkungen zur Intervention in Gruppen. GD 18/1, 29–46, 1987
Volmerg, U.	Spiele und Übungen in der Gruppendynamik aus der Sicht einer Ausbildungskandidatin der 80er Jahre. GD 20/2, 137–140, 1989
Volmerg, U. & Clausen, G.	Und das eine ist im Dunkeln und das andere ist im Licht ... Gruppendynamische Erfahrungen mit der Trainerausbildung in der Sektion Gruppendynamik. GT+GD 23/4, 358–371, 1988
Vopel, K.	Interaktionsspiele, Teile 1–6. ISKO-Press, Hamburg, 1974 ff.
Vopel, K.	Übungen, Experimente und Direktiven – Lernstrategien zwischen Psychoanalyse und Ericksonscher Therapie. GD 20/2, 129–136, 1989
Vopel, K. & Kirsten, R. E.	Kommunikation und Kooperation. Ein gruppendynamisches Trainingsprogramm. Pfeiffer, München, 1974
Wahren, H.-K. E.	Gruppen- und Teamarbeit im Unternehmen. de Gruyter, Berlin, 1994
Weber, H. (Hrsg. Jung, P.)	Arbeitskatalog der Übungen und Spiele. Windmühle, Essen, 1986²
Wellhöfer, P. R.	Gruppendynamik und soziales Lernen. Enke, Stuttgart, 1993
Wieringa, C. F.	Feedback. GD 4/1, 42–56, 1973
Wimmer, R.	Wozu noch Gruppendynamik? Eine systemtheoretische Reflexion gruppendynamischer Arbeit. GD 21/1, 5–28, 1990
Zech, P. K.	Analyse eines psychotherapeutischen Artefakts. Die Bion'schen Grundannahmegruppen. GT+GD 20/4, 368–382, 1985

Literaturverzeichnis
bis ca. 1973; spätere Arbeiten s. S. 325ff.

(in den mit * gekennzeichneten Werken sind eine oder mehrere Übungen beschrieben bzw. finden sich dort Anregungen zur Konstruktion von Übungen. Die mit ** gekennzeichneten Werke eignen sich als direkte Übungsbücher, die parallel, komplementär oder aufbauend zu dem vorliegenden Werk verwendet werden können.)

Abelson, R. P.: Theories of cognitive consistency. A sourcebook. Chicago (1968).

** Abt, C. C.: Ernste Spiele. Köln (1971).

Adorno, Th. W. et al.: The authoritarian personality (Studies in prejudice). New York (1950).

Allport, F. H.: The influence of the group upon association and thought. J. Exper. Psychology (1920).

Allport, F. H.: Theories of perception and the concept of structure. A review and critical analysis with an introduction to a dynamic-structural theory of behavior. New York (1967).

Allport, G. W.: Attitudes. In: Murchison, C.: Handbook of Social Psychology. 798–884. Worcester (1935).

Allport, G. W.: The Nature of Prejudice. Garden City/New York (1948). dt.: Die Natur des Vorurteils. Köln (1971).

Ancelin-Schutzenberger, A.: Situation du T. Group au N. T. L. de Bethel. In: Bulletin de psychologie. 366–370. Paris (1959).

Antons-Brandi, Vera E.: Was bewirkte das GDL? Gruppenpsychotherapie und Gruppendynamik 7/1: 36–57 (1973).

* Antons, K. – Enke, Editha – Malzahn, P. – v. Troschke, J.: Kursus der medizinischen Psychologie. Gruppendynamische Didaktik. München (1971).

Antons, K. – Enke, Editha – Malzahn, P. – v. Troschke, J. – (Hg.: Enke, H.): Gruppenunterricht an der Hochschule. Unveröffentlichtes Manuskript Reisensburg (1972).

Argelander, H.: Gruppenprozesse. Reinbek (1972).

Argyle, M.: Soziale Interaktion. (1972).

Artamonow, J. D.: Optische Täuschungen. Frankfurt/Zürich (1967).

Argyris, C.: Unerwartete Folgen „strenger" Forschung. Gruppendynamik 3/1: 5–22. (1972).

Asch, S. E.: Studies of independence and conformity. Psychological Monographs 70/9. (1956).

Asch, S. E.: Social Psychology. New York (1952).

* Atkins, S. – Katcher, A.: The micro-lab/mass cluster technique. Human relations training news 11: 4–6. (1968).

** Bach, G. – Bernhard, Yetta: Aggression Lab. Dubuque, Iowa (1971). dt.: Aggression Lab. Auszugsweise Übersetzung. München (1972).

* Bach, G. – Wyden, P.: Streiten verbindet. Gütersloh (1971).

* Bales, R. F.: Interaction process analysis: A method for the study of small groups. Cambridge (1950).

* Bales, R. F.: Personality and interpersonal behavior. New York (1970).

* Barthol, R. P.: The peanut cluster. Human relations training news 12: 4—5. (1968).
* Bartlett, F. C.: Remembering. (1932).
Bartos, O. J.: Simple models of group behavior. New York (1967).
* Bastin, G.: Die soziometrischen Methoden. Bern/Stuttgart (1967).
Battegay, R.: Der Mensch in der Gruppe (I, II, III). Stuttgart/Bern (1968/69).
* Bavelas, A.: Communication patterns in task oriented groups. J. of the acoustical Soc. Amer. 22: 725—730. (1950).
Beck, W.: Grundzüge der Sozialpsychologie. München (1960³).
Beckhard, R.: Organization development: Strategies and models. Reading/Mass. (1969).
Benne, D. K. — Leavitt, G.: The nature of groups. Helping groups improve their operation. Rev. Educ. Res. 289—308. (1953).
* Benne, K. — Sheats, P.: Functional roles of group members. J. soc. issues 4/2. (1948).
Benne, D. K. — Bradford, L. P. — Lippit, R.: Group dynamics and social action. Freedom Pamphlet. Anti-Defamation League of B'nai. (1950).
Bennis, W. G. — Benne, D. K.: The Planning of Change. New York (1961).
Bennis, W. G. — Schein, E. H.: Interpersonal dynamics. The Dorsay Press. (1964).
Bennis, W. G. — Shepard, M. A.: A theory of group development. Human Relations 9: 415—437. (1956).
Bergler, R.: Die Psychologie stereotyper Systeme. Ein Beitrag zur Sozial- und Entwicklungspsychologie. Bern (1966).
Bernstein, S. — Lowy, L.: Untersuchungen zur sozialen Gruppenarbeit. Freiburg (1969).
* Bion, W. R.: Experiences in groups and other papers. Tavistock Publ., London (1961). dt.: Erfahrungen in Gruppen. (1971).
* Blake, R. R. — Shepard, H. A. — Mouton, Jane S.: Managing intergroup conflict in industry. Houston (1964).
Blake, R. R. — Mouton, Jane S.: Verhaltenspsychologie im Betrieb. Düsseldorf (1968).
Blake, R. R. — Mouton, Jane, S.: Corporate excellence through grid organization development. Houston (1968).
Blau, P. M. — Scott, W. R.: Formal organizations. A comparative approach. London (1963).
Borgatta, E.: Social Psychology. Readings and perspective. Chicago (1969).
* Boring, E. G.: A new ambiguous figure. Am. J. Psychol. 444 ff. (1930).
Bormann, E. G. — Howell — Nichols — Shapiro: Interpersonal communication in the modern organization. Englewood Cliffs, New York (1969).
Bradford, L. P. — Gibb, J. R. — Benne, D. K.: T-Group-Theory and laboratory method. New York (1966). dt.: Das Gruppendynamische Training. (1972).
* Brocher, T.: Gruppendynamik und Erwachsenenbildung. Braunschweig (1969).
Brocher, T.: Bemerkungen zum Artikel von Klaus Horn „Politische und methodologische Aspekte gruppendynamischer Verfahren", Das Argument 60. Berlin (1970).
Brown, R.: Social Psychology. New York (1965).

Brown, J. A. C.: Techniques of persuasion. From propaganda to brainwashing. Penguin Books. Baltimore (1965).

* Bruner, J. S. — Goodman, C. C.: Value and need as organizing factors in perception. J. abnorm. soc. Psychology XLII. (1947).

Bruner, J. S. — Postman, L.: Psychology of rumor. (1948).

Brunswik, E.: Perception and the representative design of psychological experiments. Los Angeles (1956).

* Cartwright, D. — Zander, A.: Group dynamics. Research and theory. New York (1960²).

CIBA-Foundation: CIBA-Found.-symposia. Conflict in society. London (1966).

Coché, E. H. E.: Psychologische Abwehrmechanismen und gruppendynamische Prozesse. Phil. Diss. Bonn (1968).

Coché, E. H. E.: Abwehrmechanismen und Verhalten in Gruppen. Gruppenpsychotherapie und Gruppendynamik 3/1: 2—10. (1969).

Cohn, Ruth: Das Thema als Mittelpunkt interaktioneller Gruppen. Gruppenpsychotherapie und Gruppendynamik 3/2: 251—259. (1970).

Cohen, G. B.: The task tuned organization of groups. Amsterdam (1969).

* Corsini, R. J. — Shaw, M. E. — Blake, R. R.: Role playing. New York (1961).

Coser, L. A.: Theorie sozialer Konflikte. Luchterhand Neuwied/Berlin (1972).

* Croft, J. C. — Falusi, A.: The use of structural interventions in a micro-mini lab: a possible answer to a problem. Human relations training news 12: 5—7. (1968).

Däumling, A. M.: Sensitivity Training. Gruppenpsychotherapie und Gruppendynamik 2: 113—123. (1968).

Däumling, A. M.: Die Herausforderung des Sensitivitäts-Trainings. Gruppenpsychotherapie und Gruppendynamik 4: 1—16. (1970).

** Didactic Systems, Inc.: A catalog of ideas for action oriented training. (zu beziehen über Box 500, Westbury, New York II 590, USA).

Dietrich, G.: Bildungswirkungen des Gruppenunterrichts. München (1969).

* Deutsch, M.: The effect of cooperation and competition upon group process. in: Cartwright, D. — Zander, A.: Group dynamics. Research and theory (1960²).

Dreikurs, R.: Psychologie im Klassenzimmer. Stuttgart (1968).

Eckstein, Brigitte — Bornemann, E.: Arbeit mit kleinen Studentengruppen. Blickpunkt Hochschuldidaktik Nr. 4. Hamburg (1969).

Elliot, A. G. P.: An experiment in group dynamics. Cheadle Heath, England (1958).

* Erl, W.: Gruppenpädagogik in der Praxis. Tübingen (1967).

Fauchaux, Cl.: Théorie et Technique du groups de diagnostic. In: Bulletin de psychologie. 397—419. (1959).

Festinger, L.: A theory of cognitive dissonance. Evanston (1957).

Festinger, L.: Conflict, decision and dissonance. Stanford/Cal. (1964).

* Fischer, H.: Gruppenstruktur und Gruppenleistung. Bern/Stuttgart (1962).

Freud, A.: Das Ich und die Abwehrmechanismen. München (1964).

Fürstenau, P.: Institutionsberatung: Ein neuer Zweig angewandter Sozialwissenschaft. Gruppendynamik 1/3: 219—233. (1970).

Fürstenau, P.: Zur Theorie der Schule. Weinheim (1969).

Geiger, Th.: Die Gruppe und die Kategorien Gemeinschaft und Gesellschaft. In: Arch. f. Sozialwiss. u. Sozialpolitik. (1927).

* Giere, W.: Gruppendynamik — ein Spiel ohne Folgen. Gruppendynamik 1/3: 282—304. (1970).

Gosling, R. et al.: The use of small groups in training. Hitchin (1967).

Gouldner, A. W. — Miller, S. M.: Applied Sociology. New York (1965).

Graumann, C. F.: Neue Untersuchungen zur social perception. Z. f. exp. und angew. Psychol. 3: 605—661. (1955/56).

Graumann, C. F. (Hg.): Handbuch der Psychologie, Band: Sozialpsychologie, 1 und 2. Göttingen (1972).

Gronlund, N. E.: The relative stability of classroom social status with unweighted and weighted sociometric choices. J. educ. Psychol. 46: 345—354. (1955).

Gruppendynamik — Forschung und Praxis: Korrespondenzausgabe des J. of applied behavioral science. Klett-Verlag, Stuttgart, ab 1970.

Gruppenpsychotherapie und Gruppendynamik: Ergebnisse und Berichte. Vandenhoeck & Ruprecht-Verlag, Göttingen/Zürich, ab 1969.
(in beiden Zeitschriften viele relevante Beiträge)

Günther, A.: Ein Vorgang in der Wiedergabe naiver Zeugen und in der Rekonstruktion durch Juristen. Sterns Beiträge zur Psychologie der Aussage 2/4: 33—66. (1904).

* Hare, A. P. — Hare, E. R. T.: The draw-a-group test. J. genet. Psychol. 89: 51—59. (1956).

* Hare, A. P.: Small Group Research. New York (1962).

Hare, A. P. — Borgatta, E. — Bales, R.: Small groups. Studies in social interaction. New York (1966).

* Harris, P. R.: An adapted microlaboratory design. Human relations training news 13: 3—5. (1969).

Hartley, E. — Hartley, Ruth: Die Grundlagen der Sozialpsychologie. Berlin (1969).

Heider, F.: The psychology of interpersonal relations. New York (1965).

Hellpach, W.: Sozialpsychologie. Stuttgart (1951^3).

Hiebsch, H. — Vorweg, M.: Einführung in die Marxistische Sozialpsychologie. Berlin (1967).

* Höhn, E. — Schick, A.: Das Soziogramm. Stuttgart (1954).

Hofstätter, P.: Einführung in die Sozialpsychologie. Stuttgart (1966).

* Hofstätter, P.: Gruppendynamik. Hamburg (1957).

Hollander, E. P. — Hunt, R. G.: Current perspectives in social psychology. New York (1963).

Hollander, E. P.: Principals and methods of social psychology. New York (1967).

Hollander, E. P.: Leaders, groups and influence. New York (1964).

Homans, G. C.: Theorie der sozialen Gruppe. Köln (1960).

Homans, G. C.: Elementarformen sozialen Verhaltens. Köln/Opladen (1968).

Horn, K.: Politische und methodologische Aspekte gruppendynamischer Verfahren. In: Argument 50. Berlin (1969).

Horn, K. u. a.: Gruppendynamik: Befreiung der Expressivität, Psychotechnik, Dienst an der Organisation. (1972).

Hornstein, H. A. — Bunker, Barbara B. et al. (Eds.): Social intervention. New York (1971).

Hovland, C. I. — Janis, I. L. — Kelly, H. H.: Communication and persuasion. New Haven (1964).

Heckmann, I. L.: Human relations in management. Cincinnati/Ohio (1972^2).

Irle, M.: Lehrbuch der Sozialpsychologie. (1972).

* Jaffa, S.: Ein psychologisches Experiment im kriminalistischen Seminar der Universität Berlin. In: Beiträge zur Psychologie der Aussage: 1: 79—99. (1903).

Johnson, W. F.: Guidance and counceling in groups. London (1963).

Jones, E. E. — Gerard, H. B.: Foundations of social psychology. New York/London/Sydney (1967).

Katz, D. — Kahn, R. L.: The social psychology of organizations. New York/London (1966).

* Kelberer, Magda: Fibel der Gesprächsführung. Opladen (1970^9).

* Kiesler, C. A. — Kiesler, S. B.: Conformity. Reading/Mass. (1969).

Klein, Josephine: The study of groups. London (1965^4).

Klein, Josephine: Working with groups. London (1963^2).

Köhler, W.: Dynamische Zusammenhänge in der Psychologie. Kap. II: 39—84. Bern/Stuttgart (1958).

Konopka, Gisela: Soziale Gruppenarbeit. Weinheim/Berlin (1968).

Krech, D. — Crutchfield, R. S. — Ballachey, E. L.: Individual in society. A textbook of social psychology. London (1962).

Laing, R. D. — Phillipson, H. — Lee, A. R.: Interpersonelle Wahrnehmung. deutsch (1971).

Lazarsfeld, P. — Rosenberg, G. H.: The language of social research. New York (1965).

* Leavitt, H. J.: Some effects of certain communication patterns on group performance. J. abn. soc. psych. 46: 38—50. (1951).

Leavitt, H. J.: Managerial psychology. Chicago (1958).

Leavitt, H. J. — Bass, B. M.: Organizational psychology. Ann. Rev. Psychol. 15: 371. (1964).

* Leavitt, H. J. — Müller, R. A. H.: Human Relations 4: 401—410. (1951).

Lersch, Ph.: Der Mensch als soziales Wesen. Eine Einführung in die Sozialpsychologie. München (1964).

Lewin, K.: Die Lösung sozialer Konflikte. Bad Nauheim (1953).

Lewin, K.: Feldtheorie in den Sozialwissenschaften. Stuttgart (1963).

* Lewin, K. — Lippitt, R. — White, P. K.: Patterns of aggressive behavior in experimentally created 'social climates'. J. soc. Psychol. 10: 271—299. (1939).

Libo, L. M.: Measuring group cohesiveness. Ann Arbor, Michigan, (1953).

Lifton, W. M.: Working with groups. Group process and individual growth. New York (1966²).

Lindensmith, A. R. − Strauss, A. L.: Social psychology. New York (1968).

Lindzey, G.: Handbook of social psychology. Massachusetts (1954).

Lipmann, O.: Ein zweites psychologisches Experiment im kriminalistischen Seminar der Universität Berlin. Stern's Beiträge zur Psychologie der Aussage 2/2: 68−72. (1903).

* Luft, J.: Einführung in die Gruppendynamik. Stuttgart (1971).

Lutz, Margarethe − Ronellenfitsch, W.: Gruppendynamisches Training in der Lehrerbildung. Ulm (1971).

* Maier, N. R. F.: Problem-solving discussions and conferences: Leadership methods and skills. New York (1963).

* Maier, N. R. F. − Solem, A. R. − Maier, A. A.: Supervisory and executive development: A manual for role playing. New York: John Wiley & Sons, Inc. (1957).

Maisonneuve, J.: La Dynamique des Groupes. Paris (1969).

** Malamud, D. I. − Machover, S.: Toward self-understanding: Group techniques in self-confrontation. Springfield, Ill.: C. C. Thomas. (1965).

** Malcher, Jutta: Nicht ohne. Gruppendynamische Übungen, Methoden und Techniken. Erzbischöfliches Jugendamt Köln (1972).

Manning, P. R. − Abrahamson, S. − Dennis, D. A.: Comparison of four teaching techniques: Programmed text, textbook, lecture-demonstration, and lecture workshop. J. Medical Educ. 43: 356−358. (1968).

March, J. G.: Handbook of organizations. Chicago (1965).

*Marino, E. J. − Parkin, C. J.: A modification of the Asch-experiment. J. soc. Psychol. 77: 91−95. (1969).

* Maus, H. − Fürstenberg, F.: Texte aus der experimentellen Sozialpsychologie. Neuwied/Berlin (1969).

McDavid, J. W. − Harari, H.: Social psychology. Individuals, groups, societes. New York (1968).

* McGrath, J. E. − Altmann, I.: Small group research − A synthetic and critique of the field. New York (1966).

Metzger, W.: Gesetze des Sehens. Frankfurt (1953).

* Middleman, R. R.: The non-verbal method in working with groups. New York: Association Press (1968).

Miles, M. B.: Innovation in education. New York (1964).

Miles, M. B.: Learning to work in groups. New York (1965).

Milgram, S. Behavioral study of obedience. J. abn. soc. Psychol. 67: 372−378. (1963).

Milgram, S.: Einige Bedingungen von Autoritätsgehorsam und seiner Verweigerung. Z. exp. angew. Psychol. 13: 433−463. (1966).

Miller, E. J. − Rice, A. K.: Systems of organization. London (1967).

Mills, J.: Experimental social psychology. London (1969).

Mills, Th. M.: Soziologie der Gruppe. München (1969).

* Mönkemöller, O.: Psychologie und Psychopathologie der Aussage. 18—29. Heidelberg (1930).

Moreno, J. L.: Die Grundlagen der Soziometrie. Köln (1954).

Morgan, C. T.: Introduction to psychology. New York (1961).

** Mucchielli, R.: Gruppendynamik. Theoretische Einführung und praktische Übungen. Salzburg (1972).

Murchison, C.: Handbook of social psychology. Worcester (1935).

Murphy, G. — Murphy, Lois B. — Newcomb, Th. M.: Experimental social psychology. An interpretation of research upon the socialization of the individual. (Rev. ed.). New York (1937).

Nellessen, L.: Aggressivität in Sensitivity-Trainings-Gruppen. Phil. Diss. Bonn (1970).

Newcomb, Th. M.: Sozialpsychologie. Meisenheim (1959).

Newcomb, Th. M. — Hartley, E.: Readings in social psychology. New York (1947).

Newcomb, Th. M. — Turner, R. H. — Converse, P. E.: Social psychology. The study of human interaction. New York (1966).

** NTL Institute for applied behavioral science: Ten exercises for trainers. Washington, D. C. (1969).

** Nylen, D. — Mitchell, J. R. — Stout, A.: Handbook of staff development and human relations training: Materials developed for use in Africa. Copenhagen (1969).

Oldendorff, Antonie: Grundzüge der Sozialpsychologie. Köln (1965).

Ottaway, K. C.: Learning through group experience. London (1966).

** Otto, H. A.: Group methods designed to actualize human potential: A handbook (3rd edition). Chicago: Achievement Motivation Systems (1968).

** Pfeiffer, J. W. — Jones, J. E.: A handbook of structured experiences for human relations training. Vol. I+II. University Associates Press. Iowa City/Iowa (1970).

Pages, M.: La vie affective des groupes. Esquisse d'une theorie de la Relation Humaine, Organisation et Sciences Humaines. Paris (1968). Dt.: Das affektive Leben der Gruppen. Stuttgart (1974).

Powers, W. T. — Clark, R. K. — McFarland, R. J.: A general feed back theory of human behaviour. Percept. Mot. Skills 11: 71—88 (1960).

* Prior, H.: Gruppendynamik in der Seminararbeit. Reflexionen und Materialien aus einem Seminar. Blickpunkt Hochschuldidaktik Nr. 11. Hamburg (1970).

Prior, H.: Kritische Bibliographie zur Hochschuldidaktik. Blickpunkt HSD 17. Hamburg (1971).

Proshansky, H. — Seidenberg, B.: Basic studies in social psychology. New York/ London (1956).

Quinn, R. — Kahn, R. L.: Organizational psychology. Ann. Rev. Psychol. 18: 437 ff. (1967).

Radloff, R. — Helmreich, R.: Groups under stress. Psychological research in SEALAB 2. New York (1968).

* Rehm, M.: Das Planspiel als Bildungsmittel. Heidelberg (1964).

Rice, A. K.: Learning for leadership, interpersonal and intergroup relations. London, Tavistock Publications (1963).

Rice, A. K.: The enterprise and its environment. London (1963).

Richter, H. E.: Die Gruppe – Hoffnung auf einen neuen Weg, sich selbst und andere zu befreien. Reinbek (1972).

Rioch, M. J.: Gruppenmethoden – Das Tavistock-Washington-Modell. Gruppendynamik 2: 142–152. (1971).

Rohracher, H.: Einführung in die Psychologie. Wien/Innsbruck (1958).

* Rohrer, F.: Gesellschaft, Gesellschaftsspiele. Gelnhausen (1970).

Rosenthal, R. – Rosnow, R. L.: Artifact in behavioral research. New York/London (1969).

Rosenthal, T. L. – White, G. M.: On the importance of hair in students' clinical inferences. J. clin. Psychol. 28/1: 43–47 (1972).

* Sader, M. et al.: Kleine Fibel zum Hochschulunterricht. München (1970).

Sargent, S. S. – Williamson, R. C.: Social psychology. New York (1966).

* Sbandi, P.: Feed back im sensitivity-training. Grupenpsychotherapie und Gruppendynamik 4: 17–32. (1970).

Sbandi, P.: Zur Entwicklung gruppendynamischer Laboratorien im deutschen Sprachraum. Gruppenpsychotherapie und Gruppendynamik 5/1: 1–16. (1971).

Schein, E. H.: Process consultation: Its role in organization development. Reading/Mass. (1969).

Schein, E. H. – Bennis, W. G.: Personal and organizational change through group method. New York (1965).

* Schwarz, G.: Motivation und Gruppenprozeß. Gruppenpsychotherapie und Gruppendynamik 3/2: 232–250. (1970).

* Schutz, W. C.: Joy. Expanding Human Awareness. New York (1969). Deutsch: Freude. Abschied von der Angst durch Psycho-Training. Reinbek (1971).

Secord, P. F. – Backmann, C. W.: Problems in social psychology. New York (1964).

Selznik, P.: Leadership in administration.

* Shaw, M. E.: Role playing. In: R. L. Craig & L. R. Bittel: Training and development handbook. New York (1967).

Sherif, M. – Sherif, Carolyn W.: Social psychology. New York (1969).

Slater, P. E.: Mikrokosmos: Eine Studie über Gruppendynamik. Frankfurt (1970).

Snyder, C. R. – Larson, G. R.: A further look at student acceptance of general personality interpretations. J. consult. clin. Psychol. 38: 384–388. (1972).

Sofer, C.: The organizations from within: A study of institutions based on a sociotherapeutic approach. London (1961).

* Spangenberg, K.: Chancen der Gruppenpädagogik. Weinheim (1969).

Speierer, G. W.: Über die Objektiviertheit von Verhaltensunterschieden zwischen Therapiegruppen und normalen „Problem-Solving-Groups". In: Gruppenpsychotherapie und Gruppendynamik 3: 266–278. (1970).

Stagner, R.: The dimensions of human conflict. Detroit/Mich. (1967).

Stock, D. — Thelen, M. A.: Emotional dynamics and group culture. New York (1956).

*Svensson, A.: Bemerkungen zum Dependenzkonzept und zu Interaktionsformen in Gruppen. Gruppenpsychotherapie und Gruppendynamik 4/3: 217—235. (1971).

Svensson, A.: Interaktionen in Sensitivity-Trainings-Gruppen. Inaugural Dissertation, Bonn (1972).

Swingle, P. G.: Experiments in social psychology. New York/London (1968).

Tausch, R. — Tausch, A.: Erziehungspsychologie. Göttingen (1971).

Thelen, M. A.: Dynamics of groups at work. Chicago (1965).

Trist — Sofer, C.: Exploration in group relations. Leicester (1959).

Turner, A. N. — Lombart, G. F. F.: Interpersonal behavior and administration. New York (1969).

Vandenput, M.: Die Verwendung des sensitivity-trainings für den Organisationswandel. Gruppenpsychotherapie und Gruppendynamik 4: 52—54. (1970).

**Vopel, K. W.: Simulated social skill training. Ein Kurs mit gruppendynamischen Übungen zur Selbstkonfrontation. Unveröffentlichtes Manuskript. Hamburg (April 1972).

Walton, R. E.: Interpersonal peacemaking: Confrontations and third party consultation. Reading/Mass. (1969).

Watzlawick, P. — Beavin, J. H. — Jackson, D. D.: Menschliche Kommunikation. Formen, Störungen, Paradoxien. Bern (1969).

*Weber, G.: Lernen in Gruppen. München (1967).

Wertheimer, M.: Produktives Denken. Frankfurt (1957).

*Wieringa, C. F.: Der Trainerstab als offenes Forum (open staff). Gruppendynamik 2: 435—445 (1971).

Woitschach, M.: Strategie des Spiels. rororo Sachbuch, Reinbek (1971).

Eberhardt Hofmann
Verhaltens- und Kommunikationsstile
Erkennen und optimieren

2011, 214 Seiten,
Kleinformat,
€ 19,95 / sFr. 29,90
ISBN 978-3-8017-2346-0

Das Buch zeigt auf, wie typische Verhaltens- und Kommunikationsstile erkannt und optimiert werden können, so dass der eigene Handlungsspielraum erweitert und interpersonelle Beziehungen positiver gestaltet werden können.

Christopher Rauen (Hrsg.)
Handbuch Coaching

(Reihe: »Innovatives Management«, Band 10)
3., überarbeitete und erweiterte Auflage 2005, 559 Seiten, geb.,
€ 49,95 / sFr. 86,–
ISBN 978-3-8017-1873-2

Das Standardwerk bietet einen fundierten Überblick zu den Grundlagen, Konzepten und der Praxis von Coaching.

Siegfried Greif
Coaching und ergebnisorientierte Selbstreflexion

Theorie, Forschung und Praxis des Einzel- und Gruppencoachings

(Reihe: »Innovatives Management«, Band 16). 2008, 389 Seiten, geb.,
€ 44,95 / sFr. 76,–
ISBN 978-3-8017-1983-8

Praxisorientiert werden Coachingmethoden und -techniken, Erfolgsfaktoren, Voraussetzungen und Kompetenzen auf Seiten des Coaches und der Klienten.

Hans-Werner Bierhoff
Dieter Frey (Hrsg.)
Handbuch der Sozialpsychologie und Kommunikationspsychologie

(Reihe: »Handbuch der Psychologie«, Band 3)
2006, 838 Seiten, geb.,
€ 59,95 / sFr. 95,–
(Bei Abnahme von mind. 4 Bänden der Reihe € 49,95 / sFr. 79,–)
ISBN 978-3-8017-1844-2

Das Handbuch bietet einen umfassenden Überblick über zentrale Theorien, Methoden und Themen der Sozialpsychologie und Kommunikationspsychologie.

Rolf van Dick · Michael A. West
Teamwork, Teamdiagnose, Teamentwicklung

(Reihe: »Praxis der Personalpsychologie«, Band 8)
2005, VI/100 Seiten,
€ 24,95 / sFr. 42,–
(Im Reihenabo € 19,95 / sFr. 33,90)
ISBN 978-3-8017-1865-7

Der Band diskutiert die Vor- und Nachteile von Teamarbeit und stellt Modelle vor, die Teams und ihre Entwicklung beschreiben.

Reinhard Fuhr
Martina Gremmler-Fuhr
Kommunikationsentwicklung und Konfliktklärung

Ein Integraler Gestalt-Ansatz

2004, 237 Seiten,
€ 26,95 / sFr. 46,90
ISBN 978-3-8017-1853-4

Das Buch zeigt Möglichkeiten auf, wie mit Konflikten konstruktiv und kreativ umgegangen werden kann und liefert praxisorientierte Anleitungen für Kommunikationshelfer wie Trainer, Pädagogen, Erwachsenenbildner, Therapeuten, Berater und Supervisoren.

Hogrefe Verlag GmbH & Co. KG
Rohnsweg 25 · 37085 Göttingen · Tel: (0551) 49609-0 · Fax: -88
E-Mail: verlag@hogrefe.de · Internet: www.hogrefe.de

Joachim Freimuth
Moderation
(Reihe: »Praxis der Personalpsychologie«, Band 22)
2010, VII/115 Seiten,
€ 24,95 / sFr. 42,–
(Im Reihenabonnement
€ 19,95 / sFr. 33,90)
ISBN 978-3-8017-1969-2

Der Band gibt dem Leser einen kompakten Überblick über die psychologischen Grundlagen der Moderation und die Rolle des Moderators als Beobachter der Kommunikation in Entscheider-Gruppen. Sehr differenziert werden die verschiedenen Gestaltungsmittel der Moderation erläutert, von Fragetechniken über Visualisierung und Ergebnissicherung bis hin zur Wahl von Settings für die Gruppenarbeit. Die für den Moderator vorherrschende rhetorische Form sind Fragen. Wie er in diesem Zusammenhang vorgeht und was er damit in Gruppen bewirken kann, wird mit besonderer Aufmerksamkeit betrachtet.

Christopher Rauen
Coaching
(Reihe: »Praxis der Personalpsychologie«, Band 2)
2., aktualisierte Auflage 2008,
VI/103 Seiten, € 24,95 / sFr. 42,–
(Im Reihenabonnement
€ 19,95 / sFr. 33,90)
ISBN 978-3-8017-2137-4

In dem vorliegendem Band wird der »state of the art« des Coachings übersichtlich und klar gegliedert wiedergegeben. Neben den wesentlichen Faktoren der erfolgreichen Umsetzung von Coaching-Prozessen werden auch die Problembereiche genannt und mögliche Lösungen vorgeschlagen. Das Buch dient als Leitfaden für Praktiker, ohne vereinfachende Patentrezepte zu bemühen. Die dargestellten Modelle und Vorgehensweisen geben praktische und nachvollziehbare Vorgaben, um in individuellen Anforderungssituationen effizient und erfolgreich zu handeln.

Elisabeth Kals · Heidi Ittner
Wirtschaftsmediation
(Reihe: »Praxis der Personalpsychologie«, Band 17)
2008, VIII/111 Seiten,
€ 24,95 / sFr. 42,–
(Im Reihenabonnement
€ 19,95 / sFr. 33,90)
ISBN 978-3-8017-2016-2

Das Buch gibt einen umfassenden Überblick über Methoden und Techniken der psychologisch fundierten Wirtschaftsmediation. Ihre Wirksamkeit wird wissenschaftlich begründet, das Verfahren und das ihm zugrunde liegende Phasenmodell werden praxisnah beschrieben. Ein detailliert kommentiertes Fallbeispiel rundet das Buch ab.

Erika Regnet
Konflikt und Kooperation
(Reihe: »Praxis der Personalpsychologie«, Band 14)
2007, VI/117 Seiten,
€ 24,95 / sFr. 42,–
(Im Reihenabonnement
€ 19,95 / sFr. 33,90)
ISBN 978-3-8017-1737-7

Dieses Buch hilft dem Leser, Konfliktentstehung und -verhalten besser zu verstehen. Neben der Erläuterung von Modellen zur Entstehung, Dynamik und Handhabung von Konflikten, werden anhand von typischen Konfliktkonstellationen konkrete Hinweise zu Intervention und effizienten Bewältigungsstrategien sowie praktisch verwertbare Anregungen zum Verhalten in Konfliktsituationen gegeben.

www.hogrefe.de

HOGREFE

Hogrefe Verlag GmbH & Co. KG
Rohnsweg 25 · 37085 Göttingen · Tel: (0551) 49609-0 · Fax: -88
E-Mail: verlag@hogrefe.de · Internet: www.hogrefe.de